Linda Colley
Leben und Schicksale der Elisabeth Marsh

Linda Colley

LEBEN
UND SCHICKSALE
DER ELIZABETH MARSH

Eine Frau zwischen den Welten
des 18. Jahrhunderts

Aus dem Englischen
von
Ulrike Bischoff

Zweitausendeins

Deutsche Erstausgabe.
1. Auflage, November 2008.

Die englische Originalausgabe ist 2007 unter dem Titel
»The Ordeal of Elizabeth Marsh. A Woman in World History«
bei HarperCollins *Publishers* erschienen.
Copyright © 2007 by Linda Colley.
Alle Rechte für die deutsche Ausgabe und Übersetzung
Copyright © 2008 by Zweitausendeins, Postfach,
D-60381 Frankfurt am Main.
www.Zweitausendeins.de
Karten von Peter Wilkinson.

Lektorat: Katharina Theml (Büro Z, Wiesbaden).
Register der deutschen Ausgabe: Katharina Theml (Büro Z, Wiesbaden).
Korrektorat: Ursula Maria Ott, Frankfurt am Main.
Umschlaggestaltung: Johannes Paus, Wallerstein.
Satz und Herstellung: Dieter Kohler GmbH, Wallerstein.
Druck und Einband: Freiburger Graphische Betriebe.
Printed in Germany.

Dieses Buch gibt es nur bei Zweitausendeins im Versand,
Postfach, D-60381, Frankfurt am Main, Telefon 069-420 8000, Fax 069-415 003.
Internet www.Zweitausendeins.de, E-Mail Service@Zweitausendeins.de.
Oder in den Zweitausendeins-Läden in Aachen, Augsburg, Bamberg,
Berlin, Bochum, Bonn, Bremen, Darmstadt, Dortmund, Dresden,
2 x in Düsseldorf, Duisburg, Erfurt, Essen, Frankfurt am Main, Freiburg,
Göttingen, Gütersloh, 2 x in Hamburg, Hannover, Karlsruhe, Kiel, Köln,
Konstanz, Leipzig, Ludwigsburg, Mannheim, Marburg, München, Münster,
Neustadt an der Weinstraße, Nürnberg, Oldenburg, Osnabrück,
Speyer, Stuttgart, Tübingen, Ulm und Würzburg.

In der Schweiz über buch 2000, Postfach 89, CH-8910 Affoltern a. A.

ISBN 978-3-86150-881-6

Jan Colleys Buch

Inhalt

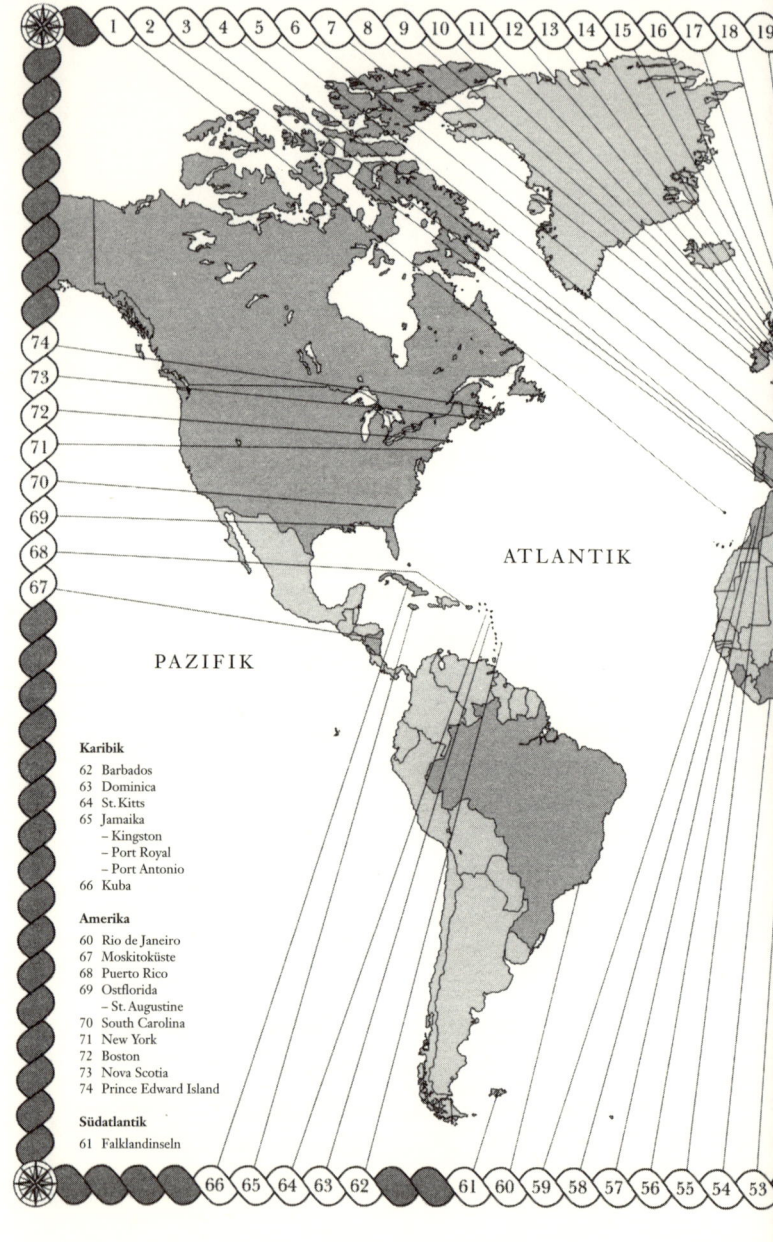

ATLANTIK

PAZIFIK

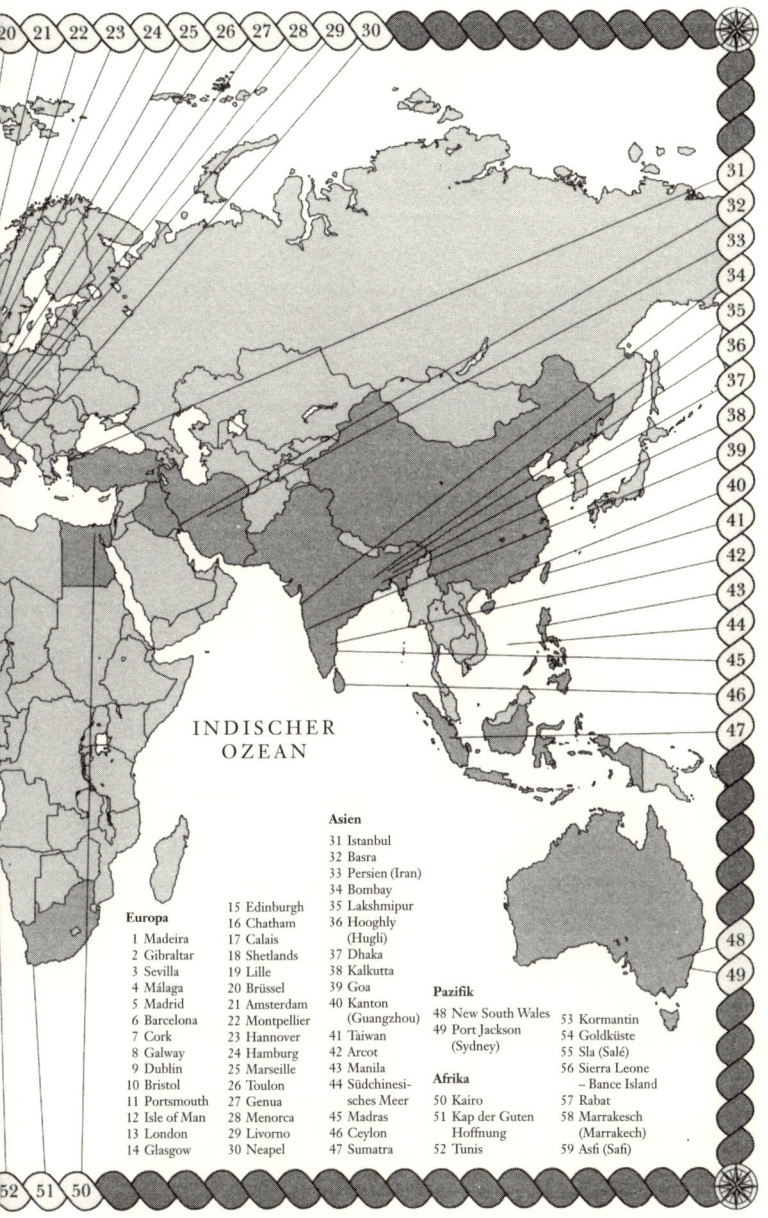

Europa

1 Madeira
2 Gibraltar
3 Sevilla
4 Málaga
5 Madrid
6 Barcelona
7 Cork
8 Galway
9 Dublin
10 Bristol
11 Portsmouth
12 Isle of Man
13 London
14 Glasgow
15 Edinburgh
16 Chatham
17 Calais
18 Shetlands
19 Lille
20 Brüssel
21 Amsterdam
22 Montpellier
23 Hannover
24 Hamburg
25 Marseille
26 Toulon
27 Genua
28 Menorca
29 Livorno
30 Neapel

Asien

31 Istanbul
32 Basra
33 Persien (Iran)
34 Bombay
35 Lakshmipur
36 Hooghly
   (Hugli)
37 Dhaka
38 Kalkutta
39 Goa
40 Kanton
   (Guangzhou)
41 Taiwan
42 Arcot
43 Manila
44 Südchinesi-
   sches Meer
45 Madras
46 Ceylon
47 Sumatra

Pazifik

48 New South Wales
49 Port Jackson
   (Sydney)

Afrika

50 Kairo
51 Kap der Guten
   Hoffnung
52 Tunis
53 Kormantin
54 Goldküste
55 Sla (Salé)
56 Sierra Leone
   – Bance Island
57 Rabat
58 Marrakesch
   (Marrakech)
59 Asfi (Safi)

INDISCHER
OZEAN

Die Welt, wie Elizabeth Marsh und ihre Großfamilie sie erlebte.

Einleitung

»Überall suche ich nach Eliza: Manche ihrer
Züge entdecke ich, erkenne ich … Aber was ist
aus ihr geworden, die sie alle in sich vereinte?«
ABBÉ RAYNAL

Diese Biographie erzählt drei miteinander verflochtene
Geschichten: Die erste handelt von Elizabeth Marsh,
einer bemerkenswerten Frau, die von 1735 bis 1785 lebte und
weitere, gefährlichere Reisen zu Wasser und zu Lande auf vier
Kontinenten unternahm als irgendeine andere uns bekannte
Frau ihrer Zeit. Die zweite Geschichte betrifft ihre ausgedehnte
Familie, die aufgrund ihrer Berufe, ihrer Auswanderungen und
ihrer Ansichten erheblich zu Elizabeth Marshs eigener auffallender Mobilität beitrug. Und drittens handelt es sich um
eine globale Geschichte in einer ausgesprochen gewaltsamen
Phase der Weltgeschichte, in der sich die Verbindungen zwischen Kontinenten und Meeren in vielfältiger Weise veränderten. Dieser Wandel der globalen Landschaft prägte Elizabeth
Marshs persönlichen Werdegang und warf sie wiederholt aus
der Bahn. Dieses Buch zeichnet also eine Welt anhand eines
Lebens und ein Leben in der Welt nach.

Ihr Leben

Elizabeth Marshs Leben verlief erstaunlich untypisch und ist
dennoch repräsentativ. Gezeugt wurde sie in Jamaika, möglicherweise von Eltern unterschiedlicher Hautfarbe. Noch im

Mutterleib reiste sie von Kingston über den Atlantik nach England, die erste von vielen Seereisen in einem bewegten Leben. Ihre Kindheit verbrachte Elizabeth Marsh abwechselnd in Portsmouth, in Chatham und auf See in den Unterdecks von Kriegsschiffen der Royal Navy. Mit ihrer Familie ging sie 1755 in den Mittelmeerraum, lebte zunächst auf Menorca und nach der französischen Invasion in Gibraltar. Als sie 1756 nach Marokko verschleppt wurde, gehörte sie zu den ersten namentlich bekannten Europäerinnen, die Sultan Sidi Muhammad persönlich kennen lernten. Sie gelangte ins Innere seines Palastkomplexes in Marrakesch und entging nur knapp der sexuellen Versklavung. Als Tochter eines Schiffbauers, die kaum eine herkömmliche Bildung erfahren hatte, schrieb sie als erste Frau ein Buch in englischer Sprache über den Maghreb.

Von Ende der 1750er bis Mitte der 1760er Jahre führte Elizabeth Marsh ein vergleichsweise ruhiges Leben als Hausfrau und Mutter in London, während ihr Mann Handel mit West- und Osteuropa, Nordafrika, Nordamerika und der Karibik und Teilen Südamerikas und Asiens trieb. Beide planten, nach Florida auszuwandern, aber der Bankrott zwang ihren Mann, nach Indien zu flüchten. Dorthin folgte Elizabeth Marsh ihm 1771 auf einer Route über Kapstadt und Rio de Janeiro. Aber sie blieb nicht lange in ihrer neuen Heimat in Dhaka. Nachdem sie ihren kleinen Sohn vorübergehend nach Persien und ihre Tochter zurück nach England geschickt hatte, brach Marsh im Dezember 1774 auf dem Seeweg auf nach Madras.

In den folgenden 18 Monaten bereiste sie Ost- und Südindien, besuchte Städte, Dörfer und Tempel und verfasste einen merkwürdigen und anrührenden Reisebericht über den Subkontinent. Ihr Begleiter auf dieser Asienreise war ein unverheirateter Mann. Mitte 1776 kehrte Elizabeth Marsh zurück zu ihrem Mann nach Dhaka, blieb aber auch dieses Mal nicht lange bei ihm. Von Ende 1777 bis Mitte 1780 war sie erneut unterwegs; zunächst segelte sie von Kalkutta nach England, dann kehrte sie, nachdem sie weitere 12 000 Seemeilen zurückgelegt hatte, wieder auf den indischen Subkontinent zurück. Weil die weitreichenden Auswirkungen des Amerikanischen Unabhängigkeitskrieges die Geschäfte und die Existenz ihres Mannes in Asien untergruben und eine Bedrohung für sie und ihre Kinder darstellten, unternahm sie diese letzten Reisen voller Umwege.

Elizabeth Marsh mag wie die unglaubliche Heldin eines Schelmenromans erscheinen, aber sie so zu sehen, hieße das Fesselndste an ihrem Leben zu übersehen. In einem fast gespenstischen Maße geriet Marsh immer wieder in den Sog geographisch weitreichender Ereignisse und Zwänge. Die Umstände ihrer Geburt (wie die Begegnung und die Heirat ihrer Eltern) und ihrer Kindheit, der Bruch ihrer ersten Verlobung, das Zustandekommen ihrer Ehe und die verschiedenen Stadien ihres Ehelebens, ihre Reaktion auf ihr Älterwerden und die Art, wie ihre beiden Kinder wirtschaftlich versorgt wurden – alles das, und nicht nur ihre Reisen und Schriften, war von transkontinentalen Entwicklungen beeinflusst. Für Elizabeth Marsh bestand kaum je eine klare Trennung zwischen ihrem persönlichen Leben und dem Lauf der Welt, die sich zunehmend im Umbruch befand. Daraus erwuchsen die Zerreißproben, die sie zu bestehen hatte. In welchem Maße sie diesem Wandel im Laufe ihres 50-jährigen Lebens ausgesetzt war, lag weitgehend an Umständen, die sich ihrem Einfluss entzogen.

Ihre Familie

Elizabeths Vater, Großvater und Urgroßvater sowie mehrere Cousins waren Schiffbauer, Seeleute und Kartographen. Durch diese Männer hatte sie ihr Leben lang Kontakt zur Royal Navy, die als eine der wenigen Institutionen der damaligen Zeit eine globale Reichweite besaß, und zum Meer, »der großen Heerstraße des Verkehrs ..., welche die verschiedenen Nationen der

Erde untereinander verbindet«, um Adam Smith zu zitieren.[1] Marshs Onkel und ihr jüngerer Bruder waren in britischem Staatsdienst, sammelten Informationen und bewältigten Entfernungen mit Hilfe von Papier und Feder. Ihr Mann, James Crisp, war als Kaufmann im legalen und illegalen Fernhandel tätig. Er machte Geschäfte in Häfen und Produktionszentren der beiden größten Seemächte der Welt, Spanien und Großbritannien, und handelte mit Waren, nach denen international die stärkste Nachfrage herrschte: Salz, Zucker, Baumwolltextilien, Fisch und Tee. Zudem war er für die British East India Company tätig. Für diese bedeutendste transnationale Handelsgesellschaft der damaligen Zeit arbeiteten später auch Marshs Sohn, ihr Schwiegersohn, weitere Cousins und ihr halb indischer Enkel.

Ihr Mann beteiligte sich ebenso wie sie an kolonialen Landspekulationen und Migrationsplänen. Ihr älterer Bruder und einige Cousins dienten dem British Empire in seinen Kriegen als Offiziere. Elizabeth Marshs Mutter war möglicherweise Opfer des Transatlantikhandels mit westafrikanischen Sklaven. Marshs Ehemann war an diesem Sklavenhandel mit Sicherheit beteiligt, und sie selbst war in zwei andere Sklavenhaltersysteme verstrickt, einmal als potenzielles Opfer, ein anderes Mal als Kolonialherrin.

Über ihre Familie kam Elizabeth Marsh in Kontakt mit einigen Haupttriebkräften des globalen Wandels: Ausweitung der Seeverbindungen, Übersee- und Transkontinentalhandel, stärkere Mobilisierung von Wissen und schriftlichen Informationen im Dienste des Staates, Beschleunigung der imperialen Aggression und Kolonisierung, Emigration, Krieg, Sklaverei und Sklavenhandel. Millionen Menschen wurden Teil dieser Entwicklungen, und auch Elizabeth Marsh geriet in ihren Sog. Zum Teil lag das an ihrem Geschlecht und ihrem unsicheren Status. Als Frau war sie von Männern abhängig und musste diesen oft folgen, wohin es sie gerade verschlug.

In dieser und anderer Hinsicht ging es Elizabeth Marsh wie ihrem Zeitgenossen Olaudah Equiano (um 1745–1797), dem ehemaligen Sklaven afrikanischer Herkunft, der sich durch seine Schriften und Reisen als »Weltbürger«, Afrikaner und Brite verstand.[2] Bezeichnend ist, dass sowohl Elizabeth Marsh als auch Olaudah mit der Royal Navy, mit dem Sklavenhandel und mit dem Schreiben zu tun hatten und sich wiederholt genötigt sahen, sich neu zu erfinden. Dass ihre unterschiedlichen, aber im Grunde auch ähnlichen Lebenswege sie an weit voneinander entfernte Orte und in viele verschiedene Kulturen führten, lag an einer weiteren Gemeinsamkeit. Elizabeth Marsh und Olaudah Equiano reisten sowohl aus eigenem Entschluss als auch aus Zwang. Beide waren reiselustig, aber zugleich durch ihre Abhängigkeit von anderen auch zu Reisen gezwungen, Equiano als Sklave, Marsh als Frau ohne eigenes Einkommen.

Ihre Welten

In ganz Europa und in Teilen Amerikas, aber auch darüber hinaus wuchs in der Zeit, in der Elizabeth Marsh lebte – Mitte bis Ende des 18. Jahrhunderts – das Bewusstsein für die Verbundenheit aller Regionen und Völker der Welt. Den gebildeteren Menschen war klar, dass es schon in früheren Geschichtsepochen Phasen einer beschleunigten Globalisierung gegeben hatte, wie wir es heute nennen würden. Der griechische Historiker Polybios schrieb über das 3. Jahrhundert v. Chr., die Vorgänge der Welt seien früher sozusagen zerstreut gewesen, aber infolge der Eroberungen des Römischen Reiches habe die Geschichte eine Einheit erlangt, und nun seien die Vorgänge in Italien und Libyen (d. h. Afrika) mit jenen in Asien und Griechenland verwoben und ihr Ausgang strebe einem Ziel zu.[3] Seither haben Historiker weitere solcher »globalen Momente« ausgemacht, etwa Ende des 13. Jahrhunderts, als der Handel

Kaufleute aus Indien, China, aus der Levante, vom Persischen Golf und aus verschiedenen europäischen Hafenstädten und Stadtstaaten miteinander verband, oder 1571, als Spanien mit der Eroberung Manilas neue Handels- und Migrationswege und Tauschsysteme für Münzgold und -silber zwischen Asien, Südostasien, Amerika und Europa einführte.[4] Aber die Geschwindigkeit, mit der sich ab Mitte des 18. Jahrhunderts globale Verbindungen entwickelten, waren für Beobachter im Westen und in der übrigen Welt etwas Neues. »Alles hat sich verändert und wird sich noch verändern«, schrieb Abbé Raynal 1770 in seiner *Geschichte beider Indien*, dem einflussreichsten und kritischsten Werk seiner Zeit über Europas Verbindungen zu Asien, Afrika und Amerika. Und Edmund Burke verkündete 1777: »Die große Karte der Menschheit wird auf einmal entrollt und ist damit vollständig in unserem Blick«.[5]

Dieses Gefühl, dass die Welt dichter zusammenrückte und enger verbunden war, war in Großbritannien sehr verbreitet, und zwar aus Gründen, die Elizabeth Marshs Leben mit prägten. Das Meer war primäres Vehikel und symbolhaft für diese Verbindungen, und Großbritannien besaß sowohl die stärkste Kriegsflotte als auch die größte Handelsflotte. Zu Lebzeiten Marshs ermöglichte es diese überlegene Seemacht Großbritannien – wie auch Frankreich und Russland –, immer weiter in den Pazifik vorzudringen, der ein Drittel der Erdoberfläche bedeckt und den Europäern bis dahin nur begrenzt vertraut war.[6] Großbritannien war zudem in eine Reihe von Kriegen mit Frankreich verwickelt, das seine geographische Expansion ebenfalls unermüdlich vorantrieb. Infolgedessen konnte die britische Regierung für sich das größte und am weitesten verstreute Imperium der Welt beanspruchen. Der deutsche Geograph Johann Christoph Gatterer erklärte 1775, Großbritannien sei als einzige Macht entscheidend, wenn auch nicht immer sehr tief oder gesichert in jeden Kontinent der Erde vorgedrungen.[7]

Die weitreichenden Handelsbeziehungen, die zunehmende Abwanderung der eigenen Bevölkerung in Überseegebiete, die Entwicklung des Presse- und Verlagswesens und der wachsende Konsum förderten in Großbritannien ein lebendigeres Bewusstsein für die Größe der Welt und die Verschiedenheit der Menschen. Hätte Elizabeth in den 1760er Jahren, als sie in London lebte, über die notwendigen Mittel verfügt, so hätte sie sich vielleicht einen Taschenglobus gekauft, wie sie damals in Mode kamen, oder eine der zahllosen Neuerscheinungen – Atlanten, Enzyklopädien, Zeitungen und Kinderbücher –, in denen die »Welt en miniature« präsentiert wurde.[8] Sie alle suggerierten eine leichter fassbare Welt, eine Welt, die man in die Tasche stecken konnte.

Aber es war nicht nur die Weite des British Empire, die Elizabeth Marshs Leben prägte. Ihre Zeugung verdankte Marsh der erzwungenen Migration von Millionen Westafrikanern über den Atlantik; und deren Aufbegehren gegen die Sklaverei führte dazu, dass sie in England geboren wurde, nicht in Jamaika. Ihr Werdegang war von der zunehmenden globalen Präsenz britischer Schiffe, Soldaten und Kaufleute geprägt. Eine entscheidende Wende erfuhr ihr Leben aber auch durch die Pläne eines marokkanischen Herrschers, sein eigenes Weltreich aufzubauen, das ein Bindeglied sein sollte zwischen Schwarzfrika, dem Maghreb, dem Osmanischen Reich, West- und Osteuropa, Asien und letztlich auch den Vereinigten Staaten. Die Schauplätze ihrer Geschichte sind nicht nur London, Barcelona und Livorno, sondern auch Basra, Boston, Dhaka und Manila.

Elizabeth Marsh

Erstmals begegnete ich Elizabeth Marsh, als ich an meinem vorigen Buch, *Captives*, arbeitete. Zunächst wusste ich nur von dem Teil ihres Lebens, der sich im Mittelmeerraum abspielte;

erst als ich die Hintergründe recherchierte, entdeckte ich nach und nach die anderen geographischen Schauplätze ihrer Geschichte. Ich erfuhr, dass eine kalifornische Bibliothek ein von ihr verfasstes indisches Reisejournal und eine frühe handschriftliche Version ihres Buches über Marokko besaß. In Archiven stieß ich auf Hinweise, die sie mit Jamaika und Ostflorida in Zusammenhang brachten. Weitere Recherchen ergaben Verbindungen ihrer Familie zu Spanien, Italien, den Shetlandinseln, Mittelamerika, der chinesischen Küste, New South Wales, Java, Persien, den Philippinen und anderen Ländern.

Elizabeth Marsh war gesellschaftlich unbedeutend, manchmal verarmt und so viel auf Reisen, dass sie schwer zu fassen war. In der Antike, im Mittelalter und in der frühen Moderne haben Menschen wie sie, zumal Frauen, nur selten Spuren in den Archiven hinterlassen, wenn sie nicht gerade das Pech hatten, in ein besonders katastrophales Ereignis der Weltgeschichte verwickelt zu sein. Dass sich Elizabeth Marshs Wege in Bibliotheken und Archiven nachzeichnen lassen, und das nicht nur über kurze Etappen, sondern über fast ihr gesamtes Leben hinweg, ist auch den Veränderungen zu verdanken, die sich in dieser Zeit vollzogen und die zur Folge hatten, dass ein Staat mit seinem wachsenden Heer von Konsuln, Verwaltungsbeamten, Schreibern, Diplomaten, Kapitänen, Dolmetschern, Kartographen, Missionaren und Spionen in der Lage war, das Leben »kleiner« Leute – und manchmal sogar Frauen – zu überwachen und zu dokumentieren.

Informationen und Fakten über das Leben Elizabeth Marshs zusammenzutragen wurde auch durch die explosionsartige Entwicklung der globalen Kommunikation ermöglicht, die in unserer Zeit stattfindet. Das Internet macht es nicht zuletzt Historikern möglich, in Manuskript- und Bibliothekskatalogen, Online-Dokumenten und genealogischen Internetseiten aus allen Teilen der Welt zu recherchieren. Nur so war es möglich, einen Lebensweg nachzuzeichnen, der immer wieder geographische und politische Grenzen überschreitet. Die Auswirkungen dieser Informationsexplosion auf unser Verständnis von Geschichte und vom Wesen der Biographie sind noch gar nicht in vollem Umfang erfasst.[9]

Elizabeth Marshs Leben mit seinen vielen Wechselfällen lässt sich zwar nachvollziehen, aber das heißt nicht, dass es über sie zahlreiche oder leicht zugängliche Quellen gäbe. Diese Frau war sicher eine besessene Schreiberin. Selbst (oder vielleicht gerade) wenn sie im Unterdeck eines Frachtschiffs auf dem Indischen Ozean schaukelte oder in einem marokkanischen Gefängnis festsaß, schrieb sie Briefe, wie man weiß. Aber weder diese, noch andere ihrer Briefe sind erhalten geblieben. Auch von ihrem Mann oder ihren Eltern gibt es keine persönlichen Briefe mehr. Zudem fehlt uns jegliche Beschreibung ihres Äußeren, die wir in Ermangelung eines überlieferten Porträts von ihr heranziehen könnten. Wir wissen nicht, welche Farbe ihre Augen oder Haare hatten, wie groß sie war, wie ihre Stimme klang oder wie sie sich bewegte.

Der Mangel an solchen grundlegenden Informationen, über die Biographen normalerweise verfügen, ist mit ein Grund, weshalb ich Elizabeth Marsh meist mit Vor- und Zunamen und gelegentlich nur mit dem Familiennamen nenne. Aus Gründen der Klarheit, aber auch wegen ihrer Lebensweise behalte ich durchgängig ihren Mädchennamen bei, nenne sie also nie Elizabeth Crisp. Die Praxis, Frauen in Biographien nur mit Vornamen zu nennen, kann eine infantilisierende Wirkung haben und suggeriert zudem ein Maß an familiärer Vertrautheit, das bei dieser Frau noch unangebrachter wäre als sonst. Über gewisse Aspekte ihres Lebens und Denkens sowie über ihr Aussehen wird man wahrscheinlich nie Genaues in Erfahrung bringen, unverkennbar ist jedoch die Wirkung, die sie zuweilen auf andere haben konnte.

Was erhalten geblieben ist und uns Aufschluss über ihre Persönlichkeit gibt, ist eine erstaunliche Fülle von Aufzeichnungen, Sammelalben und Anekdoten, die sie und andere Familienmitglieder zusammentragen haben. Es gibt Elizabeth Marshs Schriften aus Marokko und Indien. Ihr jüngerer Bruder, John Marsh, hielt seine berufliche Laufbahn in seinen Memoiren fest. Ihr Onkel, George Marsh, schrieb ein bemerkenswertes Buch über sich und seine Verwandtschaft, sowie zwei Bücher mit allgemeinen Aufzeichnungen und führte Tagebuch über die bedeutenderen Ereignisse seines Lebens. Die verschiedenen Chroniken betreffen persönliche und familiäre Ereignisse, Leistungen und Katastrophen, lassen sich aber auch als Allegorien weitreichenderer Entwicklungen lesen. Selbst Landkarten, die Elizabeth Marshs Vater zeichnete, offenbaren mehr als nur die offenkundige Bedeutungsebene. Diese Familienaufzeichnungen habe ich wiederholt herangezogen, um die Gedanken, Gefühle, Ziele und Wünsche dieser Frau zu entschlüsseln, die für uns nie ganz und gar greifbar wird. Dies ist ihre Geschichte.

I

Aus der Karibik

Schon der Anfang war bezeichnend für alles, was kommen sollte. Elizabeth Marshs Leben begann gegen jede Wahrscheinlichkeit an einem Ort, an dem der Tod grassierte, inmitten von Kräften, die bereits weite Teile der Erde verwandelten.

Ihr Vater, Milbourne Marsh, kam erstmals nach Jamaika, als sein Schiff, die *Kingston*, am 20. Juli 1732 vor Port Royal vor Anker ging.[1] Die *Kingston* gehörte zu einem Geschwader der Royal Navy, das in diesem Frühjahr mit dem Befehl in die Karibik beordert wurde, in der Region Schmuggel und Angriffe bewaffneter spanischer Küstenwachen auf britische Handelsschiffe zu unterbinden und eventuelle Sklavenaufstände auf Jamaika niederzuschlagen. Seit die Engländer die Insel 1655 den Spaniern abgerungen hatten, wurde es, anfangs vor allem wegen ihrer Lage und Größe, für England und später für Großbritannien immer wichtiger, sie zu halten. Sie lag knapp 150 Kilometer südlich von Kuba und eignete sich daher ideal für legalen und illegalen Handel mit spanischen Siedlungen in Amerika sowie als Stützpunkt für Angriffe auf sie und auf spanische Schiffe, die Gold und Silber aus den Bergwerken der Neuen Welt nach Sevilla transportierten. Mit einer Ost-West-Ausdehnung von über 225 Kilometern Länge war Jamaika zudem zehn Mal größer als alle übrigen britischen Karibikinseln zusammen. Die fruchtbare, wasserreiche Insel bot trotz der schroffen Gebirge im Inneren und der Tropen-

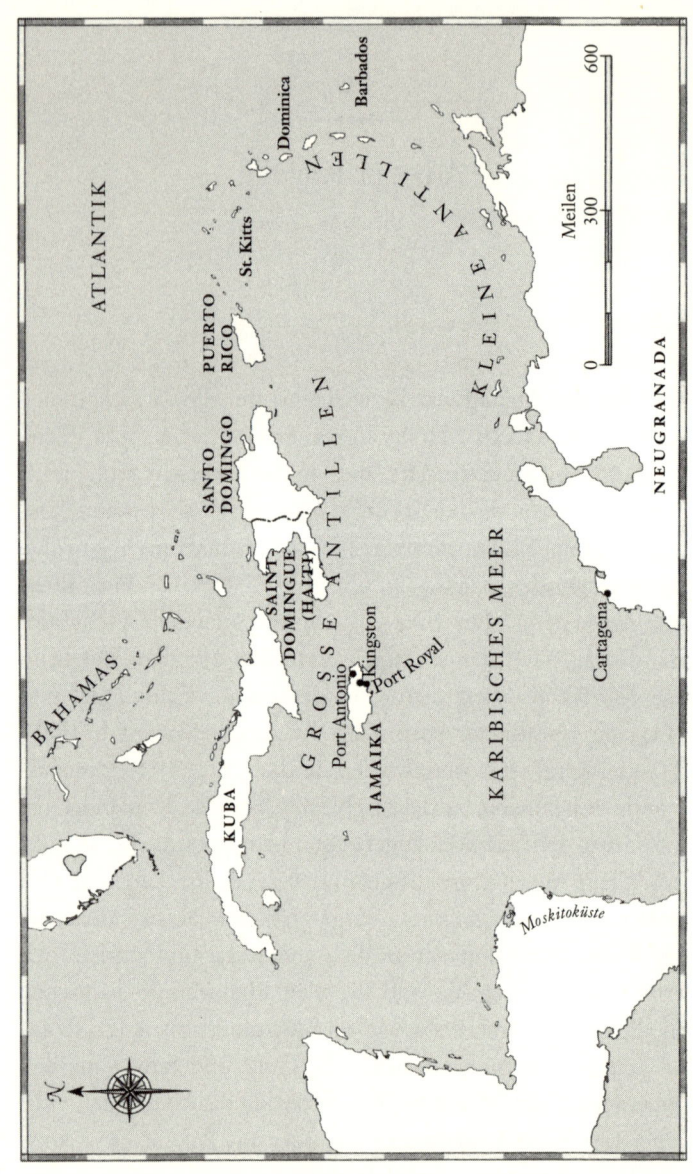

Die Karibik

wälder ausreichend kultivierbares Land – zumindest schien es anfangs so –, um zahlreiche weiße Kleinbauern anzusiedeln. Als Milbourne Marsh eintraf, bestand Jamaikas weiße Bevölkerung noch zu einem Drittel bis zur Hälfte aus Menschen mit sehr bescheidenem Einkommen, Dienstboten, Ladenbesitzern, Facharbeitern, Köchen, Hausierern, alten oder entlaufenen Seeleuten, Wanderarbeitern, Milchbauern, Garnisonstruppen und Ähnlichem. Aber die Kleinbauern gingen in dem Maße zurück, wie wesentlich größere Landgüter und eine einzige Kulturpflanze die Insel eroberten. Jamaikas Zuckerindustrie erreichte den Höhepunkt ihrer Rentabilität zwar erst im letzten Drittel des 18. Jahrhunderts, aber in den 1730er Jahren hatte sie mit über 400 Zuckerfabriken Barbados bereits als größten Zuckerproduzenten des British Empire überholt.[2]

Auch wenn in der Anbautechnik auf den Zuckerplantagen vieles über Jahrhunderte hinweg unverändert blieb, herrschte dort ein extrem innovatives Klima. Es erforderte endlose Arbeit, Zuckerrohr zu pflanzen, zu ernten, zu schneiden, zu pressen, den Sirup zu kochen und zu konzentrieren, die Endprodukte Rum, Melasse und verschiedene Zuckersorten in den Hafen zu transportieren und zu verladen. Diese Aufgaben förderten die Spezialisierung, die zeitliche Abstimmung großer Mengen von Arbeitskräften, die Einführung von Schichtarbeit und eine rigide Zeitdisziplin.[3] Die nötigen Pressen, Verdampfungsanlagen und sonstigen erforderlichen Anlagen erforderten hohe Investitionen, und Plantagenbesitzer waren vollständig auf den Überseehandel und Schiffsverbindungen angewiesen, um ihre Erzeugnisse zu verkaufen und ihre Arbeitskräfte anzuheuern und ins Land zu holen. Der Historiker David Eltis schreibt:

> Der Sklavenhandel war vermutlich die am stärksten internationale Aktivität des vorindustriellen Zeitalters. Dazu war es nötig, Güter aus mindestens zwei Kontinenten [Asien und Europa] zusammenzutragen … diese Güter in einen dritten

[Afrika] zu transportieren und gegen Zwangsarbeiter ein-
zutauschen, die man dann auf einen weiteren Kontinent
[Amerika] brachte.

Von den über 1,2 Millionen Männern, Frauen und Kindern,
die britische Händler zwischen 1700 und 1760 kauften und auf
britischen Schiffen aus Westafrika abtransportierten, landeten
ein Drittel bis die Hälfte auf Jamaika. Als Milbourne Marsh
dort eintraf, gab es auf der Insel annähernd 80000 schwarze
Sklaven, die zum größten Teil erst kürzlich von der Goldküste,
aus der Bucht von Biafra und der Bucht von Benin gekommen
waren.[4]

Auch in anderer Hinsicht fungierte Jamaika als Labora-
torium für neue Lebensweisen und einen neuen Menschen-
schlag. Port Royal an der Südostküste der Insel, wo Milbourne
Marsh an Land ging, war dafür ein extremes Beispiel. Die tiefen Küstengewässer und die Lage am Ende einer 15 Kilometer
langen Landzunge, die den Hafen von Kingston vom Karibischen Meer trennte, fanden die Engländer ideal, um Handelsschiffe aus Europa und Nordamerika zu be- und entladen. Wie
sie bald feststellten, war Port Royal auch günstig für Pirate-
rie, Schmuggel mit und Überfälle auf Kuba, Hispaniola und
das spanisch-amerikanische Festland. Im Jahr 1688 liefen 213
Schiffe Port Royal an, fast ebenso viele wie im selben Jahr in
sämtlichen Häfen New Englands vor Anker gingen. Mit ihren
annähernd 7000 Sklaven, Ladenbesitzern, Kaufleuten, Seeleuten, Buchhaltern, Anwälten, Kapitänen, Handwerkern, Ehefrauen, Kindern, Schmugglern und einer »Fülle lasterhafter
Dirnen und gemeiner Sünder« hatte die Stadt damals mehr
Einwohner als ihre Hauptrivalin in Britisch Amerika, Boston,
Massachusetts. Und da ihre 2000 Backsteinhäuser, die teils
bis zu vier Stockwerke hoch waren, sich auf kaum 20 Hektar
Kies und Sand drängten, war Port Royal wohl die am dichtes-
ten bevölkerte und teuerste englischsprachige Siedlung nach
London.[5]

Dann kam das Erdbeben. Am 7. Juni 1692 um 11.43 Uhr versanken innerhalb von zehn Minuten zwei Drittel von Port Royal und 2000 seiner Einwohner im Meer. Weitere 3000 Menschen starben in den folgenden Tagen an Verletzungen und Krankheiten.

> Der klare, heitere Himmel wurde über ganz Jamaika dunkel und rot. Ein unterirdisches Grollen war zu hören, das sich von den Bergen bis in die Niederung ausbreitete; in den Felsen taten sich Spalten auf; Hügel neigten sich dicht zueinander; giftige Seen bildeten sich an Stellen, an denen ganz Berge verschlungen wurden; ausgedehnte Wälder wurden mehrere Meilen von der Stelle fortgetragen, an der sie gewachsen waren; Häuser verschwanden ... Dieses schreckliche Ereignis hätte die Europäer lehren sollen, nicht auf Besitz in einer Welt zu bauen, die unter ihren Füßen bebt und ihnen aus ihren raubgierigen Händen gleitet.[6]

Als Abbé Raynal und seine Mitarbeiter die Zerstörung Port Royals so beschrieben, verliehen sie einer Tradition moralischer Missbilligung, die schon lange vor dem Erdbeben gegenüber dieser Stadt herrschte, eine antikolonialistische Note. Aber diese untergegangene Stadt, eine Art maritimes Pompeji, war nicht nur ein korrupter, ausbeuterischer, sondern auch ein dynamischer, kreativer Ort, und so gab es nach dem Erdbeben mehrere Versuche, sie wiederaufzubauen. Nach einem verheerenden Brand 1704 und mehreren Hurrikans gab man sie schließlich auf. Als Milbourne Marsh auf die Insel kam, war von Port Royal kaum mehr übrig als »drei hübsche Straßen, einige Quergassen und eine schöne Kirche«, die nahe Garnison Fort Charles und eine kleine Marinewerft, wo Schiffe der britischen Jamaikaflotte repariert und proviantiert wurden. Die wichtigsten Handelshäuser und Sklavenhändler waren ins benachbarte Kingston gezogen, das etwas geschützter lag. Port Royal hatte kaum noch 500 weiße Einwohner, unter denen die meisten Männer bei der Royal Navy oder als Soldaten in Fort Charles beschäftigt waren.[7]

Port Royals wichtigstes Erbe war vermutlich Jamaikas aufstrebender Zuckerrohranbau, da sowohl christliche wie jüdische Kaufleute der Stadt als wichtige Kreditgeber für Plantagenbesitzer fungiert hatten, die Land und Sklaven kaufen wollten.[8] So herrschten in Jamaika brutale Rassenunterschiede und Gewalt, gleichzeitig war die Insel aber in mancherlei Hinsicht kosmopolitisch und sogar tolerant. Das Kosmopolitische äußerte sich in extravagantem Konsum. So war eine Vorliebe für importiertes chinesisches Porzellan vor 1692 in Haushalten in Port Royal, aber auch in anderen jamaikanischen Siedlungen weiter verbreitet als in Privathäusern Großbritanniens oder der Kolonien auf dem amerikanischen Festland. In anderer Hinsicht ähnelte Britisch Jamaika »einer seltsamen terrestrischen Raumstation« voller »Fragmente verschiedener Rassen, die aus der Welt ihrer Vorfahren gerissen waren«.[9] Die meisten weißen Zuwanderer waren wie Milbourne Marsh alleinstehende, protestantische junge Männer aus Südengland, aber es kamen auch Schotten, protestantische und katholische Iren, portugiesischsprachige sephardische Juden aus Brasilien und Surinam, Hugenotten, Niederländer, einige französische und spanische Spione, Schmuggler und Händler von den Nachbarinseln Saint Domingue und Kuba sowie Kolonisten vom amerikanischen Festland, vor allem aus Boston, New York und Philadelphia. Von diesen Weißen unterschiedlicher Herkunft gab es Anfang der 1730er Jahre 8300 auf der Insel, dagegen war die ethnisch und kulturell gemischte schwarze Bevölkerung zehn Mal so groß.[10]

Viele Afrikaner, die in die Fänge der Sklavenhändler gerieten, starben lange, bevor sie Jamaika erreichten. Sie wurden getötet, wenn sie sich der Gefangennahme widersetzten, starben an Bord der Schiffe an Krankheiten oder begingen Selbstmord, weil sie der Demütigung und dem Elend der Knechtschaft entgehen wollten oder glaubten, ihr Geist würde nach dem Tod wieder in ihre Heimat zurückkehren. Von denen, die auf der Insel eintrafen und nicht weiter nach Spanisch Amerika oder auf die niederländischen Westindischen Inseln verschifft wurden, starben etwa die Hälfte in den ersten zwei bis drei Jahren, in jener Lehrzeit der Sklaverei, die einheimische Weiße als »Eingewöhnung« bezeichneten. Aber ob Schwarz oder Weiß, Sklave oder Freier, nur wenige Jamaikaner überlebten auf der Insel länger als 15 Jahre.[11]

Kurz nach ihrer Ankunft sahen Milbourne Marsh und die anderen Männer der *Kingston* ihren ersten »Guineafahrer mit Sklaven« in den Hafen von Port Royal einlaufen. Captain Thomas Trevor war vom Anblick und den Geräuschen der Menschen an Bord des Sklavenschiffes so beeindruckt, dass er das Ereignis in seinem Logbuch vermerkte.[12] Damit gab er sich als Neuling in der Karibik zu erkennen. Weder er noch seine Seeleute an Bord der *Kingston* ahnten, dass Sklavenschiffe selbst für jene tödliche Folgen haben konnten, die nicht auf ihnen gefangen gehalten wurden. Die schweren Regenfälle und Malariasümpfe Jamaikas wirkten oft tödlich, und Neuankömmlinge waren besonders anfällig, umso mehr, wenn sie wie die Crew der *Kingston* in den regenreichen Sommermonaten eintrafen:

New-come buckra,
He get sick,
He get fever,
He be die
He be die.[13]

(Neu gekommener weißer Mann / Er wird krank / Er kriegt Fieber / Er wird sterben / Er wird sterben.)

Sklavenschiffe brachten noch andere Gefahren mit sich. Oft schleppten sie die Pocken und in ihren Wasserfässern westafrikanische Moskitos ein, die Gelbfieber verbreiteten. Waren die Insekten erst einmal im Hafen, suchten sie frische menschliche Wirte und Brutplätze. Neue Einwanderer ohne Immunschutz waren ebenso leichte Beute wie Menschen, die zusammengepfercht in feuchten Holzschiffen mit eigenen Wasserfässern lebten.

Die 327 Seeleute an Bord der *Kingston* waren während der dreimonatigen Überfahrt von Portsmouth gesund geblieben, das änderte sich jedoch, sobald sie Jamaikas Klima und Krankheitserregern sowie den katastrophalen sanitären Verhältnissen von Port Royal und Kingston ausgesetzt waren. Zwei Wochen nach seiner Ankunft ging es auf dem Schiff bereits »schlimm zu«, und die ersten Männer starben. Die Sterblichkeit ging zurück, sobald es zur Patrouillenfahrt in die Karibik auslief, stieg aber wieder an, als es vor dem zweiten Marinestützpunkt Jamaikas, Port Antonio an der Nordostküste der Insel, auf Reede lag. Zu dieser Zeit fiel dort »ungeheurer Regen … so viel, dass es manchmal über mehrere Monate hinweg innerhalb einer Woche kaum einen klaren oder trockenen Tag gab«. Anfang 1733 konnte die *Kingston* wochenlang nicht auslaufen. Von der ursprünglichen Besatzung waren viele gestorben, und unter den Überlebenden waren manche zu schwach für die schwere körperliche Arbeit und die Beweglichkeit, die auf einem Kriegsschiff erforderlich waren.[14] In dieser Situation stellte Milbourne Marsh seine Qualitäten unter Beweis.

Als er nach Jamaika kam, wusste er einiges über die Risiken. Sechs Jahre vor dieser Fahrt der *Kingston* war 1726 ein Geschwader mit 4750 Männern unter der Führung von Konteradmiral Francis Hosier von Portsmouth zu den Westindischen Inseln aufgebrochen, um spanische Gold- und Silberschiffe abzufangen. Innerhalb eines Jahres starben Hosier und 4000 seiner Leute in Jamaika an Gelbfieber.[15] Britische Zeitungen, Legenden und Balladen sorgten dafür, dass diese Katastrophe weithin bekannt wurde, vor allem in Milbournes Heimatstadt Portsmouth. Als er 1732 auf einem Schiff anheuerte, das in die Karibik fuhr, war es für ihn also eine Art kalkuliertes Glücksspiel. Er war damals 22 Jahre alt, alleinstehend und besaß weder eine Ausbildung noch Mittel, seinen Unterhalt anders als durch Arbeit zu sichern. Die *Kingston* mit ihren 60 Kanonen war das Flaggschiff von Kommodore Richard Lestock, der schon bald von Admiral Sir Chaloner Ogle abgelöst wurde. Milbourne erhielt dort als Zimmermannsmaat mehr Lohn und eine höhere Stellung, als er näher an der Heimat an Bord eines Schiffes oder auf einer Werft bekommen hätte. Außerdem bot es ihm die Chance, einflussreiche Förderer in der Marine auf sich aufmerksam zu machen und in einen entlegenen Außenposten zu kommen, wo arme Weiße manchmal bessere Aufstiegsmöglichkeiten hatten, falls sie denn überlebten.

Dass Milbourne Marsh überlebte und Elizabeth Marsh zeugte, war nicht bloß einem glücklichen Zufall, sondern auch seiner Intelligenz, seinem Selbstvertrauen und seinen besonderen Fähigkeiten zu verdanken. An Bord eines Kriegsschiffs der Royal Navy war ein Zimmermann ein Deckoffizier. Wie die anderen Deckoffiziere, der erste Geschützoffizier und der Bootsmann, galt er im Gegensatz zu den kämpfenden Marineoffizieren nicht als Gentleman. Schiffszimmerleute erhielten bis Ende des 18. Jahrhunderts keine Marineuniform und aßen nicht am Tisch des Kapitäns oder in der Offiziersmesse. Sie waren spezialisierte Handwerker, die an Bord eines Schiffes eine klar abgegrenzte Aufgabe und einen anerkannten Status hatten. Selbst ein Zimmermannsmaat wurde etwa gleichrangig behandelt wie ein Seekadett, also ein Offiziersanwärter. In den Marinevorschriften der damaligen Zeit hieß es:

Der Zimmermann hat Sorge zu tragen für die Wartung und Pflege des Schiffsrumpfs, der Masten, Rahen, Schotten, Kajüten und so weiter und nimmt den Schiffsbedarf in seine Obhut, den der Marineinspektor ihm vertraglich überträgt. Auf See hat er täglich alle Teile des Schiffes zu inspizieren und zu sehen, ob Luken gut gesichert, Decks und Planken gut kalfatert sind, ob etwas nachgibt und ob die Pumpen gut in Ordnung sind; von Zeit zu Zeit hat er den Zustand der Masten und Rahen zu inspizieren und über alles dem Kapitän Bericht zu erstatten.[16]

Auf die effiziente Erfüllung dieser Pflichten legte man besonders in der Karibik großen Wert. Selbst nachdem man dazu überging, die Holzschiffe mit Kupfer zu verkleiden, hielten sie in diesen warmen, stürmischen und von Würmern wimmelnden Gewässern selten länger als drei Jahre und mussten ständig gewartet werden, um seetüchtig zu bleiben. Milbourne Marshs Fertigkeiten sicherten ihm hier also einen gewissen Status, den er offenbar bewusst nutzte, um voranzukommen und zu überleben. Im Januar 1733 musterte er von der fiebergeplagten *Kingston* ab und heuerte als Ersatz für einen verstorbenen Schiffszimmermann auf der *Deal Castle* an. Dieser Wechsel trug ihm mehr Arbeit ein, da das neue Schiff eine bescheidene Fregatte mit 24 Kanonen war und eine kleinere Besatzung hatte, die sich um die Wartung und das Segeln kümmerte. Aber es war eine Beförderung, die ihm eine höhere Heuer und eine Zeitlang eine gesündere Arbeitsumgebung einbrachte. Als Besatzungsmitglieder der *Deal Castle* im August an Land zu einem Einsatz gegen rebellische Sklaven abkommandiert wurden, wechselte Milbourne prompt auf ein anderes Schiff und ging als Zimmermann auf die *Rupert*, ein altes 930-Tonnen-Kriegsschiff mit 350 Mann Besatzung.[17]

Im Gegensatz zu den meisten Seeleuten musste ein Schiffszimmermann nachts nicht nach vier Stunden Schlaf aufstehen, um seine Wache anzutreten. Meist brauchte er auch nicht aufzuspringen, wenn das Signal »Alle Mann an Deck« ertönte. Milbourne Marshs Arbeit war zwar anstrengend, oft gefährlich und musste nicht selten 15 bis 20 Meter über Deck in der Takelage ausgeführt werden, war aber besser als die der meisten seiner Kameraden. Er war ausgeruhter, stand unter geringerem Druck und dürfte Auftrieb aus dem Bewusstsein seiner bescheidenen Unverzichtbarkeit bezogen haben. Nachdem er auf der *Rupert* angeheuert hatte, verbrachte er die folgenden 19 Monate weitgehend auf See, wo das Krankheitsrisiko geringer war, blieb aber immer in der Karibik und kehrte regelmäßig nach Port Royal zurück, was ihm mittlerweile wichtig war.

c⚹ɔ

Sie hieß Elizabeth Evans und war, wie er später behauptete, ein Jahr jünger als er. Mit Mädchennamen hieß sie Elizabeth Bouchier und hatte als alleinstehende Frau in Port Royal gelebt, bis sie 1728 James Evans kennen gelernt und geheiratet hatte.[18] Evans war ebenfalls Zuwanderer, stammte vermutlich aus Pennsylvania und arbeitete zeitweise als Schiffszimmermann an Schiffen der Royal Navy, die vor dem Hafen auf Reede lagen. Offenbar kannten Milbourne Marsh und Elizabeth Evans sich im August 1734 bereits gut, denn in diesem Monat setzte Evans sein Testament auf. Das war ein ungewöhnlicher Schritt für einen Mann seines Standes. Da der Tod Jamaikaner schnell dahinraffte, starben die meisten, ohne ein Testament zu hinterlassen. Weiße Handwerker machten sich nur selten die Mühe, ihren letzten Willen in einem rechtsverbindlichen Schriftstück niederzulegen. Wie Evans' Unterschrift auf dem Testament und »einige alte Bücher« zeigen, die er hinterließ, besaß er jedoch eine gewisse Bildung und entschloss sich zu dieser letzten Machtdemonstration, um so das letzte Wort zu behalten. Er schrieb, in Anbetracht der »Fährnisse und Gefahren des Meeres und anderer Unsicherheiten dieses vergänglichen Lebens« wolle er seinen letzten Willen kundtun, »um Streitigkeiten nach meinem Tod zu vermeiden«.[19] Außer diesen Floskeln hinterließ er auch etwas Substanzielles und Anschuldigungen gegen zwei Personen.

James Evans hatte es in Jamaika zu etwas gebracht. Für das Haus, das er in Port Royal gepachtet hatte, besaß er eine Lizenz, »Wein, Bier, Ale und Spirituosen zu verkaufen und auszuschenken«.[20] Nach dem Inventar zu urteilen handelte es sich um eine kleine Schenke mit sechs alten Tischen mit je einem Kerzenleuchter, Sitzplätzen für 18 Personen, einem Spucknapf, einem Nachtstuhl und nur wenig weiterem Mobiliar bis auf eine Truhe, einen Eckschrank und einige Betten (möglicherweise war das Etablissement zugleich ein Bordell). Aber zusammen mit dem Lastkahn, den er besaß und an die Royal Navy vermietete, hatte das Geschäft Evans und seiner Frau bescheidenen Wohlstand gebracht. Sie besaßen »ein neues Federbett und Kissen«, Zinngeschirr, feines Leinen und mindestens neun erwachsene Sklaven. Wie es in Sklavenhaltergesellschaften auf der ganzen Welt üblich war, bekamen diese Menschen neue Namen, um ihre frühere Identität auszulöschen und den Besitzanspruch an ihnen geltend zu machen. Seinen Sklavinnen hatte Evans pseudoklassische Namen gegeben, die ebenfalls von seiner Bildung und ihren Grenzen zeugten. Es gab eine »Cresia« mit ihren beiden »Negerkindern«, eine »Palla« (Pallas?) mit Kind, eine Venus und eine Silvia. Sie arbeiteten alle in der Schenke. Da Evans seine männlichen Sklaven als Besatzung für seinen Lastkahn einsetzte und als Hafenarbeiter und Kalfaterer an die Royal Navy auslieh, gab er ihnen praktischere Männernamen. Aber alle Sklaven, ob männlich oder weiblich, erhielten lediglich einen Namen, nicht Vor- und Zunamen wie Weiße. Er nannte sie »Plymouth«, »Gosport«, »Bristol« oder nach anderen britischen Hafenstädten, als ob sie Pferde oder Haustiere wären, nicht Menschen.[21]

Für Jamaika war es nicht ungewöhnlich, dass ein Handwerker so viele Sklaven besaß. Die 157 Einwohner von Port Royal, die 1738 als Sklavenbesitzer registriert waren, hatten durchschnittlich jeweils neun Sklaven.[22] Aber Milbourne Marsh, der Neuankömmling aus England, der nicht mehr besaß als den Inhalt seiner Seekiste, muss wohl gestaunt haben, als er einen solchen Wohlstand bei einem Schiffszimmermann sah; daher ist es unwahrscheinlich, dass ihn anfangs nur körperliche und emotionale Reize zu James Evans' Frau hinzogen.

In seinem Testament nahm Evans seine kleine Rache, wie er es empfunden haben muss. Er vermachte seiner immer noch »geliebten Ehefrau Elizabeth Evans« sein gesamtes Vermögen einschließlich »aller Neger«, allerdings mit einer Ausnahme. Von den männlichen Sklaven des Haushalts sollte einer dauerhaft an einen Verwandten Evans' in Philadelphia geschickt werden: »ein Neger namens *Marsh*«. In Evans Inventarliste, die seine sämtlichen Sklaven enthält, taucht aber niemand mit diesem Namen auf. Offenbar nahm er diese Verfügung in sein Testament auf, um posthum einen englischen Eindringling namens Milbourne Marsh zu beleidigen und vielleicht ein bisschen gegen seine eigene Frau zu sticheln. Vor Ende desselben Jahres starb James Evans, aus welchen Gründen auch immer, und hinterließ Hab und Gut sowie Sklaven in einem Wert, der in seiner Inventarliste auf 625 Pfund beziffert wird. Am 12. Dezember 1734, einen Tag, nachdem Elizabeth Evans offiziell die Erlaubnis erhielt, das gesamte Vermögen ihres verstorbenen Mannes »in Besitz zu nehmen und zu verwalten«, heiratete sie Milbourne in der anglikanischen Kirche von Kingston.[23] Im Januar 1735 war sie schwanger.

Wer war diese Elizabeth Evans, die Milbourne Marsh zur Frau nahm? Und wie war sie nach Port Royal gekommen, bevor sie ihren ersten Mann 1728 heiratete? Der Name Elizabeth Bouchier taucht nicht in den Listen der amtlich erfassten Dienstboten und Sträflinge auf, die um diese Zeit aus Großbritannien nach Jamaika kamen, obwohl das nicht beweist, dass sie nicht darunter war.[24] Sie lässt sich auch nicht eindeutig in den erhaltenen jamaikanischen Pfarregistern ausmachen, die allerdings ebenfalls unvollständig sind. So scheint für Port Royal kein Taufregister mehr aus der Zeit vor 1722 zu existieren. Ungewöhnlicher ist, dass es über diese Frau auch keine Informationen in dem Familienbuch gibt, das Milbourne Marshs jüngerer Bruder, George Marsh, später zusammenstellte. Da wo er in diesem Buch einzelne Familienmitglieder vorstellte, widmete er gewöhnlich auch ihren Ehegatten einen kurzen Satz, vor allem, wenn es das Ansehen und den Aufstieg seines Clans illustrieren konnte. So verurteilte er die Frau seines Cousins Warren als »sehr schlechte Frau«, war aber sehr bemüht, festzuhalten, dass sein Vater »die Beste aller Frauen« geheiratet hatte und der Mann seiner Nichte Margaret Duval »ein überaus wertvoller, vernünftiger und guter Mann« war. In den Abschnitten des Familienbuchs, die sich mit Milbourne Marsh befassen, sind jedoch die Sätze durchgestrichen, in denen man ein Urteil über die Frau seines älteren Bruders erwarten dürfte.[25] Auch in der erhaltenen Korrespondenz der Familie Marsh finden sich keine Angaben über diese Frau und nur sehr selten Hinweise auf ihre Existenz. Außer der kurzen Eintragung in Kingstons Eheregister existiert von Elizabeth Bouchier, aus der zunächst Elizabeth Evans und später Elizabeth Marsh wurde, praktisch nur ein einziges Dokument: ihr (inzwischen entfernter) Grabstein in einer Kirche in Chatham, Kent. Darauf ließ Milbourne Marsh eingravieren: »Sie war eine gute christliche Ehefrau und Mutter.« Dieser vorsichtigen Aussage folgten aber keine Angaben zu ihrer Abstammung oder Herkunft.[26]

Sie bleibt also in dieser Geschichte mit einem Fragezeichen versehen, aber zumindest gibt es zwei mögliche Erklärungen. Die Kirchenbücher von Port Royal verzeichnen Ende der 1730er Jahre eine Witwe Margaret *Boucher*, die in einem Mietshaus lebte und gelegentlich Almosen erhielt. Bedenkt man, wie nachlässig man damals mit Familiennamen umging, zumal bei armen Menschen, dann könnte Milbourne Marshs Ehefrau die Tochter dieser Witwe gewesen sein. In diesem Fall war sie eine Weiße oder ging als solche durch, denn Margaret Bouchers Name steht in einer »Liste der weißen Mitglieder dieser Pfarrgemeinde«, die 1738 in Port Royal erstellt wurde.[27] Falls die Frau, die mit Mädchennamen als Elizabeth Bouchier geführt wird, tatsächlich die Tochter dieser verwitweten »Margaret Boucher« war, ließ sie ihre Mutter in Jamaika zurück, als sie 1735 nach England ging, und versuchte nicht einmal, den mütterlichen Vornamen weiterzugeben, als sie ihre eigene Tochter taufte.

Es gibt jedoch noch eine andere Möglichkeit. Damals lebten in Jamaika nicht nur Bouchers, sondern auch Bourchiers, Plantagenbesitzer, deren Familiennamen in unterschiedlichen Schreibweisen zu finden ist. Sie waren offenbar in den 1660er Jahren auf die Insel gekommen. Sollte Elizabeth Marshs Mutter eine Blutsverwandte dieser Familie gewesen sein, war sie höchstwahrscheinlich kein legitimes Kind. Ehelich geborene Töchter karibischer Plantagenbesitzer heirateten in der Regel keine Schiffszimmerleute. Vorstellbar ist, dass sie Mulattin war, ein vermutlich getauftes Mischlingskind eines weißen Grundbesitzers – vielleicht Charles Bourchiers, der 1726 starb – und einer afrikanischen Sklavin.[28] Möglicherweise bestand aber auch keine Blutsverwandtschaft, sondern nur eine frühere Verbindung zur Plantage der Familie. In Jamaika übernahmen freigelasse Sklaven manchmal den Familiennamen ihrer früheren Besitzer und behielten ihn bei.

Allgemein geht man davon aus, dass Seeleute mit Jamaikas Schwarzen und Mulatten leichter Beziehungen auf gleichberechtigter Ebene eingingen, als die meisten weißen Einwohner der Insel es wollten und konnten. »Zwischen Seeleuten und Negern besteht immer das freundschaftlichste Verhältnis«, schrieb ein ehemaliger Einwohner Jamaikas später:

> Das zeigt sich in ihrem Umgang und im gegenseitigen Vertrauen und der Vertrautheit, die zwischen Sklaven und einheimischen Weißen nie vorkommen. In ihrem Umgang mit dem Seemann herrscht ein Gefühl der Unabhängigkeit, das ansonsten im Bewusstsein einer bitteren Beschränkung gefesselt ist ... In Gegenwart des Seemanns fühlt sich der Neger als Mann.[29]

Das war eine äußerst sentimentale Einschätzung. Dass britische Seeleute auf der Durchreise Umgang mit Jamaikas schwarzer Bevölkerung pflegten hatte mindestens einen grob ausbeuterischen Grund: In den Hafenstädten der Insel gab es nur sehr wenige alleinstehende weiße Frauen, die der Schicht der Handwerker und Dienstboten angehörten und daher als Gefährtinnen für Seeleute in Frage kamen.

Aber diese Beziehungen beruhten dennoch auf mehr als nur auf Sex, Geld und Einsamkeit. Auf dieser und anderen Karibikinseln kamen durchreisende Seeleute und Schwarze gern zusammen, weil ihnen das Bewusstsein gemeinsam war, anders zu sein. Schwarze und Mulatten trennten Hautfarbe, ursprüngliche Kultur, Religion und meist ihre Unfreiheit von kreolischen Siedlern, aber auch Seeleute waren ein Volk für sich, »eine Generation, die sich von aller Welt unterschied«.[30] Schon ihr Aussehen hob sie von Menschen ab, die Zeit ihres Lebens an Land blieben: Sie waren sonnengebräunt, trugen oft lange Pferdeschwänze und amateurhafte Tätowierungen mit Tinte oder Schwarzpulver, waren ausgesprochen geschmeidig und häufig auf die eine oder andere Weise verstümmelt. Sie gingen anders, bewegten sich anders und kleideten sich anders. Wie die schwarze Bevölkerung Jamaikas besaßen auch sie ihren eigenen Jargon, ihre eigenen Lieder und ihren Wunderglauben. Vor allem aber waren sie Durchreisende, Männer, die Heim, Familie und Heimat verlassen hatten oder gewaltsam von Heuerbanden herausgerissen wurden. Dass sie sich zuweilen zu Menschen hingezogen fühlten, die man noch brutaler aus ihrer Heimat gerissen hatte, war kaum verwunderlich. In der Pfarrei Kingston, wo Milbourne Marsh und Elizabeth Evans im Dezember 1734 heirateten, gab es »westlich und leewärts der Stadt« zwei Friedhöfe, die »freien Farbigen« und »Soldaten, Seeleuten und Durchreisenden aller Art« vorbehalten waren.[31] Selbst im Tod wurden Seeleute, Mulatten und Schwarze also gemeinsam von allen anderen abgesondert.

Auch auf See kamen sie zusammen. Wie Jamaika war auch die Royal Navy zugleich gewaltsam, gefährlich, kosmopolitisch und innovativ: »eine Macht neuer Art, die das Antlitz der Erde verändern musste«[32]. Auf den Marineschiffen, die zu den komplexesten und teuersten Maschinerien ihrer Zeit gehörten, ging es relativ tolerant und in gewissem Maße meritokratisch zu. Die zur Instandhaltung und Bedienung dieser Schiffe erforderlichen Fähigkeiten waren so spezialisiert und gefragt, dass man bei Männern, die sie besaßen, manchmal über die Hautfarbe ebenso hinwegsah wie über den gesellschaftlichen Stand.[33] Milbourne Marsh war es wie die meisten Marineangehörigen gewohnt, Seite an Seite mit freigelassenen schwarzen Seeleuten zu arbeiten. Sie genossen dieselben Rechte und bekamen die gleiche Heuer wie ihre weißen Kollegen. In der Karibik beschäftigte die britische Marine auch schwarze Sklaven, die die gleiche Arbeit verrichteten wie entsprechende weiße und freigelassene schwarze Seeleute und zusammen mit ihnen untergebracht waren, deren Heuer aber an ihre Besitzer ausbezahlt wurde. Dies war bei Milbournes engem Kameraden John Cudjoe der Fall. Er war einer der beiden Gehilfen, die Milbourne als Schiffszimmermann zugeteilt waren und bei ihm in die Lehre gingen. Beide Gehilfen erhielten die gleiche Heuer, knapp 14 Pfund im Jahr sowie Kost und Logis, aber in Cudjoes Fall bekam seine Besitzerin, eine jamaikanische Siedlerin, das Geld. Beide Männer teilten sich das Quartier mit Milbourne und arbeiteten tagtäglich mit ihm zusammen. Als Milbourne im August 1733 von der *Deal Castle* auf die *Rupert* wechselte, ging John Cudjoe mit ihm.[34]

In der Auswahl seiner Ehefrau war Milbourne Marsh also offensichtlich bereit, vom Sklavenbesitz zu profitieren, obwohl der tägliche, kameradschaftliche Umgang über Rassenschranken hinweg für ihn selbstverständlich war. Ob er auch Rassenschranken überschritt, als er Elizabeth Evans heiratete, und ob dies mit ein Grund für die Verschwiegenheit war, mit der die Familie Marsh diese Frau später in ihren Familienbüchern umgab, wird sich wohl nie eindeutig klären lassen. Es heißt,

Biographie sei ein Netz, mit dem sich das Leben eines Einzelnen einfangen und ans Licht bringen ließe. Aber da ein Netz nur eine Verknüpfung von Löchern ist, schlüpft auch einiges durch. Manche Lebens- und Körper-Aspekte gehen für immer verloren, und dazu gehört auch die Herkunft der Mutter von Elizabeth Marsh.[35] Der Versuch, ihre ethnische Abstammung genau zu klären, mag in ihrem Fall noch unangebrachter sein als sonst. Denn Jamaikas gesetzgebende Versammlung verabschiedete 1733 eine gesetzliche Regelung, nach der »niemand nach der dritten Generation als Mulatte gilt ... sondern alle Privilegien und Freiheiten weißer Untertanen Seiner Majestät genießt, sofern er in christlichem Glauben aufgewachsen ist«; damit erkannte sie verspätet das Ausmaß der Rassenmischung und ihre komplexen menschlichen Folgen an.[36]

Selbst wenn Elizabeth Bouchier von ihrer Abstammung her ein Mischling war, mag sie sich schon vor ihrer Ehe als Mensch im Wandel und Umbruch gesehen haben, der sich einer einfachen Kategorisierung entzog. Über die heutigen Bestrebungen, die Identität einer Person festzulegen, schrieb Benedict Anderson: »Die Fiktion des Zensus besteht darin, dass jedermann erfasst ist, und dass jeder einen – und nur einen – eindeutigen Platz einnimmt. Kein Raum für Unklarheiten.«[37] Elizabeth Marsh, die frisch angetraute Ehefrau Milbourne Marshs, mag ein Mensch der Brüche gewesen sein. Aus einer Vielzahl von Gründen sah sich ihre Tochter, eine weitere Elizabeth Marsh, offenbar zuweilen ebenso, und in ihrem Fall sollte man im Hinterkopf behalten, dass diese Brüche vielleicht in gewisser Weise mit der Sklaverei zusammenhingen.

Für Milbourne Marsh, seine frisch angetraute Frau und sein ungeborenes Kind ging es 1735 aber zunächst einmal ums Überleben. Aus Jamaikas Pfarrregistern geht hervor, dass von den weißen Kindern, die damals auf der Insel geboren wurden, ein Viertel bis ein Drittel im ersten Lebensjahr starben. Offenbar hatten auch James und Elizabeth Evans 1730 ein Kind in

Port Royal begraben, eine Tochter, die höchstens ein Jahr alt gewesen sein kann. Die Kindersterblichkeit lag noch wesentlich höher, als Jamaikas Kirchenbücher erkennen lassen. Pfarrer verlangten Geld für eine Taufe, und oft warteten Eltern mit dieser finanziellen und emotionalen Investition, bis ein Kind die ersten Monate überlebt hatte. Viele starben bereits vorher und wurden ungetauft und unregistriert begraben. Kinder schwarzer Sklaven starben oft schon in den ersten Lebenswochen und -monaten, das war auf manchen Plantagen sogar die Regel. Selbst wenn ein Kind sein drittes Lebensjahrzehnt erreichte, war unwahrscheinlich, dass beide Eltern es erlebten. Ehen dauerten in Jamaika durchschnittlich keine neun Jahre, bevor der Tod einen oder beide Partner dahinraffte. Selbst unter den Reichsten war es die Ausnahme, dass ein Kind das Erwachsenenalter erreichte und noch beide Eltern hatte.[38] Welche Aussichten hatte also Milbourne Marsh, ein Seemann, dem nicht nur vom Meer, sondern auch von Jamaika Gefahren drohten, trotz seines neu gewonnenen Reichtums? Und welche Aussichten hatte seine frisch angetraute Frau Elizabeth, die bereits ein Kind verloren hatte?

Diese privaten Todesängste, die auf Jamaika so vieles beherrschten, wurden durch zunehmende Rassenunruhen noch verschärft. Wegzulaufen und sich zu bewaffneten Gemeinschaften in den zerklüfteten Bergen der Insel zusammenzuschließen, war eine der ältesten Widerstandsformen der Sklaven. Bis Anfang der 1730er Jahre waren die Marons, wie man die entlaufenen Sklaven nannte, so zahlreich und gut organisiert, dass der Fortbestand Jamaikas als britische Kolonie gefährdet schien. Die Insel lag tausende Meilen von den anderen britischen Karibikinseln entfernt, aber bedrohlich nah am spanischen Kuba und am französischen St. Domingue. Das war einer der Gründe für die Patrouillenfahrten der *Kingston*, der *Rupert* und bis 1735 noch 19 weiterer britischer Kriegsschiffe in der Karibik. Aber das Binnenland Jamaikas hatte die Royal

Navy kaum unter Kontrolle, und die Zahl der britischen Soldaten war wie fast überall erschreckend gering. Daher hatten die gesetzgebende Versammlung der Insel und die Pflanzeraristokratie doppelt Grund zur Beunruhigung. Im Februar 1734 meldeten der Gouverneur, der Rat und die Versammlung nach London: »Die Angst vor ihnen breitet sich überall aus.« Die militärischen Erfolge der Marons hätten »solchen Einfluss auf unsere Sklaven, dass sie ständig desertieren«. »Freiheitshoffnungen« erschütterten sogar »die Treue unserer vertrauenswürdigsten Sklaven«.[39] Sollte die Sklavenflucht in diesem Maße anhalten und der Zorn der Sklaven in großflächigen gewaltsamen Widerstand umschlagen, könne die Zuckerindustrie zusammenbrechen und weiße Siedler könnten versucht sein, die Insel zu verlassen. In diesem Fall drohe eine Invasion der Franzosen oder Spanier oder sogar beider.

Milbourne Marsh erlebte einige Auswirkungen der wachsenden Panik unter den Weißen Jamaikas aus erster Hand. Einige seiner ehemaligen Schiffskameraden auf der *Kingston* und der *Deal Castle* wurden an Land beordert, um gegen die Marons zu kämpfen, und am 10. Oktober 1734 verließ John Cudjoe die *Rupert* auf Anweisung seiner Besitzerin. Die Flucht der Sklaven hatte inzwischen solche Ausmaße angenommen, dass seine Besitzerin Cudjoe vielleicht unter ihrer Aufsicht haben wollte, möglicherweise war sie aber auch dringend auf seine Arbeitskraft angewiesen. Die Tatsache, dass Milbournes ehemaliger Gehilfe Cudjoe – was soviel heißt wie »der am Montag Geborene« – den gleichen akanischen Familiennamen trug wie einer der prominentesten Maronführer, der die Briten 1739 zu einem Abkommen zwingen sollte, löste vielleicht an Bord der *Rupert* abergläubisches Unbehagen und Feindseligkeit aus.[40] Im selben Monat, Oktober 1734, wurde über Jamaika das Kriegsrecht verhängt. Aus den Pfarreien rekrutierte das Militär 600 Männer als Milizionäre, und London entsandte zu ihrer Unterstützung sechs zusätzliche Kompanien.

Mittlerweile war Milbourne eine enge Beziehung mit Elizabeth Evans eingegangen. Ihre Heirat im Dezember, die Gewissheit im Februar 1735, dass ein Kind unterwegs war, und die wachsende Furcht unter den Weißen Jamaikas – »Wir können nicht sagen, dass wir uns eines weiteren Tages gewiss sind« – ließ in ihnen den Entschluss reifen, die Insel zu verlassen.[41]

Milbourne Marsh handelte mit seiner gewohnten Effizienz. Am 7. März lief die *Kingston* in Port Royal ein und traf umfangreiche Vorbereitungen für die Rückfahrt nach England. Am 10. März hatte Milbourne wieder bei seinem früheren Schiff angeheuert, auf dem er Freunde und Förderer besaß. Offenbar hatte er die Schenke in Port Royal und den Lastkahn an einen ortsansässigen Marineangehörigen verkauft oder ihm die Nutzungsrechte übertragen. Es ist möglich, aber nicht erwiesen, dass er die Sklaven Palla, Cresia, Silvia, Gosport und die übrigen an die Royal Navy verkaufte, die sowohl männliche als auch weibliche Sklaven in ihren jamaikanischen Häfen beschäftigte. Auf diese Weise könnte er die Überfahrt seiner Frau nach England finanziert haben.[42] Mit Sicherheit halfen Milbournes spezielle Fertigkeiten ihr, der Insel zu entkommen. Auf dem Papier waren Kriegsschiffe der britischen Marine ausschließlich Männern vorbehalten, aber manchmal durften auf ihnen auch Frauen mitreisen, die keine offenkundige sexuelle Versuchung darstellten, zumal wenn ihr männlicher Begleiter Beziehungen besaß. Als die *Kingston* im Juni von Jamaika auslief, war Elizabeth Marsh senior im sechsten Monat schwanger und die Ehefrau eines der wichtigsten Handwerker des Schiffes. Da sie in erster wie in zweiter Ehe mit einem Seemann verheiratet war, wusste sie, was von ihr erwartet wurde. Offenbar traf sie mit dem Proviantmeister der *Kingston* private Vereinbarungen über ihre Verpflegung, um nicht in den offiziellen Büchern des Schiffes aufzutauchen, und vermutlich verbrachte sie mit ihrem zunehmenden Leibesumfang die Reise ruhend auf dem Orlopdeck, im ruhigsten, dunkelsten und abgeschie-

densten Teil des Schiffes.[43] Am 20. August 1735, knapp einen
Monat vor der Geburt ihrer Tochter, liefen sie im Hafen von
Portsmouth ein.

∞

Die Zeit, die diese Tochter, Elizabeth Marsh, in den ersten
19 Jahren ihres Lebens an Land verbrachte, wohnte sie über-
wiegend hier in Portsmouth. Die Familie fand Unterkunft in
den New Buildings, einer erst kürzlich gebauten, einfachen
Arbeitersiedlung am damaligen Nordrand von Portsea Island.
Nur ein kurzer Fußweg führte von hier zu der mittelalterlichen
Kirche St. Thomas an der High Street von Portsmouth, in der
Elizabeth Marsh am 3. Oktober 1735 getauft wurde.[44]

Von den New Buildings gelangte Milbourne Marsh schnell
an seinen Arbeitsplatz. Man hatte die Siedlung mit öffentlichen
Mitteln unmittelbar neben die Marinewerft von Portsmouth
gebaut, damit Schiffszimmerleute und andere Arbeiter pünkt-
lich zu ihrem 13-stündigen Arbeitstag erscheinen konnten.
Milbourne arbeitete zwar manchmal auf der Werft und manchmal auf See, richtete sein Leben aber so ein, dass er möglichst
viel Zeit bei seiner Familie verbringen konnte. Mit seiner üblichen Taktik nutzte er seine Fachkenntnisse, um sich eine neue
Anstellung zu suchen, sobald die bisherige ihm nicht mehr
passte. Im September 1735, also in dem Monat, als er Vater
wurde, musterte er von der *Kingston* ab und heuerte, ausgestattet mit einem Empfehlungsschreiben von Admiral Sir Chaloner
Ogle, wieder als Schiffszimmermann auf der *Deal Castle* an.
Da sie nur als sechstklassiges Kriegsschiff eingestuft war,
bestand kaum eine Wahrscheinlichkeit, dass sie im Kriegsfall
ins Schlachtgetümmel geschickt würde. Allerdings konnten
solche kleinen Schiffe durchaus Missionen in ausländischen
Gewässern übernehmen, und als die *Deal Castle* 1739 nach
South Carolina beordert wurde, wechselte Milbourne wieder
das Schiff. Er heuerte auf der *Cambridge* an, einem Kriegsschiff

mit 80 Kanonen, das gerade im Hafen von Portsmouth gründlich überholt wurde.[45]

Die Findigkeit ihres Vaters trug mit dazu bei, dass diese frühen Jahre in Portsmouth die stabilsten in Elizabeth Marshs Leben waren. Doch obwohl Portsmouth eine wesentlich sicherere und gesündere Umgebung bot als Jamaika, hatte die Stadt gewisse entscheidende Gemeinsamkeiten mit der Karibikinsel. Sie spielte eine wesentliche Rolle für das britische Reich und die organisierte Gewalt; sie war bahnbrechend auf dem Gebiet der Industrialisierung; sie war ausgesprochen kosmopolitisch und ein Zentrum des Überseehandels und der Migration. Nicht umsonst nannte – und verurteilte – man Portsmouth zuweilen als Englands Pendant zu Port Royal vor dem Erdbeben: »War jenes Sodom, so war dies Gomorrah.«[46]

Auf den ersten Blick wirkte Portsmouth wie eine alte, ummauerte Stadt mit gut 600 Häusern auf einem Teil der Insel Portsea, die durch Tore und Brücken mit dem Festland verbunden war. Diese Tore und Brücken waren jedoch gut bewacht, da die Stadt der wichtigste Militärstützpunkt Großbritanniens war und als Hauptoperationsbasis und Werft der Royal Navy diente. Damals gab es in England sechs Marinewerften, die alle an der Südküste lagen: die kleinen Werften Deptford und Woolwich an der Themse, Sheerness an der Medway-Mündung in Kent und 20 Kilometer weiter flussaufwärts die wesentlich größere Werft Chatham. Außerdem gab es die so genannten Westwerften in Plymouth und Portsmouth. Um 1730 hatte Portsmouth Chatham an Bedeutung überholt.[47] Für Reisende, die sich Portsmouth von Land näherten, lag die Stadt unauffällig hinter hohen Mauern versteckt, von See bot sie jedoch ein völlig anderes Bild:

> Ein weiter Hafen, die großen Schiffe, die drei bis vier Meilen weit an den Anlegestellen liegen, und zu beiden Seiten mindestens eine Meile weit Hafengebäude und Menschengedränge; das Wasser voller Boote, die hin und her fahren

wie auf der Themse ... Der Anblick, der sich mitten im Hafen bietet, vermittelt den Eindruck einer Großstadt.[48]

Die Werftanlagen mit spezialisierten Lagerhäusern und Gebäuden für Tauwerk, Masten und Takelagen gehörten zu den größten, teuersten Zweckbauten der damaligen Zeit. Hier waren 1735 annähernd 2200 Facharbeiter in 23 verschiedenen Gewerken beschäftigt. Glocken verkündeten Beginn und Ende des Arbeitstages. In der Seilerei arbeiteten weitere 259 Männer. In einer Volkswirtschaft, die nach wie vor überwiegend agrarisch geprägt war, stellte das eine außerordentliche Konzentration von Arbeitskraft dar. Selbst hundert Jahre später waren weltweit nur selten Industriebetriebe zu finden, die mehr als 500 Leute beschäftigten.[49]

Portsmouth, das rundum von Meer umgeben war, unter chronischem Trinkwassermangel litt, ständig in den Rauch unzähliger Schmiedefeuer auf der Werft gehüllt und vom Hämmern auf Metall und Holz erfüllt war, war also eine erstrangige Stätte staatlicher Macht und imperialer Projektion. Aber die beiden chinesischen Pagoden mit ihren über zwei Meter hohen Drachenköpfen, die in den 1740er Jahren neben der Werft gebaut wurden, und das Münz- und Sprachgemisch, das auf den Straßen herrschte, belegten, dass die Stadt auch ein Magnet für Ausländer und ausländische Einflüsse war. Die meisten ausländischen Diplomaten gingen in Portsmouth an Land und fuhren von hier auf der Landstraße weiter nach London, um ihre Referenzen bei Hofe vorzulegen. Hier hatte die East India Company ihr größtes Depot Großbritanniens außerhalb Londons. Schiffe aus Kalkutta, Madras, Bombay und Kanton brachten Textilien, Gewürze und Keramik, Passagiere und gelegentlich asiatische Seeleute nach Portsmouth. Ganze Kompanien von Soldaten marschierten auf dem Weg zu oder von Überseeexpeditionen durch die Garnisonsstadt. Aber Portsmouth war nicht nur Marinestützpunkt, sondern auch Handelshafen. Es gab arabische Kaufleute aus der Levante, Seeleute und Fischhändler aus der Hudson Bay und New England, baltische Lieferanten, die den unersättlichen Hunger der Royal Navy nach Holz stillten, so genannte »Hafenjuden«, die auf die typische Lebensweise ihres Volkes verzichteten, um hier Geld zu wechseln und zu verleihen, und Schmuggler aller Art.[50]

Um zu verstehen, wie Elizabeth Marsh sich zu dem Menschen entwickelte, der sie war, und wie sie dazu kam, ein solches Leben zu führen, muss man einbeziehen, dass sie von Kind an in Portsmouth Andersartigkeit und Vielfalt sah und hörte und gleichzeitig die britische Marine und die Macht des britischen Staates erlebte. Aber sie war natürlich auch von ihrer Familie geprägt. »Ich war die Tochter eines Gentleman«, schrieb sie einmal.[51] Die Wahrheit ist interessanter.

Während die Herkunft ihrer Mutter weitgehend ungeklärt ist, ist die ihres Vaters erstaunlich gut dokumentiert. Milbourne Marsh wurde im Oktober 1709 in der Kirche St. Thomas in Portsmouth getauft. Sein Vater, George Marsh (geb. 1683), war ebenfalls Schiffszimmermann bei der Royal Navy, was durchaus typisch war, da Schiffbau ein gut gehütetes Handwerk war, das traditionsgemäß über Generationen hinweg innerhalb der Familie vom Vater an den Sohn weitergegeben wurde. Milbournes Mutter, die 1687 als Elizabeth Milbourne geboren wurde, hatte eigene Verbindungen zur Seefahrt, wenn auch von völlig anderer Art. Ihr Vater, John Milbourne, »ein exzellenter Schreiber«, war nach 1713 Sekretär Sir Isaac Townsends, des ortsansässigen Leiters der Marinewerft Portsmouth.[52]

Die Blutsverwandtschaft mit jemandem, der mit Papier und Feder arbeitete, war bedeutend, und das war der Familie durchaus bewusst, wie die Tatsache zeigt, dass sie den Mädchennamen der Mutter in Milbourne Marshs Vornamen sorgsam fortführte. Seine Eltern konnten beide lesen und schreiben und hatten Freude an Sprache. Ebenso wie Elizabeth Marsh waren sie begeisterte Erzähler. Von seinem Vater, George Marsh, hörte Milbourne Geschichten über seinen Großvater, den Seemann Francis Marsh. Auf einer Fahrt von Lissabon zurück nach Southampton erlitt sein Schiff in den 1690er Jahren Schiffbruch vor der Isle of Wight. »Das Schiff und alles, was darin war, bis auf ihn, war verloren«, aber Francis Marsh – so hörten es Milbourne und seine Geschwister – sprang mit seinen Banknoten und Wertpapieren und »einer kleinen Familienbibel, nicht mehr als sieben Zoll lang, vier oder fünf Zoll breit und anderthalb Zoll dick« in einer »Ölzeugtasche« ins Meer und »wurde wie durch ein Wunder am Strand gerettet«. Milbournes Mutter erzählte am liebsten von ihrem Großvater, einem Viehhändler aus Northumberland namens John Milbourne. Im Mai 1650 hatte er, wie sie erzählte, sein Leben riskiert, indem er den Helden der schottischen Royalisten James Graham, den ersten Marquess of Montrose, versteckte, als dieser vor dem presbyterianischen Bund der schottischen Covenanters floh, die mit dem Parlament verbündet waren. Erst als Montrose das Haus dieses einfachen Mannes verließ und einen benachbarten Grundbesitzer um Hilfe bat, wurde er verraten und seinen Feinden zur Hinrichtung ausgeliefert.

Andenken an diese und andere Dramen der Familiengeschichte wurden sorgfältig aufbewahrt. George Marsh senior und seine Frau hängten in jedem Mietshaus, in dem sie wohnten, ein Bild des Marquess of Montrose an die Wand. Noch heute existiert eine Bibel, die als Francis Marshs schicksalhafte Bibel gilt; ihre zerlesenen Seiten enthalten Randnotizen von einem Sohn George Marsh seniors. Der Inhalt dieser Familienlegenden und die Hartnäckigkeit, mit der sie sich hielten, lassen vermuten, dass die Familie Marsh bestrebt war, sich für etwas Besseres als bloße Handwerker zu halten. Milbourne Marsh und seine Geschwister wuchsen »durch gute Haushaltsführung und Umsicht mit einem spärlichen Einkommen« auf, aber die Geschichten, die sie hörten und die er seiner Tochter Elizabeth Marsh weitererzählte, beschworen einen völlig anderen Status herauf. Diese Familienromanzen verkündeten, Gott habe eingegriffen, um einen ihrer Vorfahren »wie durch ein Wunder zu retten«. Ein anderer Vorfahre hatte der Sache der britischen Monarchie einen beachtlichen Dienst erwiesen. Außerdem vermittelte Milbourne Marshs Mutter ihren Kindern durch ihre Erzählungen den Eindruck, dass sie eigentlich hätten reich sein müssen. Ihr Vater, John Milbourne, war, wie sie betonte, »ein feiner, gut aussehender Mann von guter Bildung und großen Fähigkeiten«, hatte früher ein Kohlebergwerk in Northumberland besessen und war »hoch angesehen beim Adel und der guten Gesellschaft der Grafschaft«. Aber er hatte einiges Geld an einen Adeligen verloren (wertlose Aristokraten sind ein wiederkehrendes Motiv in den Familiengeschichten der Marshs), und später hatte sich eine Haushälterin mit List einen Weg in sein Bett gebahnt, sein Testament gefälscht und »das ganze Vermögen in ihren Besitz gebracht«.[53]

Diese Geschichten ermunterten die Familie zu dem Schluss, dass sie in gewisser Weise etwas Besonderes sei und etwas Besseres verdient habe als ihre eingeschränkten Lebensverhältnisse – ein Glaube, in dem Elizabeth mit Sicherheit aufwuchs. Diese Geschichten offenbaren aber noch etwas anderes über ihren familiären Hintergrund. Eine Migration über weite Entfernungen war nicht ausschließlich ein Merkmal der aufkommenden Moderne. Oft war es eine Praxis, die Familienangehörige über mehrere Generationen hinweg lernten, übernahmen und weitertrieben. Elizabeth Marshs Rastlosigkeit kann somit als Teil einer Familientradition gesehen werden. Ihr Vater Milbourne Marsh heuerte auf einem Schiff in die Karibik an, aber schon seine Vorfahren waren Seeleute und Migranten. Sein Vater und Großvater waren als Seeleute mit europäischen Gewässern vertraut. Die Familie seiner Mutter war von Nordengland nach Schottland und von dort nach Südengland gezogen. Und Elizabeths Mutter muss ebenfalls einer freiwillig oder unfreiwillig wanderfreudigen Familie angehört haben, bevor sie 1735 über den Atlantik nach England segelte, ganz gleich, ob sie nun aus Westafrika oder England stammte.

Außerdem erbte Elizabeth Marsh von der Familie ihres Vaters – vielleicht auch von der ihrer Mutter – ihr gutes Aussehen und ihre körperliche Zähigkeit. Milbournes Vater, George Marsh senior, war nach den Beschreibungen ein »bemerkenswert feiner Mann«, »über 1,83 Meter groß ... sehr aufrecht und gut gebaut, erstaunlich kräftig und gesund«. Obwohl die Marine ihm ab Mitte der 1740er Jahre eine Pension zahlte, arbeitete er offenbar weiter stundenweise als Schiffbauer und kam 1753 mit 70 Jahren bei einem Arbeitsunfall ums Leben.[54] Er und Elizabeth Milbourne hatten 1707 geheiratet und neun Kinder bekommen, von denen acht das Erwachsenenalter erreichten, was für ihre Zeit und ihre Gesellschaftsschicht ungewöhnlich war. Fünf dieser Nachkommen starben an damals unheilbaren Krankheiten oder bei Schiffsunglücken, bevor sie 40 Jahre alt waren, aber die übrigen drei erreichten ein Alter, das die familiäre Veranlagung zu körperlicher Kraft und Gesundheit bestätigt. Milbourne Marsh (geb. 1709) wurde annähernd 70, sein jüngerer Bruder George (geb. 1722) 78 und ihre Schwester Mary Marsh (geb. 1712) an die 80. Auffallend ist auch, dass die drei Geschwister Marsh, die länger lebten, es alle auf unterschiedliche Art und Weise, aber ganz im Sinne der Familienlegenden zu größerem Wohlstand und einem abwechslungsreicheren Leben brachten als ihre Eltern. Das gilt selbst für Mary Marsh, obwohl ihre Möglichkeiten durch ihr Geschlecht eingeschränkt waren. Als Jugendliche ging sie nach London, suchte sich Arbeit und heiratete einen französischen Hugenotten, Jean Duval. Er arbeitete als Bäcker in Spitalfields, einem ehemals ländlichen Vorort östlich von London, der schon immer ungewöhnlich viele Flüchtlinge und Einwanderer anzog. Diese Verbindung mit einer Familie französischer Abstammung, die einer anderen protestantischen Glaubensgemeinschaft angehörte, sorgte nicht nur in Marys Leben für mehr Vielfalt. Besuche bei Tante Mary und Onkel Duval in London ermöglichten es Elizabeth Marsh in den 1740er und frühen 1750er Jahren offenbar auch, Französisch sprechen und lesen zu lernen, ein vorrangiges Zeichen der Kultiviertheit, das normalerweise von vornehmer Herkunft zeugte.[55]

Die *industrious revolution* (Revolution des Fleißes), wie man die ausgeprägten Veränderungen in den Familienbestrebungen der damaligen Zeit genannt hat, also die deutliche Zunahme der Wünsche, Erwartungen und Haushaltsausgaben einzelner Personen und ganzer Familien in Europa, Nordamerika und vermutlich auch darüber hinaus, betraf auch Milbourne Marsh und in spektakulärerem Maße seinen Bruder George Marsh junior.[56] Der Charakter und die wechselnden Vermögensverhältnisse dieser beiden Männer – Elizabeth Marshs Vater und ihr Onkel – sind insofern wichtig, als beide in ihrer Entwicklung eine wichtige Rolle spielten und Einfluss darauf nahmen, was aus ihr wurde und was sie später tat.

Wie die meisten Seeleute im Zeitalter der Segelschiffe war Milbourne Marsh schon sehr jung zur See gefahren. In mittleren Jahren erinnerte er sich, dass er bereits mit elf Jahren im Mittelmeer segelte und regelmäßig mit Sprengstoff umging. Man schickte ihn von Bord des jeweiligen Schiffes, auf dem er arbeitete, an Land, um Felsen zu sprengen und kleine Steine als Ballast für das Schiff zu beschaffen.[57] Es wäre jedoch falsch, ihn lediglich als Handwerker zu sehen. Thomas Rowlandsons einfühlsame Studie eines Schiffszimmermanns entstand zwar ein Jahrzehnt nach Milbournes Tod, aber das Handwerkszeug, mit dem der Künstler seine Figur ausstattete – in einer Hand Dachsbeil, in der anderen einen Zirkel –, vermittelt sehr genau die komplexen Anforderungen dieses Berufs. Das Dachsbeil (ein Beil mit leicht gekrümmtem Blatt) deutet auf die schwere körperliche Arbeit hin. Hölzer mussten zugeschnitten, verrottete Teile am Schiff ersetzt und Einschusslöcher repariert werden. Der Zirkel verweist darauf, dass dies nur eine Seite seiner Aufgaben war. Milbourne musste lesen und schreiben können, denn ein Schiffszimmermann hatte »einen genauen, detaillierten Bericht« über den Zustand seines Schiffes zu schreiben und Reparaturen etwaiger Defekte vorzuschlagen. Er musste Grundkenntnisse in der Buchführung besitzen, um die Reparaturkosten zu schätzen und über seine Vorräte an Holz und anderen Materialien Buch zu führen. Und er brauchte ausreichend mathematische und geometrische Kenntnisse, um Pläne zu zeichnen und die Masthöhe vom Deck, das Gewicht der Anker und die Holzstärken zu berechnen, die nötig waren, um sie zu tragen.[58]

Unter diesem Aspekt ist leichter nachzuvollziehen, wieso der führende englische Schiffbauer des ausgehenden 17. Jahrhunderts, Anthony Deane (um 1638–1720) in den Adelsstand erhoben und in die Royal Society aufgenommen wurde. Der zunehmende Überseehandel, die Expansion des Britischen Reiches, die wachsende Stärke europäischer und einiger außereuropäischer Kriegsflotten und immer wieder ausbrechende Kriege sorgten dafür, dass Fertigkeiten, wie Milbourne Marsh sie besaß, national und international stark gefragt waren. Nicht umsonst sprechen wir heute davon, im Internet zu »navigieren« und zu »surfen«. Ähnlich wie heute der Cyberspace war zu Milbourne Marshs Zeiten das Meer das wichtigste Tor zu einer stärker vernetzten Welt. Daher waren alle, die über besondere maritime Fachkenntnisse verfügten, in der Lage, wirtschaftlich und oft auch gesellschaftlich aufzusteigen. »Der Schiffszimmermann … der sein Fach beherrschen will, muss die Theorie ebenso lernen wie die Praxis«, verlangte das meistgelesene Gewerbehandbuch 1747. »Es ist ein Gewerbe, dem es in der Heimat wie auch in Übersee selten an Brot mangelt.«[59]

Der Beruf ihres Vaters war von zentraler Bedeutung für Elizabeth Marshs Leben. Einerseits verschaffte Milbourne Marsh ihr – zusammen mit ihren zahlreichen anderen Verbindungen zur Seefahrt – Zugang zu einer der wenigen Organisationen des 18. Jahrhunderts, die tatsächlich so etwas wie globale Reichweite besaßen: die Royal Navy. Das erwies sich als entscheidend für ihre Reisemöglichkeiten. Fernreisen waren teuer, aber im Laufe der Jahre verschafften die Beziehungen ihrer Familie Elizabeth immer wieder kostenlose oder preiswerte Mitfahrgelegenheiten als Passagier auf verschiedenen Marineschiffen. Über diese Seefahrer knüpfte sie zudem ein Netz von Kontakten über die Meere hinweg, das zwei Großfamilien umfasste: ihre eigene und die britische Marine. »Besuch von Mr. Panton, dem Oberleutnant der *Salisbury*«, notierte sie 1775 während der Fahrt vor der Ostküste Indiens, »er schien mit dem größten Teil meiner Familie gut bekannt zu sein.«[60]

Der Beruf ihres Vaters hatte aber auch weniger günstige Auswirkungen auf sie. Möglicherweise wuchs sie in dem Bewusstsein auf, dass ihre Mutter auf irgendeine Weise anders war oder von ihren Verwandten schief angesehen wurde. Offenbar war sie sich wohl ständig ihrer eigenen gesellschaftlichen Stellung und der ihrer Familie unsicher. Milbourne Marsh stammte aus einer selbstbewussten Seefahrerdynastie, die Ehrgeiz förderte, und war Handwerksmeister in einem globalen Gewerk; dennoch war seine Existenz anfällig und bewegte sich in einem Zwischenbereich, teils an Land, teils auf See, zwischen der Masse der Arbeiter einerseits und der Offiziersklasse andererseits. Zwei Krisen, die eine Weile die ganze Familie bedrohten, verdeutlichen die Spannungen, die daraus erwachsen konnten.

Im April 1741 beschuldigten sechs von Milbournes Arbeitern in der Werft von Portsmouth ihn in einem Schreiben an den Werftleiter der Veruntreuung. Sie behaupteten, er habe neue Betten und Bettzeug, die für sein damaliges Schiff, die *Cambridge*, bestimmt waren, zurückgehalten und dafür gesorgt, dass sie um die Mittagszeit, »wenn alle fort sind, die dorthin gehören«, aus der Werft geschmuggelt worden seien. Er habe

Holz der Marine verwendet, um Fensterläden, Kaminsimse und sogar Zäune zu machen. Milbournes Tischler gab an, er habe auf seinem Schreibtisch »auf einem kleinen Brett mit schwarzem Bleistift die Umrisse eines [Palisaden-] Kopfes« gesehen, »von dem er annimmt, dass er als Muster oder Schablone gedacht war«. Ein anderer warf Milbourne vor, er habe ihn angewiesen, aus guter Eiche Feuerholz zu hacken und die Scheite aus der Werft zu Marshs Haus in den New Buildings zu bringen, wo der Zimmermann »ständig Besuch hatte.«[61]

Wenn der Vorwurf der Veruntreuung nachgewiesen wurde, hatte er in der Regel die sofortige Entlassung von der Marinewerft zur Folge. Milbourne Marsh behielt aber seine Stellung und sein Einkommen. Das lag nicht etwa an seinen überzeugenden Einlassungen (die man als »belanglos« einstufte), sondern an seinen Fähigkeiten, die seine Vorgesetzten anerkannten (»der Zimmermann hat den Charakter eines guten Offiziers«). Dieser Zwischenfall wirft aber vor allem ein scharfes Licht auf den Privatmann und den Lebensstil der Familie. Bezeichnend ist, dass die Arbeiter Milbourne seine Bestrebungen verübelten, das karge Heim seiner Familie ein bisschen zu verschönern und herauszuheben (und sich vielleicht mit dem Verkauf unter der Hand hergestellter Fensterläden einen Zusatzverdienst zu beschaffen) und ansatzweise ein gesellschaftliches Leben zu führen (da er »ständig Besuch hatte«), und dass sie überhaupt entschlossen waren, ihn anzuschwärzen. Alles das deutet auf einen Mann und eine Familie hin, die einen sichtlichen Aufstieg über ihren Stand und ihre Umgebung machten, eine *industrious revolution* erlebten und folglich Neid erregten. Milbournes eingeschüchterte Antwort auf die Anschuldigungen seiner Arbeiter bestätigt das, zeigt zugleich aber auch, dass er zwangsläufig noch voller Ehrerbietung war:

> Sehr geehrter Herr, das Ganze ist eine vorbedachte Sache, um mir Schaden dafür zuzufügen, dass ich sie schlecht behandelt habe (wie sie sagen), indem ich dafür gesorgt habe,

dass sie ihre Pflicht tun. Hoffe, Sie sehen es dafür an, wie es nach meinem bisherigen Verhalten und in kommender Zeit erscheint.[62]

Er war gebildet genug, ein Wort wie »vorbedacht« zu benutzen, aber seine Grammatik war nicht die eines gebildeten Mannes und konnte es nicht sein, außerdem hatte er selbstverständlich Angst vor einer Entlassung. Noch aufschlussreicher ist seine Erklärung, weshalb er entgegen den Vorschriften das Bettzeug der Marine an sich genommen hatte:

> Da meine Frau an Bord [der *Cambridge*] fünf Wochen krank war und es keine Möglichkeit gab, sie an Land zu bringen, hielt [ich] es nicht für angebracht, auf meinem Bett zu liegen, bis ich es gewaschen und gut gereinigt hatte, daher nahm ich das oben genannte Bettzeug, um darauf zu liegen, bis mein eigenes in Ordnung war.[63]

Also nicht nur Milbourne Marsh lebte teils an Land, teils auf See, sondern auch seine Frau und daher vermutlich auch seine fünfjährige Tochter. Schon damals ging Elizabeth Marsh auf Reisen.

Milbournes Frau und Kind – später Kinder – mussten auch mit ihm um sein Überleben und damit auch um ihr Leben bangen. Im Laufe seiner Karriere war er nur an einer einzigen Seeschlacht beteiligt, die allerdings heftig war. Im Jahr 1742 beorderte man ihn ins Mittelmeer. Zuerst war er auf der *Marlborough*, später auf der *Namur*, dem zweitklassigen Flaggschiff Admiral Thomas Mathews' mit 90 Kanonen an Bord, aber Milbourne Marsh arbeitete auch auf den gut 30 anderen Kriegsschiffen der britischen Mittelmeerflotte und kümmerte sich um die alltäglichen Reparaturen, während sie darauf warteten, dass die französisch-spanische Flotte aus Frankreichs größtem Marinestützpunkt Toulon eintraf, um zu kämpfen.[64] Es ist nicht klar, ob jemand aus seiner Familie ihn begleitete, oder ob sie in Portsmouth, London oder bei seinen Eltern wartete, die inzwischen in Chatham, Kent, lebten. Bekannt ist, dass Milbourne Marsh am 11. Februar 1744 zum ersten und einzigen Mal in seinem Leben in eine Schlacht geriet, da er später vor einem Marinekriegsgericht dazu als Zeuge vernommen wurde.

»Ich kann Ihnen auf die Minute genau sagen, um welche Zeit wir den ersten Schuss abfeuerten«, sagte er vor Gericht aus, denn »… ich zog sofort meine Uhr aus der Tasche, und es war exakt zehn Minuten nach eins.« Das feindliche Schiff, das die 780 Mann starke Besatzung der *Namur* in Kämpfe verwickelte, war die *Real*, ein spanisches Flaggschiff mit 114 Kanonen, das zu einer 27 Schiffe starken französisch-spanischen Flotte gehörte. Zu Beginn der Kämpfe durfte Milbourne als Fachkraft unter Deck bleiben. Sobald die *Namur* aber die ersten Schäden erlitt, waren seine Fachkenntnisse an Deck gefragt. »Der Admiral ließ mich hinauf rufen und befahl mir nachzusehen, was mit der Besanstenge ist«, also mit dem hintersten Mast in Hecknähe. Er musste zunächst den Besanmast und dann den Großmast hinaufklettern und war dabei die ganze Zeit unter Beschuss, da die *Real* nur »einen Pistolenschuss« entfernt war. Milbournes atemberaubende Schilderung der weiteren Vorgänge ist voller Seemannsjargon, vermittelt aber dennoch einen Eindruck, wie es war, unter Beschuss in der Takelage eines Segelschiffs herumzuklettern, und wie schwierig es war, im Kampfgetümmel einen Überblick über eine Seeschlacht zu bekommen:

> Zur gleichen Zeit, als ich dem Admiral Mitteilung über die Großstenge machte, sagte mir jemand – ich weiß nicht mehr, wer –, dass die Steuerbord-Großrahnock angeschossen war. Ich schaute auf und sah es vom Quarterdeck aus; ich ging, um die Steuerbordwanten hinaufzuklettern und es mir anzusehen; ich stellte fest, dass mehrere Wanten zerschossen waren, was mich veranlasste, diese Seite zu verlassen, und ich kletterte auf der Backbordseite hinauf, ging auf der Großrah

in den Stropps hinüber auf die Rahnock und stellte fest, dass ein Streifschuss eine schräge Kerbe in die Unterseite des Schotblocks gerissen hatte ... als ich hinunterkletterte, meldete ich das nicht sofort dem Admiral, denn als ich das Fallreep erreichte, sagte man mir, dass das Bugspriet getroffen war, und gleich darauf, dass die Vorstenge getroffen war.[65]

Strategisch und in Hinblick auf ihre Seemacht war die Schlacht von Toulon für die Briten überaus peinlich. Aus Gründen, die damals heftige Kontroversen auslösten und bis heute debattiert werden, griffen viele der anwesenden britischen Kriegsschiffe nicht in die Kämpfe ein. Die Schäden an Masten und Takelage der *Namur*, die Milbourne so verzweifelt im Auge zu behalten versuchte, veranlassten Admiral Mathews, sich am 11. Februar vorzeitig aus den Kämpfen zurückzuziehen und zwei Tage später den Rückzug nach Italien anzutreten. Die französisch-spanische Flotte wurde zwar nach Toulon zurückgedrängt, ging aber weitgehend unversehrt aus den Kämpfen hervor. Milbourne Marshs Schilderung der Schlacht unterstreicht einmal mehr einige paradoxe Aspekte seiner Arbeit. Wie seine Aussage deutlich macht, war er verpflichtet, eine Taschenuhr zu besitzen, ein Accessoire, das damals bei körperlich arbeitenden Männern noch recht selten war. Außerdem fällt auf, wie selbstbewusst dieser Handwerker im Umgang mit dem Admiral der britischen Mittelmeerflotte war. Als Mathews wegen seines Versagens vor Toulon der Prozess vor einem Kriegsgericht gemacht wurde, bat er Milbourne, für ihn auszusagen. Aber die Vorgänge während der Schlacht zeigen auch, wie prekär die Existenz des Zimmermanns und damit auch die seiner Familie war.

Durch den Rückzug der *Namur* blieb die *Marlborough*, Milbourne Marshs voriges Schiff, auf dem noch viele seiner Freunde dienten, in einem Stadium der Schlacht allein vor dem Feind zurück. Milbourne sah aus relativ sicherer Entfernung zu, wie die Segel der *Marlborough* Feuer fingen und ihr Großmast, von einem Treffer zerfetzt, auf das Deck prallte. Das Schiff ging zwar nicht unter, aber der Kapitän und etwa 80 Mann Besatzung wurden auf der Stelle getötet und weitere 120 Mann verletzt. Bei der Schlacht starben auch der Kapitän der *Namur*, John Russel, der zu Milbournes Förderern gehört hatte, sowie mindestens 25 weitere Männer der Besatzung. Was die Spanier anging, so war ein britischer Brander – ein mit Brenn- und Sprengstoffen beladenes Schiff – mit einigen ihrer Kriegsschiffe kollidiert, was »die sofortige Vernichtung von 1350 Seelen« zur Folge hatte, wie damals gemeldet wurde. Die Schlachterfahrung und dieses Ausmaß des Sterbens veranlasste Milbourne, sein Leben zu ändern. Er war kein Feigling: In Toulon hatte er festgestellt, dass er damals »nicht an die Gefahr dachte«.[66] Aber er war Mitte 30, verheiratet, Vater und der älteste noch lebende Sohn seiner Eltern, während die meisten Seeleute unter 25 und unverheiratet waren. Also gab er die See-fahrt auf. In den folgenden zehn Jahren reparierte er Schiffe in den Werften von Portsmouth und Chatham und blieb an Land, dort, wo er so etwas wie seine Heimat hatte.

◐

Seiner Tochter Elizabeth Marsh brachte diese Entscheidung ein sesshafteres, normaleres Leben. Aber die Erfahrungen, die sie in den 1740er und Anfang der 1750er Jahre machte, hoben sie sicher bereits von anderen ab. Der ständige Wechsel zwi-schen Portsmouth, London und Chatham und zwischen ver-schiedenen Schiffen auf See und im Hafen ermöglichte ihr in mancherlei Hinsicht eine Erziehung, die der eines Mädchens aus vornehmem Hause ähnelte, aber auch darüber hinausging. Von Tante Mary und Onkel Duval lernte sie fließend Fran-zösisch, von ihrem Vater Rechnen und die Gründzüge der Buchführung, und sie entwickelte eine Vorliebe für einige der harmloseren Freizeitbeschäftigungen der Seeleute wie Lesen, Musizieren und Singen. Von Kind an lernte sie an Bord der

Schiffe, sich ohne Peinlichkeiten in einer überwiegend männlichen Umgebung zu bewegen, körperliche Härten auszuhalten und das Meer nicht zu fürchten oder als etwas Ungewöhnliches anzusehen, sondern Seereisen selbstverständlich zu finden. Außerdem entwickelte sie eine gewisse Rastlosigkeit, etwas Unstetes und durch das Vorbild ihrer Mutter eine Art weibliche Selbstständigkeit.

Die Frauen von Seeleuten mussten unabhängiger sein und mehr Verantwortung übernehmen als üblich, da ihre Männer so oft fort waren. Wenn Milbourne auf See war, kümmerte sich Elizabeth Marsh senior allein um ihren Haushalt in den New Buildings und um die Finanzen.[67] Zudem musste sie immer wieder mit den Härten und der erzwungenen intimen Enge des Lebens an Bord eines Schiffes fertigwerden. Ihre beiden Söhne, Francis Milbourne und John Marsh, der Elizabeths Lieblingsbruder und Vertrauter wurde, kamen offenbar beide auf See zur Welt. Die Geburt des Älteren, Francis, mag durchaus der Grund gewesen sein, der Elizabeth Marsh senior 1741 über mehrere Wochen im Hafen von Portsmouth – also mehrere Meilen von der Küste entfernt – an Bord der *Cambridge* festhielt und Milbourne veranlasste, Marinebettzeug »auszuleihen« bis »mein eigenes in Ordnung war«.[68]

Als ihr Vater 1744 nach der Schlacht von Toulon die Seefahrt aufgab, waren seine Aussichten und die seiner Familie bescheiden. Die Arbeit in den Marinewerften, die geringere Löhne zahlten als kommerzielle Werften, hatte unter anderem den Anreiz, dass sie Facharbeitern eine Anstellung auf Lebenszeit bot. Nachdem Milbourne 1744 seinen Arbeitsplatz an Land verlegte, sank sein Jahreseinkommen von 50 Pfund auf etwa 40 Pfund; damit rangierte die Familie am unteren Rand der damaligen englischen Mittelschicht, in der »höheren Region des gemeinen Lebens«, wie Daniel Defoe es nannte.[69] Aber zumindest hatte sie Sicherheit. Es schien wahrscheinlich, dass Milbourne bis zu seiner Pensionierung Kriegsschiffe bauen und reparieren würde, dass seine beiden Söhne zu gegebener Zeit ebenfalls Schiffbauer würden und seine einzige Tochter schließlich einen Mann diesen Berufs heiraten würde. Aber so kam es nicht, und das lag an Veränderungen über Kontinente hinweg und an dem zweiten einflussreichen Mann in Elizabeth Marshs Leben: ihrem Onkel George Marsh.

George Marsh kam im Januar 1723 als achtes und vorletztes Kind von George Marsh senior und Elizabeth Milbourne zur Welt. Vielleicht war er deshalb schmächtiger und krankheitsanfälliger – er litt offenbar an sporadischen epileptischen Anfällen –, aber er war ebenso getrieben wie ein Erstgeborener. Zunächst fuhr er 1735 zur See, da sein Vater ihm »keine Schreiberstelle kaufen konnte«, trat aber schon bald eine Lehre bei einem Maat auf der Werft in Chatham an und stieg bis 1744 auf zum Sekretär des Leiters der Marinewerft Deptford.[70] Schon bald kam der nächste Karrieresprung. Im Oktober 1745 verlangte das britische Unterhaus einen detaillierten Bericht, wie sich die Marineausgaben der vergangenen fünf Jahre, in denen Großbritannien mit Spanien Krieg geführt hatte, im Vergleich zu den ersten fünf Jahren des Spanischen Erbfolgekrieges (1702–1707) darstellten. Da George Marsh »mit dem Werftbetrieb vertraut und kein Mitarbeiter des Marineamtes« war, wählte man ihn »für diese große Aufgabe« aus. Er arbeitete »von Oktober bis Ende Januar von fünf oder sechs Uhr Morgens bis acht oder neun Uhr Abends« im Marineamt in London, sichtete riesige, ungeordnete Aktenberge in Hinblick auf die erforderlichen Zahlen, ordnete die brauchbaren Daten und stellte sie zusammen, eine Arbeit, die seine Epilepsie verschlimmerte. Immer wieder litt er unter Anfällen von starken Sehstörungen und Schwindel und »fiel mehrmals auf der Straße hin«, wie er wesentlich später berichtete, »und fand es daher notwendig, ständig eine Notiz in meiner Tasche zu tragen, wer ich war und wo ich wohnte«. Dennoch produzierte er den Bericht »innerhalb einiger Monate«.[71]

Diese Episode illustriert einige Eigenschaften George Marshs: seinen wild entschlossenen Arbeitseifer, seinen ausgeprägten Ehrgeiz und seinen tiefen Glauben an die Verwaltungsarbeit. Und er war nicht aufzuhalten. Jeden Morgen stand er früh auf, trank nur Wasser, begnügte sich mit zwei Mahlzeiten am Tag, achtete auf regelmäßige körperliche Bewegung, gab kaum Geld für sich aus und arbeitete hart. Im Jahr 1750 wechselte er aus der Provinz in das hohe Backsteingebäude mit Ziergiebel, das Christopher Wren in Crutched Friars neben dem Tower in London für das Marineamt entworfen hatte. Von 1751 bis 1763 war George Marsh als Lohnbuchhalter für die Heuer der Seeleute zuständig. Anschließend war er annähernd zehn Jahre lang Leiter des Verpflegungsamtes, bevor er 1773 zum Ersten Sekretär der Marineleitung (Clerk of the Acts) aufstieg. Dieses Amt hatte rund 100 Jahre früher (seit 1660) Samuel Pepys bekleidet und als Machtbasis genutzt, um die Marineverwaltung zu reformieren.[72] Pepys hatte sich jedoch auf aristokratische Verwandte und eine hohe, kreative Intelligenz stützen können. Beide Vorzüge fehlten George Marsh, dennoch bekleidete er dieses Amt 20 Jahre lang und beendete seine Karriere als Marinepräsident. Bei seinem Tod 1800 besaß dieser Zimmermannssohn nach eigenen Schätzungen ein Vermögen von 34575 Pfund, was heute etwa drei Millionen Pfund entspricht.[73]

Die Kluft, die zwischen seiner bemerkenswerten Karriere und seinen offenkundigen persönlichen Grenzen klaffte, machte manche seiner Kollegen und Rivalen fassungslos vor Wut. Sein eigener Chefsekretär beklagte sich 1782, George Marsh sei

völlig ungeeignet für den Posten, da er weder lesen, buchstabieren noch schreiben kann. Dieses Amt wurde meiner Erinnerung nach immer mit Kompetenz und Würde ausgefüllt ... aber der gegenwärtige Erste Sekretär der Admiralität besitzt weder das eine noch das andere, und ohne ihn wären wir zehn Mal besser dran, denn er stiftet nur Verwirrung.[74]

Wie diese Denunziation erkennen lässt, entsprang die Kritik, die George Marsh in verschiedenen Stadien seiner Laufbahn erregte, teils aus Snobismus, aber die Neigung der Menschen, ihn zu unterschätzen, verstand er immer für sich zu nutzen. In Wirklichkeit schrieb er ständig auch privat, nicht nur im Amt. Seine Aufzeichnungen belegen, dass er sehr belesen war und ebenso wie seine Eltern und seine Nichte Elizabeth Marsh Freude am Erzählen hatte. Mehr als jedes andere Mitglied seiner engeren Familie war George Marsh sich offenbar über das Ausmaß der Umwälzungen im Klaren, die er erlebte, und er versuchte auf verschiedene Weise, sie zu verstehen. Er war derjenige, der nicht reiste, der Zuschauer, der Chronist, der Sammler von Erinnerungen und vielsagenden, symbolträchtigen Andenken. Vor allem aber war George Marsh ein Mensch, der in Fakten und Informationen schwelgte und mit ihnen umzugehen verstand. Gegen Ende seines Lebens schrieb er: »Ich bin mir bewusst, dass meine Fähigkeiten hinter denen mancher anderer Männer zurückbleiben, bin mir aber ganz gewiss, dass niemand die gesamten Angelegenheiten der Marineverwaltung besser oder auch nur ebenso gut kennt wie ich.«[75] Dieses geballte, kumulative Wissen und sein Scharfblick für die Funktionsweise des Mäzenatentums verliehen ihm eine gewisse Macht.

Seine Korrespondenz mit einer Reihe adeliger Seelords der Admiralität zeigt, dass er im Umgang mit Vorgesetzen und gesellschaftlich höher Gestellten salbungsvoll ehrerbietig war, sie aber zuweilen auch hinters Licht führen konnte. Im Privatleben neigte George Marsh wie seine Eltern zu einer kritischen Haltung gegenüber Aristokraten und schrieb regelmäßig über die Überlegenheit des »Mittelstandes im Leben« und derer, die (wie er) für ihren Lebensunterhalt sehr hart arbeiten mussten. Aber er beherrschte geschickt das Spiel mit Beziehungen, wozu es zwangsläufig gehörte, dass er zuweilen den »indolenten, unglücklichen Adel« hofierte; und ihm lag daran, nicht nur für sich Beförderungen und Vergünstigungen zu erwirken: »Es war mir immer eine große Freude, mein Äußerstes zu tun, um all jene durch alle erdenklichen Freundschaftsdienste glücklich zu machen, die ich dessen für würdig erachtete.«[76] Zu den würdigen Empfängern solcher Freundschaftsdienste gehörten vor allem die Mitglieder seiner Familie. George Marshs Bereitschaft und Fähigkeit, seine Macht und seine Beziehungen für das Fortkommen seiner Familie einzusetzen, veränderten Elizabeth Marshs Erwartungen und brachten sie für immer von dem Lebensweg ab, der für die Tochter eines Schiffszimmermanns absehbar war. Über Jahrzehnte hinweg einen Onkel mit einflussreichen Beziehungen zu haben, war einer der Faktoren, die ihr Leben außergewöhnlich machten. Über George Marsh erhielt sie die Möglichkeit, mit einigen der mächtigsten Männer des britischen Staates in Kontakt zu treten und weit über Großbritannien hinaus zu reisen.

Als George Marsh zum ersten Mal erheblich in Elizabeth Marshs Leben eingriff, geschah es indirekt, veränderte aber alles. Im Januar 1755 verschaffte er über seine Beziehungen zur Admiralität Milbourne Marsh den Posten eines leitenden Marinebeamten in Port Mahón auf Menorca.[77] Es handelte sich um einen Schreibtischposten in der Verwaltung einer Werft in Übersee, was einen ungewöhnlichen Karrieresprung für einen Schiffszimmermann bedeutete, außerdem verdreifachte sich dadurch das Einkommen der Familie. Ende der 1740er und Anfang der 1750er Jahre hatte Milbourne kaum mehr als 12 Pfund im Vierteljahr verdient, während seine neue Stelle mit einem Jahresgehalt von 150 Pfund dotiert war und die Chance auf einen noch höheren Verdienst bot. Das höhere Einkommen machte allerdings nur einen Teil der Veränderungen aus, die diese Stelle für den Status und die Perspektiven der Familie mit sich brachte. Als Schiffszimmermann war Milbourne eine seltsame Mischung aus spezialisiertem Handwerker, betrieblichem Fachmann und Arbeiter. Das änderte sich nun. Nichts konnte ihn je völlig von der See fernhalten oder ihm die Freude am Schiffbau und am Zeichnen von Plänen nehmen, aber von nun an arbeitete er meist nicht mehr körperlich. Als in der Londoner Presse seine Beförderung bekannt gegeben wurde, nannte man ihn dort »Milbourne Marsh Esq.« (etwa: Herr Milbourne Marsh) und gewährte ihm damit den Namenszusatz, der eine Grundvoraussetzung war, um als Gentleman zu gelten.[78]

Aber die dramatischste Veränderung, die seine Beförderung zum Marinebeamten mit sich brachte, betraf seine ganze Familie, seine Frau, seine Söhne und vor allem – wie sich herausstellen sollte – seine 19-jährige Tochter Elizabeth Marsh. Im März 1755 verließ die Familie Portsmouth für immer und segelte ins Mittelmeer nach Menorca. Elizabeth Marshs Reise begann.

Entführung nach Afrika
und Begegnung mit dem Islam

Der Umzug nach Menorca bedeutete eine unmittelbare Veränderung der Landschaft, des Klimas, des kulturellen und religiösen Milieus und vor allem der Größenordnung. An Land war Elizabeth Marsh die belebten Hafenstädte der größten protestantischen Weltmacht gewohnt, nun fand sie sich auf einer felsigen, kaum landwirtschaftlich genutzten 16 Kilometer breiten Mittelmeerinsel mit 28000 Seelen wieder, die bis auf einige Juden und griechisch-orthodoxe Christen überwiegend katholisch waren und einen katalanischen Dialekt sprachen. Die meisten der gut 4000 Briten auf Menorca waren Soldaten oder Seeleute. Die Offiziere und Beamten unter ihnen und die wenigen Akademiker und Kaufleute hielten sich im Allgemeinen von den einheimischen Katholiken fern, die ihnen ihrerseits die kalte Schulter zeigten, und schufen ein behagliches, äußerst eingeschränktes Abbild des gesellschaftlichen Lebens ihrer Heimat.[1] Doch Elizabeth Marsh hatte kaum Gelegenheit, die klaustrophobische Enge zu registrieren, wohl aber den gesellschaftlichen Aufstieg, der sich in einem veränderten Verhalten und neuen Konsummöglichkeiten äußerte. Sie lernte reiten und bekam ein Reitkostüm. Ihr Vater konnte sich nun einen Musiklehrer leisten, und sie lernte Noten zu lesen, statt nur nach Gehör Melodien nachzuspielen. Und statt in eine Wohnung zogen sie nun in ein massives Natursteinhaus auf Hospital

Island, einer fünf Hektar großen Insel im Hafen von Mahón. Sie war »wohlsituiert«, wie sie später schrieb, schlagartig in die unteren Ränge einer kolonialen Elite aufgestiegen und in einer Umgebung, in der junge, alleinstehende Protestantinnen, die nur irgend als Damen durchgehen konnten, selten waren.[2]

Auch Milbourne Marshs Leben änderte sich erheblich. Er war nun kein Handwerker mehr, der den ganzen Tag körperlich arbeitete, sondern ein Mann der »Feder und Tinte« ohne Uniform und Schwert, und stand daher im Rang zwar unter den Armee- und Marineoffizieren, die die Kolonie leiteten, war aber dennoch unverzichtbar und mit vielfältigen Aufgaben betraut. Als »Clerk of the Cheque« war er in leitender Funktion zuständig für die Finanzen der Marinewerft in Menorca, trug die Verantwortung für die Marinedepots an den Kaianlagen im riesigen Hafen von Mahón, der sich knapp sechs Kilometer landeinwärts erstreckte, und für die Entlohnung der Briten und Menorquiner, die auf der Werft als Schiffbauer, Segelmacher und Zimmerleute oder im Verpflegungsamt, der Bäckerei, den Windmühlen und Magazinen der Marine arbeiteten. Außerdem hatte er als Leiter der Vermessungsstelle Karten und Pläne für neue Gebäude und Befestigungsanlagen zu zeichnen. Gelegentlich beaufsichtigte er als Schiffbaumeister auch die Instandsetzung und Reparatur einlaufender britischer Kriegsschiffe und Frachter und hatte ein Auge auf die Handelsschiffe, die Proviant sowie Münzgold und -silber zur Bezahlung der Truppen brachten. Seine begrenzte Freizeit verbrachte er mit seiner Frau, seinen Söhnen und seiner neuerdings kultivierten Tochter auf Hospital Island mit ihren »verstreuten Häusern auf Felsen und Klippen«, wo auch der Standortkommandeur, der Marinearzt und durchreisende Admiräle wohnten.[3] Tagsüber arbeitete Milbourne jedoch in den unscheinbaren, niedrigen Gebäuden der Marinewerft oder ruderte in dem kleinen Boot, das ihm von Amts wegen zur Verfügung stand, im Hafen von Schiff zu Schiff, um von den Kapitänen Informationen einzuholen, Leute zu mustern und Streitigkeiten zu schlichten, oder er kartierte die unzähligen Buchten und Meeresarme der Insel.

Menorca war kein ruhiger, behaglicher Kolonialposten. Die Briten hatten die Insel 1708 aus den gleichen Gründen von Spanien erobert, aus denen sich zuvor Phönizier, Griechen, Karthager, Römer, Araber und Katalanen hier niedergelassen hatten und die Marine der Vereinigten Staaten im 19. Jahrhundert dort einen Stützpunkt unterhalten sollte. Menorca lag strategisch günstig, um das westliche Mittelmeer zu kontrollieren und zu beherrschen. Ein Brite schrieb 1756:

> Alle Schiffe, die durch die Straße von Gibraltar kommen und in jedweden Teil Afrikas östlich von Algier, in jedweden Teil Italiens oder in jedweden Teil der Türkei, sei es in Asien oder Europa, fahren, sowie alle Schiffe, die aus jedem dieser Orte einen Hafen jenseits der Meerenge ansteuern, müssen zwischen dieser Insel und der Küste Afrikas hindurch und passieren sie gewöhnlich auch.[4]

Einige der Hauptseewege von und nach Genua, Livorno, Nizza, Sizilien, Marseille, Lissabon, Tétouan und Tripoli waren von Menorca aus leicht zu erreichen. Das Gleiche galt für Schiffe, die von Spaniens Mittelmeerhäfen sowie von den spanischen Marinestützpunkten Cartagena und Cádiz ausliefen. Der Besitz Menorcas und ausreichende Seestreitkräfte sicherten Großbritannien die Möglichkeit, in die Handels- und Marineaktivitäten dreier rivalisierender Großmächte einzugreifen: Frankreichs, Spaniens und des Osmanischen Reichs mit seinen Provinzen in Nordafrika. Toulon, der wichtigste französische Marinehafen, lag 400 Kilometer von Menorca entfernt, also in Schlagdistanz einer britischen Flotte, die diese Insel als Stützpunkt nutzte. Das Gleiche galt natürlich auch umgekehrt. Menorca und seine Umgebung mit ihrer Fülle kommerzieller, strategischer und kriegerischer Möglichkeiten

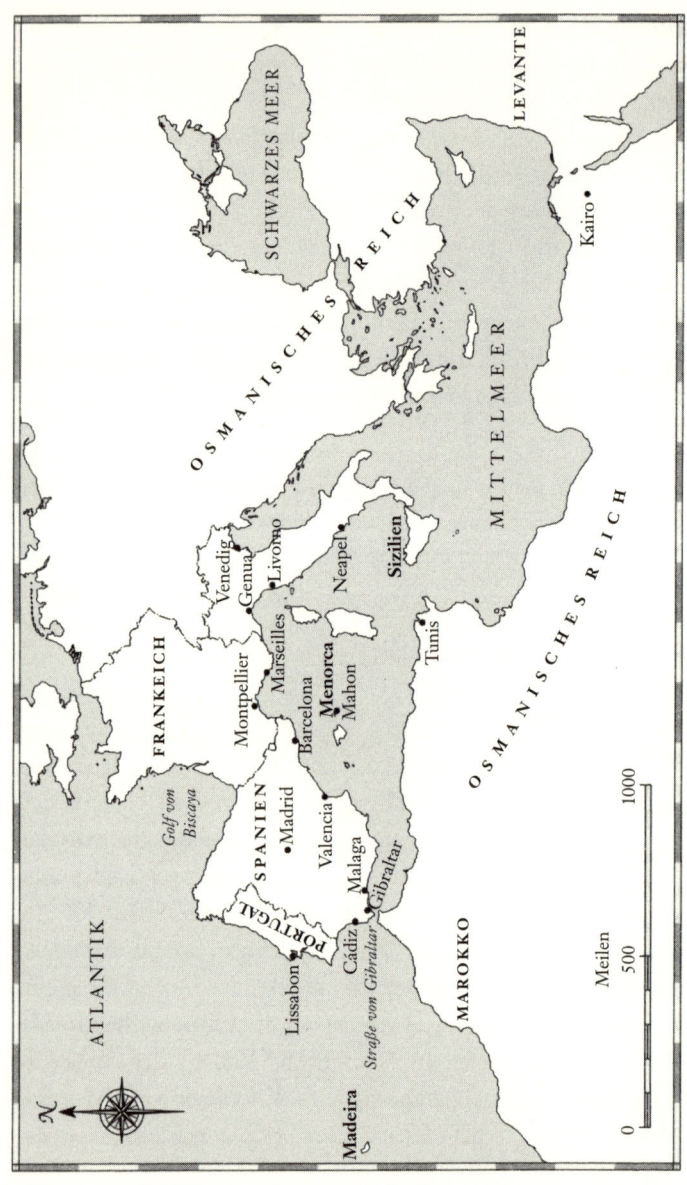

Der Mittelmeerraum zur Zeit Elizabeth Marshs
und James Crisps

bot sich als Ziel geradezu an. Die Insel war eine »Frontgarnison«, wie ein Politiker in den 1720er Jahren erklärte, in der Disziplin und Achtsamkeit geboten waren, »als ob sie ständig im Kriegszustand wäre«.[5]

Die Risiken, die mit der Lage und der strategischen Rolle der Insel verbunden waren, lernte die Familie Marsh kennen, sobald sie 1755 dort eintraf. Zu den Auswirkungen des Erdbebens von Lissabon, das im November über 100 000 Menschen auf der iberischen Halbinsel und in Marokko tötete, bis nach Frankreich, Italien, Schweiz und Finnland zu spüren war und Flutwellen bis nach Galway in Irland und Barbados auslöste, kamen weitreichende Erschütterungen hinzu, die von Menschen ausgelöst wurden. Frankreich und Großbritannien führten wieder Krieg gegeneinander. Im Gegensatz zu früheren Konflikten begann dieser jedoch nicht in Europa. Die ersten Kämpfe des Siebenjährigen Krieges, wie die Europäer ihn nennen, oder des Französischen und Indischen Krieges, wie er in Amerika heißt, fanden in Teilen Asiens und der Karibik und vor allem in Nordamerika statt. Sowohl der Ausbruch als auch die beispiellose geographische Reichweite dieses Krieges hatten unmittelbare Auswirkungen für Menorca und für Elizabeth Marsh.[6]

Menorca war zwar winzig, aber seine zerklüftete Küste mit »tiefen Buchten und langen Landzungen« und seine unzufriedene katholische Bevölkerung waren zu groß, als dass die dort stationierte britische Garnison sie in Kriegszeiten angemessen bewachen konnte. Um die Insel unter diesen Umständen zu halten, war eine Truppenverstärkung an Land und eine beträchtliche Marinepräsenz erforderlich. Eine solche Verstärkung war allerdings in diesen Zeiten nicht einfach. Vor den 1740er Jahren waren Schiffe der Royal Navy nur selten in größerer Zahl über einen längeren Zeitraum in asiatischen oder amerikanischen Gewässern stationiert. Als der Krieg nun auf mehrere Kontinente übergriff und Großbritannien seine Seestreitkräfte weit streuen musste, blieben traditionelle europäische Grenzgebiete wie Menorca angreifbar und potenziell verwundbar zurück. Ein späterer Admiral berichtete vorsichtig:

> Wenn unsere Besitzungen und unser Handel zunehmen, wachsen auch unsere Sorgen und Schwierigkeiten; dieser Handel und diese Besitzungen auf der ganzen Welt müssen auf See verteidigt werden, da sie keinen anderen Schutz haben … [Dennoch] ist es unmöglich, in allen, vielleicht sogar in irgendeiner eine Stärke zu unterhalten, die dem gleichkommt, was der Feind dorthin entsenden kann.[7]

Ende 1755, als bereits Gerüchte kursierten, dass die Franzosen eine Invasionstruppe in Toulon und Marseille zusammenzögen, befanden sich im Mittelmeerraum nur drei britische Schiffe, während 15 vor den Küsten Bengalens und Nordamerikas patrouillierten. Anfang 1756, als an der französischen Mittelmeerküste 150 Schiffe und eine Truppe von 100 000 Mann bereitstanden, war die Lage der Briten kaum besser. Über 100 Schiffe der Royal Navy wurden gerade instandgesetzt oder bewachten die britische Küste, weitere 50 waren in außereuropäischen Gewässern im Einsatz, aber für andere Orte standen nur 13 Kriegsschiffe zur Verfügung.[8]

Folglich mussten die auf Menorca stationierten Kräfte 1756 im Grunde selbst für ihren Schutz sorgen. Für Milbourne Marsh in seiner Eigenschaft als Marinebeamter hieß das, veraltete Schiffe in verschiedenen Mittelmeerhäfen ausfindig zu machen, zu kaufen und zu Brandern umzurüsten, die sich gegen eine eventuell angreifende französische Flotte einsetzen ließen. Er überwachte auch die Herstellung einer 250 Meter langen Barrikade aus überschüssigen Masten und Tauen, mit der sich die schmale Hafeneinfahrt von Mahón absperren ließ. Anfang April zerstörte man Menorcas militärische Vorposten und Brunnen in Außenbereichen, um zu verhindern, dass sie den Franzosen in die Hände fielen. Die meisten Katholiken der

Insel wurden entwaffnet, und die Soldaten und ihre Familien sowie die probritischen jüdischen und griechischen Einwohner verschanzten sich mit ihrem Vieh und anderen Vorräten hinter den Festungsmauern von Fort St. Philip an der Hafeneinfahrt von Mahón.[9]

Hätten Elizabeth Marsh und ihre Familie eindeutig den unteren Rängen angehört, hätten sie ebenfalls hier Zuflucht gefunden. Wie annähernd 400 Frauen hätte sie die folgenden zweieinhalb Monate der Belagerung im Gewirr der unterirdischen Gewölbegänge von Fort St. Philip verbracht, wo »die Garnison ihr jede Minute um die Ohren flog und jeden Tag einige ihrer Bekannten getötet oder verwundet wurden«. Wäre die gesellschaftliche Stellung ihrer Familie dagegen besser abgesichert gewesen, hätte man sie vielleicht wie viele Offiziersfrauen nach Mallorca geschickt, auf die benachbarte Baleareninsel, die zum Herrschaftsgebiet des damals noch neutralen Spanien gehörte.[10] Wie die Dinge lagen, war ihr Schicksal wieder einmal von den speziellen, unverzichtbaren Fähigkeiten ihres Vaters bestimmt. Am Samstag, den 17. April 1756, wurde Milbourne Marsh zum Marinekommandeur der Insel beordert:

> Nachdem die Franzosen auf der Insel Menorca gelandet waren, befahl Kommodore Edgcumbe ihm ... von dort auf Seiner Majestät Schiff *Princess Louisa* nach Gibraltar zu fahren und dort den Posten des Schiffbaumeisters zu übernehmen.[11]

Mittlerweile lagen fünf Schiffe der Royal Navy vor Mahón »Heck an Bug hintereinander quer in der Hafeneinfahrt vertäut«, aber es waren immer noch erheblich zu wenige, um die 120 französischen Kriegs- und Transportschiffe, die sich westlich der Insel vor Ciutadella sammelten, in Kämpfe zu verwickeln oder die Truppen längere Zeit aufzuhalten, die diese Schiffe ausspieen. Zwei der britischen Kriegsschiffe verließen Menorca am 21. April. Am selben Tag erledigte und unterzeichnete Milbourne Marsh sorgsam seine restlichen offiziellen Schreibarbeiten, während »der Feind auf dieser Seite Mahóns auftauchte«. Am nächsten Tag, einem Donnerstag, entkam die mit 40 Kanonen bestückte *Princess Louisa* mit der Familie Marsh an Bord, eskortiert von der *Dolphin* und der *Portland,* nach Gibraltar.[12] Sie war gerettet, aber nicht in Sicherheit.

C⋇⋑

Denn nun begann Elizabeth Marsh, sich aus dem Netz familiärer Pläne und transkontinentaler Mächte und Ereignisse zu befreien, und versuchte, ihr Leben in die eigenen Hände zu nehmen. Am 30. April 1756 traf sie in Gibraltar ein. Innerhalb von zwei Monaten beschloss sie, über Lissabon nach England zu segeln. In diesem Stadium befanden sich Großbritannien und Frankreich bereits offiziell im Krieg, und auf dem gesamten Mittelmeer kreuzten französische und britische Kriegsschiffe mit dem Befehl, Marine- und Handelsschiffe des anderen Landes »zu entern, zu versenken, zu verbrennen oder anderweitig zu zerstören«, dennoch bestand sie, anfangs gegen den Wunsch ihrer Eltern, darauf, die Reise als einzige Frau unter Männern anzutreten.

Für diesen Entschluss hatte sie ihre ganz privaten Gründe, konnte aber auch vernünftige Argumente vorbringen. Nach nur drei Tagen in Gibraltar hatte Milbourne Marsh einen Bericht über die Marineeinrichtungen und Verteidigungsanlagen des Stützpunkts zusammengestellt. Aus Sparsamkeit hatten die Briten die Festung lange vernachlässigt, und entsprechend kompromisslos und entmutigend fiel sein Gutachten aus:

> Winden, Fischungen und Rahmen [sind] völlig verrottet, Masthaus, Bootshaus, Pechhaus, Schmiede und Tauschuppen alle verfallen und baufällig; die Barkasse bedarf einer gründlichen Überholung; und falls eines der Schiffe Seiner Majestät kielgeholt oder kalfatert werden müsste, gibt es

dafür weder schwimmende Gerüste noch ein Boot für die
Offiziere, um ihren jeweiligen Pflichten nachzukommen;
der Schuppen zwischen den neuen Molentoren, der zum
Ausbessern der Segel benutzt wurde, sowie der Schuppen
der Feuerwerker sind beide baufällig und einsturzgefährdet.

Dies und mehr teilte er Admiral John Byng mit, der ebenfalls
gerade erst in Gibraltar eingetroffen war und Befehl hatte, mit
zehn Kriegsschiffen zum Entsatz der belagerten britischen
Garnison auf Menorca weiter zu segeln. Noch bevor Byng
aufbrach, veranlasste ihn Milbournes vernichtender Bericht,
ein Scheitern in Betracht zu ziehen. Am 4. Mai teilte er seinen
Vorgesetzten in London mit: »Sollte es mir nicht gelingen, Port
Mahón zu entsetzen, werde ich als nächstes Ziel die Sicherung
und den Schutz Gibraltars ins Auge fassen.«[13]

Beim Kriegsgerichtsprozess gegen Byng legten die hohen
Offiziere diese Äußerungen später als Beweis seiner mangelnden Entschlossenheit und Aggressivität aus. Das war jedoch
nicht ganz gerechtfertigt. Denn Gibraltar, die knapp fünf Kilometer lange Halbinsel am Südende Andalusiens, hatte damals
außer dem Regen keine eigenen Trinkwasserquellen und war
wie »ein großes Kriegsschiff vor Anker«.[14] Sie war eine präch-
tige natürliche Festung, allerdings mit ebenso vielen Schwächen
wie Stärken. Der Fels bot den britischen Besatzern eine strate-
gische Schlüsselstellung, um die Meerenge zwischen Mittelmeer und Atlantik zu kontrollieren. Im Fall einer Belagerung
von See blieb den Einwohnern jedoch keine andere Rück-
zugsmöglichkeit als nach Spanien. Seit März 1756 kursierten
Gerüchte von Diplomaten und Spionen, falls Menorca fallen
sollte (was Ende Juni geschah), werde Frankreich Gibraltar
angreifen und beide Gebiete wieder an Spanien abtreten als
Gegenleistung für eine Unterstützung durch die spanische
Kriegsflotte im Krieg gegen Großbritannien.[15] Wenn Frankreich Gibraltar angreifen und Spanien zur feindlichen Partei
werden sollte, wie ließe sich die Festung ohne angemessene

Lager oder Werften verteidigen, die eine kämpfende Marine seetüchtig und kampfbereit hielten?

Solche Überlegungen sollten Byng nach seinem erfolglosen Scharmützel mit dem französischen Geschwader des Marquis de la Galissonière am 20. Mai 1756 zum Rückzug bewegen. Er eilte zurück, um Gibraltar zu verteidigen, und überließ die Garnison auf Menorca ihrem Schicksal, womit er sich letztlich eine Strafversetzung zu einem Ehrensalutkommando der Marine einhandelte. Für die Männer der Familie Marsh hatten Byngs Sorgen um den schlechten Zustand der Marinewerft und der Verteidigungsanlagen in Gibraltar erhebliche Folgen. Byng teilte London mit: »Da es einer geeigneten Person bedarf, diese Angelegenheiten zu inspizieren und zu leiten, habe ich es auf mich genommen, Mr. Milbourne Marsh … das Amt des Schiffbaumeisters zu übertragen … und ihm Befehl zu erteilen, die Werft etc. nach besten Kräften so gut herzurichten, wie er nur kann, denn sie werden sehr bald gebraucht.«[16] Die zusätzliche Verantwortung brachte Milbourne eine Erhöhung seines Jahresgehalts von 150 Pfund auf 200 Pfund, die er neben Kost und Logis von der Marine erhielt. Im Juli trat auch John Marsh in den Marinedienst ein und arbeitete als Sekretär seines Vaters, der nun keine Zeit mehr hatte, seine Briefe selbst zu schreiben. Elizabeth Marshs Lage war zwangsläufig eine andere. Für sie gab es keine Anstellung. Sollte eine französisch-spanische Flotte Gibraltar belagern, bestand dieses Mal auch nicht ohne weiteres eine Fluchtmöglichkeit, zumal nicht für eine alleinstehende 20-Jährige, die zu den Briten gehörte. Seit der Krieg Europa erreicht hatte, kamen immer mehr Truppen nach Gibraltar, das eine zunehmend überfüllte, ungesunde Umgebung bot. Über tausend Männer lagen im Marinehospital, und täglich starben einige.[17]

Alles das ermöglichte es Elizabeth Marsh, gute Gründe für ihren Entschluss zur Abreise vorzubringen und ihre Eltern zur Einwilligung zu überreden, aber sie ließ sich dabei auch von ihren früheren Erfahrungen beeinflussen, wenn nicht gar in die Irre führen. Sie war es gewohnt, auf großen, gut besetzten, disziplinierten Kriegsschiffen zu reisen, die darauf eingestellt waren, viel einzustecken, aber auch auszuteilen, und hatte daher keine Angst vor der See. Aber die *Ann*, auf der sie am Nachmittag des 27. Juli aufbrach, war ein ramponiertes, unbewaffnetes 150-Tonnen-Handelsschiff mit nur zehn Mann Besatzung und einer Ladung Weinbrandfässern an Bord. Die Leitung hatte James Crisp, ein britischer Kaufmann aus Barcelona, den die Familie Marsh bereits kannte; außerdem waren zwei weitere Passagiere an Bord, ein irischer Kaufmann von Ende 40 namens Joseph Popham und sein heranwachsender Sohn William.[18] Wegen des Krieges segelte die *Ann* im Konvoi mit 14 weiteren Handelsschiffen unter dem Schutz der mit 40 Kanonen bestückten *Gosport* Richtung Lissabon. Auch dieser Umstand führte Elizabeth Marsh in die Irre, denn sie hatte selbstverständlich Vertrauen in die Royal Navy. Leider verabscheute Captain Richard Edwards wie die meisten Marineoffiziere den Dienst im Geleitschutz und versah ihn zudem auffallend schlecht. Auf der vorangegangenen Fahrt der *Gosport* von Plymouth nach Gibraltar hatte er mehr als einmal den Sichtkontakt zu allen 34 Schiffen verloren, die ihm anvertraut waren. Bei diesem neuen Konvoi nach Lissabon stellte der Nebel, der in diesem Teil des Atlantiks häufig auftrat, seine Fähigkeiten auf eine noch härtere Probe. Herrschte »anfangs mäßiges und klares Wetter«, so geriet er einen Tag von Gibraltar entfernt in so dichten Nebel, dass er keines der 15 Schiffe, die mit ihm segelten, mehr sehen konnte. Edwards befahl, die Ruderboote der *Gosport* an Bord zu hieven, um mehr Fahrt zu machen, und ließ Kanonen abfeuern, um seine Position zu signalisieren.[19] Auf der *Ann* hörte man die Schüsse und sichtete die *Gosport* am Morgen des 30. Juli zum letzten Mal sieben Meilen entfernt. Verzweifelt setzte der Kapitän der *Ann* »alle Segel, die er konnte, um mit dem Kriegsschiff mitzuhalten, selbst unter

Gefahr für unser Leben, denn noch ehe es jemand merkte, stand im Laderaum das Wasser sechs Fuß hoch«. Elizabeth Marsh war zwar an die See gewöhnt, nicht aber an die Beschränkungen eines kleinen Handelsschiffes, und daher war sie nach eigenem Bekunden »in völliger Unkenntnis der Gefahr, in der wir uns befunden hatten, bis es vorüber war«.[20]

Inzwischen hatten sie alle verloren: die anderen Handelsschiffe und die *Gosport*, die Lissabon nach zehn Tagen erreichte. Als die *Ann* am 8. August um 14 Uhr schließlich aus dem dichten Nebel auftauchte, sahen sie »ein Segel windwärts hinter uns herjagen, und um halb acht kam es in Reichweite eines Pistolenschusses an uns heran«. Es war kein französisches Kriegsschiff, wie sie zuerst glaubten, sondern ein mit 20 Kanonen bestückter marokkanischer Kreuzer mit über 130 Mann an Bord. Da eine Flucht ausgeschlossen war, beschlossen Crisp und die Pophams, zu dem marokkanischen Schiff zu rudern; sie glaubten, es gehe lediglich darum, ihren Pass für das Mittelmeer vorzuzeigen und ihre Identität zu klären, da zwischen Marokko und Großbritannien formal Frieden herrschte. Unterdessen blieb Elizabeth Marsh »erträglich ruhig, bis der Abend sich in die Länge zog und mich Angst erfasste, weil sie zur angegebenen Zeit nicht zurückkehrten. In dieser Verfassung blieb ich bis zum Morgen ... [als] statt der Herren Boote voller Marokkaner zu unserem Schiff kamen und im Austausch dafür unsere Seeleute zu ihnen an Bord geschickt wurden«. Sie blieb weitere vier Tage mit den marokkanischen Kaperern an Bord der *Ann*. Am 12. August ruderte man sie schließlich hinüber an das marokkanische Schiff; die »Wellen, die wie Berge aussahen«, machten ihr Angst, da sie sie nun nicht vom sicheren Oberdeck eines Kriegsschiffes aus sah und sie wie die meisten Seefahrer ihrer Zeit nicht schwimmen konnte. Sobald alle an Bord des Korsarenschiffes waren, trennte man sie grob nach gesellschaftlicher Stellung, aber noch nicht nach Geschlecht. Die einfachen Seeleute der *Ann* fesselte man zusammen an Deck. James Crisp, Joseph Popham und seinen Sohn sowie Elizabeth stieß man in eine Kajüte, »so eng, dass wir nicht aufrecht darin stehen konnten. An diesem elenden Ort sollten vier Menschen wohnen«.[21]

Bezeichnend an den drei Tagen, die sie dort gefangen war, – und mehr noch an der Zeit danach – sind die Dinge, die sie wahrnahm und sich sorgfältig merkte, und die Aspekte ihrer Torturen und wechselnden Umgebung, die zu sehen sie sich weigerte oder die sie nicht begreifen konnte. Sie war es gewohnt, auf See zeitweise unter Hunderten Männern zu leben, und kam daher gut zurecht mit dem völligen Mangel an Privatsphäre, den Unbequemlichkeiten, dem Gestank, dem flüchtigen Anblick der Blöße, die sie von ihnen und umgekehrt erhaschte. Joseph Popham räumte später ein: »Miss Marsh … hielt sich in ihrer unglücklichen Lage besser, als man es von ihrem zarten Geschlecht erwarten durfte«.[22] Was auf Dauer an ihr zehrte waren weniger die Peinlichkeiten und Härten, die daraus erwuchsen, dass sie mit drei Männern in einer stinkenden Kajüte zusammengepfercht war, und nicht einmal der Schock ihrer gewaltsamen Gefangennahme, als vielmehr ein Gefühl, völlig den Halt zu verlieren. Sie war als geliebte einzige Tochter eines respektierten Handwerksmeisters in straff gegliederten, meist sehr disziplinierten Gemeinschaften aufgewachsen. Auch wenn sie innerhalb der gesamten britischen Gesellschaft eher am Rand angesiedelt war, konnte sie sich doch ihres Platzes innerhalb ihrer maritimen Sphäre gewiss sein. Im Verlauf dieser alptraumhaften Erlebnisse verlor sie dieses Gefühl persönlicher Verankerung zunehmend und fühlte sich auf neue, bedrohliche Weise durch ihr Geschlecht hervorgehoben.

Auf der *Ann* hatte sie bereits mehrere Tage umgeben von neugierigen, gelegentlich anzüglichen marokkanischen Seeleuten verbracht, vor denen ihr nur der alte Proviantmeister des Schiffes einen gewissen Schutz bot – zumindest beschrieb sie es später so. Als sie nun auf dem Korsarenschiff gefangen war, suchte William Popham ein Ventil für seine eigenen Ängste, indem er ihr »Geschichten von den Grausamkeiten der Mauren und den Gefahren erzählte, denen mein Geschlecht in der Berberei ausgesetzt sei«. Am 15. August brachte man sie schließlich im Hafen Sla (Salé) an der marokkanischen Atlantikküste von Bord und gab Elizabeth Marsh einen Maulesel, auf dem sie die drei Kilometer lange, holperige Strecke in die Altstadt ritt. Unterwegs hörte sie »ein lautes Gewirr von Frauenstimmen von den Dächern der Häuser, das mich sehr überraschte, bis ich erfuhr, dass es Ausdruck der Freude über die Ankunft einer weiblichen Gefangenen war«. Es gab noch mehr, was sie von den anderen abhob. Als sie mit den Pophams und James Crisp in einem halb verfallenen Haus warteten, in dem man sie wieder zusammen in einen Raum gesperrt hatte, verschafften sich einige ortsansässige europäische Kaufleute mit Bestechungen Zugang zu ihnen und boten an, Briefe hinauszuschmuggeln. Die Gefangenen warteten bis zum Abend, »damit die Wachen keinen Verdacht schöpften, was wir vorhatten«.[23] Joseph Popham schrieb an einen Gönner, Sir Henry Cavendish in Dublin, und bat ihn eindringlich, seinen Bruder, den Duke of Devonshire und ehemaligen Vizekönig von Irland, zu bewegen, dass er sich für die Gefangenen einsetze. James Crisp schrieb an den neuen Gouverneur von Gibraltar, James O'Hara, Baron Tyrawley, sowie an Sir Edward Hawke, der Byng als Oberkommandierender der britischen Mittelmeerflotte abgelöst hatte. Sowohl Popham als auch Crisp fügten ihren Briefen als Nachschriften persönliche Botschaften bei, aber ihr erster Instinkt war, sich mit einflussreichen Persönlichkeiten des öffentlichen Lebens in Verbindung zu setzen. Als Milbourne Marsh schließlich von der Notlage seiner Tochter erfuhr (die Zeitungen hatten zunächst berichtet, die *Ann* sei von den Franzosen gekapert oder versenkt worden), reagierte er ganz ähnlich. Sofort bat er den Ersten Seelord, Lord Anson, um Hilfe. Elizabeth Marsh hatte dagegen in diesem Stadium ihres

Lebens keinerlei Verbindungen zu mächtigen Männern und schrieb daher nur an ihre Eltern. Folglich blieben ihre Briefe im Gegensatz zu den meisten der anderen nicht erhalten.[24]

Als man die Gefangenen zur Befragung vor einen hochrangigen marokkanischen Beamten in Sla brachte, konnte James Crisp mit ihm Spanisch sprechen, eine Sprache, in der sich die maghrebinischen Männer der Oberschicht und europäische Besucher häufig verständigten. Elizabeth, die kaum Spanisch konnte, brachte man in den Harem des Beamten, »die Wohnung seiner Damen«, wo sie erstmals in Kontakt mit einer marokkanischen Frau kam, deren Namen sie nie erfuhr. Ohne Dolmetscher sahen sie – wie sie später in ihrem Buch schrieb – gegenseitig an sich nur das Fremde:

> Sie war überraschend groß und kräftig, hatte ein breites, flächiges Gesicht, sehr dunkle Haut und langes schwarzes Haar. Sie trug ein Musselinkleid, das an ein Priestergewand erinnerte, am Hals geknöpft war wie ein Hemdkragen und bis zu ihren Füßen reichte. An Armen und Beinen hatte sie Armbänder, war aufdringlich neugierig, mich und mein Kleid zu untersuchen, und war höchst amüsiert über meine Erscheinung.

Wie auch immer Elizabeth Marshs eigene Hautfarbe gewesen sein mag, betonte sie später ihren Lesern gegenüber die »sehr dunkle« Haut dieser Marokkanerin. Noch bezeichnender ist, dass sie ihren eigenen christlich-anglikanischen Glauben in den Vordergrund rückte, indem sie in ihrer Beschreibung die Dschellaba der Marokkanerin mit dem Chorhemd eines Vikars verglich.[25] Am meisten setzten ihr aber nicht die trennenden Aspekte zu, sondern mögliche Ähnlichkeiten zwischen ihrer eigenen Notlage und der Situation der anderen Frau. Beide waren auf unterschiedliche Weise eingesperrt; aber was wäre, wenn sie selbst in Zukunft in Marokko ebenso hinter Mauern verbannt würde wie diese Frau? Diese Möglichkeit fasste erstmals ein Mann in Worte, der Zugang sowohl zur örtlichen muslimischen wie auch zur christlichen Gesellschaft hatte, ein Sklave namens Pedro Umbert. Der gebürtige Menorquiner, den Korsaren gefangen hatten, lebte nun als Sklave des amtierenden marokkanischen Sultans, Sidi Muhammad, und war nach Sla geschickt worden, um dort mit europäischen Kaufleuten zu verhandeln.[26] Er fühlte sich zu den Gefangenen hingezogen, weil sowohl Elizabeth Marsh als auch James Crisp etwas Katalanisch, seine Muttersprache, konnten. Nachdem er ihre Geschichte gehört hatte, drängte er sie, eine Täuschung durch eine andere zu ersetzen.

Seit ihrer Gefangennahme hatte Crisp sich als Elizabeths Bruder ausgegeben, »um mir ein wenig Schutz zu bieten«. Nun warnte Umbert sie:

> Die Gefahr, dass mir in Marokko etwas zustieße, sei geringer, wenn er [Crisp] nicht als mein Bruder, sondern als mein Ehemann gelte. Mein Freund erwiderte, er denke, ich sei durchaus in Sicherheit, wenn er in derselben Eigenschaft auftrete wie bisher; und da die wichtigen Leute [in Sla] ihn auf die Wahrheit dessen hin überprüft hätten, sei es nun zu spät, den Plan zu ändern. Das Thema wurde fallen gelassen, und er verließ uns; aber sein Rat und die Art, in der er ihn erteilte, beunruhigten mich sehr.[27]

Das Unbehagen, mit dem sie schließlich doch einwilligte, sich als James Crisps Ehefrau auszugeben, schuf eine noch größere Kluft zwischen ihr und ihren männlichen Begleitern. Nachdem Angst und Schrecken ihrer Gefangennahme auf See verblasst waren und der Briefkontakt zur Heimat wiederhergestellt war, waren die Männer einigermaßen beruhigt. Selbst als der Befehl erging, sie nach Marrakesch zu bringen, wo sich der Hof Sidi Muhammads befand, blieb Joseph Popham ungerührt. Wie er in einigen hinausgeschmuggelten Briefen schrieb, tat ihm die »arme Miss Marsh« leid angesichts der Aussicht, fast 500 Kilometer durch Berge und Wüsten zu reiten, aber er machte sich »nicht die geringsten Sorgen ... und zwar von Anfang an nicht«. Er fügte hinzu, man möge sich mit Milbourne Marsh in Gibraltar in Verbindung setzen und ihn bitten, seiner Tochter einige praktische Dinge zu schicken: »ein Fässchen guter Butter, etwas Käse, Tee und Zucker … etwas Muskatblüte, Zimt und Muskatnuss, zwei Flaschen Turlington-Tropfen für den Krankheitsfall, ein halbes Pfund bestes Siegelwachs«.[28] Grundnahrungsmittel, Gewürze, um dem marokkanischen Essen seine ungewohnte Mandelsüße zu nehmen, ein Arzneimittel auf Laudanumbasis, das auf beiden Seiten des Atlantiks weithin gegen Wehwehchen aller Art von Blutergüssen über Husten bis zu Kopfschmerzen gebräuchlich war, und Wachs, um die ständige Korrespondenz zu versiegeln: Das waren die einzigen Vorkehrungen und Linderungsmittel, die Popham in diesem Stadium einfielen. Ihm kam gar nicht die Idee, dass es nur unzureichenden Schutz bieten könnte, ihre Briefe zu versiegeln. Ebenso wie Elizabeth Marsh begriff auch er ihre Lage noch nicht ganz.

☙

Joseph Pophams Zuversicht spiegelte zum Teil die Veränderungen wider, die sich in den Beziehungen Großbritanniens zu Marokko und anderen maghrebinischen Mächten seit dem 17. Jahrhundert vollzogen hatten. Damals hatten Korsaren, die von Marokko, Tunis, Tripoli, Algier und anderen osmanischen Häfen aus operierten, eine große Bedrohung für die christliche Seefahrt im westlichen Mittelmeer, in Teilen des Atlantiks und gelegentlich auch an einigen Küsten Westeuropas dargestellt.[29] Vor 1660 – nachher allerdings nicht mehr – wurden vermutlich ebenso viele europäische Seeleute, Fischer, Kaufleute, männliche und weibliche Passagiere und Einwohner von Küstendörfern von Korsaren gefangen und in Marokko und im gesamten Osmanischen Reich versklavt, wie Westafrikaner von Europäern über den Atlantik als Sklaven verkauft wurden. Von Ende des 16. bis Ende des 18. Jahrhunderts gerieten schätzungsweise

1,25 Millionen Menschen auf diese Weise in Gefangenschaft und Anfangs in die Sklaverei, viele weitere nahmen die osmanischen Armeen bei Feldzügen in Osteuropa und Russland und bei ihren gelegentlichen Vorstößen nach Westeuropa gefangen. Allein bei dem osmanischen Angriff auf Wien 1683 sollen über 80 000 Männer, Frauen und Kinder in die Sklaverei verschleppt worden sein.[30]

Was das Mittelmeer anging, so waren diese Formen der Gewalt und Versklavung nie einseitig. Im ausgehenden Mittelalter und am Beginn der Neuzeit waren im östlichen und westlichen Mittelmeer auch eine Fülle nominell christlicher Freibeuter und Piraten aktiv. Viele wurden von Frankreich, Spanien, verschiedenen italienischen Stadtstaaten oder den Rittern des Johanniterordens auf Malta unterstützt. Und viele dieser christlichen Seeräuber waren ebenso wie ihre islamischen Kollegen mehr von der Gier nach potenziellen Lösegeldern als von religiösem Eifer oder Hass getrieben. Aber so lange es osmanisches und maghrebinisches Korsarentum und Versklavung gab, stellten sie eine erhebliche Gefahr für gefährdete Menschen und Regionen dar, und die Angst vor ihnen war weit darüber hinaus verbreitet. Noch in den 1750er Jahren waren Schiffe schwächerer europäischer Staaten wie Genua und kleine Ortschaften rund um das Mittelmeer Überfällen maghrebinischer Seeräuber ausgesetzt. Auf der Fahrt von Menorca nach Gibraltar dürfte die Familie Marsh bemerkt haben, dass sich in Spanien kaum Dörfer unmittelbar an der Küste befanden und kleine Fischerorte und Marktflecken sich lieber in sicherer Entfernung vom Strand an die Hänge schmiegten. Ein britischer Marineoffizier stellte 1756 fest:

> Der Grund, dass ihre Häuser so liegen, ist die Angst vor den Mauren, die, wenn ihre Häuser zugänglich wären, landen und ganze Dörfer in die Sklaverei verschleppen würden, was trotz aller Vorsicht dennoch häufig geschieht, vor allem in jenem Teil Spaniens, der an der Mittelmeerküste liegt.[31]

Für die Briten bestand zu dieser Zeit in der Regel kaum Gefahr von Seiten maghrebinischer Korsaren. Die Stärke der Royal Navy und ihre Mittelmeerstützpunkte schreckten die meisten Korsaren von Überfällen auf britische Handelsschiffe ab. Hinzu kam eine gewisse Interessengemeinschaft. Seit Anfang des 18. Jahrhunderts bezogen die Briten aus Marokko und in geringerem Maße auch aus Algiers und Tunis Proviant, Pferde und Maultiere für ihre Garnisonen in Menorca und Gibraltar und bezahlten diese Waren nicht nur mit Geld und Luxusgütern wie Tee und feinen Textilien, sondern auch mit Gewehren, Kanonen und Munition. Auch wenn Religion, Kultur, gegenseitige Vorurteile und ein unterschiedliches Maß an Macht und Wohlstand das britische Reich und das marokkanische Reich trennten, waren sie in dieser Hinsicht doch aufeinander angewiesen und tolerierten sich praktisch.[32] Aus diesem Grund sahen Joseph Popham und die anderen männlichen Gefangenen von der *Ann* ihre missliche Lage 1756 anfangs noch recht entspannt. Sie nahmen an, sobald die britischen Behörden davon erführen, würden sie ein entsprechendes Lösegeld zahlen, ein Kriegsschiff zu ihrer Rettung entsenden, und damit wäre die Sache erledigt. Die Politiker und Marineangehörigen in London, Dublin und Gibraltar, die ihre schriftlichen Hilfegesuche erhielten, nahmen den Übergriff auf die *Ann* zu Recht ernster, obwohl auch sie nicht alle beteiligten Kräfte richtig einschätzten.

Seit dem Tod des berühmtesten Sultans der Hassanidendynastie, Mulai Ismail, 1727, hatten Epidemien, Erdbeben, wiederkehrende Dürren und mehrere Stammeskriege den Wohlstand und die Bedeutung Marokkos untergraben. Dem nominellen Sultan, Mulai Abdallah, hatte man bereits fünf Mal das Recht auf den Thron gewaltsam streitig gemacht. Mittlerweile hatte er die reale Regierungsgewalt auf eigenen Wunsch endgültig seinem Sohn Sidi Muhammad übertragen, der sowohl vom Format als auch von seinen Ideen her ein

Herrscher völlig anderer Art war. Sidi Muhammad war »zu wild, um sich ohne eine gewisse Züchtigung bändigen zu lassen«, hatte der britische Gouverneur von Gibraltar einige Monate vor dem Überfall auf die *Ann* vorausgesagt, obwohl das weder wahr noch sachdienlich war.[33] Aber der neue Sultan war skrupellos und geschickt genug, christliche Vorurteile über willkürliche und barbarische muslimische Herrscher auszunutzen. Die Kapitäne einiger Schiffe der Royal Navy hatten 1755 mit unabhängigen Stammesfürsten an Marokkos Nordküste einen Handel geschlossen und sie im Tausch gegen frischen Proviant mit Waffen versorgt. Sidi Muhammad reagierte umgehend mit einem Vergeltungsschlag gegen die europäischen Kaufleute in Sla:

> Seine Hoheit nahm alle christlichen Kaufleute und Mönche gefangen; aber da Mr. Mounteney Engländer war, legte er ihm eine schwere Kette um den Hals und Eisen um die Beine und verabreichte ihm so viele Schläge, dass man ihn als tot liegen ließ; allerdings starb er hinterher in seinem eigenen Haus, nachdem er verstanden hatte, dass der Prinz ihm einen langsamen Tod zugedacht hatte, weil er Engländer war; er verlor den Verstand und erhängte sich.

Das war keineswegs nur eine der üblichen europäischen Schauergeschichten über Grausamkeiten der Berberei. Jaime Arvona, ein weiterer menorquinischer Sklave, der fließend Französisch, Spanisch und Arabisch sprach und Schatzmeister, Sekretär und königlicher Vertrauter am Hof des Sultans in Marrakesch war, schickte diesen Bericht über Mounteneys elendes Schicksal im September 1755 auf ausdrücklichen Befehl Sidi Muhammads an einen britischen Diplomaten.[34] Normalerweise konnten europäische Kaufleute und christliche Kleriker in marokkanischen Städten ungehindert ihrer Tätigkeit nachgehen, und niedere wie privilegierte christliche Sklaven wie Arvona bekamen sogar regelmäßig frei, um die wichtigsten christlichen Feiertage zu begehen und jeden Sonntag die Kirche zu besuchen. Doch jetzt vernahmen die britischen Diplomaten Sidi Muhammads Drohung, die Arvona ihnen übermittelte:

> Ich sende dies eigens, um Ihnen mitzuteilen, dass Seine Hoheit beabsichtigt, seine Gouverneure an der ganzen Küste bis nach Tanger und Tetouan zu postieren ... den ersten Engländer, der seinen Fuß in sein Land setzt, wird er zum Sklaven machen.[35]

Sidi Muhammad hatte im Sommer 1756 einen britischen Marineoffizier persönlich gewarnt: »Meine Schiffe und Frachtsegler auf See werden nach Ihnen Ausschau halten und Sie kapern, wo immer sie Ihnen begegnen.« Diese Verschlechterung, die Ende 1755 und Anfang 1756 in den britisch-marokkanischen Beziehungen eingetreten war, bildete einen Teil des Hintergrundes für den Korsarenüberfall auf die *Ann*. Als der dänische Konsul in Marokko, Georg Höst, von dem Zwischenfall erfuhr, war seine erste Einschätzung zur Lage der Gefangenen unzweideutig: »Die Passagiere (ein paar Kaufleute und eine Frau) wurden als Sklaven gefangen genommen«, notierte er in seinem Tagebuch.[36]

⌒⋙⌒

Als Elizabeth Marsh am 30. August mit den übrigen Gefangenen unter Bewachung aus Sla aufbrach, wusste sie davon wenig. Sie war in gewaltsame zwischenstaatliche Auseinandersetzungen geraten, ohne imstande zu sein, sie vollständig zu verstehen, und zudem mit ihrer persönlichen Lage vollauf beschäftigt. Zunächst war sie vor allem auf ihr körperliches Wohl bedacht. Ein spanischer Kaufmann aus Rabat hatte ihr ein Zelt für die Reise geborgt und einen Damensattel für ihr Maultier improvisiert, der sich aber schon bald als schmerzhaft und unsicher erwies. Als die Karawane durch Ebenen und Wüsten südwärts Richtung Marrakesch zog, hatte sie ernstlich mit

Platzangst zu kämpfen. Zum ersten Mal in ihrem Leben war sie außer Sichtweite des Meeres und konnte keinerlei Zeichen menschlicher Besiedlung mehr ausmachen: »Es war kein Haus oder Baum mehr zu sehen, nur weites Land voller hoher Berge, das wenig Bemerkenswertes bot, auch wenn ich so viele Beobachtungen machte, wie es mir in meiner eingeschränkten Lage ohne Bücher nur möglich war.«[37] Ohne Bücher oder Landkarten, ohne eigene Kenntnisse in Arabisch, Spanisch oder Berbersprachen und ohne feste Siedlungen, an denen sich Entfernungen und Fortkommen hätten abschätzen lassen, hatte sie keinerlei geographische Anhaltspunkte und konnte die Etappen ihrer Reise nicht benennen. Da die Karawane in den kühlen Nachtstunden weiterzog und in den heißesten Tagesstunden für kurze Schlafpausen Rast machte, hatte sie auch kein zuverlässiges Gefühl mehr für Uhrzeit und Kalendertag. Sie war dehydriert und unterernährt, lebte überwiegend von Eiern und Milch und fühlte sich nun ständig an ihre heikle Lage als Frau erinnert. Den improvisierten Damensattel musste sie aufgeben und eintauschen gegen »eine Vorrichtung, wie die maurischen Frauen sie benutzen«. Dieses mit Tüchern verhängte Gestell kam auf ihr Maultier »über eine Packtasche und hielt eine kleine Matratze; die maurischen Frauen legen sich darauf, da sie sich dicht abschließen lässt; aber ich setzte mich mit den Füßen auf eine Seite des Maultierhalses und fand es sehr geeignet, mich vor den Arabern abzuschirmen«. Die Vorrichtung verstärkte ihre Isolation und hob sie als einzige Frau der Karawane noch deutlicher hervor. Wenn vorüberziehende Beduinen »zu Grobheiten neigten«, riefen ihre Bewacher, wie man ihr sagte, »ich ginge als Geschenk an Sidi Muhammad«.[38]

Der marokkanische Admiral, Rais al-Hadj al-Arbi Mistari, der für die Karawane verantwortlich war, nahm offenbar die übliche Route für Gefangenen- und Sklaventransporte von Sla. Sie führte sechs bis sieben Tage lang (genau lässt sich das nicht feststellen, da die Gefangenen das Zeitgefühl verloren) von

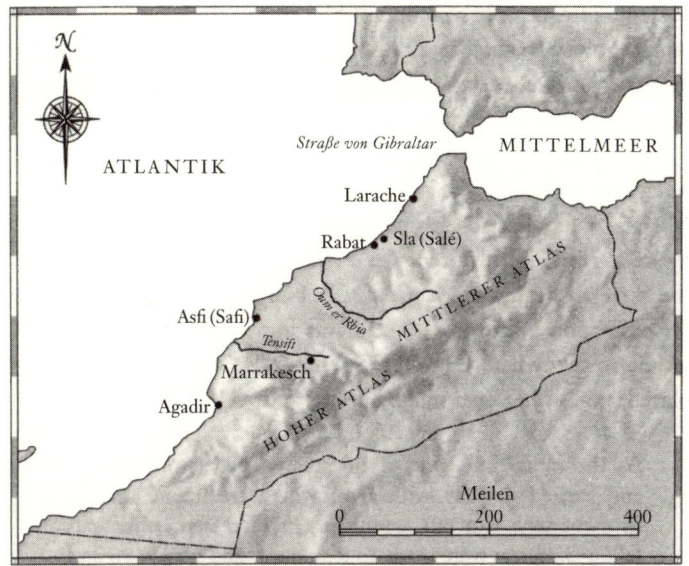

Elizabeth Marshs Marokko

Rabat nach Süden, am Rand des Mittleren Atlas vorbei, über den Fluss Oum er Rbia, in dem Elizabeth Marsh beinah ertrank, und schließlich unmittelbar nördlich von Marrakesch über den Fluss Tensift. Sie war nicht die erste Frau britischer Staatsangehörigkeit, die zu dieser Reise gezwungen wurde, und sie sollte auch nicht die letzte sein. Aber sie hielt als erste ihre Erfahrungen fest und schrieb als erste Frau der Geschichte ausführlich in Englisch über Marokko. Die Eindrücke, die sie damals sammelte, entsprachen jedoch nur gelegentlich denen konventioneller Reiseschriftstellerinnen. Im Gegensatz zu vielen anderen reisenden Frauen des 18. Jahrhunderts schilderte sie beispielsweise keine Anekdoten, die ihren ungewöhnlichen Mut illustrierten (obwohl diese Reise auf dem Rücken eines Maultiers bei hoher Geschwindigkeit eindeutig ihre Zähigkeit belegte). Von einigen Ausnahmen abgesehen – wie dem Anblick von Bergen, »die über die Wolken reichten« –, interessierte sie sich auch nicht sonderlich für eine Landschaft, die sie überwiegend nur als leer wahrnehmen konnte.[39] Sie reiste unter Zwang und unter zunehmendem mentalen wie körperlichen Stress und beschrieb folglich eine Reise, die vor allem auf eine innere Erkundung ihrer eigenen Gedanken und Ängste hinauslief.

Knapp zehn Kilometer vor Marrakesch hielt die Karawane an; man baute ihr Zelt auf, öffnete ihren Seekoffer und befahl ihr durch einen Dolmetscher, sich umzuziehen, »um beim Einzug in Marokko eine gewisse Figur abzugeben«. Zum ersten Mal seit der Abreise aus Sla zog sie frische Kleider an und setzte sich eine Nachtmütze als Sonnenschutz auf, »da man mir sagte, dass sie mich meinen Hut nicht tragen lassen wollten«. So »geschmückt, wie sie es sich vorstellten«, setzte man sie nicht auf ihr Maultier, sondern vor James Crisp auf sein Reittier.

> Gleichzeitig zog einer der Wachen ihm seinen Hut vom Kopf und nahm ihn mit; diese Behandlung verwunderte uns zutiefst: Aber unsere Verwunderung nahm noch zu, als unsere Leidensgenossen absteigen und mit bloßem Kopf zu zweit nebeneinander gehen mussten, obwohl die Sonne heißer brannte, als ich es je erlebt hatte, und der Weg so beschwerlich war, dass die Maultiere knietief einsanken.[40]

Als Elizabeth Marsh und James Crisp schließlich in Sidi Muhammads Residenzstadt ritten, waren sie also von den Tausenden Schaulustigen, die sie sehen wollten, nicht nur durch Angst und Erschöpfung getrennt, sondern auch durch unterschiedliche Zeichensysteme. Die marokkanischen Zuschauer deuteten ihre vergleichsweise gute westliche Kleidung möglicherweise als willkommene Demonstration, dass man höherrangige Gefangene als üblich erwischt hatte und ein entsprechend höheres Lösegeld fordern konnte. Sicher dürfte ihnen aufgefallen sein, dass man allen Gefangenen ihre Kopfbedeckungen abgenommen und sie damit in gewisser Weise ihrer Identität beraubt hatte. Denn damals waren Hüte die offenkundigsten Kleidungsmerkmale, die Europäer kenntlich machten. Für Crisp und mehr noch für Elizabeth Marsh dürfte es jedoch völlig andere Konnotationen besessen haben, zusammen auf einem erschöpften Maultier durch eine lärmende, schimpfende Menge reiten zu müssen. Abgesehen von der offensichtlichen Demütigung und dem Unbehagen erinnerte diese Tortur an die Schandumzüge, mit denen boshafte Dorf- und Stadtbewohner in Großbritannien und anderen westeuropäischen Gesellschaften augenfällig ehebrecherische oder liederliche Paare zuweilen immer noch straften. Die Opfer auf einem Esel unter ohrenbetäubendem Lärm, erbarmungslosem Gelächter und obszönen Gesten durch die Straßen zu treiben, war bei solchen Schandumzügen üblich. Das »Geschrei und Gejohle« der Menge in Marrakesch, die Schnitte, die vorbeirasende Reiter Crisps Beinen zufügten, und die derben Gesten gegen Elizabeth dürften sie daran erinnert haben.[41] Nachdem sie ohnehin schon zutiefst befangen waren, weil sie sich als Mann und Frau ausgaben, zogen sie nun in Marrakesch, der roten Stadt mit ihren vielen quadratischen Minaretten, auf eine Weise ein, die (für sie) Schande und sexuelles Fehlverhalten symbolisierte.

Ihre Verlegenheit nahm noch zu, als man sie absteigen ließ, von den anderen Gefangenen trennte und nahezu den ganzen Nachmittag allein in einem Zimmer im Obergeschoss einer alten Burg knapp fünf Kilometer von Sidi Muhammads Palast entfernt einsperrte. Mittlerweile machten Crisp und Elizabeth Marsh sich keine Gedanken mehr über westliche Umgangsformen, sondern setzten sich auf den Boden und »beklagten unser elendes Schicksal«. Als man sie schließlich herausholte, vor die Palasttore brachte und sie nach stundenlangem Stehen endlich vor den Sultan führte, sahen sie ihn durch einen Schleier, der von schierer Erschöpfung und europäischen Vorurteilen, aber auch von persönlicheren Sorgen geprägt war. Elizabeth registrierte einige Details mit auffallender Genauigkeit. Sie bemerkte, dass der Sultan Wert auf Würde und Rituale legte: »Er saß auf einem prachtvollen Pferd, zu beiden Seiten umgeben von Sklaven, die mit Fächern Fliegen abwehrten, und bewacht von einem Trupp des schwarzen Regiments«, also von zwangsrekrutierten dunkelhäutigen Haratin und schwarzen Sklavensoldaten der *Abid al-Bukhari*. Völlig korrekt beschrieb sie, dass diese Begegnung im Freien stattfand. Anders als die osmanischen Sultane empfingen marokkanische Herrscher Gesandte, Petitionäre und Bittsteller traditionell nicht in üppig ausgestatteten Räumen. Bei marokkanischen Sultanen war es auch nicht üblich, dass sie sich bei Audienzen schriftlich mit Hilfe von Schreibern äußerten, sondern wie in diesem Fall persönlich und mündlich. Elizabeth Marsh beschrieb auch, wie der »maurische Admiral und seine Leute« vor ihrem Herrscher auf die Knie fielen, den Boden küssten »und, als sie aufstanden, dasselbe mit seinen Füßen taten«. Später berichtete ein marokkanischer Gesandter, es sei »Sitte, wenn wir uns unserem Sultan nähern, küssen wir den Boden als demütiges Zeichen der Dankbarkeit [gegen Gott]«.[42] Dies alles sah Elizabeth Marsh und schrieb es später nieder. Aber was sah Sidi Muhammad in dieser Begegnung?

Er war 1756 Mitte 30, mit 1,78 Metern für damalige Verhältnisse sehr groß und, wie einer seiner britischen Sklaven schilderte, »gut gebaut, von majestätischer Haltung, kastanienbrauner Farbe, schielt auf dem rechten Auge, bietet aber dennoch einen angenehmen Anblick«.[43] Elizabeth Marsh schätzte ihn irrtümlich auf Mitte 20. Sidi Muhammad war fest entschlossen, die Macht des Sultans über sein gespaltenes, teils in Stämmen organisiertes Land wiederherzustellen und auszubauen, und konnte skrupellos gegen Feinde im In- und Ausland vorgehen. Scharfsichtigere europäische Gesandte erkannten allerdings zunehmend an, dass der neue Sultan auch auffallend wohltätig, äußerst organisiert und arbeitsfreudig, hochintelligent und vielseitig interessiert war. Da Marokkos

Stammeskriege und die Notwendigkeit zu kämpfen ihn in seiner Jugend um eine herkömmliche Prinzenerziehung gebracht hatten, hielt er sich nun an ein genau festgelegtes, anspruchsvolles Arbeitspensum. Er stand morgens sehr früh auf, inspizierte zu Pferd seine Stadt und die Arbeit seiner Sklaven, frühstückte allein in seinem Garten und widmete sich anschließend Regierungsgeschäften und geistigen und religiösen Studien. Er richtete einen kleinen Rat ein, mit dem er Werke islamischer Literatur und Geschichte diskutieren konnte, und kam täglich mit den Gelehrten an seinem Hof zusammen.[44] Das lässt vermuten, dass Sidi Muhammad zutiefst religiös und von einer Art panislamischer Weltsicht überzeugt war. Da er sich des wachsenden Wohlstands und der zunehmenden Aggression der europäischen Großmächte nur zu bewusst war, strebte er eine Festigung der Verteidigungsbündnisse mit anderen muslimischen Herrschern an, vor allem mit dem osmanischen Sultan in Istanbul, der Welthauptstadt des Islam. Während seiner offiziellen Regierungszeit als Sultan von Marokko (1757–1790) entsandte Sidi Muhammad drei Botschafter nach Istanbul, jeweils um Abkommen über gegenseitige Unterstützung gegen die »Ungläubigen« zu schließen.[45] Sein Wunsch nach engen Beziehungen zum osmanischen Sultan und sein Interesse, die anderen maghrebinischen Herrscher in Tunis und Algiers gegen raubgierige Europäer zu unterstützen, basierten ebenfalls auf tiefen religiösen Überzeugungen.

Der Islam ist wie das Christentum eine monotheistische Religion mit universalistischen Bestrebungen. Muslime in allen Teilen der Welt verbindet Arabisch als heilige Sprache des Islam, die Verpflichtung zur Hadsch, der Pilgerfahrt nach Mekka, und die Vorstellung des *dar-al-islam*, des Landes des Islam, die es ihnen erlaubt, »das Lokale als Teil eines größeren islamischen universalen Ganzen zu denken und zu erleben«. Diese Glaubensgrundsätze prägten Sidi Muhammads eigene Version von Internationalismus, auch wenn nicht alle Aspekte darauf zurückzuführen sind. Im Gegensatz zu seinem Vater und Vorgänger, Mulai Abdallah, hatte er die Hadsch gemacht und besuchte eifrig andere Pilgerstätten.[46] Indizien deuten darauf hin, dass er sogar danach strebte, als Kalif des muslimischen Westens anerkannt zu werden, also als politisch-religiöses Oberhaupt, das zusammen mit dem osmanischen Sultan im Osten eine Art Doppelspitze der gesamten islamischen Welt bilden sollte. Der Herrscher, dem Elizabeth Marsh und ihre zerlumpten Mitgefangenen Anfang September 1756 vor den Toren seines Palastes in Marrakesch gegenüberstanden, war also ein kluger, entschlossener und reflektierender Mann mit einem Horizont, der weit über Marokko hinaus reichte. Sidi Muhammad machte dies sogar in der Mitteilung deutlich, die er ihnen durch seine Dolmetscher übersetzen ließ, auch wenn die Gefangenen wohl kaum in der Lage waren, seine Worte in ihrer ganzen Bedeutung zu erfassen. Sie sollten nicht versklavt werden, erklärte er Elizabeth Marsh, James Crisp und den anderen, sondern als Geiseln im Land bleiben, bis die Briten einwilligten, einen ordentlichen Konsul in Marokko zu etablieren.[47]

Konsul stand für Kommerz. Sidi Muhammad hatte begriffen, dass er jeglichem Misstrauen gegenüber der nichtmuslimischen Welt ein Gegengewicht durch normalere Beziehungen und positives Engagement auf der Basis von Handel gegenüberstellen musste, um seine eigene Macht zu konsolidieren und Marokko wieder zu einem stabilen, prosperierenden Staat zu machen. Es ist durchaus denkbar, dass er danach strebte, Kalif des Westens zu werden, und sicher wollte er engere Bündnisse mit anderen muslimischen Herrschern schmieden, aber er wollte auch Beziehungen zu anderen Teilen der Welt pflegen, um die Wirtschaft seines Landes zu fördern und damit seine eigenen Einnahmen zu erhöhen. Bereits 1753 hatte er drei Handelsverträge mit Dänemark geschlossen. Im Laufe seiner Regierungszeit schloss er noch gut 40 weitere Abkommen mit

größeren europäischen Staaten und Handelsstädten, mit Großbritannien, Frankreich, Portugal, Spanien, den Niederlanden,
Preußen, Schweden, Venedig, Hamburg und Dubrovnik,
einem wichtigen Handelsplatz an der Adria.[48] »Der gegenwärtige Herrscher ist so umsichtig in allen Dingen, dass er sich
persönlich um die geringfügigsten Vorgänge bezüglich europäischer Angelegenheiten kümmert«, schrieb Joseph Popham
1764, nachdem Elizabeth Marshs einstiger Mitgefangener zum
britischen Konsul in Marokko avanciert war. Sidi Muhammad
richtete den Blick auch über Europa hinaus nach Westen. Als
erster muslimischer Herrscher der Welt erkannte er die amerikanische Unabhängigkeit an. Seinen Korsaren befahl er 1784,
ein US-amerikanisches Handelsschiff, die *Betsey*, zu kapern.
Sobald die Besatzungsmitglieder als Geiseln genommen waren,
setzte der Sultan sie als Verhandlungsmasse ein, und 1786
stimmte der US-Kongress einem Abkommen über umfassende
diplomatische Beziehungen mit Marokko zu.[49]

Zwischen den Vorgängen um die *Betsey* nach dem Amerikanischen Unabhängigkeitskrieg und dem Schicksal der *Ann* zu
Beginn des Siebenjährigen Krieges bestehen eindeutige und
bezeichnende Parallelen. In beiden Fällen nutzte Sidi Muhammad eine traditionelle Form maritimer Gewalt für neuartige,
konstruktive Zwecke. Er führte weder einen heiligen Krieg
gegen christliche Seefahrer, noch war er unmittelbar auf Löse-
gelder aus, auch wenn es seinen Opfern so erscheinen mochte.
Hier ging es nicht um einen Dschihad im konventionellen,
engen westlichen Verständnis, sondern um etwas völlig anderes.
Diese speziellen Überfälle marokkanischer Korsaren zielten
nicht darauf ab, Nichtmuslime zu bestrafen oder auf Distanz
zu halten, sondern westliche Mächte zu einem engeren Dialog
und zu Verhandlungen zu zwingen. Sidi Muhammad wollte die
Aufmerksamkeit und den Respekt des Westens. Vor allem aber
wollte und brauchte er mehr Zugang zu und Einfluss auf den
westlichen Handel. Die Gründe dafür lagen in der halbwüsten-

ähnlichen Leere weiter Teile Marokkos, die Elizabeth Marsh so verwundert und desorientiert hatte.

Marokko litt damals wie die übrige arabische Welt unter erheblichem Bevölkerungsmangel. Noch um 1800 lebten in ganz Arabien, Nordafrika, der Westsahara, dem Sudan und Großsyrien nur schätzungsweise 17 Millionen Menschen. Dagegen hatten die geographisch kleineren Gebiete des indischen Subkontinents und Chinas damals jeweils 200 beziehungsweise über 300 Millionen Einwohner. Anders als in Indien und China bestand die Bevölkerung der arabischen Welt mit Ausnahme Ägyptens nicht überwiegend aus Kleinbauern, sondern aus Angehörigen halb autonomer Stämme. Außerhalb der großen Städte waren viele Einwohner Marokkos »wilde Araber«, wie Elizabeth Marsh sie nannte, Nomaden, die sich vom herrschenden Sultan nicht ohne weiteres kontrollieren ließen.[50] Diese Hintergründe trugen zu Sidi Muhammads Entschlossenheit bei, Marokkos Überseehandel auszuweiten und gleichzeitig eine gewisse Kontrolle darüber auszuüben. Sein Land war zu trocken und zu wenig urbar gemacht für eine hoch produktive Landwirtschaft, folglich gab es auch keine große, gefügige Bauernschaft, die sich durch Steuern hätte schröpfen lassen. Den marokkanischen Handel auszuweiten und zu beaufsichtigen bot daher die besten Aussichten, seine Staatseinnahmen und seine Macht zu stärken. Der Transsaharahandel spielte nach wie vor eine bedeutende Rolle, außerdem waren in marokkanischen Häfen und Städten schon lange europäische Kaufleute tätig. Elizabeth Marsh berichtete, dass sie in den drei Monaten ihrer Geiselhaft dort Kaufleute aus England, Irland, Schweden, Frankreich, Spanien, Dänemark, Griechenland und den Niederlanden traf. Aber unter früheren Sultanen war es solchen europäischen Eindringlingen leicht gefallen, Marokkos Überseehandel weitgehend an sich zu reißen und einen Teil der Profite einzustreichen. Sidi Muhammad war daher bestrebt, sein Land noch mehr als bisher für den europäischen Handel und Kaufleute zu öffnen und diese Geschäfte strenger und effektiver zu kontrollieren, um sie besteuern zu können. Aus diesem Grund wurde »der Sultan ... selbst ein Kaufmann«, wie ein französischer Diplomat es ausdrückte.[51]

Im Verlauf dieses Prozesses entwickelte Sidi Muhammad sich zu einem Akteur der Protoglobalisierung jener Zeit, wie man es rückblickend nennen könnte. Denn er war bestrebt, seinen Einfluss innerhalb der islamischen Welt, zu der Marokko gehörte, auszuweiten und gleichzeitig Beziehungen zu völlig verschiedenen Regionen des christlichen Westens zu knüpfen und zu nutzen. Sidi Muhammads Regentschaft belegt eindrücklich, dass »Protoglobalisierung tatsächlich ein Phänomen vieler Zentren war, das durch die aktive Beteiligung muslimischer Elemente gestärkt wurde«, wie ein Historiker es formulierte. Auch europäische und amerikanische Diplomaten erkannten zunehmend, dass Sidi Muhammad ein frommer Muslim mit Interesse an traditionellen Geisteswissenschaften, zugleich aber auch in mancherlei Hinsicht kosmopolitisch, kommerziell motiviert und bewusst innovativ war. Der britische Botschafter räumte 1783 ein, er sei »ein fähiger Mann von großer Auffassungsgabe und Scharfblick« und »sehr beliebt bei seinen Untertanen«, fügte aber einen weiteren ausgeprägten Charakterzug des Sultans hinzu: »sein Übermaß an Frauen, worin er sich keinerlei Beschränkungen auferlegt«.[52]

❦

Und hier kommt Elizabeth Marsh wieder ins Spiel. Nachdem der Dolmetscher die offizielle Erklärung Sidi Muhammads übersetzt hatte, brachte man sie und die anderen erschöpften Geiseln in ein Haus in der *mellah*, dem jüdischen Viertel Marrakeschs östlich vom Sultanspalast. Normalerweise war es rundum von Mauern umgeben und hatte nur ein Tor, das von Soldaten des Sultans bewacht wurde. Aber das Erdbeben von Lissabon und die Nachbeben, zu denen es während ihres

Aufenthalts in Marokko immer wieder kam und die sie mit ihrem Lärm an »eine Kutsche, die über ein grobes Pflaster rast«, erinnerten, hatte Teile der *mellah* und ihrer Mauern einstürzen lassen. In Marokko genossen Juden zwar im allgemeinen Religionsfreiheit, manche spielten eine wichtige Rolle im Handelsleben und fungierten als Mittler bei diplomatischen Gesprächen mit europäischen Christen, sie waren aber dennoch als Randgruppe Misshandlungen und Strafsteuern ausgesetzt. Marrakeschs *mellah*, die größte Marokkos, war im Grunde ein Ghetto für die Benachteiligten der Gesellschaft und beherbergte nicht nur die jüdische Bevölkerung der Stadt, sondern auch viele europäische Sklaven.[53]

Als Elizabeth das trostlose, halb verfallene einstöckige Haus sah, das ihr Gefängnis werden sollte und »dessen Mauern ... voller Käfer und schwarz wie Ruß« waren, beschloss sie, ihr Zelt im offenen Innenhof aufstellen zu lassen. Aber ihr blieb keine Zeit auszuruhen. Jaime Arvona, der hochrangige menorquinische Sklave und Liebling des Sultans, kam mit dem Befehl, sie ohne die anderen Geiseln in den Palast zu bringen. Sie ging mit ihm durch mehrere Tore und Gärten, vorbei an einer Reihe von Wachposten. Als sie sich dem Zentrum des Palastes näherten, musste sie ihre Schuhe ausziehen, da sie nun den Bereich eines Prinzen von Geblüt, eines Nachfahren des Propheten, betrat. Nach weiteren Sälen und Wachen kam sie schließlich in »das Gemach, in dem sich Seine Königliche Hoheit befand«.[54]

Bisher hatte Elizabeth Marsh ihre Torturen in Marokko mit anderen geteilt. Innerlich hatte sie sich zwar zunehmend isoliert gefühlt, war aber tatsächlich kaum je allein gewesen. Entsprechend konnten verschiedene Personen sie beobachten und über sie berichten. Einige der anderen Gefangenen und mehrere europäische Kaufleute und Gesandte schrieben über ihre Zeit in Sla und über die Reise nach Marrakesch. Sie kam in offiziellen und privaten Korrespondenzen zwischen britischen Marineoffizieren, Politikern, Diplomaten und Kolonialbeamten vor. Sie und die anderen waren Thema offizieller diplomatischer Schreiben und Erklärungen Sidi Muhammads und eingehender Berichte von Sklaven und Dolmetschern seines Hofes. Obwohl Elizabeth und ihre Gefährten keine Personen von besonderem politischem Gewicht oder Wohlstand waren, hinterließen sie umfangreiche und ungewöhnlich vielfältige Spuren in den Archiven. Sobald sie jedoch barfuß durch die Palasttore Sidi Muhammads trat, war sie die einzige Chronistin des Geschehens, eine einzelne Stimme. Zudem schrieb sie ihre Geschichte erst wesentlich später nieder, als sie in einem anderen Land anderen Einflüssen und neuen Zwängen ausgesetzt war.[55]

Nach ihrer Beschreibung war diese erste Begegnung im Palast kurz, und diente vielleicht dazu, sie eingehender zu mustern, aber sie war kaum imstande, mehr zu registrieren als die kühlen, aufwändig gekleideten Personen, die sie neugierig anschauten. Sidi Muhammad saß lässig neben vier seiner Frauen, »die ebenso erfreut wirkten wie er selbst, mich zu sehen. Nicht dass meine Erscheinung sie hätte für mich einnehmen können«. Elizabeth war verlegen, eingeschüchtert und sich peinlich ihres sonnenverbrannten Gesichts (oder ist das als gezielte Bekräftigung für ihre Leserschaft gedacht, dass sie tatsächlich hellhäutig war?) und ihres zerknitterten Reitkleids bewusst, das von der Reise deutliche Spuren von Schweiß und Sand trug. Eine der Frauen bot ihr über einen Dolmetscher saubere marokkanische Kleider an. Als Elizabeth ablehnte, nahm sie »ihre Armreifen ab, schob sie an meinen Arm und erklärte, ich solle sie um ihretwillen tragen«. Da Elizabeth kaum Erfahrung mit Schmuck hatte, sahen die offenen Silberarmreifen für sie auf den ersten, benommenen Blick aus wie Hufeisen. Nach den Höflichkeitsritualen der Gastfreundschaft durfte sie gehen.

Aber statt mich zurück in unser Quartier zu bringen, geleitete mein Führer mich in ein anderes Gemach, wohin mir kurz darauf der Prinz folgte, der sich, nachdem er auf einem

Kissen Platz genommen hatte, erkundigte, ob meine Ehe mit meinem Freund tatsächlich bestünde. Diese Frage kam gänzlich unerwartet; aber obwohl ich bejahte, ich sei wahrhaftig verheiratet, konnte ich spüren, wie sehr er daran zweifelte ... Er stellte auch fest, dass es bei englischen Ehefrauen Sitte sei, einen Ehering zu tragen, was der Sklave [Dolmetscher] mir mitteilte, und ich antwortete, er sei sicher verwahrt, da ich nicht damit reise.[56]

Schließlich erlaubte der Sultan ihr, mit »Versicherungen seiner Wertschätzung und seines Schutzes« zu gehen. Man brachte sie zurück in das dämmrige, von Mücken wimmelnde Haus in der *mellah*. In den folgenden beiden Tagen veränderte sich ihre Lage. Wie in Sla erhielten die Geiseln Besuch von einigen ortsansässigen europäischen Kaufleuten, die ihnen ihre Hilfe anboten. Zunächst kam John Court, ein intelligenter, kultivierter Kaufmann, der aus London stammte, in Agadir wohnte, weit durch die Subsaharagebiete Afrikas gereist war und von Sidi Muhammad nach Marrakesch gerufen worden war, um als Vermittler zu fungieren. Ihn begleitete ein irischer Händler namens Andrews aus Asfi an der marokkanischen Atlantikküste. Naiv vertraute Elizabeth Marsh diesen beiden Männern an, dass ihre »Ehe« mit James Crisp nur vorgetäuscht war, und erzählte ihnen von ihrer Begegnung im Palast.[57]

Naiv war es, weil ihr Risiko nun doppelt so hoch war. Andrews warnte sie vor der Gefahr, Sidi Muhammads Spione und Sklaven könnten Klatsch aufschnappen oder in ihren Papieren den Beleg finden, dass sie gelogen habe und in Wahrheit keine verheiratete Frau sei. Zunehmend drohte ihr aber auch von ihren eigenen Leuten Gefahr. Seit ihrer Gefangennahme war ein Monat vergangen, und die anderen Passagiere der *Ann*, Joseph Popham und sein Sohn, gingen mittlerweile merklich eigene Wege: »Wir hatten selten das Vergnügen, unsere Mitgefangenen zu sehen, da sie in Gesellschaft der Schiffsbesatzung mehr Unterhaltung fanden als in der meines Freundes und meiner.«[58] Selbst 13 Jahre später, als Elizabeth Marsh dies schrieb, war sie nicht bereit, zuzugeben, dass vielleicht nicht der Wunsch nach Unterhaltung die Pophams von ihr und James Crisp fernhielt, sondern Missbilligung und/oder peinliche Verlegenheit. Zur Zeit ihrer marokkanischen Geiselhaft war sie trotz des frisch erworbenen Firnisses damenhafter Erziehung immer noch fest in ihrer Herkunft aus einer Handwerkerfamilie verwurzelt und an die Konzessionen gewöhnt, die das Leben an Bord eines Schiffes verlangte. Vielleicht war ihr daher nicht ganz klar, dass ihr Verhalten weit über das hinausging, was konventionelle Männer der Mittelschicht wie die Pophams bei einer jungen unverheirateten Frau für schicklich hielten. Sie war ohne Anstandsdame gereist. Sie hatte gemeinsam mit drei Männern, mit denen sie nicht verwandt war, in einem Zimmer geschlafen. Sie hatte zuerst vorgegeben, James Crisps Schwester zu sein, später seine Frau. Und nun hatte man sie ohne die anderen in den Palast eines muslimischen Prinzen gebracht. Was auch immer in Zukunft geschehen mochte und wie unfreiwillig einige dieser Handlungen auch erfolgt sein mochten, war ihr Ruf doch gefährdet.

Er geriet noch mehr in Gefahr, als Jaime Arvona mit »einem Obstkorb ... einem bunten Strauß Blumen« und dem Befehl kam, sie erneut in den Palast zu begleiten. Wie sie schrieb, zog sie »ein Kostüm« an und ließ ihr »Haar nach spanischer Art aufstecken«.[59] Das ist ein äußerst ungewöhnliches Detail, ob es der Wahrheit entspricht oder nicht. An keiner anderen Stelle ihrer Schriften äußerte Elizabeth Marsh sich je über ihr Aussehen, es sei denn, um Verschlechterungen festzustellen. Auf den verschiedenen Reisen und in den Notsituationen, aus denen ihr Leben sich zusammensetzte, hielt sie vielleicht einmal fest, dass ihr Haar spröde wurde, sie einen Sonnenbrand hatte, zu viel aß oder krank war, aber vor dieser zweiten Begegnung mit dem 35-jährigen Herrscher Marokkos gestand sie die einzige Geste der Eitelkeit ein. Wie beim ersten Mal führte ihr Weg sie durch stilistisch unterschiedlich gestaltete Gärten und Gebäude. Da Marokko mittlerweile einen Handelsvertrag mit Dänemark hatte, hatte der amtierende Sultan eine Reihe dänischer Gärtner verpflichtet, die drei Gärten in seinem Palastkomplex umgestalteten und von Bäumen gesäumte Wandelwege, verzwickte Irrgärten und Blumenbeete anlegten. Auch im Inneren war Sidi Muhammads Palast aus Stein und Marmor offenbar ein Stilmix. Es gab traditionelle Mosaiken und glasierte Fliesen in geometrischen Mustern, aber auch einzelne westliche Konsumgüter: etwa »mehrere feine europäische Pfeilerspiegel mit sehr schönen Draperien« in den Sultansgemächern und »in jedem Raum einen feinen vergoldeten Kerzenhalter«.[60] Dabei handelte es sich allerdings nicht um eine schlichte Nachahmung westlichen Geschmacks. In der islamischen Tradition besitzt Licht eine göttliche Qualität als sichtbare Manifestation der Präsenz und der Weisheit Gottes. Sidi Muhammad übernahm also mit Vorbedacht vom Westen Elemente für seine eigenen Zwecke und nutzte sie auf seine Weise, wie er es durchgängig versuchte.

Elizabeth Marsh beschrieb den Sultan als

> groß, schön gebaut, von gutem Teint … Gekleidet in ein lockeres Gewand aus feinem Musselin mit einer mindestens zwei Ellen langen Schleppe auf dem Boden; und darunter war eine rosa Satinweste mit Diamantknöpfen. Er hatte eine kleine Kappe aus dem gleichen Satin wie die Weste mit einem Diamantknopf. Er trug Reifen an den Knöcheln und golddurchwirkte Pantoffeln. Alles in allem war seine Gestalt recht ansehnlich und sein Auftreten höflich und gewandt.

Wie diese Passage zeigt, beschrieb sie die zweite Begegnung im Palast überwiegend anhand von Äußerlichkeiten, Luxusgütern und ihrer Verführungskraft. Man bot ihr nicht den traditionellen Kaffee an, sondern aus Asien importierten Tee. Er kam in »Tassen mit Untertellern, die ebenso leicht wie dünn und eigentümlich mit grünem und goldenem Japanlack überzogen waren.

Wie man mir sagte, waren sie ein Geschenk der Niederländer.« Dies ist eines der Details, die belegen, dass sie tatsächlich in den Sultansgemächern Sidi Muhammads war. Anfang 1756 hatten die Niederlande und die Niederländische Ostindien-Kompanie (Vereenigde Oostindische Compagnie, VOC) dem amtierenden Sultan in der Hoffnung auf ein Handelsabkommen mit Marokko einige Präsente geschickt: Luxustextilien, eine Kutsche, verzierte Pistolen und dieses Teeservice, das vermutlich wie der Tee aus China und Batavia (die Altstadt des heutigen Jakarta) importiert war. Der Sultan breitete nun weitere internationale Luxusgüter vor ihr aus und machte ihr einen Vorschlag:

> Ein Sklave brachte eine große Sammlung Raritäten, die aus verschiedenen Ländern stammten, und zeigte sie mir. Ich bewunderte alles, was ich sah, ausgiebig, was dem Prinzen sehr gefiel; und er sagte mir durch den Dolmetscher, er hege keinen Zweifel, dass ich mit der Zeit den Palast meinen jetzigen beschränkten Lebensumständen vorziehen werde; dass ich mich immer auf seine Gunst und seinen Schutz verlassen könne, und dass die Kostbarkeiten, die ich gesehen hatte, mir gehören sollten.

Elizabeth Marsh lehnte sein Angebot ab. Sie wiederholte durch den Dolmetscher, dass sie mit James Crisp verheiratet sei und nicht den Wunsch habe, »meine Lage in dieser Hinsicht zu verändern, und ich gern gehen würde, wenn es ihm genehm sei«.[61]
Stattdessen übergab man sie einer der Frauen Sidi Muhammads, die am anderen Ende des Raumes saß. Elizabeth Marsh beschrieb auch sie anhand von Äußerlichkeiten. Aber während der Sultan, der in gewisser Weise als Kaufmann auftreten wollte, sich mit Produkten des Überseehandels umgab, war diese niedriger gestellte Frau überwiegend, wenn auch sicher nicht ausschließlich marokkanisch gekleidet:

> Sie hatte ein großes Musselintuch mit Silberbordüre um den Kopf und oben hochgesteckt; ihre Ohrringe waren unge-

mein groß, und der Teil, der durch die Ohren ging, war ausgehöhlt, um sie leichter zu machen. Sie trug ein lockeres Gewand … aus feinstem Musselin, ihre Pantoffeln waren aus blauem Satin, mit Silber durchwirkt.

Die feinen indischen Stoffe, die diese Frau trug, waren vielleicht ebenfalls ein Geschenk der Niederländer oder von arabischen oder asiatischen Händlern über den Indischen Ozean gebracht worden; sie unterhielt sich mit Elizabeth mit Hilfe eines französischen Sklavenjungen, der jung genug war, um Zutritt zum Harem des Sultans zu haben.[62]

An dieser Stelle ändern sich Art und Ton ihrer Schilderung. Die Fülle und Qualität der von ihr beschriebenen Details, die zum großen Teil in keiner englischsprachigen Quelle der damaligen Zeit zu finden waren, lassen keinerlei Zweifel aufkommen, dass Elizabeth Marsh Marokkos amtierendem Herrscher tatsächlich mindestens einmal in den inneren Gemächern seines Palastes in Marrakesch begegnet ist. Es ist auch durchaus wahrscheinlich, dass er versuchte, sie zu sexuellen Zwecken dort zu behalten. Aber welchen Wahrheitsgehalt Elizabeths unglaubliche Schilderung der folgenden Ereignisse hat, die sich in Gegenwart der Frau des Sultans abspielten, lässt sich schlicht nicht feststellen. Nach ihrer Darstellung versicherte ihr der französische Junge, die Marokkanerin neben ihr äußere lediglich die üblichen Höflichkeitsfloskeln. Da die Frau einen freundlichen Eindruck und mit den Händen anscheinend ermunternde Gesten machte, wagte Elizabeth, einige ihrer Worte zu wiederholen. Unwissentlich sagte sie oder versuchte sie zu sagen: »*La ilaha illa Allah wa-Muhammad rasul Allah*«. Das ist der erste Satz des muslimischen Glaubensbekenntnisses, dass es keinen anderen Gott gibt als Allah und Mohammed sein Prophet ist.

Als sie diese Worte aussprach, »geriet der Palast sofort in helle Aufregung und die Gesichter zeigten alle Anzeichen der Freude«. Sidi Muhammad gebot Ruhe, und rasch brachte man

Elizabeth aus den Empfangsräumen in ein großes, separates Gemach, »viel länger als breit und voller Frauen, aber meist Schwarzen«, also in einen Teil des Serails. (Daran mag etwas Wahres sein. Eine englische Sklavin an Sidi Muhammads Hof berichtete in den 1750er Jahren, dass der Sultan die Gewohnheit hatte, sich seine auserwählte Frau von einer schwarzen Sklavin, also einer Schwarzafrikanerin, an sein Bett bringen zu lassen.)[63] Dort wartete Elizabeth ängstlich, zugleich aber auch neugierig gespannt und lehnte alle angebotenen Erfrischungen ab für den Fall, dass sie Drogen enthalten könnten. Schließlich brachte man sie wieder zu Sidi Muhammad, dieses Mal in ein Privatgemach.

> Er saß unter einem roten, reich mit Gold verzierten Samtbaldachin. Der Raum war groß, fein ausgeschmückt und mit Pfeilern voller Mosaikarbeiten versehen; am anderen Ende waren eine Reihe Kissen mit goldenen Troddeln und ein Perserteppich auf dem Boden.

Wieder unterhielten sie sich mit Hilfe eines Dolmetschers:

> »Wollen Sie Muslimin werden? Wollen Sie die Vorteile ernstlich in Betracht ziehen, die es hat, meinen Wünschen zu folgen?«
>
> »Es ist mir unmöglich, meine Haltung in religiösen Dingen zu ändern, aber ich werde mir immer in höchstem Maße der Ehre bewusst bleiben, die Sie mir erwiesen haben, und hoffe auf den weiteren Schutz Eurer Hoheit.«
>
> »Sie haben heute Morgen dem christlichen Glauben entsagt und sind Muslimin geworden. Und unsere Gesetze sehen die Todesstrafe durch Verbrennen für alle vor, die konvertieren und dann widerrufen.«
>
> »Wenn ich eine Abtrünnige bin, so erwächst das ausschließlich aus der Falschheit des französischen Jungen und nicht aus meiner eigenen Neigung. Aber wenn mein Tod Ihnen Genugtuung verschafft, so habe ich nicht länger den Wunsch, diesem letzten Mittel gegen all mein Unglück auszuweichen. Unter den von Ihnen vorgeschlagenen Bedin-

gungen zu leben würde meinem Elend lediglich eine Note hinzufügen.«

Offenbar war er verdutzt, bedrängte sie aber weiter. Auf Knien antwortete sie:

»Ich appelliere an Ihr Mitleid und flehe Sie an, lassen Sie mich zum Beweis der Achtung, die zu erwarten Sie mir Anlass gegeben haben, für immer gehen.«

Er bedeckte sein Gesicht mit den Händen und schickte sie mit einer Handbewegung fort. Der Dolmetscher packte sie an der Hand und

eilte so weit wie möglich zu den Toren, wo es nicht einfach war, einen Weg durch eine große Menge zu bahnen, die sich dort gesammelt hatte. Mein werter Freund [James Crisp] war mit völlig aufgelöstem Haar und besorgter Miene auf der anderen Seite und verlangte nach mir als seiner Frau; aber die unmenschlichen Wachen schlugen ihn nieder, weil er Einlass begehrte, und die *schwarzen* Frauen hielten mich fest, schrieen – keine Christin, eine Maurin – und zerrissen alle Falten meines Kleides, und mein Haar hing über die Ohren. Nach einigen Wortwechseln setzte mein Freund sich durch; und nachdem er mich den Frauen entrissen hatte, nahm er mich in die Arme und brachte mich mit aller gebotenen Eile aus ihrem Blickfeld.[64]

⚬⚬⚬

Elizabeth Marshs später verfasster und veröffentlichter Bericht über den Höhepunkt ihres letzten Gesprächs mit Sidi Muhammad liest sich wie aus einem zeitgenössischen Roman oder Theaterstück, wenn man es in Dialogform brächte. Das ist kaum überraschend, da sie sich sicher von beiden literarischen Formen inspirieren ließ. Auch die Dramatik und sogar Melodramatik dieses Teils ihrer Geschichte ist nicht verwunderlich. Sie schrieb sie 1769 mitten in einer anderen schweren Zeit ihres Lebens, als sie unter akutem Druck stand. Doch trotz der naiven literarischen Kunstgriffe und eindeutig erfundenen Elemente (so waren es westeuropäische Staaten, nicht maghrebinische Gesellschaften, die religiös Abtrünnige traditionell verbrannten) sprechen aus ihrer Schilderung unterschwellig echte Bestürzung und Angst. Auch das ist nicht erstaunlich. Denn die Gefahr und die Versuchungen, denen sie in Marokko ausgesetzt war, waren durchaus real.

Da Frauen kaum als Seeleute oder Händler arbeiteten und wesentlich weniger reisten als Männer, machten sie im Laufe der Jahrhunderte nur eine Minderheit der Europäer aus, die auf See von muslimischen Korsaren gefangen wurden. Aber bei den europäischen Frauen, die so in Gefangenschaft gerieten, war die Wahrscheinlichkeit, lebenslang in maghrebinischen oder osmanischen Häusern für sexuelle oder sonstige Dienste festgehalten zu werden, wesentlich höher als bei Männern. Das galt besonders für junge, alleinstehende, mittellose oder ansonsten schutzlose Frauen. Man weiß von mindestens drei britischen Frauen, die in den 1720er Jahren auf See von marokkanischen Korsaren verschleppt wurden. Zwei von ihnen waren Ehefrauen wohlhabender jüdischer Kaufleute, die mit ihnen gefangen genommen wurden; sie alle wurden gegen Lösegeld an die Royal Navy überstellt. Die verbleibende Frau, Margaret Shea, war jung und unverheiratet, als sie 1720 allein die Seereise von Irland antrat, und erfuhr eine völlig andere Behandlung. Nachdem man sie nach Marokko gebracht hatte, wurde sie geschwängert und von einem Besitzer an den nächsten weitergegeben, konvertierte freiwillig oder gezwungenermaßen zum Islam und kam anscheinend nie wieder in die Heimat zurück.[65] Solche Vorfälle gab es auch in der zweiten Hälfte des 18. Jahrhunderts. Nachdem Sidi Muhammad im November 1757 offiziell das Sultanat angetreten hatte, verpflichtete er sich im Zuge der Verbesserung der Handelsbeziehungen zum Westen, Korsarenüberfälle und Versklavung zu reduzieren. Dennoch ist bekannt, dass er attraktive, schutzlose Christinnen behielt. So erlitt eine sehr junge Genueserin um 1764 vor der marokkanischen Mittelmeerküste Schiffbruch. Wie Elizabeth Marsh brachte man sie in Sidi Muhammads Palast in Marrakesch, aber anders als Marsh konvertierte sie zum Islam, ließ sich zunächst als Konkubine, später als Ehefrau in den Harem aufnehmen, lernte Arabisch lesen und schreiben und nahm den Namen Lalla Dawia an.[66]

Als Genueserin stammte diese Frau aus einer kleinen Republik, die nur über eine kleine Flotte und begrenzten diplomatischen Einfluss verfügte. Dagegen kamen Elizabeth Marsh und ihre Mitgefangenen aus der größten protestantischen Macht der Welt, was allerdings noch nicht automatisch eine Garantie für ihre Sicherheit oder ihre Tugend bedeutete. Als Lalla Dawia ihre Geschichte in den 1780er Jahren dem englischen Arzt William Lempriere erzählte, der Zutritt zum Sultansharem erhalten hatte, um sie zu behandeln, erwähnte sie nichts von tatsächlichen Zwangsmaßnahmen, die man über Drohungen hinaus bei ihrem Eintreffen in Sidi Muhammads Palast 1764 gegen sie eingesetzt hätte. Abgeschnitten von ihrer Familie und ohne unmittelbare Aussichten auf Flucht oder Rettung sei ihr Widerstand angesichts der Schmeicheleien des Sultans schlicht mit der Zeit geschwunden. Das gleiche Schicksal hätte ohne weiteres auch Elizabeth widerfahren können. Großbritannien steckte 1756 in einem transkontinentalen Krieg und brauchte Nachschub aus Marokko für seinen einzigen verbliebenen Stützpunkt im Mittelmeer, Gibraltar. Seine Politiker waren nicht in der Lage, eine Expeditionstruppe gegen Sidi Muhammad zu entsenden, um eine Handvoll unbedeutender Geiseln zu retten, eine Vorgehensweise, die ohnehin zu keiner Zeit der üblichen britischen Politik entsprach. Briten, die auf See gekapert und nach Marokko verschleppt wurden, verbrachten damals üblicherweise mindestens ein Jahr, meist länger in Gefangenschaft oder Zwangsarbeit, bis der jeweilige Sultan mit sich über ihre Freilassung verhandeln ließ. Die Besatzung und Passagiere der *Ann* hätten also durchaus Monate, wenn nicht gar Jahre in Marrakesch festsitzen können, und Elizabeth Marsh, eine 20-Jährige »ohne jemanden in der Nähe, den ich kannte«, hätte noch mehr Begegnungen im Palast erleben können.[67] Natürlich hätte man sie auch zur sexuellen Unterwerfung zwingen können.

Die romantischen, lüsternen und großartigen Legenden, die sich um Sklavinnen in islamischen Gesellschaften ranken – und die beträchtliche Ignoranz und das archivarische Schweigen, das diese Frauen nach wie vor umgibt –, verschleiern vielleicht, was das bedeutet hätte. Sklavinnen in marokkanischen und osmanischen Haushalten hatten in der Regel ein sichereres, einfacheres Leben als versklavte Soldaten in diesen Regionen oder als die meisten Afrikaner, die in die Sklaverei auf Plantagen in die Karibik und nach Amerika verkauft wurden. Wenn Sklavinnen das Glück hatten, dass wohlhabende Männer sie kauften, wurden sie vielleicht prachtvoll gekleidet und wohnten in einer luxuriösen Umgebung, wie es bei Sidi Muhammads Favoritinnen offensichtlich der Fall war. Es konnte sogar vorkommen, dass ihre Besitzer sie mit der Zeit liebten und schätzten. Aber selbst die verwöhnteste Sklavin blieb eine Leibeigene und hatte nicht das Recht, ihrem Herrn sexuelle Beziehungen zu verweigern. Da sie zu Intimitäten gezwungen war, blieb sie immer anfällig für körperliche Entwürdigung und Gewalt. Ein versklavter Soldat war zumindest mobil; und wenn er überlebte, konnte er es durch seine Leistungen sogar zur Beförderung bringen. Aber wenn eine Sklavin nicht zur Ehefrau avancierte oder ihrem Herrn ein Kind gebar, konnte sie ohne weiteres vernachlässigt werden, sobald ihre äußeren Reize schwanden, oder ihr Besitzer verheiratete sie mit einem anderen Sklaven oder einem Freien seiner Wahl.[68] Rückblickend war Elizabeth Marsh klar, dass Sidi Muhammads Geschenke und Verführungen sie zu »passivem Gehorsam und Widerstandslosigkeit« verurteilt hätten.[69] Wie die Dinge lagen, trug ihr Widerstand vielleicht dazu bei, ihr dieses Los zu ersparen. Für einen frommen und im Persönlichen milden muslimischen Herrscher wie Sidi Muhammad spielte es aber vermutlich eine größere Rolle, dass sie behauptete, verheiratet zu sein.

Die erhaltenen Indizien deuten darauf hin, dass er von der Wahrheit dieser Behauptung nicht überzeugt war, sich aber auch außerstande sah, sich einfach darüber hinwegzusetzen. Elizabeth Marshs Familienstand entwickelte sich tatsächlich zum springenden Punkt. Einen möglichen Beleg dafür liefert die offizielle Korrespondenz Jaime Arvonas, des menorquinischen Sklaven, Sekretärs und Vertrauten Sidi Muhammads. In den Briefen, die Arvona auf Anweisung seines Herrn an verschiedene offizielle Vertreter Großbritanniens schrieb, nannte er James Crisp und die Pophams immer mit Namen. Aber Elizabeth Marsh bezeichnete er nur als »die Lady«. Damit mag er schlicht der Etikette islamischer Gesellschaften gefolgt sein. Demnach erforderte die Höflichkeit, dass man von Frauen nicht mit ihren Namen sprach und sie damit der Öffentlichkeit preisgab, außer in rechtlich relevanten Zusammenhängen, in denen eine förmliche Namensnennung erforderlich war. Als Lady Mary Wortley Montagu Anfang des 18. Jahrhunderts mit ihrem Mann, dem Botschafter, zu ihrem berühmten Besuch in Istanbul war, sprachen ihre osmanischen Gastgeber daher nie namentlich von ihr, sondern nur als »*leydi/lady*« oder »Madam«.[70] In Elizabeth Marshs Fall mag Arvona diese Höflichkeitsregel genutzt haben, um einer gestrandeten Frau und einem europäischen Landsmann zu helfen. Jedenfalls nannte er sie in seinen Briefen, aus welchen Gründen auch immer, nie »Mrs. Crisp«, da der Sultan ohnehin nicht glaubte, dass diese Anrede ihrem tatsächlichen Familienstand entsprach. Arvona nannte sie aber auch nicht »Miss Marsh«, obwohl er genau wusste, dass es korrekt gewesen wäre. Denn sein menorquinischer Mitsklave Pedro Umbert, der in Sla mit Crisp und

Marsh gesprochen hatte, hatte ihn vorab über die Täuschung informiert, die sie planten. Arvona bezeichnete sie stattdessen immer schlicht als »die Lady«, was keine Zugeständnisse beinhaltete, aber auch nichts verriet.[71] Es war die einzige Zeit in ihrem Leben, in der man ihr auf dem Papier den Status einer Dame zugestand, nach dem sie sich immer sehnte.

Da sie mit ihrer Geschichte durchkam und Sidi Muhammad wichtigere Prioritäten hatte, wichen die Verhandlungen um sexuelle Beziehungen sehr bald konventionellerer, rein männlicher Politik. Am Tag nach seinem letzten Gespräch mit Elizabeth ließ der Sultan James Crisp, die Pophams, den Kapitän und die Besatzung der *Ann* – aber nicht sie – in den Palast bringen. Auf seinen Befehl unterschrieben sie einen Brief an den britischen Gouverneur Gibraltars, Baron Tyrawley. Darin beschwerte sich der Sultan erneut über die »schlechte Behandlung«, die er durch die Briten erfahren habe, erklärte jedoch, »er werde ihnen ein Exempel an Mäßigung und Gerechtigkeit statuieren«. Die Geiseln seien frei, zu gehen, genauer, sie könnten abgeholt werden. Die Briten wollten und konnten nicht in Marokko einmarschieren. Dieser Brief lief effektiv auf die förmliche Mitteilung hinaus, dass die Royal Navy die Geiseln an der marokkanischen Küste abholen durfte.[72]

Sobald der Brief in Gibraltar eintraf, setzte sich die Maschinerie in Gang. Am 7. Oktober 1756 entsandte Admiral Sir Edward Hawke die *Portland*, sie abzuholen; das mit 50 Kanonen ausgestattete Kriegsschiff hatte zur Eskorte des Schiffes gehört, mit dem Elizabeth Marsh und ihre Familie im April Menorca verlassen hatten.[73] Eine Woche später erreichte das Schiff Larache, ein Handels- und Korsarenzentrum an der Loukos-Mündung, und am 21. Oktober sichtete es die »Türme von Sallee« (Sla). Als die *Portland* am folgenden Tag in Sla vor Anker ging, sah der Kapitän, Jervis Maplesden, die spärlichen Überreste der *Ann*, »die auf ihren Mastenden am Ufer lag«. Das brauchbare Holz fehlte weitgehend, wie er berichtete, da die Korsaren es geplündert hatten, um ihre eigenen Schiffe zu reparieren. Auch die Fracht der *Ann* war verschwunden, da die Einheimischen James Crisps Weinbrandfässer prompt ausgeladen und an ortsansässige niederländische Kaufleute verhökert hatten.[74]

Auf die Ankunft der *Portland* in Sla, die später vor Asfi auf Reede lag, folgte ein langwieriges Spiel diplomatischer Briefwechsel, zäher Verhandlungen und maritimen Säbelrasselns. »Ich komme in Frieden und Demut«, versicherte Captain Maplesden dem Sultan in seinem ersten Schreiben und behielt diesen konzilianten Ton bis zum Ende bei. Aber während er am Masttopp der *Portland* eine Friedensflagge hisste, ließ er mit Bedacht täglich in Sichtweite der Menschen am Ufer Übungen mit den »großen Geschützen und kleinen Waffen« des Schiffes durchführen. »Seine kaiserliche Hoheit war hoch erfreut über Inhalt und Stil Ihres Schreibens«, antwortete Arvona auf Maplesdens ersten Brief. Er zeige, dass Großbritannien doch einige Staatsdiener habe, die sowohl »fähig als auch zivil« seien.[75] Bis Anfang November hatte Sidi Muhammad offiziell eingewilligt, dass »Mr. Crisp, die Lady, Mr. Popham und sein Sohn« sowie die Besatzung der *Ann* an Bord der *Portland* gehen und »ihre Reise fortsetzen« dürften. Durch Arvona teilte er Maplesden allerdings mit, dass es selbstverständlich eine Gegenleistung geben müsse. Er erwartete, dass Großbritannien bis März 1757 einen hauptamtlichen Konsul in Marokko ernenne, um die Handelsbeziehungen beider Länder zu erleichtern. Außerdem erwartete er Geschenke, sprich: Marineausrüstung. Ansonsten würde er die Versorgungslieferungen nach Gibraltar einstellen und britischen Handelsschiffen den Krieg erklären, die bereits durch französische Kriegsschiffe und Freibeuter unter Druck standen.

> Gott sei Dank herrscht im ganzen Reich [Marokko] Frieden und ein Oberhaupt, das alles weiß, was in Europa vorgeht und zu erkennen vermag, was seinen Gebieten dienlich ist.

Die gegenseitigen Komplimente, Bluffs, Gegenbluffs und kaum verhohlenen Drohungen endeten am 17. November um 10 Uhr, als Elizabeth Marsh und die Männer, die mit ihr auf der *Ann* gereist waren, endlich zur *Portland* hinaus ruderten.[76] Captain Maplesden überließ ihr seine Kabine. Zum ersten Mal seit über drei Monaten schlief sie allein in einem Zimmer.

⌒∗∗∗⌒

Die letzten Wochen, die Elizabeth Marsh in Marokko verbrachte, waren äußerst problematisch. Sie fühlte sich körperlich unwohl, vermutlich durch eine Mischung aus Fehlernährung und Hitzschlag, litt aber auch an einer »Niedergeschlagenheit der Seele«. John Court, der Berbereihändler, der den Geiseln in Marrakesch geholfen und sie später nach Asfi begleitet hatte, äußerte später, sie habe in dieser letzten Phase ihrer Gefangenschaft »einen so beträchtlichen Teil« ihrer üblichen Lebendigkeit und Vitalität verloren. Verständlicherweise war sie nervös, dass etwas schiefgehen könnte, dass Maplesdens Verhandlungen scheitern würden und sie das Land niemals verlassen dürften. Noch als man sie von Asfi an die *Portland* ruderte, hatte sie »ungeheure Angst, bis wir das Kriegsschiff erreichten, und fürchtete ein Signal vom Ufer, das unsere Rückkehr befahl«.[77] Die Konfrontation mit Sidi Muhammad und die Notwendigkeit, sich als etwas auszugeben, »was ich in Wahrheit nicht war«, belastete sie ebenfalls, nicht zuletzt, weil inzwischen weit weniger klar war als zuvor, was sie denn nun »in Wahrheit war«. Sie hatte den Kontakt zu ihrer Familie verloren, war gegen ihren Willen vom Meer fort auf einen anderen Kontinent, in eine landschaftliche, kulturelle und menschliche Umgebung gebracht worden, die sie kaum verstand. Sie hatte sich zunächst als James Crisps Schwester, dann als seine Ehefrau ausgegeben und hätte in Sidi Muhammads Palast beinah ihre Religion, ihren Namen, ihre Sprache, ihre Heimat, ihre Kleidungsweise, ihre Jungfräulichkeit und ihren moralischen Halt verloren; viel-

– 109 –

leicht war sie in gewisser Weise sogar versucht gewesen, diese Dinge aufzugeben. Sie hatte reisen wollen, aber stattdessen verschiedene Formen »grausamer Einschränkung« gefunden, wie sie es ausdrückte.[78]

Dieses Gefühl der Einschränkung hatte nur noch zugenommen, nachdem sie Ende September 1756 Marrakesch verlassen durften. Als die unmittelbare Gefahr und Aufregung abnahm, entwickelte sie eine beinah wahnhafte Angst, Sidi Muhammads Spione könnten in ihren Papieren den Beleg finden, dass sie unverheiratet war. Sie überredete James Crisp, von einem schwedischen Kaufmann einen Ehering zu kaufen, den sie in ihrem Kleiderkoffer für den Fall versteckte, dass man ihre Habe durchsuchte. Sie war hin und her gerissen zwischen verzweifelter Sehnsucht nach Briefen ihrer Eltern (und damit der Bestätigung, dass sie ihre Tochter noch anerkannten) und der Angst, dass man solche Briefe abfangen könnte, »da sie meinen wahren Namen offenbart hätten«.[79] Obwohl sie die letzten Wochen in Marokko in einem relativ komfortablen Haus in Asfi verbrachte, das dem irischen Kaufmann Andrews und seinem griechischen Partner Demetrio Colety gehörte, konnte sie offenbar nicht zur Ruhe kommen oder entspannen. Eine Zeitlang blieb John Court bei ihnen und unterhielt sie mit »neuen und zunehmend besseren« Anekdoten seiner Afrikareisen. Insgesamt aber war diese Wartezeit »verdrießlich« für sie. Selbst sich »über das hinaus, was der Anstand gebot« anzukleiden war »eine Qual«, wie sie später in ihrem Buch schrieb; und aus verschiedenen Gründen war sie die erzwungene männliche Gesellschaft leid, »allein zu sein war mein sehnlichster Wunsch«. Hinter ihrer Unruhe und Mutlosigkeit standen nicht nur körperliche und seelische Erschöpfung, Ungewissheit und Furcht, sondern auch ambivalente Gefühle in Bezug auf die bevorstehende Rückkehr. Sie hatte Sorge, zwangsweise in Marokko festgehalten zu werden, hatte zugleich aber auch Angst, zu dem zurückzukehren, was sie kannte, und zu denen, die sie kannten, falls »der übel wollende Teil der Welt mein Verhalten erbarmungslos, wenn auch zu Unrecht verurteilen würde«.[80] Im Kern dieser Befürchtungen stand eine spezifische, legitime Sorge.

Ihre Schilderung eines Hochzeitszuges in Asfi lässt indirekt erkennen, worum es sich dabei handelte. Sie beobachtete ihn gegen Ende dieser Wartezeit, als sie »überaus melancholisch« war, durch die schmalen Fenster in Andrews' Haus:

> Die Braut war nicht zu sehen, da es Landessitte ist, solche Personen vor öffentlichen Blicken zu verbergen; das Gefährt, in dem sie saß, erinnerte an eine mit Blumen und anderen Ornamenten geschmückte Girlande, wie unsere Milchmädchen sie am Maitag tragen. Eine Weile danach folgte der Bräutigam auf einem reich geschmückten Maultier, zu beiden Seiten ein Mohr, der die Fliegen fort fächelte; sie gingen gemessenen Schrittes hinter einer Musikkapelle her; und die Dame war, wie ich hörte, nicht älter als zwölf Jahre und hatte den Mann, mit dem sie verheiratet wurde, aller Wahrscheinlichkeit nach bis zu diesem Tag noch nie gesehen.[81]

Eine mögliche Interpretation dieser Passage liegt auf der Hand. Westliche Beobachter nutzten damals regelmäßig die Behandlung der Frauen als Prisma, durch das sie andere Gesellschaften sahen und beurteilten. Damals wie heute konnten Ausführungen über die realen und angeblichen Einschränkungen muslimischer Frauen eine Möglichkeit darstellen, die wahrgenommenen Grenzen politischer und persönlicher Freiheit im Islam und in islamischen Gesellschaften wesentlich umfassender zu kritisieren. Doch in diesem Fall wäre eine solche konventionelle Auslegung unangebracht. Zu viel an Elizabeth Marshs Schilderung dieses Hochzeitszugs in Asfi vermittelt Freude und Feierlichkeit und deutet eher auf Neid als auf Kritik hin. Das marokkanische Paar zog nach ihrer Beschreibung mit Musik, Prunk, üppig geschmückten Maultieren und so vielen Blumen zur Hochzeit, dass es sie an den Maitag erinnerte. Vor allem aber heiratete das Paar nach traditioneller Sitte feierlich vor den Augen »einer großen Menge« und mit dem dazugehörigen Zeremoniell. Welche Art von Hochzeit – und welche Art von Ehe – konnte sie dagegen erwarten, wenn ihre Maskerade als Ehefrau und ihr Beinaheverschwinden in einem Harem erst einmal bekannt wurden? Was sie angesichts der konventionellen Erwartungen an makellose weibliche Tugend bestenfalls erhoffen konnte, muss ihr in diesen letzten Wochen in Asfi zunehmend klar geworden sein. Ganz ähnlich, wie sie es von der jungen marokkanischen Braut annahm, die sie dort beobachtete, konnte auch Elizabeth Marsh nicht mehr damit rechnen, dass sie eine echte Wahl bezüglich ihres zukünftigen Ehemanns hatte.

Die *Portland* und ihre Passagiere erreichten Gibraltar am 27. November. Irgendwann zwischen Anfang Dezember 1756 und dem 7. Januar 1757 wurde Elizabeth Marsh in einer kleinen privaten Zeremonie nicht nur die vorgetäuschte, sondern die rechtmäßige Mrs. James Crisp.

3

Handel von London mit Blick nach Amerika

Als James Crisp im Dezember 1756 in Gibraltar um Elizabeth Marshs Hand anhielt, war sie »über diesen Antrag nicht sehr überrascht« und nicht sofort sonderlich angetan. Aber sein »allgemein guter Charakter, die Dankbarkeit, die ich ihm schuldete, und der Wunsch meines Vaters überwogen jede andere Überlegung; und … wir wurden getraut.« Diese Version der Ereignisse veröffentlichte sie zumindest später, damit alle sie lesen konnten. Aber das, was sie ausließ, war ebenso vielsagend wie das, was sie bewusst hervorhob. Sie erklärte, dass sie Crisp für seine Hilfe und seinen Schutz in Marokko dankbar war. Sie betonte, dass ihr Vater, Milbourne Marsh, auf die Verbindung gedrängt hatte. Aus allen möglichen Gründen wies sie ausdrücklich auf Crisps »allgemein guten Charakter« hin und schilderte, wie sehr er sich bemüht hatte, sie von »seiner Liebe zu mir« zu überzeugen »und von dem Unglück, das er beim Gedanken an einen Abschied empfinde«.[1] Weder in ihren Schilderungen der marokkanischen Torturen und ihrer Nachwirkungen noch in anderen erhaltenen Aufzeichnungen verwendet sie jedoch das Wort »Liebe« in Verbindung mit ihren Gefühlen für den Mann, der ihr Ehemann wurde.

Sie behauptete sogar, es seien »viele Schwierigkeiten zu überwinden« gewesen, bevor sie sich habe durchringen können, ihn zu heiraten, und der Kampf habe sie »viele Tränen gekostet«. Ihr Onkel George Marsh schilderte das Zustandekommen dieser Ehe ausführlicher, aber ebenfalls voreingenommen. In seinem Familienbuch berichtete er, was sie nie erwähnte, dass nämlich James Crisp Elizabeth Marsh erstmals 1755 »Avancen machte«, als beide auf Menorca lebten. Diese ersten Annäherungsversuche wurden zurückgewiesen, behauptete er, weil man Crisp »nicht für eine passende Partie hielt, obwohl er ein feiner, gut aussehender Mann und reich« war. Zu dieser Zeit hatte die Familie Marsh einen anderen Kandidaten in Aussicht. George Marsh versicherte, bevor Elizabeth auf See gekapert und nach Marokko verschleppt wurde, sei sie »Captain Towry von der Navy versprochen« gewesen, was sie in ihren Schriften halbwegs bestätigte.[2] Wer war dieser Mann? In der kurzen Zeit, als Elizabeth mit ihm verlobt war, hieß Captain Henry John Phillips noch nicht Towry. Er war der Neffe und Erbe von Captain John Towry, dem Marineamtsleiter in Mahón, Menorca, und erbte dessen Namen zusammen mit dem Hauptteil seines Vermögens, als Towry 1757 starb. Elizabeth Marshs erster Verlobter hatte jedoch noch weitere Vorzüge. Die Towrys waren eine schottische Marinedynastie, die in den oberen Verwaltungs- und Offiziersrängen der Royal Navy gut vertreten war. Ein späterer Towry kämpfte 1797 mit Horatio Nelson in der Schlacht von Cape St. Vincent. Comissioner John Towry war zudem eng verschwägert mit einem weiteren ursprünglich schottischen Marineclan, den Clevelands, unter denen John Cleveland von 1751 bis 1756 Staatssekretär der Admiralität war.[3]

Einige der Gründe, weshalb Henry John Phillips, der zukünftige Captain Henry Towry, als Ehemann für Elizabeth Marsh vorzuziehen war, liegen auf der Hand. Später erinnerte sie sich wehmütig daran als eine »Verbindung ... wie ich sie zu erwarten keinen Anlass hatte«.[4] Sie hätte ihr einen gesellschaftlichen und wirtschaftlichen Aufstieg gebracht, durch den sie sich definitiv von ihrer eigenen gemischten Herkunft gelöst

und in Reichweite zu Großbritanniens herrschender Oberschicht gebracht hätte. In Anbetracht der ungeheuren Bedeutung familiärer Verbindungen hätte ihre Ehe mit einem zukünftigen Towry auch für ihren ehrgeizigen, aufstrebenden
Vater und ihren Onkel Veränderungen nach sich ziehen können. Beide hätten dann über direkte Beziehungen zur Admiralität und darüber hinaus verfügt, da John Cleveland auch
Mitglied des Parlaments war. Von einer solchen Verbindung
durften die Männer der Familie Marsh mit Grund bessere
Beziehungen zu den Mächtigen und schnellere Beförderungen
erwarten. Das alles erhofften sie sich vielleicht, aber das alles
war verloren, als marokkanische Korsaren die *Ann* kaperten
und Elizabeth Marshs Ruf kompromittiert war. Prompt erhielt
Milbourne Marsh einen Brief von seinem angehenden Schwiegersohn, in dem Henry Towry die Verlobung löste und »anführte, sein Cousin, Mr. Cleveland ... bestehe darauf, dass er
eine Dame heirate, die er für ihn ausgesucht hatte«.[5] Niemand
machte sich die Mühe, James Crisps Reaktionen aufzuzeich-
nen, als er nun abrupt vom zurückgewiesenen Verehrer zum
einzigen möglichen Bewerber um Elizabeths Hand avancierte,
zum einzigen, der in Anbetracht der Ereignisse auf See und in
Marokko ihre Ehrbarkeit gegenüber der Welt wiederherstellen
konnte, indem er ihr die Ehe anbot.

Das erklärt zumindest teilweise Elizabeth Marshs zwiespältige Gefühle zu Crisps erneutem Heiratsantrag und das
Drängen ihrer Eltern, ihn dieses Mal anzunehmen. Wie viel sie
für ihren ehemaligen Verlobten Henry Towry empfand, ist unklar. Später behauptete sie, sie habe die verheerende Reise auf
der *Ann* angetreten, um zu ihm zu fahren; und sicher begriff sie
teilweise, welche Zukunft ihr mit der Auflösung der Verlobung
verloren ging. Ihr war auch klar, dass es nach ihrer Nordafrika-
tortur zwingend geboten war, James Crisp zu heiraten.[6] Es war
eine Verbindung, die entscheidend zum unverwechselbaren
Verlauf ihres Lebens beitrug. Als Mrs. Henry Towry wäre ihr

im Übrigen kein langes Glück beschieden gewesen, da Captain Towry 1762 im Kampf fiel. Aber die Verbindung zu den Clevelands und der Reichtum der Familie Towry hätten ihr eine mehr als ausreichende Witwenpension garantiert. Wie viele wohlhabende Marinewitwen wäre eine Elizabeth Marsh als Elizabeth Towry vielleicht nach Bath mit seiner vornehmen Gesellschaft, seinem Seebad und seinem ständigen Nachschub an potenziellen zweiten Ehemännern gezogen. Vermutlich hätte sie den Rest ihres Lebens in England verbracht, und es hätte keine weiteren dramatischen Verknüpfungen zwischen ihrer privaten Geschichte und weitreichenderen historischen Entwicklungen gegeben. Aber wie die Dinge lagen, heiratete sie James Crisp und geriet erneut in den Strudel transkontinentaler Ereignisse und Beziehungen. Sklaverei, das Meer, das britische Weltreich, Krieg und die Ambitionen rivalisierender Staaten hatten bewirkt, dass sie überhaupt auf die Welt kam, und hatten ihre Erfahrungen auf drei Kontinenten geprägt. Nun sollten der internationale Handel und die Verlockungen transatlantischer Projekte es bestimmen.

Es ist schwierig, sich ein umfassendes, treffendes Bild von dem Mann zu machen, der für diese Veränderung in Elizabeth Marshs Leben verantwortlich war, was teils an der verzerrten Darstellung liegt, die sie und andere Mitglieder ihrer Familie in Dokumenten gaben. In den rückblickenden Schriften seiner Frau und in den Aufzeichnungen ihres Onkels, George Marsh, erscheint James Crisp von Anfang an als der eifrige, bereits leicht suspekte Verehrer und sie als die zögernde, bedrängte Braut. In Wirklichkeit mag auch Crisp sich 1756 unter Zugzwang gefühlt haben. In Anbetracht der Erwartungen, die an einen Gentleman gestellt wurden, blieb ihm nach den Ereignissen in Marokko kaum eine andere anständige Alternative, als ihr erneut einen Heiratsantrag zu machen. Aber während ihre Zweifel, Kämpfe und späteren Fluchten immer wieder in eindringlichen autobiographischen Schriften erhalten sind, verschwanden Crisps persönliche Unterlagen wie auch seine Geschäftsbücher im Verlauf seiner aufeinanderfolgenden Lebenskrisen. Die erhaltenen Geschäftsbriefe verraten kaum etwas über sein Innenleben. Um etwas über seine Sicht und seine Handlungsweise zu erfahren, die Elizabeth Marshs Leben in den 1760er und frühen 1770er Jahren erheblich bestimmten, bedarf es daher einer Schilderung und Analyse anderer Art. In seinem Fall sind persönliche Informationen nur aus scheinbar unpersönlichen Quellen zu gewinnen und abzuleiten. Vor allem gilt es, Crisps komplizierte kaufmännische Existenz über mindestens drei Ozeane und vier Kontinente zu verfolgen.

⌒✳⌒

James Crisp (manchmal auch Crispe geschrieben) gehörte einer der umtriebigsten Kaufmannsdynastien im frühmodernen Großbritannien an. Sein berühmtester Vorfahr, Nicholas Crisp (um 1599–1666), hatte als Mittelmeerhändler begonnen, war dann aber nach Ostindien und Afrika gegangen. Er war zunächst einer der führenden Männer in der Guinea Company, der ersten Aktiengesellschaft Englands, die Handel mit Afrika trieb, und anschließend in der 1631 von Charles I. gegründeten Company of Merchants für den Handel mit Guinea. Beide Gesellschaften konzentrierten sich auf den Handel mit Gold, Elfenbein, Rotholz, Zucker und mit der Zeit auch Sklaven aus Sierra Leone und der Goldküste. Seit dem 16. Jahrhundert waren Engländer nach Westafrika gefahren, um Waren zu kaufen und zu verkaufen, aber Nicholas Crisp trug dazu bei, die Qualität dieser Handelsbeziehungen zu verändern. Er und seine Brüder nahmen es aggressiver als ihre Vorgänger mit niederländischen und portugiesischen Konkurrenten auf und gründeten über einen Mittelsmann englische Fabriken und Forts in Kormantin in Abanze und in Komenda, Anomabu, im heutigen Ghana sowie an anderen Orten der Goldküste. Kormantin blieb Hauptzentrum des englischen Waren- und später auch Menschenhandels in Westafrika, bis es 1665 von Cape Coast abgelöst wurde; mittlerweile war Nicholas Crisp Baronet und hatte nach eigenen Schätzungen eine halbe Million Pfund afrikanischen Goldes importiert. Auf seinem Landgut in Hammersmith, westlich von London, errichtete er eine Manufaktur für Glas- und Keramikperlen. Diese bunt gemusterten Perlen dienten ihm wie auch Gewürznelken, Indigo, Elfenbein, Seide, Kaliko und Muscheln, die er aus Ostindien importierte, als Tauschmittel im Textil- und Sklavenhandel mit Westafrika. Ein Historiker schrieb über Nicholas Crisp: »Es gab kaum einen Zweig des englischen Überseehandels, an dem er nicht beteiligt war, so dass man ihn zurecht ›den vielseitigsten Händler seiner Zeit‹ nannte.«[7]

Ellis Crisp, ein Nachfahre Nicholas Crisps und Kommissionär der East India Company, reiste 1670 als erster englischer Kaufmann nach Taiwan. Er erlangte eine Audienz beim Regenten Cheng Ching (1642–1681), der entschlossen war, Taiwan zu »einem großen Handelsplatz« zu machen; Crisp schrieb einen Bericht über »Boden, Sitten, Besiedlung und gesundheitliche Zuträglichkeit für Kaufleute, in diesem Land zu leben, sowie … die Waren, deren Import wünschenswert ist, und Waren, die sich für unseren Export eignen«. Im folgenden Jahr, 1671, reiste Ellis Crisp erneut nach Taiwan, um dort eine Fabrik zu errichten. Er verschwand mit seinem Schiff *Bantam Merchant* spurlos auf See.[8] Andere Zweige der Familie waren weiterhin in Westafrika und Indien tätig; wieder andere überquerten den Atlantik und ließen sich in Nordamerika und auf den Westindischen Inseln nieder. Anfang des 18. Jahrhunderts gab es in St. Kitts, Barbados und South Carolina Angehörige der Crisp-Dynastie, die teils große Plantagen und zahlreiche Sklaven besaßen.

Der Mann, der Elizabeth Marsh den Hof machte und sie heiratete, stammte aus einem kleineren, überwiegend in Europa ansässigen Zweig der Familie. Wie Sir Nicholas Crisp konzentrierte auch James Crisp sich anfangs auf das Mittelmeer. Sein Vater war anscheinend ein gewisser Harvey Crisp, der 1711 sein Leutnantspatent der Royal Navy erhielt, später aber zur Handelsflotte wechselte und Handel mit Spanien trieb. Harvey Crisp heiratete 1722 eine Dorothy Burrish, und James und sein Bruder Samuel wurden wahrscheinlich Ende der 1720er, Anfang der 1730er Jahre auf der iberischen Halbinsel oder auf einer der Baleareninseln geboren.[9] Hier sind die Einschränkungen »anscheinend« und »wahrscheinlich« angebracht, weil James Crisp wie so viele Akteure in dieser Geschichte einschließlich Elizabeth Marsh ein Wanderleben führte und zur Gruppe der »Menschen gemischter Herkunft« gehörte, die damals durch die geographische Ausdehnung des Handels und die zunehmende Migration entstand.[10] Daher entzog sich sein Leben teilweise der üblichen Dokumentation, die sich um sesshaftere Menschen ansammelte. Aber zwei Dinge stehen fest: Von seiner Herkunft her war James Crisp gesellschaftlich besser gestellt als die Familie Marsh und brachte ein erhebliches wirtschaftliches Opfer, indem er Elizabeth heiratete.

Für Überseehändler, zumal wenn sie gerade erst ihr Geschäft aufbauten, war eine vorteilhafte Heirat wesentlicher Bestandteil der Unternehmensstrategie. Eine Braut mit guter Mitgift sorgte für eine gewisse Kapitalreserve und half einem jungen Kaufmann, etwaige Schwierigkeiten bei der Kreditbeschaffung auszuräumen. Solche Vorzüge hatte Elizabeth Marsh nicht zu bieten.[11] Bis in die 1760er Jahren konnte Milbourne Marsh dank seiner Marineposten in Gibraltar und Menorca Ersparnisse zurücklegen und Konsumgüter ansammeln, die seinem gehobenen Status entsprachen, darunter Tafelsilber, Tischwäsche und feine Glaswaren. Als Elizabeths jüngerer Bruder John Marsh in den 1770er Jahren in finanzielle Schwierigkeiten geriet, war Milbourne in der Lage, ihm ohne Probleme 1000 Pfund zu einem lächerlichen Zinssatz zu leihen, ohne sich sonderlich einschränken zu müssen. Ihren Onkel George Marsh katapultierte der Siebenjährige Krieg in die Reihen der vermögenden Berufsstände. Allein 1762 verdiente er als Agent mit dem Handel gekaperter französischer Schiffe 1500 Pfund zusätzlich zu seinem Staatsgehalt.[12] Aber 1756 befanden sich die beiden Brüder noch auf dem langsamen Aufstieg in die Gesellschaftsfähigkeit. Sie konnten James Crisp zwar gewisse Vorteile bieten, vor allem nützliche Beziehungen zur britischen Marine, aber keine nennenswerten Geldbeträge. Dass er Elizabeth dennoch die Ehe anbot, zeugt von seiner Liebenswürdigkeit und seinen Ehrvorstellungen, seiner tiefen Zuneigung oder Verliebtheit oder von allen diesen Dingen. Die Tatsache, dass das frisch getraute Paar im Februar 1757 auf einem Handelsschiff namens *Elizabeth* von Gibraltar zurück nach England reiste, mag auf ein gewisses Maß an Romantik bei Crisp und vielleicht damals auch bei ihr hindeuten.[13]

James Crisp sah sich in der Lage, eine Frau ohne sonderliche Mitgift zu heiraten, weil sein älterer Bruder Samuel sich in dem Familienunternehmen, Crisp Brothers, bereits gut etabliert hatte, und er selbst zu dieser Zeit über bescheidenen Wohlstand verfügte. Wie viele Überseehändler hatte James Crisp als Handelskapitän und Frachtbegleiter im Dienst erfahrenerer Kaufleute angefangen und war regelmäßig mit Fracht und Ballast zwischen Spanien, Portugal und den größeren italienischen Häfen hin und her gesegelt, als er noch keine 20 war.[14] Durch Familienbeziehungen hatte er schließlich den Kapitänsposten auf einem Postboot der britischen Post ergattert. Die *Lovel*, ein 18-Tonnen-Schiff, verkehrte zwischen Mahón auf Menorca und den beiden blühendsten Mittelmeerhäfen, Marseille und Livorno (Leghorn). Dieser scheinbar profane Posten bedeutete in Wirklichkeit einen beträchtlichen Coup. In den 1750er Jahren beförderten britische Postschiffe mehr offizielle als private Post; im Fall der *Lovel* handelte es sich dabei nicht nur um Korrespondenz zwischen britischen Konsuln und Agenten in Frankreich, Italien, Spanien und Menorca, sondern auch um Geheimkorrespondenz mit den Schiffen der britischen Mittelmeerflotte. Als Gegenleistung für die nützlichen Dienste, die Postbootkapitäne dem Staat erwiesen, räumte man ihnen erhebliche Freiheiten ein. Sie trugen aufwändige Fantasieuniformen und konnten mit dem Transport von Passagieren, Münzgold und -silber, Frachtgut und mit privatem Handel erhebliche Gewinne machen. Außerdem hatten sie die Möglichkeit, ein bisschen zu schmuggeln, da britische Zollbeamte Anweisung hatten, bei Postbootbesatzungen ein Auge zuzudrücken.[15]

Von Anfang an tauchte James Crisp in dieser Geschichte also als Verbindungsmann zwischen verschiedenen Ländern und Häfen auf und als jemand, der die von Staaten und Politikern etablierten gesetzlichen Grenzen überschritt. Seine Nebeneinkünfte als Kapitän der *Lovel* erlaubten es ihm, einer Frau, die weder eigenes Vermögen noch einen untadeligen Ruf besaß, einen Antrag zu machen. Bevor Menorca 1756 von den Franzosen bedroht wurde, brachte das Postboot Crisp vermutlich gut 1000 Pfund im Jahr ein. Das genügte ihm offenbar, um den Absprung zu wagen, sich von der aktiven Seefahrt zurückzuziehen, sich als Kaufmann an Land niederzulassen, Elizabeth Marsh zu heiraten und mit ihr nach London zu ziehen.

So sehr die britischen Außenhäfen auch wuchsen, war London doch nach wie vor der unumstrittene Knotenpunkt des Überseehandels, des Transportgewerbes und des Einzelhandels und das politische, kulturelle und finanzielle Zentrum des Landes. Schon lange bevor James Crisp seinen Wohnsitz nach London verlegte, hatten er und sein Bruder Gewölbekeller und ein Lagerhaus in der Mark Lane in Themsenähe angemietet.[16] Von London aus richtete James Crisp den Blick auf fünf erstklassige Handelsplätze. In Barcelona führte sein Bruder, Samuel Crisp, gemeinsam mit einem Schweizer Kaufmann namens Jacob Emery ein Kontor; über Emery hatte die Firma wiederum Kontakt zu Cathalina Lavalée, einer Partnerin mit Sitz in Montpellier. Barcelona war ein wichtiger Hafen für den Mittelmeer- und Atlantikhandel, Hauptumschlagplatz des umfangreichen katalanischen Salzhandels und ein Zentrum der beginnenden industriellen Revolution in Spanien mit tabakverarbeitenden Betrieben, Textilmanufakturen und Kalikodruckereien.[17] Den zweiten Bereich in James Crisps Handelsnetz bildeten einige Häfen an der italienischen Westküste, vor allem Genua und Livorno, die enge Handelsbeziehungen zu Spanien, Nordafrika und der Levante unterhielten.[18] Ein weiterer Schwerpunkt war Hamburg. In dieser ausgesprochen kosmopolitischen Hansestadt mit 90000 Einwohnern genossen Ausländer Religionsfreiheit und das Recht, gleichberechtigt mit den einheimischen Bürgern Handel zu treiben. Dank seiner Lage an der Elbe, die außer in sehr kalten Wintern meist eisfrei war, gehörte Hamburg zu den großen Importeuren spanischer Weine und Kolonialwaren und zu den führenden Exporteuren von Leinen, Getreide und Holz.[19]

Im Vergleich zu diesen Großstädten und Stapelplätzen mögen die beiden anderen europäischen Handelsorte, die James Crisp bevorzugte, unbedeutend oder sogar abwegig erscheinen. Das waren sie aber keineswegs. Die spärlich besiedelten Shetlandinseln knapp 200 Kilometer vor der schottischen Nordküste, wo Crisp und sein Bruder ab 1759 jährlich tausend Doppelzentner Kabeljau kauften und pökeln ließen, lag »im Zentrum der europäischen Fischereiwelt«. Da es auf den Shetlandinseln kaum fruchtbares Land gab, arbeiteten die meisten erwachsenen Männer im Fischfang und als Walfänger und fuhren manchmal sogar bis nach Grönland; ihr Frisch- und Pökelfisch war immer sehr gefragt, besonders in katholischen Ländern, in denen es viele Fasttage gab, und als Proviant für Schiffe auf Fernreisen.[20] Auch bei der Isle of Man, James Crisps letztem Schwerpunkt innerhalb Europas, stand die wirtschaftliche Bedeutung in keinem Verhältnis zu ihrer Größe. Die knapp 50 Kilometer lange und 20 Kilometer breite Insel war den Dukes of Atholl von der britischen Krone übertragen worden. Dieser quasi autonome Status machte sie zu einem stark frequentierten, unkontrollierten Umschlagplatz für große Mengen von Importgütern unterschiedlichster Herkunft. Ähnlich wie die amerikanischen Kolonien akzeptierte auch die Isle of Man die Hoheit des britischen Monarchen, nicht aber die fiskalische Kontrolle des Parlaments in Westminster. Schiffe, die diese Insel anliefen oder verließen, und ihre Fracht waren dem Zugriff englischer, schottischer und irischer Zoll- und Finanzbeamter entzogen; und die Dukes of Atholl erhoben lediglich Ausfuhrabgaben auf eigene Erzeugnisse der Insel und nur symbolische Importzölle. Infolgedessen war die Insel ein Hort relativen Freihandels. Wie Edmund Burke feststellte, war sie außerdem »die reine Hochburg des Schmuggels«, ein berüchtigter Anlaufplatz für jeden, der Waren zollfrei nach Großbritannien, Irland und darüber hinaus schaffen wollte.[21]

Diese Orte – London, Barcelona, Hamburg, Livorno und Genua sowie die Shetlandinseln und die Isle of Man – boten James Crisp und seinen Partnern ein eng geknüpftes Handelsnetz. Crisp ließ auf den Shetlandinseln Fisch fangen, pökeln und nach London bringen. Dort konnte das Schiff Getreide von der berühmten Kornbörse in der Mark Lane zuladen. Crisps Handelskapitäne fuhren mit dieser Fracht dann vielleicht nach Barcelona, da Spanien Europas größter Markt für Pökelfisch war, nach Livorno mit seinem fischhungrigen Markt oder nach Genua, dessen kärgliches landwirtschaftliches Hinterland immer Bedarf an Nahrungsmittelimporten hatte. In den Häfen Spaniens oder Italiens luden Crisps Schiffe Wein, Weinbrand, Seide oder andere Textilien und in Barcelona Salz. Diese Ladung löschten sie möglicherweise in Hamburg, um dort wiederum Leinen für die Textilfabriken Barcelonas oder weiteres Getreide für Genua zu laden. Oder sie kehrten nach

London zurück, wo das Salz prompt zu Crisps Fischereibetrieben auf den Shetlandinseln weiterverschifft wurde. Vielleicht löschten sie ihre Ladung auf der Isle of Man, wo sie Crisps Wein, Brandwein und Textilien teils auf große Lastkähne umluden, die oft mit irischer Besatzung vor der Insel auf Reede lagen und in abgelegene Buchten an der schottischen Westküste segelten. Ein schottischer Zollbeamter beschrieb 1764, was dort in der Regel geschah:

> Die Bauern, ihre Knechte und niederes Volk allgemein sind Abenteurer oder Gehilfen der Schmuggler; und an bestimmten Stellen der Küste, wo Lastkähne oder Boote erwartet werden, sammeln sich zahlreiche Leute mit Pferden, und sobald die Waren an Land sind, werden sie auf Pferde gepackt … und auf diese Weise, begleitet von einigen der Hauptschmuggler, weiter ins Land und übers Moor und auf wenig begangenen Wegen in den Norden Englands geschafft und dort an Ladenbesitzer, Fuhrleute und andere Personen verteilt.[22]

Ein solcher Handelskreislauf von Waren und Schiffen zwischen separaten, aber verknüpften Handelsplätzen war selbst unter völlig gesetzestreuen Kaufleuten durchaus üblich, weil er eine effiziente Nutzung der Ladekapazitäten gewährleistete. Dahinter stand der Wunsch, auf jedem Abschnitt der Reiseroute eines Handelsschiffes Fracht zu transportieren, um nicht teure Fahrzeiten und Laderäume mit der Beförderung von Ballast zu verschwenden. Aber obwohl James Crisps Handelsnetz für diese Arbeitsweise konzipiert war, bildete es nie ein in sich geschlossenes System. An jedem ihrer Hauptumschlagplätze waren Crisp Brothers und ihre Agenten bestrebt, auf der Suche nach zusätzlichen Geschäften ihre Tätigkeit zu erweitern. So trieb ihr Kontor in Barcelona auch Handel mit Cádiz, Valencia, Madrid, Palma auf Mallorca und Lissabon in Portugal.[23] Die Handelsbeziehungen der Crisps beschränkten sich aber zu keiner Zeit allein auf Europa. Europa, Asien, Nord- und Südamerika und Teile Afrikas bildeten kommerziell und zunehmend auch in anderer Hinsicht keine separaten und klar unterscheidbaren Einheiten mehr; und das Leben, das James Crisp und seine frisch angetraute Frau sich Ende der 1750er und Anfang der 1760er Jahre in London aufbauten, finanzierten sie zum Teil aus dem einträglichen Warenhandel zwischen allen diesen Kontinenten.

Jeder der Hauptknotenpunkte in Crisps Handelsnetz erlaubte es ihm, seine Geschäfte über Westeuropa hinaus auszudehnen. Das galt offenkundig für London, das damals einen der größten Häfen der Welt besaß, Metropole eines Weltreichs und traditionelle Machtbasis der Familie Crisp war. Aller Wahrscheinlichkeit nach besaß James Crisp Anteile an der *Countess of Effingham*, einem 200-Tonnen-Schiff unter dem Kommando seines Verwandten Rowland Crisp, das in den 1750er und 1760er Jahren regelmäßig zwischen London, Madeira, Boston und Jamaika verkehrte und auf der Hinfahrt Wein, auf der Rückfahrt Zucker, Rum und Ingwer beförderte.[24] James Crisp unternahm selbst Vorstöße in die Karibik. Im *Lloyd's Register* von 1764 sind vier Schiffe gelistet, die ihm als Korrespondenzreeder übertragen waren (ein Indikator für seinen beträchtlichen Erfolg in dieser Zeit). Drei dieser Schiffe, die *Favourite*, die *Maria* und die *Union*, liefen in diesem Jahr von London mit deklariertem Ziel Italien, Spanien beziehungsweise Shetlandinseln aus. Das vierte Schiff, die *Maria Burrish* (benannt nach einer Verwandten Crisps mütterlicherseits), hatte Fracht für Dominica geladen, eine ehemalige spanische Kolonie, die Großbritannien 1761 erobert hatte.[25] James Crisp beschränkte sich aber nicht auf ein Weltreich. Ein Teil des Pökelfischs, den er von den Shetlandinseln und gelegentlich aus Boston nach Barcelona exportierte, landete auf den Esstischen Spaniens. Aber der importierte Pökelfisch, *bacalao*, ging auch als Proviant an die königliche Flotte, die regelmäßig in die spanischen Kolonien in Südamerika entsendet wurde. Crisp Brothers trieb aber auch unmittelbar und in eigenem Namen Handel mit Spanisch Amerika. Ihr Kontor in Barcelona erhielt 1761 eine Lieferung mit 379 Fässern Olivenöl aus »San Juan in der Neuen Welt«, also aus Puerto Rico. Notarielle Urkunden belegen, dass die beiden Brüder sich alle Mühe gaben, diese Verbindungen zu Spanien und den Märkten seines Weltreichs auch 1762/63 aufrechtzuerhalten, als Madrid und London Krieg um Handel und Kolonien führten.[26]

Ebenso bot Hamburg den Crisps nicht nur einen offenen Markt für koloniale Reexporte (vielleicht aus Jamaika, Boston, Dominica oder Spanisch Amerika), sondern auch Zugang zu Handel mit den Ostseeländern und zu einem ganzen Netz von Messen und Börsen in ihrem Hinterland, das bis nach Archangelsk in Russland reichte. Livorno, dessen Hafen Schiffen aller Staaten und Kaufleuten aller Religionen offen stand und das im Krieg streng neutral blieb, eröffnete James Crisp Zugang zu Geschäften mit der Levante und Nordafrika. So exportierte seine Firma 1764 spanische Textilien und Wein nach Tunis, einem Vorposten des Osmanischen Reiches, und nahm auf dem Rückweg Nahrungsmittel für italienische Märkte mit.[27] Eine unverhältnismäßig große Zahl der Kaufleute und Bankiers, mit denen Crisp in Tunis und Livorno zu tun hatte, waren Juden. »Es gibt Türken, Levantiner, einige wenige Franzosen, Venezianer, Genueser, Korsen, Griechen, Armenier, Neapolitaner«, schrieb der britische Botschafter in den 1760er Jahren über die Kaufleute Livornos, schickte dem aber die Bemerkung voraus, »die Juden sind zahlreicher als alle anderen«. Livorno war ein wichtiges Verlagszentrum für hebräische Schriften und besaß in Europa die höchste Konzentration sephardischer Juden nach Amsterdam; den Finanziers und Kaufleuten unter ihnen gehörten ein Drittel der Handelshäuser der Stadt. Livornos Sephardim spielten eine herausragende Rolle im Juwelenhandel mit indischen Diamanten, vor allem aus Goa, und im sonstigen Edelsteinhandel; so hieß es: Der Handel mit

Korallen, »die von Neapolitanern und anderen um Korsika gefischt werden, ist vollständig in jüdischer Hand... und ist ein äußerst lukrativer Geschäftszweig; der größte Teil wird nach England und von dort auf die Ostindischen Inseln geschickt«.[28]

Es ist bekannt, dass James Crisp verwandtschaftliche Beziehungen zum internationalen Edelsteinhandel besaß. Mindestens drei seiner Verwandten, Nicholas Crisp, Thomas Crisp und Edward Crisp, waren (unter anderem) als Juweliere in London tätig. Es ist durchaus wahrscheinlich, dass James Crisp Anfang der 1760er Jahre gelegentlich für diese verwandten Juweliere Korallen und vermutlich auch Diamanten von Livorno aus transportierte und ihnen beim Export ihrer fertigen Produkte nach Indien und an andere Orte half.[29]

Den umfangreichsten Zugang zur Welt bot ihm jedoch der kleinste Ort seines Handelsnetzes, die Isle of Man. Elizabeth Marshs Mann unterhielt schon lange Kontakte auf die Insel. Bereits 1752 beförderten Schiffe des Kaufmanns und Hauptschmugglers der Insel, George Moore, Fisch aus Neuengland für die Crisps nach Barcelona und luden auf der Rückfahrt Wein und Branntwein.[30] James Crisps Verbindung zu Moore und einem weiteren bedeutenden Kaufmann der Insel, John Taubman, erwies sich als von unschätzbarem Wert, als Großbritannien ab 1756 mit Frankreich und 1762/63 mit Spanien Krieg führte und die Handelsbeziehungen zu diesen Ländern offiziell abgebrochen waren. Die Einwohner der Isle of Man nahmen von Londons Kriegen kaum mehr Notiz als von seinen Steuern, und die Neutralität der Insel bewahrte sie vor Angriffen und Invasionen. So wurden während des gesamten Siebenjährigen Krieges einige der Waren, die Crisp aus Spanien und über seine Agenten durchgängig auch aus Marseille, Montpellier und anderen französischen Häfen bezog, weiter auf der Isle of Man ausgeladen und von ihren beiden Haupthäfen, Douglas und Peel, diskret mit Lastkähnen nach Großbritannien und Irland gebracht.

Abgesehen von Wein, Branntwein und anderen Spirituosen konzentrierten sich James Crisp und sein Bruder zunehmend auf den Schmuggel von Seidentaschentüchern aus Barcelona. Diese vier bis fünf Hand breiten Tücher aus weichem spanischen Seidenköper in verschiedenen Farben waren als Luxusaccessoires bei beiden Geschlechtern beliebt. Sie waren leicht, einfach in großen Mengen zu transportieren und erzielten gute Preise, eigneten sich also perfekt als Schmuggelware. Die Crisps verschifften davon im Laufe der Jahre Zehntausende von Barcelona auf die Isle of Man: schwarze Taschentücher für Herren und Damen in Trauer, Taschentücher für Halbtrauer in »Schwarz mit roten Querstreifen« und für den alltäglichen Gebrauch »sortiert in lebhaften Farben«. Die Brüder verschickten sie in Kisten, die nur mit Buchstaben gekennzeichnet waren, und gaben auf den Ladepapieren falsche Namen an. Den Kapitänen gaben sie »fiktive Papiere« für den Fall mit, dass ihre Schiffe aufgebracht und durchsucht würden; und in Kriegszeiten achteten sie sorgfältig darauf, nur dänische Schiffe oder solche aus anderen neutralen Ländern einzusetzen. Auf diese Weise verdienten sie viel Geld. Allein von Januar bis Juni 1765 kaufte John Taubman den Gebrüdern Crisp Schmuggelware im Wert von über 7000 Pfund ab (was heute über einer Million britischen Pfund entspricht), überwiegend Seidentaschentücher und Branntwein.[31] Wie in Tunis und Livorno arbeiteten die Brüder auch hier mit jüdischen Agenten zusammen. Die Isle of Man hatte »keine gesetzlichen Bestimmungen … gegen eine religiöse Sekte«. Das einzige Kriterium, um die Erlaubnis zu uneingeschränkter Geschäftstätigkeit zu erhalten, waren »Billigkeit und Rechtmäßigkeit gegenüber dem Handel treibenden Teil der Insel«. Als Abraham Vianna, Solomon Da Costa und Jacob Osorio 1760 beim Duke of Atholl die Einbürgerung auf der Isle of Man beantragten, konnten sie als Referenzen daher James Crisp in London und seinen Bruder Samuel in Barcelona sowie Kaufleute aus Amsterdam, Cork, Göteborg, Lissabon, Cádiz, Venedig und Leeds angeben.[32]

Relative Offenheit für Händler verschiedener Nationen und Religionen, minimale Ein- und Ausfuhrzölle und entschiedene Neutralität machten aber nur einen Teil der Reize der Isle of Man aus. Ähnlich wie Livorno produzierte auch die Insel kaum eigene Exportgüter, bot aber wertvolle Lagermöglichkeiten für importierte Waren, die von hier aus lukrativ weiterverschifft wurden. James Crisps geschmuggelte Weine, Branntweine und Seidentaschentücher, die mit Lastkähnen von der Insel nach Schottland gebracht wurden, gelangten durchaus nicht alle nach England. Ein Teil ging nach Glasgow und von dort in die amerikanischen Kolonien. Andere seiner Importe auf die Insel (vor allem Textilien) brachten es vielleicht sogar bis nach Westafrika, da Sklavenschiffe aus Liverpool, Whitehaven und Lancaster regelmäßig die Isle of Man anliefen, um Waren zu laden, die sich gegen Sklaven eintauschen ließen.[33] Was Crisp betraf, so war die Insel für ihn einer von mehreren Handelsplätzen, die ihm Zugang zu asiatischen Waren boten. Regelmäßig brachten französische, dänische, holländische und schwedische Handelsschiffe ostindische Güter hierher. Regulär durften solche Waren nur über London und mit Genehmigung der East India Company nach Großbritannien eingeführt werden, aber Schiffe der Crisp Brothers, die Fracht auf der Isle of Man löschten, konnten dafür ostindische Waren an Bord nehmen. So war John Taubman in der Lage, ihnen gelegentlich Tee aus Kanton zu liefern, den niederländische Händler praktisch zollfrei auf die Insel gebracht hatten.[34]

⌁

Diese höchst flexiblen, im Grunde kosmopolitischen Geschäftspraktiken – dieser kommerzielle Internationalismus – war mit ein Grund, dass George Marsh, ein loyaler Staatsbeamter, seinen angeheirateten Neffen für lax, falsch und mit der Zeit auch für verrucht hielt. James Crisp habe anscheinend »keine guten Prinzipien«, schrieb er einmal über ihn.[35] Crisps Verhalten war jedoch in mancherlei Hinsicht keineswegs ungewöhnlich. Um Mitte des 18. Jahrhunderts erschlossen britische Kaufleute sich außereuropäische Märkte spürbar aggressiver und erfolgreicher, und Crisps Entwicklung vom Mittelmeerhandel zu einem Engagement in immer fernere Überseegebiete war beispielhaft für diese Tendenz. Es war damals wie auch zu jeder anderen Zeit nichts Ungewöhnliches, dass Kaufleute Mittel und Wege suchten, staatliche Regelungen zu umgehen, die den freien Warenverkehr einschränkten. Wenn Elizabeth Marshs Ehemann überhaupt ungewöhnlich war, dann insofern, als er eine Zeitlang so schnell so erfolgreich war.

Ein Indiz für sein Format sind einige prominente Geschäftspartner, mit denen er schon früh zu tun hatte. In Livorno machte James Crisp Geschäfte mit James Clegg, der mit Pökelfisch ein Vermögen verdiente, mit Francis Jermy, einem aus Norfolk stammenden Bankier, der sich von seinen Gewinnen eine prunkvolle Villa außerhalb der Stadt bauen konnte, und mit Peter Langlois aus der bekanntesten Hugenotten- und Kaufmannsfamilie der Stadt.[36] Er arbeitete auch eng mit George Moore und John Taubman zusammen, die wohl zu den bedeutendsten Kaufleuten ihrer Zeit auf der Isle of Man gehörten, und mit der Familie Català in Barcelona, die zu den größten Kalikodruckern der Stadt gehörten. Der Name und die vorhandenen Beziehungen der Familie Crisp mögen ihm den Weg zu solchen Kontakten geebnet haben, aber trotz des Misstrauens, das er bei einigen Mitgliedern der Familie Marsh erregte, besaß James Crisp offenbar auch ungewöhnlich viel Energie, Unternehmungsgeist und persönliche Ausstrahlung. Ein britischer Aristokrat und ehemaliger Minister, der ihn gesellschaftlich und als Geschäftsmann kannte, schrieb, er sei »ein Kaufmann von hohem Rang und weitreichenden Beziehungen«.[37]

Das Leben, das die Crisps sich in London aufbauten, zeugte ebenfalls von James kaufmännischem Geschick – und von Elizabeth Marshs eigenem Ehrgeiz. Das Paar zog offenbar von einer Mietwohnung in die nächste, wohnte aber 1765 in der Camomile Street im Bezirk Bishopsgate. Diese Gegend war von dem Großbrand 1666 verschont geblieben und immer noch voller enger, belebter Gassen mit Holzhäusern und Hinterhöfen. Die ausgesprochen alte Siedlung (in dieser Zeit wurden in der Camomile Street immer wieder römische Überreste ausgegraben) war ein auffallend gemischtes, dynamisches Viertel. Aus den Kommunalregistern geht hervor, dass hier selbst nach Londoner Maßstäben hugenottische, holländische und sephardische Namen überproportional häufig vorkamen – van Neck, de Aguilla, Benjamin, Israel, Salvador, Modigliani – und die Mieter von Wohnungen, Geschäftslokalen und Lagerräumen oft wechselten.[38] Welche Vorzüge dieses schmutzige, enge Viertel James Crisp zu bieten hatte, zeigt ein Blick auf den Stadtplan. Die Camomile Street kreuzte die Bishopsgate Street, eine der Hauptverkehrsstraßen für Kutschen nach Nordengland, was praktisch für ihn war, wenn er geschäftlich nach Schottland oder auf die Isle of Man fahren musste. Nur zwei Straßen entfernt lag der Devonshire Square mit seiner Konzentration von Kaufleuten, die im britischen Levantehandel tätig waren; und das East India House in der Leadenhall Street, der Hauptsitz der East India Company, war höchstens fünf Gehminuten vom Haus der Crisps entfernt. Es lag vermutlich an der Südseite der Camomile Street, wo die Grundstücke groß genug für Lagerflächen waren. Von dort konnte James Crisp in 15 bis 20 Gehminuten die Themse, das Zollgebäude, den Fischmarkt Billingsgate und die Keller seiner Firma in der Mark Lane erreichen.

Auf dem Weg dorthin dürfte er auch durch die Gracechurch Street gegangen sein. In dieser Straße siedelte Jane Austen in ihrem Roman *Stolz und Vorurteil* Elizabeth Bennets Onkel und

Tante Gardiner an. Eine treffende Wahl, da die Gracechurch Street wie weite Teile von Bishopsgate im 18. und Anfang des 19. Jahrhunderts keine vornehme oder feine Adresse war, was Austen in ihrem Roman auch deutlich machte. Die Schwestern Bingley, die trotz ihrer Herkunft aus einer Kaufmannsfamilie konventionell zur besseren Gesellschaft der Grundbesitzer tendieren, verachten diese Adresse. Aber indem Austen die Gardiners als wohlhabend, kultiviert und tugendhaft darstellte, deutete sie an, dass Bishopsgate mit seinen Speicherhäusern, Versicherungsgesellschaften, Reedereien, Gasthäusern mit Kutschstationen und den zahlreichen Unternehmen, die wie Pilze aus dem Boden schossen, als Umfeld galt, in dem sich mit Handel ein Vermögen machen ließ, als Ort für aufstrebende Menschen. So war Elizabeth Marsh in der Camomile Street mit einer Mrs. Jewson befreundet.[39] Später stieg ihr Mann, Charles Jewson, zum Chefkassierer der Bank von England auf.

Was James Crisp und Elizabeth Marsh angeht, so deutet einiges darauf hin, dass sie bereits Anfang der 1760er Jahre mehr als gut situiert waren. In der Pfarrei All Hallows Bread Street, der die Crisps damals angehörten, gab es 1762 nur 13 Haushalte und Unternehmen, die höhere Abgaben als sie für »die nötige Unterstützung der Armen in besagter Pfarrei« zahlten.[40] Elizabeths Onkel, George Marsh, fand allerdings weniger die Abgaben erwähnenswert, die das Paar zahlte, als vielmehr die Höhe ihrer Ausgaben, die er für verschwenderisch hielt. Und damit hatte er durchaus Recht. Die beiden waren erfahrene Reisende, aber keiner von ihnen hatte bis 1757 längere Zeit in London verbracht, und sie waren junge, zwiespältige Menschen, die sich selbst erfinden und etwas beweisen mussten. Folglich griffen sie begierig nach den Vergnügungen und Möglichkeiten, die die Hauptstadt zu bieten hatte. Als ihr Sohn, Burrish Crisp, am 27. April 1762 und zwei Jahre später ihre Tochter, Elizabeth Maria, zur Welt kam, suchte James Crisp offenbar nicht nur fachlichen, sondern höchst modischen

Beistand für seine Frau. Er zog den bekannten Geburtshelfer Dr. David Orme von der Threadneedle Street hinzu, einen Pionier im verbesserten Einsatz der Geburtshilfezange.[41]

Eine derart kostspielige Maßnahme (die in diesem Fall auch von Crisps liebevoller Fürsorge als Ehemann zeugt) erboste George Marsh. Gesellschaftskommentatoren und Satiriker beklagten ständig, dass aufstrebende Londoner Kaufleute und Unternehmer, angestachelt von ihren übertrieben ehrgeizigen Frauen, über ihre Verhältnisse lebten. Die wirtschaftlichen Erschütterungen nach dem Siebenjährigen Krieg verschärften solche Kritik. »Wie viele Packungen Visitenkarten wurden 1716 verkauft und wie viele 1766?«, donnerte ein Londoner Journalist 1767:

> Wie viele Kutschen, Kaleschen, Chaisen, Pferde und Lakaien standen 1716 in Dienst und wie viele 1766? … Wie viele Geschäftsleute trugen 1716 geschnürte Westen und wie viele 1766? Wie viele Bankrotterklärungen gab es 1716 und wie viele 1766?[42]

George Marsh, der gern solche erhebenden und mahnenden Extrakte in sein Sammelalbum klebte, wäre mit diesen Ansichten und der unterschwelligen Schadenfreude sicher einverstanden gewesen. Er war körperlich unscheinbar, schlicht (wenn auch nicht billig) gekleidet, aus Neigung wie auch wegen seiner Epilepsie übermäßig maßvoll und missbilligte seine Nichte und ihren schillernden, maßlosen Ehemann nicht nur wegen ihrer Extravaganz, sondern auch weil sie anders und anfangs erfolgreich waren. Als das nicht mehr der Fall war, fühlte er sich gründlich bestätigt und sah das, was dem Paar zugestoßen war, als moralisches Lehrstück für die Gefahren von Zügellosigkeit und Verschwendung. Mit größerem Scharfblick erkannte er in den Crisps auch ein Beispiel weitreichender internationaler Veränderungen:

> Eine der schlimmsten Auswirkungen des großen Wohlstands, den blühende Manufakturen und ausgedehnter

Handel in ein Land bringen, ist das Vorherrschen von Verschwendungssucht. Luxus ist nur ein anderes Wort für raschen Konsum, und da das Einkommen des Fürsten in allen modernen Staaten von diesem Konsum abhängt, sind Monarchen im Allgemeinen nur zu bereit, ihn zu fördern. Königshöfe sind dessen großartige Schauplätze. Hauptstädte sind voll davon ... Das Frugale und Bescheidene gerät im Strudel einer Großstadt zu den umgebenden Teilchen, die sie herumwirbelt.

James Crisp und Elizabeth Marsh waren, wie er schrieb, »allzu geneigt, in Unterhaltungen aller Art und ruinösen Narreteien die Mode und den Aufwand von höchst vermögenden Leuten nachzuäffen«.[43] Der Strudel und ihre unbotmäßige Freude daran hatten sie in den Untergang gerissen.

Auch wenn diese Erklärung der Ereignisse unzureichend war, hatte George Marsh doch wertvolle Einblicke in das Londoner Leben der Crisps und seiner Nichte Elizabeth. Er sah sie in dieser Zeit öfter als jedes andere Mitglied der Familie, da seine Arbeit im Marineamt in Crutched Friars und im Verpflegungsamt in Tower Hill ihn ganz in die Nähe von Bishopsgate führte. In der Regel schenkte er Frauen wenig Beachtung. In seinem Familienbuch achtete er zwar sorgsam darauf, seinen weiblichen Verwandten einige Sätze zu widmen, aber er befasste sich kaum eingehender mit ihrem Leben. Seine eigene Frau, Ann Marsh, beschrieb er praktisch nur mit den Worten: eine »sehr nette, liebevolle Frau«.[44] Aber Elizabeth Marsh bedeutete für ihn eine Herausforderung und störte ihn mehr noch als ihr Mann, und so widmete er ihr mehrere Seiten. Gegen Ende seines Lebens räumte er im Rückblick auf diese Jahre in London ein, dass sie »eine hübsche und sehr gewinnende Frau von großen Fähigkeiten« war, aber selbst dann konnte er der Versuchung nicht widerstehen, hinzuzufügen, dass sie zu viel gegessen habe, was seiner Ansicht nach nicht nur von sündhafter Gefräßigkeit sondern auch von ungehöriger Sinnlichkeit und mangelnder Disziplin zeugte. Mittlerweile war er ohnehin überzeugt, dass große Talente verzichtbar seien:

> Alltagserfahrung sollte die Welt mehr und mehr überzeugen, dass Glück im menschlichen Leben mehr von kleinen Tugenden abhängt als von hervorragenden Qualitäten … Hervorragende Qualitäten sind in den üblichen Tagesgeschäften von geringem Nutzen. Lasst also die Menschheit, die ihre Kinder eher glücklich als groß sehen will, ihnen Einstellungen und Gewohnheiten mitgeben, die ihnen in den üblichen Tagesgeschäften zuträglich sind. Unter diesen ist keine wertvoller als Sparsamkeit.[45]

◯⚜◯

Diese gestörten Familienbeziehungen wurzelten in grundlegenden Unterschieden, was die Sicht auf und den Umgang mit der Welt betraf. George Marsh unternahm in seinem Leben nur eine einzige Reise ins Ausland, besaß aber auf seine eigene, bescheidene Weise eine globale Sicht. Als Mitarbeiter des Marineverpflegungsamtes leitete er ab 1763 die Proviantierung von Schiffen auf allen Weltmeeren, einschließlich der Schiffe, die mit James Cook in den Pazifik segelten. Aber die Auseinandersetzung mit der Welt bestand für ihn in Fahnentreue. In dieser Hinsicht war er typisch für seine Familie. In den 1760er Jahren nutzte eine zunehmende Zahl männlicher Vertreter der Familie Marsh den britischen Staat und das Weltreich, um ihr persönliches Fortkommen zu sichern und voranzubringen. Milbourne Marsh, Elizabeths Vater, behielt seinen Posten in Gibraltar bis 1763 und ging dann wieder als Marinebeamter nach Menorca, das die Briten am Ende des Siebenjährigen Krieges zurückeroberten. Ihr älterer Bruder Francis Milbourne Marsh war inzwischen Hauptmann der britischen Armee und über Teile dieses und des folgenden Jahrzehnts in Irland und auf den Westindischen Inseln stationiert; ihr jüngerer Bruder, John Marsh, wurde 1768 zum britischen Konsul in Málaga,

Spanien, ernannt. Milbourne Warren, ein Vetter Milbourne Marshs mütterlicherseits, arbeitete in Madras als Schiffbaumeister für die East India Company und nahm 1762 bis 1763 an der kurzen britischen Besetzung Manilas teil. Margaret Duval, die Tochter von Elizabeths Tante Mary Duval, war mit einem James Morrison verheiratet, der später stetig in der Münzanstalt aufstieg. Dieses Amt war für Entwurf und Herstellung der britischen Kupfer-, Silber- und Goldmünzen zuständig und zunehmend auch für die Münzen, die in den Kolonien verwendet wurden. Diese Männer standen also im britischen Staatsdienst und waren daher prädisponiert, die Welt durch die Brille der britischen Nation, des britischen Staates und des britischen Weltreichs zu sehen.

Dagegen war James Crisp, der mit großer Wahrscheinlichkeit außerhalb Großbritanniens geboren war, gemischten kulturellen Einflüssen ausgesetzt und wie viele Kaufleute ausgesprochen polyglott. Er sprach fließend Kastilianisch und Katalanisch und konnte sich offenbar auf Portugiesisch, Italienisch und Französisch verständigen (auch wenn er es nicht schreiben konnte).[46] Er war es gewohnt, in einer gemischten, durch und durch urbanen Umgebung zu arbeiten, beschäftigte und handelte mit Männern (und Frauen) verschiedener Nationalitäten und machte gern Geschäfte in neutralen, freien Hafenstädten wie Livorno, Hamburg oder Douglas auf der Isle of Man, Orten, die außerhalb der Rechtsprechung großer Staaten lagen und ihr manchmal auch trotzten. James Crisp trieb Handel mit den britischen Kolonien auf dem amerikanischen Festland und in der Karibik, aber auch mit Teilen des rivalisierenden spanischen Reiches und er korrespondierte und handelte mit Juden, Katholiken und Muslimen so unterschiedslos, dass es allen, die keine Überseehändler waren, merkwürdig und sogar skrupellos erscheinen mochte. Elizabeth Marsh hatte schockiert festgestellt, mit welcher Lässigkeit europäische Kaufleute in Marokko (und anderen muslimischen Ländern) religiöse

Schranken achselzuckend um der gegenseitigen kommerziellen Vorteile willen abtaten. In der Schilderung eines holländischen Kaufmanns, der vorhatte, sich in Marrakesch niederzulassen, schrieb sie: »Die Schwierigkeiten, denen ein Christ in diesem Land ausgesetzt war, übersah er als unbedeutend oder keiner Überlegung wert.«[47] James Crisp dachte und handelte also – ebenso wie George Marsh, nur bewusster als er – transkontinental, da seine Geschäftsinteressen sich über Nord- und Südeuropa bis nach Afrika, Asien und Britisch und Spanisch Amerika erstreckten. Aber anders als bei den Männern in Elizabeth Marshs Familie waren Crisps Kontakte und seine Sicht der Welt vor 1767 nicht überwiegend vom britischen Staat und von imperialen Imperativen geprägt. Sein Lebensunterhalt – und nun auch ihrer – war vielmehr angewiesen auf den freien Verkehr von Waren, Informationen und Kapital über Staats-, Reichs- und Seegrenzen wie auch über ethnische, kulturelle und religiöse Grenzen hinweg.

Der Siebenjährige Krieg bewirkte wie alle größeren Konflikte sofort Störungen dieses freien Wirtschaftsverkehrs. Außerdem trug er zu einem Einstellungswandel bei, der nicht immer mit der regen, vielseitigen Anpassungsfähigkeit vereinbar war, wie James Crisp sie beispielhaft an den Tag legte und brauchte. Adam Smith schrieb in *Der Wohlstand der Nationen* (1776):

> Ein Kaufmann ist nämlich […] nicht zwangsläufig Bürger eines bestimmten Landes. Für ihn ist es höchst gleichgültig, von welchem Ort aus er seinen Handel betreibt. Schon kleine Ärgernisse können ihn veranlassen, sein Kapital und damit auch das von ihm finanzierte Gewerbe in ein anderes Land zu verlagern.[48]

Der strenge Ton, den Smith anschlägt, lässt erkennen, dass alte Debatten, in welchem Maße der Handel zum nationalen und gesellschaftlichen Vor- oder Nachteil gereichte, Mitte des 18. Jahrhunderts mit größerer politischer Schärfe und Strenge geführt wurden. Einerseits waren patriotische Briten stolz auf ihren expandierenden Handel, während viele Kaufleute von den Folgen der damaligen militärischen und imperialen Aggression Großbritanniens profitierten. Andererseits bedeuteten zunehmende nationale und imperiale Rivalitäten und Gewalt auch, dass einzelne und Gruppen, die es gewohnt waren, weitgehend ungehindert Handel zu treiben und sich über politische, religiöse und ethnische Grenzen hinweg zu bewegen, sich manchmal behindert sahen und unter Verdacht geraten konnten. Außerdem untergrub die zunehmende geographische Ausweitung des Krieges manche Wirtschaftsprojekte und Akteure, auch wenn andere davon profitierten.[49]

Manche Eigenschaften, die James Crisp zu einem erfolgreichen Kaufmann machten – sein kulturell gemischter Hintergrund, seine Begeisterung für neue Kontakte und seine Abneigung gegen staatliche Kontrollen und starre Grenzen, also kurz: sein Unternehmergeist –, bargen die Möglichkeit, ihm in massiven Kriegszeiten und in einem stärker nationalistischen, seiner Weltmacht bewussten britischen Staat, wie er sich bis 1763 so offenkundig entwickelte, Probleme zu bereiten. Die Größe und Ausdehnung des Handelsnetzes, das Crisp Brothers mit begrenzten Kapitalreserven so schnell aufbaute, machte ihn auf einer praktischeren Ebene anfällig. Abbé Raynal riet Überseehändlern in *The History of the Two Indies:* »Diene allen Nationen, aber welchen Vorteil Spekulation auch bieten mag, verzichte darauf, wenn sie deinem eigenen Land schaden sollte.« Als praktische Mahnung fügte er hinzu: »Fange nicht zu viele Dinge auf einmal an.«[50]

Anfangs erwiesen sich James Crisps geographisch breit gestreute und teils illegale Handelsbeziehungen als vorteilhaft. Sie verhalfen ihm trotz der Störungen, die der Siebenjährige Krieg für den Handel mit sich brachte, zu blühenden Geschäften. Obwohl Spaniens Eintritt in den Krieg 1762 in diesem Jahr die südeuropäischen Importe nach London halbierte, konnte die Firma Crisp Brothers mit ihrem gut etablierten Kontor in Barcelona, ihrem kosmopolitischen Personal und dem verdeckten Netzwerk auf der Isle of Man einen Großteil ihrer Geschäfte mit der iberischen Halbinsel und den spanischen Kolonien anfangs offenbar halten. Erst die letzten Phasen des Krieges und einige seiner Auswirkungen ließen die Fäden ihres Handelsnetzes einen nach dem anderen reißen.

Zuerst litten vermutlich ihre Hamburger Verbindungen als unmittelbare Folge des Ausmaßes und der Intensität des Krieges. Der Hunger Friedrichs des Großen von Preußen nach Kriegsanleihen und seine beschränkten Rückzahlungsmöglichkeiten lösten 1763 eine schwere Bankenkrise in Amsterdam aus. Sie brachte wiederum Banken und Kaufleute in Stockholm, London, Berlin und sogar in den amerikanischen Kolonien, vor allem aber in Hamburg unter Druck. In diesem Herbst kam der Handel in Hamburg und damit der Nachschub an Leinen, Getreide und Holz von dort zum Erliegen; die Erschütterungen dauerten mindestens bis 1764.[51] In Großbritannien führte der Bedarf an zusätzlichen Einnahmen, um die enormen Kriegsschulden zu decken, zu einer Flut neuer Steuern. Berühmt-berüchtigt war die Serie neuer Steuern, die auf die britischen Kolonien in Amerika zielten: die Sugar Acts von 1764 und 1766, Stamp Act von 1765 und Townshend Revenue Act von 1767. James Crisp war allerdings am stärksten von einem fiskalischen Maßnahmenpaket betroffen, das sich auf einen völlig anderen Teil der Welt bezog.

Im Mai 1765 verabschiedete das Parlament den Revestment Act, der die Isle of Man wieder der britischen Krone unterstellte und damit die Insel den vom Parlament in Westminster verabschiedeten Zollbestimmungen unterwarf; wie Edmund Burke feststellte, diente dieser Schritt »demselben Zweck« wie die britischen Nachkriegsbemühungen um eine Besteuerung der amerikanischen Kolonien. In beiden Fällen stand dahinter die staatliche Absicht, die Einnahmen zu erhöhen, gegen Schmuggel vorzugehen und Londons Kontrolle über das Empire zu bekräftigen. Nach Berechnungen der britischen Zollbehörden von 1764 hatte der Schmuggel auf der Isle of Man das britische Finanzministerium in den 1750er Jahren jährlich um Einnahmen von 100000 Pfund gebracht. Durch die spanischen, holländischen, schwedischen, dänischen, französischen, karibischen und britischen Händler, die weiter Waren über die Insel im- und exportierten, waren die jährlichen Einnahmeverluste an Zoll und Steuern nach ihrer Schätzung inzwischen drei Mal so hoch.[52] Der Revestment Act setzte dem ein Ende, indem er das Wirtschaftsleben der Isle of Man strengen neuen Bestimmungen unterwarf. Britische Zoll- und Steuerbehörden waren auf der Isle of Man befugt, ein- und auslaufende Schiffe zu durchsuchen und unzulässige Ladung zu beschlagnahmen. Damit hatte die Insel keine Möglichkeit mehr, billigen Handel zwischen Asien, Afrika, Amerika und Europa zu fördern. Da sie nun der Kontrolle des Parlaments unterstellt war, konnte sie in Kriegszeiten auch nicht mehr neutral bleiben. Die Möglichkeiten, die sie Crisp Brothers und anderen Kaufleuten geboten hatte, weiterhin kontinentaleuropäische und koloniale Waren nach Großbritannien zu bringen, auch wenn die europäischen Staaten Krieg miteinander führten, waren nun »unweigerlich zunichte gemacht«, wie James Crisp schrieb.[53]

Dennoch machte er weiter nach dem Motto, das für sein ganzes Leben gelten könnte: »Es gibt keinen Mangel an profitablen Möglichkeiten, sein Kapital einzusetzen.« Das massive Vorgehen gegen den Schmuggel auf der Isle of Man machte auch die Lastkähne und ihre überwiegend irischen Besatzungen arbeitslos, die bis dahin Schmuggelware von der Insel nach Großbritannien gebracht hatten. Bis Ende 1765 hatte Crisp mit einem neuen Partner, Francis Warren, einige dieser Lastkähne gekauft und ihre Besatzungen überredet, auf die Shetlandinseln zu ziehen, um dort sein Fischereiunternehmen zu erweitern. Der Oberinspektor des schottischen Zolls schrieb im Juli

1766 über diese neue Initiative Crisps einen mürrischen Bericht. Darin teilte er seinen Vorgesetzten bei den Finanzbehörden mit, es gebe nun »eine eigene Fischerei«

> durch den Einsatz von acht irischen Lastkähnen von etwa fünf Tonnen, jeder bemannt mit acht Mann aus Irland ... diese Boote fingen aufgrund ihrer Größe und der Sachkunde der eingesetzten Fischer 1056 Doppelzentner Fisch zu einer früheren Jahreszeit als üblich und in größerer Entfernung zur Küste; zum Pökeln dieses Fisches wurden etwa vierzig Männer und fünfzig oder sechzig Frauen und Kinder, Einheimische der Shetlands, beschäftigt und der Fisch hinterher auf Namen und Rechnung der besagten Herren Crisp und Warren exportiert.[54]

Es war ein bewundernswertes Beispiel unverwüstlichen Unternehmergeistes. Irische Seeleute und Fischer, die gerade auf der Isle of Man ihre Arbeit verloren hatten, fanden neue Beschäftigung. Ihr Können und ihre Schiffe dehnten die Fischfangsaison der Shetlandinseln aus und vergrößerten die Fangmengen. Das wiederum brachte der Insel mehr Arbeitsplätze und James Crisp höhere Exporte. Die einzige Schwäche dieses Plans war typisch für seinen Urheber. Er nahm keine Rücksicht auf Staatsansprüche und Nationalgefühl. Die schottischen Grundbesitzer und Kaufleute, die den Fischfang der Shetlandinseln nach wie vor dominierten, missbilligten Crisps irische Eindringlinge zutiefst, nicht zuletzt weil »Zähigkeit, Fleiß und überlegene Urteilskraft der Iren im Fischfang weithin berühmt sind«, wie Crisp den Behörden naiv mitteilte. Aber nicht nur die schottischen Granden und ihre Anwälte in Edinburgh, sondern auch die Behörden in London begannen, Druck auf das neue Unternehmen auszuüben. Soweit Crisp überhaupt darüber nachdachte, waren die Iren für ihn Briten: »Die Untertanen Irlands gelten durch das 13. und 14. Gesetz Charles II. ... sowie durch nachfolgende Gesetze als Briten« teilte er den Finanzbehörden zuversichtlich und unbekümmert mit.[55] Aber so einfach war der Handel im britischen Reich noch nicht. Was Fischereirechte und viele andere Bereiche anging, galten die Einwohner Irlands keineswegs als »britisch«. Im Unionsvertrag mit Schottland von 1707 und der nachfolgenden Gesetzgebung war eindeutig festgelegt, dass niemand »in irgendeinem Teil Britanniens Fisch fangen, pökeln oder an Land bringen darf außer den Untertanen und Einwohnern desselben, in welchen Fällen die Iren ausdrücklich als Ausländer gelten«.[56]

James Crisp gab sich alle Mühe, seine neue Initiative auf den Shetlands mit patriotischen Argumenten zu legitimieren, die ihm eigentlich nicht lagen. »Dieses Recht zu gewähren... wäre letztlich eine Maßnahme, um dieses große, für die Königreiche wertvolle Gewerbe in größerem Umfang als bisher weiterzuführen«; aber die Finanzbehörden in London und verschiedene schottische Herrscher blieben ungerührt. Sie waren auch nicht beeindruckt von Crisps Antrag, »für die etwa eintausendfünfhundert Fischer« jährlich »fünfunddreißigtausend Gallonen britischer Spirituosen zollfrei« auf die Shetlandinseln bringen zu dürfen. Wie Crisp anführte, war allgemein bekannt, dass die Shetlander in großen Mengen Spirituosen vom europäischen Kontinent schmuggelten, denn wie sonst hätten sie die Eiseskälte ihrer Küstengewässer und die bitterkalten Winter, kurzen Tage und langen Nächte überstehen sollen, denen sie durch ihre geographische Lage ausgesetzt waren. Aber seinen behördlichen Kritikern ging es um fiskalische Prinzipien und letztlich um die Autorität des Staates. Hätte man Crisp erlaubt, zollfrei britische Spirituosen auf die Shetlandinseln zu bringen, hätte man damit vielleicht einen »gefährlichen Präzedenzfall« geschaffen, schrieb ein Bürokrat. Ein solches Unternehmen unterliege »seinem Wesen nach« keiner angemessenen staatlichen Kontrolle.[57]

James Crisps erster wirtschaftlicher Ruin ist also weniger ein moralisches Lehrstück über die Bestrafung persönlicher Verschwendungssucht, wie George Marsh behauptete, als vielmehr eine repräsentative Fabel, wie individuelles Unternehmertum und transnationaler und transozeanischer Handel durch staatliche Eingriffe, nationale Rivalitäten, Krieg und imperiale Abenteuer unter extremen Druck geraten konnten. Das war allerdings noch nicht alles. Wahrscheinlich hätte Crisp die Auswirkungen des britisch-spanischen Krieges 1762/63, den vorübergehenden Zusammenbruch des Hamburger Handels und die Angriffe auf seine Unternehmungen auf der Isle of Man und den Shetlandinseln wirtschaftlich überlebt, wenn seine Handelswelt im Mittelmeerraum intakt geblieben wäre. Aber nach 1764 begann auch dieser Teil seines Netzwerks sich aufzulösen.

Am 16. April 1764 trafen drei Schiffe der Crisp Brothers mit Mehl und Weizen in Genua ein, die *Peggy*, die *Kitty* und die *Young Lady Maria*, die diesen Namen möglicherweise aus Freude oder Vorfreude über die Geburt der Crisp-Tochter Elizabeth Maria erhalten hatte, die ihre Eltern immer »die junge Lady« nannten.[58] Die Kapitäne der Schiffe hatten Anweisung, in Genua weitere Ladung an Bord zu nehmen und schnellstmöglich weiter zu segeln nach Livorno und Neapel, um die Preise in diesen Häfen zu nutzen, die wegen einer örtlichen Getreideknappheit enorm gestiegen waren. Der Senat Genuas, der wegen des akuten Getreidemangels der Republik in Sorge war, beschlagnahmte jedoch die drei Schiffe und ihre Ladung. Das Mehl, das die Crisps schließlich wieder in ihren Besitz bringen konnten, war (wie sie behaupteten) zu einem Großteil verdorben, und für das Getreide und das Mehl, das für die Versorgung Genuas zurückbehalten wurde, erhielten die Gebrüder Crisp lediglich eine Marge von 20 Prozent auf den Einkaufspreis. Nach ihren Angaben stand das »in einem solchen Missverhältnis zum damaligen Tagespreis … auf den Märkten in Leghorn und Neapel, dass es summa sumarum einen Unterschied von etwa zweitausend Pfund Sterling ausmacht«.

Für eine noch junge Firma mit begrenztem Kapital bedeutete das eine enorme Summe. James Crisp hatte seine Schiffe zwar bei einem Londoner Makler versichert, aber damals deckten Schiffsversicherungen solche Verluste nur selten ab; und der Prozess, den die Brüder anstrengten, um das Geld zuzüglich Schadensersatz zu bekommen, das Genua ihnen ihrer Ansicht nach schuldete, machte alles nur noch schlimmer, denn er dauerte zwei Jahre und fraß Prozesskosten, ihre Zeit, ihren Optimismus und ihren Unternehmergeist. Der Rechtsstreit dauerte so lange, weil er sich um etwas wesentlich Folgenschwereres drehte als ein paar unbedeutende Schiffsladungen einer kleinen Handelsfirma, und deshalb schalteten sich sowohl Genuas Senat und Verwaltung als auch britische Politiker ein, die ausnahmsweise einmal auf Crisps Seite standen. Wieder einmal ging es im Kern um ein Aufeinanderprallen des merkantilen Strebens nach ungehindertem Fernhandel einerseits und lokalen Loyalitäten und Staatsprioritäten andererseits. In einer ausführlichen schriftlichen Verteidigung ihres Vorgehens erklärten die Genueser Behörden, »dass jede Nation mit den Waren, die in ihrem eigenen Land fehlen, zu einem angemessenen Preis versorgt werden sollte«. Nationen sähen sich »untereinander in einem Naturzustand«, und die Autorität eines Souveräns und die Bedürfnisse seiner Einwohner wögen schwerer als die Interessen privater Händler oder Firmen. Sie räumten zwar ein, dass die Firma Crisp Brothers Geld gegenüber ihrer ursprünglichen Getreidespekulation verloren und man ihr eine Zeitlang ihr Eigentum vorenthalten habe, aber das sei nichts im Vergleich zu den Risiken, die es berge, Kaufleuten und dem Markt ungezügelte Freiheit zu lassen. »Denn sollten Eigentümer mit solcher Macht ausgestattet werden … würde der Souverän seines höchsten Rechts beraubt, Getreidepreise festzusetzen, die recht und billig sind, eine Maßnahme von höchster Notwendigkeit für die Erhaltung des Lebens seiner eigenen Bürger.«[59]

Gegen diese Position setzte das britische Handelsministerium diplomatischen Druck und letztlich ein Gegenmanifest ein, das von 34 der »fähigsten und angesehensten Kaufleute in London« unterzeichnet war. Diese Männer und James Crisp vertraten, vorübergehende Nahrungsmittelknappheit sei keine Rechtfertigung, dass ein Staat den freien Markt ausschalte. Das hieße, »diese Kalamität, die Gottes Hand dem Staat selbst auferlegt hat, auf einen Ausländer« abzuwälzen. Wenn Genuas Senat Mehl und Weizen der Crisps für die Ernährung seiner Bürger brauchte, hätte er für diese Schiffsladungen »den entsprechenden Preis der Märkte, für die sie bestimmt waren«, zahlen müssen. Gerechtigkeit oder menschliche Bedürftigkeit habe nichts damit zu tun. James Crisp war unerbittlich:

> Nichts (die Eigentümer möchten dies nachdrücklich wiederholen) kann einem Fürsten oder Staat eine Handhabe geben, einem Ausländer in der Verfügung über sein Eigentum Beschränkungen etwaiger Art aufzuerlegen ... Unabhängig von den Umständen davon zu reden, was billig und angemessen ist, heißt willkürlich zu reden. Der angemessene, weil reale Preis von allem ist der, zu dem es sich verkaufen lässt.[60]

Der angemessene, weil reale Preis von allem ist der, zu dem es sich verkaufen lässt. Das war eine krasse und moderne Position, und James Crisps Beharren darauf zeigte wieder einmal, dass er jenseits der Sentimentalität, die ihn Schiffe nach weiblichen Verwandten benennen ließ, kompromisslos von der vorrangigen Bedeutung eines freien Handels überzeugt und ungehalten über jegliche Einschränkung war – Entfernung, Monopole, nationale und imperiale Grenzen und Diktate oder selbst menschliche Bedürftigkeit und uralte Vorstellungen über einen gerechten Getreidepreis. Doch trotz seiner großartigen Gewissheiten und Ambitionen waren Crisp und seine Partner kleine Kaufleute mit sehr begrenztem Einfluss. Erst im Februar 1766 erklärte sich Genuas Senat auf anhaltenden diplomatischen

Druck Großbritanniens im Prinzip bereit, den Streit beizulegen, es ist allerdings unwahrscheinlich, dass Crisp Brothers ihre Entschädigung je erhielt, denn mittlerweile war der Schaden längst angerichtet.[61]

Wie bei allen Kaufleuten war auch bei James Crisp Kredit der Leim, der sein Handelsnetz zusammenhielt. Der anhaltende Erfolg von Crisp Brothers beruhte auf dem Ruf der Zuverlässigkeit und Redlichkeit, den er und seine Firma besaßen, und auf Wechseln. Diese Dokumente sind etwa vergleichbar mit heutigen Travellerschecks: Sie stellten nicht bloß Zahlungsversprechen dar, sondern Zahlungsanweisungen, die zu einem zukünftigen Termin an einem anderen Ort in einer fremden Währung einzulösen waren. Über ein Netz von Vertretern und Bankiers nutzten Kaufleute Wechsel, um untereinander Kredite über große geographische Entfernungen hinweg zu arrangieren, Darlehen zu bekommen und günstige Wechselkurse an verschiedenen Orten zu nutzen. Dabei konnten sie jedoch schnell in eine Verkettung rechtlicher und finanzieller Verpflichtungen geraten, die sich wie eine Schlinge zuzog, sobald etwas schiefging. In dem Maße, wie die geographische Reichweite des Handels im 18. Jahrhundert zunahm, die Kreditnetze sich ausweiteten und immer mehr Transaktionen und Orte genau aufeinander abgestimmt werden mussten, vervielfachten sich auch die Risiken, nicht zuletzt, weil der Überseehandel in mancherlei Hinsicht ein gefährlich primitives Geschäft blieb.[62]

Auch wenn sich James Crisps Geschäfte nach Afrika, Asien, Amerika und West- und Osteuropa erstreckten, konnten seine Waren nicht schneller reisen, als ein Segelschiff oder ein Pferd sie zu transportieren vermochten. Großenteils machte er Geschäfte mit Menschen, die er noch nie gesehen hatte und die an Orten saßen, die er noch nie besucht hatte. Informationen über diese Menschen und Orte erhielt er überwiegend durch Geschäftsbriefe, die wiederum nur so schnell reisen konnten wie ein Segelschiff oder Pferd. Dass in James Crisps erhaltener Geschäftskorrespondenz immer wieder Formulierungen auftauchen wie »Dank Gottes Gnade in guter Verfassung«, die in den Mitteilungen seiner Kapitäne häufig zu lesen ist, belegt, in welchem Maß der Handel natürlichen und von Menschen gemachten Unwägbarkeiten ausgesetzt und mit Risiken behaftet war.[63] Genua hatte bereits seit einigen Wochen einlaufende Getreideschiffe beschlagnahmt, als Crisps Schiffe im April 1764 konfisziert wurden, aber diese Zeit reichte nicht aus, ihn oder seinen Bruder in London oder Barcelona schriftlich über die Vorgänge in der Republik zu benachrichtigen. Und selbst wenn eine solche Mitteilung ihn zufällig rechtzeitig erreicht hätte, hätte es selbstverständlich keine Möglichkeit gegeben, diese Information schnell an ihre drei Schiffe weiterzuleiten, die arglos nach Genua und damit in die Falle segelten.

Das langsame Versiegen der Kredite nach dieser Genuaepisode und anderen Rückschlägen lässt sich an der zunehmenden Zahl nicht eingelöster Wechsel ablesen, die bei Sebastià Prats, dem Notariat der Brüder in Barcelona, über den Schreibtisch wanderten. Ende 1765 versuchten die Crisp Brothers verzweifelt, in verschiedenen Ländern Wechsel bei Händlern einzulösen, die ihnen noch Geld schuldeten. Da manche von ihnen jedoch ebenfalls durch wirtschaftliche Erschütterungen der Nachkriegszeit in Schwierigkeiten waren, wurden viele dieser Schulden nie bezahlt.[64] Bis dahin hatten die Gebrüder Crisp im Ruf einer guten Kreditwürdigkeit gestanden. »Wir sind vollauf von Ihrer pünktlichen Zahlung bei Fälligkeit überzeugt«, hatte der Fischhändler James Clegg aus Livorno James Crisp 1764 versichert, aber im Laufe der nächsten beiden Jahre gerieten die Brüder wiederholt in Zahlungsrückstand. Anfang März 1767 trat Samuel Crisp von Anteilen an Schiffsladungen zurück, die in Barcelona eintrafen, weil kein Geld vorhanden war, um die auf Kredit erworbenen Anteile zu bezahlen. Einige Wochen später blieb es Juan Francisco Fontannaz, dem Chefsekretär der Crisps in Barcelona, überlassen, Schiffskapitäne abzuweisen, die auf der Suche nach neuen Frachtaufträgen an die Tür des Kontors klopften, denn mittlerweile hatten Samuel Crisp und Jacob Emery auf der Flucht vor ihren Gläubigern die Stadt verlassen.[65] Noch im selben Monat, im März 1767, veröffentlichten Londoner Zeitungen die offizielle Bekanntmachung, dass James Crisp Konkurs angemeldet hatte.[66]

Unmittelbar zuvor hatte er noch an seinen Bankier in Schottland, William Hogg & Son in Edinburgh, geschrieben, er sei in »äußerster Sorge«; der Schock ließ ihn ausnahmsweise den üblichen unpersönlichen Stil seiner Geschäftskorrespondenz aufgeben. Er behauptete, Crisp Brothers hätte Außenstände »zwischen 15 & 16000 Pfund« – nach heutigen Maßstäben über 1,3 Millionen Pfund –, aber er hoffe, dass der Bankier sich aus »außerordentlicher Freundschaft« damit begnüge, die Schiffe, Gebäude und Fischereianlagen der Firma auf den Shetlandinseln zu konfiszieren, da die Brüder kein liquides Kapital mehr hätten. An das Ende des Briefes kritzelte er: »Dies bitte vernichten.«[67]

⌇⌇⌇

James Crisp war zwar nicht ruiniert, aber doch angeschlagen. Ein Bankrott gehörte im London der 1760er Jahre allzu sehr zur wirtschaftlichen Normalität, als dass er als unwiderlegbarer Beweis für Inkompetenz oder unredliches Geschäftsgebaren galt. Dennoch war er nun in seiner Freiheit und Unabhängigkeit erheblich eingeschränkt, und sein ehrgeiziges Ziel, eine überwiegend im Mittelmeerraum operierende Firma zu einem Unternehmen auszubauen, das auf mehreren Ozeanen und Kontinenten tätig war, lag in Trümmern. Ein Bankrott bedeutete zudem, nicht nur einen finanziellen und kommerziellen, sondern auch einen persönlichen Schlag. Er betraf auch die Familie des Bankrotteurs und konnte die Beziehungen zwischen Mann und Frau leicht vergiften. Eine Frau, die auf

Kredit Waren kaufte, konnte von Gesetzes wegen für diese Schulden nicht ins Gefängnis kommen. Insofern Elizabeth Marsh selbst in der Zeit, in der das Paar in London lebte, verschwenderisch war – was George Marsh durchblicken ließ –, blieb James Crisp für etwaige Schulden verantwortlich, die sie angehäuft haben mochte, auch wenn er nun bankrott war.[68]

Das mag ihn erbittert haben, aber auch Elizabeth hatte Grund zur Verbitterung. Im Frühjahr 1767 musste nicht nur ihr Mann, sondern auch sie mit der Demütigung leben, dass die *London Gazette* und andere Zeitungen wiederholt Meldungen über seinen Konkurs veröffentlichten, und mit dem Wissen, dass Freunde, Verwandte und geschäftliche Konkurrenten diese Notizen ebenfalls lasen. Wie bei Konkursen üblich wurde das Haus der Crisps durchsucht, um Vermögenswerte aufzuspüren und zu taxieren. Das Gesetz erlaubte es, wenn nötig »Türen, Truhen und Schränke« aufzubrechen. Um die Schulden zu begleichen, konnte alles bewegliche Eigentum beschlagnahmt werden außer »der notwendigen Kleidung für ihn, seine Frau und seine Kinder«; die Konkursrichter durften auch »seine Frau unter Eid vernehmen«. Crisp war verpflichtet, an einer Reihe von Gläubigerversammlungen in Londons Guildhall und im Kaffeehaus Rainbow auf dem Cornhill, einem beliebten Treffpunkt von Reedern und Überseehändlern, teilzunehmen. Wie jeder Konkursschuldner musste er der Wahl von Konkursverwaltern zustimmen, in seinem Fall waren es vier, die für die Taxierung und den Verkauf seines Vermögens verantwortlich waren.[69]

Erst wenn die Konkursrichter mit der Kooperation des Schuldners zufrieden waren und vier Fünftel seiner Gläubiger »nach Anzahl und Wert« sich bereit erklärt hatten, eine spezielle Bescheinigung zu unterschreiben, konnte er einen gewissen Prozentsatz seiner Vermögenswerte zurückbehalten, einen Verzicht auf die restlichen Forderungen erwirken und brauchte Gerichtsverfahren und Inhaftierung nicht mehr zu fürchten. Es ist nicht klar, ob es James Crisp je gelang, dieses entscheidende Dokument zu bekommen. Manche Londoner Zeitungen meldeten Ende Mai 1767, er habe es bekommen, aber George Marsh weigerte sich, wie kaum anders zu erwarten, bis ans Ende seines Lebens, es zu glauben.[70]

James Crisps Bankrott hatte in der Tat unter anderem zur Folge, dass sich die Machtverhältnisse zwischen ihm und seiner angeheirateten Familie deutlich zu deren Gunsten verschoben. Trotz ihrer anfangs zwiespältigen Haltung hatte die Familie Marsh ihm als gesellschaftlich höher Gestelltem und als Elizabeth Marshs Retter bis dahin einen gewissen Respekt entgegengebracht. Da nun aber so viele Mitglieder der Familie Marsh in der Gesellschaft und im Staatsdienst aufstiegen, stand James Crisp im Schatten. Das hatte Einfluss darauf, wie sie alle, einschließlich seiner Frau, später über ihn schrieben, hinderte sie aber nicht, ihm zu helfen und ihn dabei in imperiale und nationale Projekte zu verwickeln, die mehr in ihr Metier fielen als in seins. Im Oktober 1765, als Crisp noch darum kämpfte, von Genua zu bekommen, was ihm zustand, verließ Milbourne Marsh Menorca und trat im Marinehafen in Chatham, Kent, den Posten eines Verpflegungsbeauftragten an, um seiner Tochter und seinem Schwiegersohn näher zu sein. Diese Versetzung erwirkte George Marsh dank seines Einflusses im Verpflegungsamt, und er tat noch mehr. Er machte James Crisp mit John Perceval bekannt, dem 2. Earl of Egmont und seit 1763 Ersten Seelord, und eröffnete seiner Nichte und ihrem Mann damit die Aussicht auf einen Neuanfang in einer neuen Welt.

⌒⋆⌒

Wie George Marsh, der Sohn eines Schiffszimmermanns, dazu kam, jemanden mit einem der bedeutendsten Männer im britischen Staat bekanntmachen zu können, lohnt einen genaueren Blick, denn es verdeutlicht, wieso dieser trügerisch durchschnittliche, im Grunde zweitklassige Mann so durchgängig erfolgreich war und wieso seine Interventionen immer wieder zu Elizabeth Marshs Fortkommen beitrugen. Mitte der 1740er Jahre hatte George Marsh sich alle erdenkliche Mühe gegeben, Perceval, damals Erbe eines Peerstitels und Mitglied des Parlaments in Dublin, nützliche Informationen über die Marine und einige Rechtsauskünfte zu verschaffen. Zum Dank versprach Perceval ihm großzügig zukünftige Gefälligkeiten, aber Marsh war zu schlau, diese sofort in Anspruch zu nehmen. Perceval war damals Oppositionspolitiker, ein vereinzelter Ire mit dem Ruf eines Intellektuellen und Visionärs, und somit kaum ein geeigneter Förderer für einen aufstrebenden Beamten in London. Das änderte sich am Abend des 10. Oktober 1763. Als George Marsh »in meiner Wohnung in Peckham« die Zeitung las, erfuhr er, dass man Perceval, der inzwischen Earl of Egmont war, zum Ersten Seelord ernannt hatte. Um sechs Uhr am folgenden Morgen hatte Marsh bereits einen Brief geschrieben und abgeschickt: »Wenn Eure Lordschaft der Ansicht sind, dass ich dienlich sein könnte, wäre es mir eine Ehre, Ihnen meine Aufwartung zu machen.« Eine Woche später hatte George Marsh sich seinen Besuchstermin und einen der wichtigsten Karrieresprünge seiner Laufbahn gesichert. Egmont »wollte wissen, ob ich bereit sei, sein Privatsekretär zu werden, da er dringend meiner Unterstützung in Marineangelegenheiten bedürfe«. Abgesehen von der Bedeutung, die der Stellung als Privatsekretär des Ersten Seelords an sich schon zukam, ging sie traditionell mit einer Beförderung in die Leitung des Verpflegungsamts einher; und schon bald mietete George Marsh sich »monatlich eine Kalesche« (die Extravaganz, sich eine Kutsche zu kaufen, kam für ihn nicht in Frage), »da ich verpflichtet war, jeden Tag zur Admiralität zu fahren«.[71]

Mit einer ähnlichen Mischung aus geduldiger, beflissener Ehrerbietung und schamloser Eigenförderung umwarb George Marsh auch spätere Seelords. Als John Montagu, Earl of Sandwich, 1771 diesen Posten antrat, bombardierte Marsh ihn nicht nur mit unterwürfigen Briefen, sondern lieh ihm auch Geld und machte offenbar sogar Platz in seinem Haus für eine Verwandte von Sandwichs Mätresse Martha Ray. Im Grunde waren es aber sein Fleiß und sein enzyklopädisches Wissen über die Marineadministration, die ihn für die aufeinanderfolgenden aristokratischen Seelords unverzichtbar machten. Diese Qualitäten beeindruckten Egmont, einen intelligenten, zutiefst ernsten Menschen; es waren aber völlig andere Charakterzüge, die Egmont dagegen veranlassten, eine Zeitlang mit James Crisp zusammenzuarbeiten und sich sogar mit ihm anzufreunden.[72]

Ihr Unternehmungsgeist und ihre weitblickende, sogar romantische geographische Vision und Fantasie brachten Egmont und Crisp zusammen. Als Erster Seelord hatte Egmont zwei bedeutende Weltumsegelungen unterstützt, die John Byrons 1764 bis 1766 und die unter Leitung von Samuel Wallis 1766 bis 1768. Sein Interesse an der außereuropäischen Welt war sowohl familiär und persönlich, wie auch durch sein Amt und die Interessen des Weltreichs bedingt. In den 1730er Jahren hatte Egmonts Vater, der erste Earl of Egmont, zu den Hauptförderern Georgias gehört, das damals die südlichste britische Kolonie in Amerika war. Diese transatlantischen Interessen hatte der zweite Earl geerbt, und seine Position in der Admiralität erlaubte es ihm, größten Nutzen aus dem Spekulationsboom mit nordamerikanischem Land zu ziehen, der nach dem britischen Sieg im Siebenjährigen Krieg einsetzte. Durch den Sieg über Frankreich und Spanien in Nordamerika gingen dort fünf Millionen Quadratkilometer Land an Großbritannien über. Das führte in den 1760er Jahren zu einer wahren Flut angloamerikanischer Landzuteilungen und Entwicklungsprojekte. Auf der amerikanischen Seite des Atlantiks entstand in diesem Jahrzehnt die Mississippi Company, ein Syndikat wohlhabender Siedler aus Virginia und Maryland, dem auch George Washington angehörte; es beantragte insgesamt eine Million Hektar Land an den Ufern des Ohio, des Wabash und des Tennessee. Etwas später entwarfen Benjamin Franklin und andere einen Plan für die Gründung einer neuen Kolonie namens Vandalia am Oberlauf des Ohio. Die britische Regierung war gegen eine solche Ausdehnung der Besiedlung nach Westen und favorisierte die Ausweitung der ursprünglichen 13 Kolonien nach Norden und Süden, und in diese Richtung investierte auch der zweite Earl of Egmont.[73]

Egmont erwarb schließlich in Nova Scotia über 48000 Hektar Land (von insgesamt 1,5 Millionen Hektar, die in den 1760er Jahren dort vergeben wurden) und in Florida 26500 Hektar. Er ermunterte auch einige seiner Freunde, Untergebenen und Marinemitarbeiter, in koloniales Land zu investieren, darunter auch seinen neuen Sekretär George Marsh. »Er war sicher, dass er [in Amerika] ein beträchtliches Vermögen machen würde«, wie Egmont seinem Sekretär erklärte, »und außer seiner eigenen Familie wünschte er mir und der meinen von Herzen Erfolg«.[74] Marsh nahm ihn beim Wort. Ende 1763 überlegte er, selbst Land in Nova Scotia zu erwerben. Später ermunterte er offenbar auch James Crisp, Egmont um die Zuteilung von Fischgründen vor der späteren Prince Edward Island anzugehen.[75] Aus diesen ersten Plänen wurde nichts, aber im Januar und Juni 1766 gab der Kronrat auf Egmonts Drängen Anweisung, James Crisp zunächst 2000 Hektar und dann weitere 6000 Hektar Land in Ostflorida zuzuteilen, »zu vermessen in einer zusammenhängenden Parzelle in einem Teil der besagten Provinz, die der genannte James Crisp oder sein Anwalt aussuchen.« Das stellte die Crisps als Grundbesitzer potenziell auf eine Stufe mit Leuten wie dem britischen Schatzkanzler Charles Townshend, dem Duke of Buccleuch, der zu den reichsten schottischen Aristokraten gehörte, und dem Gründer Georgias, General James Oglethorpe, die alle jeweils 8000 Hektar Land in Ostflorida erhielten.[76]

Bei diesen Zuteilungen des Kronrats handelte es sich nicht um staatliche Landschenkungen, sondern um Vermessungsanweisungen. Man erwartete von den Empfängern, dass sie selbst nach Ostflorida reisten oder Bevollmächtigte hinschickten, um ein Stück Land in der Größe auszusuchen, die in der Anweisung spezifiziert war, es ordnungsgemäß vermessen und beim Gouverneur der Kolonie, dem Hochlandschotten Oberst James Grant, eintragen zu lassen, der erst dann die Zuteilung offiziell genehmigte. Anschließend erwartete man von den Grundbesitzern, dass sie pro 40 Hektar Land, das sie in Florida besaßen, einen protestantischen weißen Siedler rekrutierten und nach Florida brachten. Wenn sie innerhalb von drei Jahren nicht ein Drittel ihres Landes auf diese Weise besiedelt hatten, konnte es vollständig an die Krone zurückfallen.[77] Wie dieser langwierige Prozess und die gesellschaftliche Stellung der anderen zukünftigen Großgrundbesitzer in Ostflorida zeigen, erforderten transatlantische Landspekulationen großen Stils in der Regel einen erheblichen Kapitaleinsatz über viele Jahre. Als James Crisp 1766 seine Landzuteilung in Ostflorida erhielt, steckte er jedoch schon in geschäftlichen Schwierigkeiten und musste im folgenden Jahr Konkurs anmelden. Dass er sich dennoch auf diese Spekulationen in Florida einließ und in seinen letzten Jahren in England große Teile seiner Energie darauf verwandte, lag teils an seiner Risikofreude (und seiner damaligen Verzweiflung), aber mehr noch an der Tatsache, dass er und Egmont eine enge Arbeitsbeziehung aufgebaut hatten und beide dazu neigten, große, zuweilen überzogene Pläne zu schmieden.

James Crisp ließ sich auf diese Landspekulationen im Rahmen eines Konsortiums ein, das Egmont die »Abenteurer« nannte. Es bestand aus einigen Geschäftspartnern Crisps, Bekannten der Familie Marsh bei der Marine und Elizabeth Marshs angeheiratetem Cousin, James Morrison, der eine eigene Zuteilung von 2000 Hektar in Ostflorida erhielt. Geplant war, dass die Flurstücke der »Abenteurer« aneinander grenzen und eine Kolonie in der Kolonie bilden sollten; das erklärte Egmont in seinem Einführungsschreiben an Gouverneur Grant, in dem er den Bevollmächtigten vorstellte, den sie nach Ostflorida entsandt hatten, einen gewissen Martin Jollie:

> Dieser Gentleman ist von Mr. [Turner] Fortrey, Leiter des Verpflegungsamtes, den Herren [James] Crisp und [James] Anderson, bedeutenden Kaufleuten aus London mit weitreichenden Geschäften, den Herren [Edward] Wood und [James] Morrison und Mr. Porett von der Marine beauftragt, Ihnen seine Aufwartung zu machen … mit Ihrer Erlaubnis die Provinz Ostflorida in Augenschein zu nehmen, das Land auszuwählen und die Anteile aufzunehmen, auf die sie somit Anspruch haben.

Wie Egmont Grant versicherte, waren alle diese Abenteurer »sehr wohl imstande, sich effektiv in diesem Unternehmen zu engagieren, das unverzüglich mit einem Gemeinschaftsfonds und gemeinsamem Kapital in Angriff genommen werden soll.« Über sich schrieb er: »Man hat mich gebeten, nicht nur meinen Rat zu erteilen und einen Plan für ihr Vorgehen vorzuschlagen, sondern mich ihnen auch in der Durchführung als Abenteurer anzuschließen.«[78]

Diese allzu bescheidene Darstellung seiner Rolle deutete auf einen weiteren speziellen Aspekt dieser Landspekulation hin – und auf den Grund, weshalb James Crisp und Elizabeth Marsh eine Zeitlang Florida zu Recht als zweite Chance sehen konnten. Egmont beteiligte sich tatsächlich an diesem reinen Mittelstandskonsortium. Im Laufe der Monate übernahm er sogar einen »Platz in vorderster Front und sämtliche Mühen« dieses Projekts und trug aus Notwendigkeit den größten Teil der wachsenden Kosten. Was James Crisp anging, so sorgte Egmont dafür, dass »seine Ländereien lange vor seinem Konkurs mir vollständig als Sicherheit übertragen wurden, sodass seine Gläubiger keinen Anspruch darauf haben«. Dabei lag ihm keineswegs daran, seine eigenen ausgedehnten Ländereien in Florida um die 8000 Hektar Land der Crisps oder die

Landzuteilungen der anderen Konsortiumsmitglieder zu erweitern. Egmont schrieb vielmehr: »Ich strebe eine Menge Land an, weil ich dann sehr viel weggeben kann.« Dahinter stand die Idee, dass James Crisp und die anderen Abenteurer ihren Grundbesitz in Florida an Egmont abtreten und er zum Großteil die finanziellen und organisatorischen Lasten tragen sollte. Anschließend würde Egmont »Rückübertragungen an jeden von ihnen vornehmen« und den Abenteurern florierende Landgüter zurückgeben.[79] Anscheinend hatten James Crisp und Elizabeth Marsh einen Weg gefunden, mit minimalen eigenen Kosten amerikanische Großgrundbesitzer zu werden.

Egmont wollte Ostflorida (das er nie sah) auf diese Weise zu einem quasi feudalen Land nach irischem Vorbild entwickeln. Seine Familie hatte zuvor bereits 65 000 Hektar ihres irischen Grundbesitzes teils an »Einheimische«, überwiegend aber an »jüngere Söhne von Gentlemen und Pächtern in England« vergeben. Nach Egmonts Überzeugung hatte diese Maßnahme auf seinen Ländereien in Cork ein »einigendes Band« geschaffen und einen »behutsamen«, nützlichen und achtungsvollen Geist der Unterordnung bewirkt. Nun wollte er ein ähnliches soziales und wirtschaftliches Experiment jenseits des Atlantiks versuchen. Ihm schwebte vor, die »eroberten Länder« Nordamerikas »in Provinzen von jeweils sieben Millionen Hektar (annähernd der Größe Irlands)« aufzuteilen. Was ihre Besiedlung anging, wollte er den »Einsatz kleiner Hauptstädte« fördern, um sowohl das »unerhörte Monopol« zu vermeiden, das für die karibische Plantagengesellschaft charakteristisch war, als auch die Planlosigkeit, durch die »die Schaffung der Neuen Welt … einer zufälligen Ansammlung heterogener Atome« überlassen bliebe.[80] Diese Vision eines systematischen, paternalistischen amerikanischen Reiches prägte seinen Umgang mit dem Konsortium und die Planung, die er und James Crisp für die Crisp zugeteilten 8000 Hektar Land in Ostflorida erstellten. Am Nordufer des Doctor's Lake planten sie ein »Lordship

of Lower Crisp« (oder Crispe), das sich vom heutigen Orange
Point zehn Kilometer landeinwärts in die Eichen-, Hain-
buchen- und Magnolienwälder erstrecken sollte. Darin sollten
ein (nicht allzu großes) Städtchen und mindestens zwei »Dörfer« entstehen. In »Upper Crisp« am Südufer des Sees war
ein »Herrenhaus« oder »Schloss« für James Crisp und seine
Familie oder ihren auserwählten Hauptpächter vorgesehen
sowie ein Dorf aus 16 Blockhäusern mit jeweils zwei Morgen
Gartenland, einer Kuh und einem Schwein. In einer weiteren
»Kleinstadt« wollten sie amerikanische Eingeborene ermun-
tern, sich in »englischer Art« niederzulassen, und sie gerecht
behandeln. Den größten Teil des Geldes, die ethische Aus-
richtung und die offizielle Förderung dieser Modellgemeinde
steuerte Egmont bei, während James Crisp die Aufgabe übernehmen sollte, sie mit fleißigen Pächtern und Arbeitern und
mit Wirtschaftsunternehmen zu füllen. »Mr. Crisp hatte tatsächlich vor, sich im großen Stil auf den ihm zugeteilten
Ländereien zu engagieren«, versicherte Egmont Gouverneur
Grant von London aus, »… und war bereit, nicht nur viele
Abenteurer von dort, sondern auch viele nützliche Leute für
die Zucht von Seide, Wein etc. aus Italien zu verpflichten, wo er
umfangreiche Kontakte besaß.«[81]

Wie dies vermuten lässt, sah Egmont Ostflorida also durch
die Brille eines irischen Traums, während James Crisp offenbar
anstrebte, dort eine bessere mediterrane Welt zu schaffen. In
mehr als einer Hinsicht sah er in der Kolonie eine mögliche
neue Heimat. Spanien hatte sie 1763 an Großbritannien ab-
getreten, und obwohl die früheren Siedler sie weitgehend verlassen hatten, waren die Bauten, die Grundzüge des Ackerbaus
und die Anlage der einzigen größeren Stadt – St. Augustine,
gut 60 Kilometer südlich von Doctor's Lake – erkennbar spanisch geprägt. Für James Crisp mit seinen Erinnerungen an
wesentlich bessere Zeiten in Barcelona war dieses neue Land,
wie er es sich in seinen Zukunftserwartungen vorstellte, durch-

aus nicht fremd. Er kannte Spanien, hatte dort Geld verdient und mit den Kolonien Handel getrieben. Nun wollte er eine ehemals spanische Kolonie kennen lernen und dort Wege zu neuem Wohlstand finden. Auch Ostfloridas geplante Wirtschaftsentwicklung schien bestens zu seinen kommerziellen Stärken und seinem gemischten kulturellen Hintergrund zu passen. Die Küste lag günstig für den Handel mit spanischen Kolonien in der Karibik und in Südamerika. Er besaß Erfahrung im Textilhandel, und man erwartete in Ostflorida (zu Recht) fruchtbaren Boden für den Anbau von Indigo, das einen der wertvollsten Farbstoffe lieferte, um Textilien blau zu färben. Nach den Angaben des Autors von *An Account of East Florida* (1766) waren die Flüsse der Kolonie »fischreicher« als die übrigen im amerikanischen Süden, und Crisp verstand etwas von Fischfang und -verarbeitung. Außerdem erwartete man, dass in Ostflorida Wein hervorragend gedeihen würde und die Gegebenheiten »besser für die Seidenraupe geeignet sind als in jedem Land Europas«, und Crisp hatte sowohl mit Wein als auch mit Seide gehandelt. Vor allem aber waren »Nebel und tristes Wetter, wie sie in England üblich sind, in diesem Land unbekannt«.[82] Elizabeth Marsh und James Crisp waren auf der Flucht vor Dunkelheit. Ostflorida strahlte hell.

Was Elizabeth von diesem Plan hielt, ist nicht bekannt, aber sie war sicher in die Einzelheiten eingeweiht, und zwar nicht nur durch ihren Mann. Ihr Vater, Milbourne Marsh, unterschrieb mehrere Dokumente, die mit diesen Ländereien in Florida zu tun hatten.[83] Ihr Onkel, George Marsh, fungierte als Vermittler zwischen Egmont und Crisp, und ihr angeheirateter Cousin, James Morrison, gehörte ebenfalls zum Konsortium der »Abenteurer«. Angehörige ihrer Familie engagierten sich in diesem Projekt, weil sie einen Clan bildeten, der eng zusammenhielt, aber auch weil »Upper Crisp« und »Lower Crisp« als potenzieller Zufluchtsort erschien, in dem James Crisp seinen Gläubigern entkommen und mit seiner Frau und seinen Kindern ein neues Leben unter mitfühlenden Seelen aufbauen könnte, etwa mit Crisps Londoner Partner, Francis Warren, der um 1768 in die neue Provinz auswanderte. Außerdem durften die Crisps sich als Großgrundbesitzer dort einen gesicherten Status und sogar ein Herrenhaus erhoffen:

> Seit der starken Kostensteigerung in England bei jedem alltäglichen Gegenstand sehen sich Menschen von liberaler Gesinnung, aber beschränktem Vermögen in erheblicher Bedrängnis. Die Unmöglichkeit, ohne Vermögen seinen Stand zu wahren, die Demütigung, unser gewohntes Ansehen im Leben täglich abnehmen zu sehen, und unsere zunehmend eingeschränkten Verhältnisse sind eine zutiefst elende Lage.

Diese »Ermahnung an Herren mit geringem Vermögen, sich in Ostflorida niederzulassen«, erschien in London zwei Monate vor James Crisps Bankrott. Der Autor vertrat, »ein Herr mit nur zweitausend Pfund, sei es mit oder ohne Familie«, der über den Atlantik in dieses neue Land gehe, könne »glücklich, unabhängig und in wenigen Jahren reich« werden. »Dahinter steckt kein Geheimnis und keine Spekulation«, schloss er, »es beruht alles auf soliden Tatsachen.«[84]

Da viele frühe Planungen, die sich um Britisch Ostflorida rankten, naiv, überzogen oder unredlich waren und nach der Unabhängigkeitserklärung 1776 unvorhersehbare Entwicklungen eintraten, haben Historiker die Provinz zuweilen als von Anfang an zum Scheitern verurteilt abgetan, als eine Art neuen Garten Edens des 18. Jahrhunderts, als Sumpf, der endlos Geld und Träume verschlang. In Wirklichkeit brauchten Siedler und Investoren in Ostflorida, wie erfahrenere Landentwickler erkannten, noch mehr Zeit als Geld. Zeit, in einem Land, für das es 1763 noch nicht einmal britische Landkarten oder zuverlässige Beschreibungen in englischer Sprache gab, lebensfähige Plantagen und Farmen zu vermessen und anzulegen; Zeit, genügend Arbeitskräfte ins Land zu holen; Zeit, Nutzpflanzen zu finden, die sich für ein subtropisches Klima und einen

Boden eigneten, der nur 30 Meter über dem Meeresspiegel lag. Die britischen Investoren, die genug Zeit aufbrachten, hatten um 1775 Grund zu der Annahme, dass sie eine vernünftige Investition getätigt hatten und gute Zukunftsaussichten besaßen. Um diese Zeit brachten die Ländereien des Earl of Egmont in Ostflorida seinen Erben bereits bescheidene Profite. Selbst New Smyrna, wo Andrew Turnbull das anfangs verheerende Experiment wagte, Menorquiner und andere Arbeiterfamilien aus dem Mittelmeerraum in Ostflorida anzusiedeln (wie James Crisp es geplant hatte), wurde in Teilen anfänglich urbar gemacht und erwirtschaftete erste Gewinne.[85]

Aber James Crisp war ein Bankrotteur und hatte entsprechend wenig Zeit. Eine Weile konnte er sich über Wasser halten und sogar einige Kosten des Ostfloridaprojekts aufbringen, indem er für George Marsh Verpflegungsgeschäfte für die Marine tätigte und einige neue, wichtige Kontakte zur East India Company auslotete. Unter dem Druck neuer und alter Schulden »scheiterte er plötzlich« im September 1768 in einem solchen Maße, dass ihm als einzige Alternative zum Schuldturm die Flucht blieb. Ostflorida konnte ihm nicht als bevorzugtes Schlupfloch dienen, da der dortige Agent der Abenteurer, Martin Jollie, noch nicht die erforderlichen amtlichen Dokumente für Upper und Lower Crisp erhalten hatte. Erst am letzten Dezembertag 1768 schickte ein Vermesser namens George Rolfe die entsprechenden Unterlagen an Gerard de Brahm, den brillanten Schweizer Kartographen, der für die Kartierung der neuen britischen Landflächen und Wasserwege in Nordamerika verantwortlich war. Rolfe schlug vor, Doctor's Lake nach dem Eigentümer der umliegenden Ländereien in »Lake Crisp« umzubenennen. Auf den zukünftigen Landkarten Floridas sollten also nicht nur 8000 Hektar Land, sondern auch ein Gewässer den Namen Crisp tragen.[86] Auf der anderen Seite des Atlantiks wusste James Crisp nicht, dass diese Dokumente endlich vorlagen und die Landzuteilung an ihn somit bald erfolgen konnte; und so unterschrieb er fünf Tage später, am 5. Januar 1769, eine Abtretungsurkunde, in der er sämtliche Rechte an Upper und Lower Crisp dem Earl of Egmont übertrug.[87] Um dem Gerichtsvollzieher und dem völligen Ruin zu entgehen, setzte er anschließend einen Plan um, den er einige Monate zuvor für den Fall geschmiedet hatte, dass sein Floridaprojekt und seine Geschäfte fehlschlügen. Ohne Frau und Kinder verließ er London und reiste nicht nach Amerika, sondern an die Ostküste Indiens.

ᴄᵸᴐ

Und Elizabeth Marsh? Diese Jahre in London waren die längste Phase ihres Lebens, die sie durchgängig an Land und an einem Ort verbrachte. Sie führte das konventionelle und daher weitgehend unsichtbare, im Grunde abhängige Leben einer Frau des Mittelstandes: Sie kümmerte sich um ihren Mann, brachte Kinder zur Welt, zog sie groß und genoss ein gewisses Maß an großstädtischer Eleganz und Gesellschaft, die sie nie vergessen sollte. Anfang 1769 war sie 33 Jahre alt, hatte zwei Kinder unter sieben Jahren, kein Geld, kein Haus und war selbstverständlich nicht erwerbstätig. Sie war notgedrungen vollständig auf ihre Eltern angewiesen und hatte keinerlei Garantie, dass James Crisp sie je nachkommen lassen würde, falls er die Reise nach Indien überlebte. Verbittert schrieb sie damals: »Ich … darf mit Fug und Recht sagen, dass dem Unglück, das mich in der Berberei ereilte, ein mehr als gleich großes folgte, das ich seither in diesem Land bürgerlicher und religiöser Freiheit erlebte.«[88]

Für die Parallelen zwischen ihrer eigenen Notlage und der ihres Mannes interessierte sich Elizabeth Marsh nicht sonderlich. Sie war vollauf mit ihrer eigenen Verzweiflung und der Notwendigkeit beschäftigt, ihren Ruf wiederherzustellen und sich letztlich zu behaupten. Es war ein Gemeinplatz, dass ein Bankrott und der Verlust der Kreditwürdigkeit für einen Mann einen ähnlichen Ehrverlust bedeutete wie der Verlust der Tugendhaftigkeit oder schon eine entsprechende Unterstellung für eine Frau. Elizabeth Marsh war nun schon zum zweiten Mal der Schande und dem Ruin ausgesetzt, das erste Mal unmittelbar in Marokko, das zweite Mal indirekt durch das umfassende geschäftliche Scheitern ihres Mannes. Ihr Leben war »eine Geschichte wahrer Not«, und sie beschloss, sie zu erzählen.[89]

4

Schreiben und Auswandern

The Female Captive, Elizabeth Marshs einziger Ausflug in die Schriftstellerei, war vordergründig eine Schilderung ihrer Leiden in Marokko und erschien im August 1769 anonym in London. Wie so vieles, was sie tat, war es einerseits eine einzigartige individuelle Leistung, andererseits aber auch ein Produkt zeitgenössischer Tendenzen. Bücher, die Männern und Frauen die Illusion ermöglichten, sie könnten, »ohne einen Fuß zu rühren«, »Erde und Meere umrunden, alle Länder bereisen und mit allen Nationen verkehren«, stellten überall, wo Druckerpressen arbeiteten, ein wichtiges Genre dar, und die anhaltenden, gewaltsamen und forschenden Berührungen, zu denen es Mitte des 18. Jahrhunderts zwischen diversen Völkern kam, erhöhten nur den Reiz, die Menge und die Vielfalt der Reiseliteratur.[1] Im selben Jahr, als Korsaren Elizabeth Marsh gefangen nahmen, 1756, veröffentlichte Charles de Brosses seine *Histoire des navigations aux Terres Australes*, das erste große Kompendium über Reisen in den Pazifik, das schon bald auch auf Englisch erschien. Zwei Jahre zuvor hatten kriegerische amerikanische Ureinwohner in Pennsylvania einen schottischen Dienstboten namens Peter Williamson gefangen genommen. Seine realen und imaginären Abenteuer bei ihnen schilderte er in *French and Indian Cruelty exemplified in the Life ... of Peter Williamson* (1757); der Text ist wesentlich nuancierter, als der Titel vermuten lässt, und zählt zu den in Großbritannien meist gedruckten und überarbeiteten Werken über die Gesellschaft amerikanischer Ureinwohner.[2]

In dem Jahrzehnt, nachdem Elizabeth Marshs Buch erschien, erreichte der schottische Forscher James Bruce die Quelle des Blauen Nil, reiste Olaudah Equiano in die Antarktis, erschienen Louis de Bougainvilles Bericht über seine Umsegelung und Erforschung des Pazifiks (1771), John Hawkesworths Buch über James Cooks erste Reise mit der *Endeavour* (1773), Constantine John Phipps' *A Voyage towards the North Pole* (1774) und Cooks eigenes Buch *Voyage towards the South Pole and Round the World* (1777). Im Vergleich zu diesen gehobenen, populären Bestsellern und erstaunlichen Reisen war *The Female Captive* das unbedeutende Werk einer wenig gebildeten Frau, die nur relativ kurze Zeit im Maghreb verbracht hatte. Aber es enthielt bis dahin nicht verfügbare ethnographische und politische Beobachtungen und war unter anderem eine Reisebeschreibung. Sein Verleger, der Drucker und Buchhändler Charles Bathurst von der Fleet Street, war sorgsam darauf bedacht, es auch als solche zu vermarkten. Er bestand auf einem sachlichen Untertitel (»A Narrative of Facts which happened in Barbary«, Schilderung von Fakten, die sich in der Berberei zutrugen) und stellte dem Buch eine Landkarte Marokkos voraus.

Noch in einer anderen Hinsicht war Elizabeth Marshs Buch ein Produkt seiner Zeit. In den 1760er Jahren erschienen in Großbritannien mehr als doppelt so viele neue und wiederaufgelegte belletristische Werke von Frauen als im Jahrzehnt zuvor.[3] Auch im Sachbuchbereich mit einem Subgenre, dem sich *The Female Captive* grob zurechnen lässt, gab es deutlich mehr Autorinnen. In dieser Zeit nahm die Zahl britischer Männer auffallend zu, die staatliche, imperiale oder kommerzielle Posten außerhalb Europas bekleideten. Einige von ihnen nahmen ihre Frauen und Töchter mit, und manche dieser Frauen schrieben über ihre Erfahrungen und veröffentlichten sie. Ein frühes Beispiel für diese neuen Schriften über die nichteuropäische Welt, verfasst von britischen Frauen, die männliche Angehörige begleiteten, waren die Briefe von Lady Mary Wortley Montagu; sie erschienen posthum 1763 in drei Bänden und schilderten unter anderem die Erfahrungen, die sie 1717/18 in Istanbul gemacht hatte, als ihr Mann Sondergesandter am osmanischen Hof war. Lady Mary hatte einige der Briefe, die sie aus Istanbul, Belgrad und Tunis nach Hause geschrieben hatte, aufbewahrt (und weitere erfunden) und zu einer zusammenhängenden Reisebeschreibung zusammengestellt, war aber zu aristokratisch und zu stark in ihrer Generation verhaftet, als dass sie gewagt hätte, sich zu Lebzeiten in einem Druckerzeugnis so nachhaltig zu exponieren. Das verspätete Erscheinen ihrer so genannten türkischen Briefe, die eine kalkulierte Mischung aus Reportage, Reflexion und Fiktion enthielten, beeinflusste manche Passagen in Elizabeth Marshs Buch und vermutlich auch Charles Bathursts Bereitschaft, es zu veröffentlichen. Im Vorwort zu ihren türkischen Briefen erklärte Lady Mary:

> Ich bin, ich bekenne es, boshaft genug, zu wünschen, dass die Welt sehen möge, wie die Damen weit besseren Nutzen aus ihren Reisen zu ziehen wissen als die Herren, dass, da die Welt mit Männerreisen bis zum Ekel überladen worden ist, die alle in dem männlichen Ton geschrieben und mit denselben Kleinigkeiten angefüllt sind, eine Dame die Fähigkeit hat, sich eine neue Bahn zu eröffnen und einen abgenutzten Stoff mit einer Mannigfaltigkeit von neuen und zierlichen Bemerkungen zu verschönern.[4]

Die größte Wahrscheinlichkeit, dass sie ihre Reisebeschreibungen veröffentlichten, bestand jedoch bei Frauen, die sich von ihrer Herkunft her nicht gesichert als Damen betrachten durften. Janet Schaw, eine Schottin mit Verbindungen zum Adel, stellte ausführliche, lebendige Schilderungen ihrer Reisen auf die Westindischen Inseln und nach North Carolina zusammen, die sie 1774 mit ihrem Bruder unternommen hatte, der einen staatlichen Posten auf Jamaika antrat. Sie war allerdings sorgsam darauf bedacht, sie nicht zu veröffentlichen. Frauen aus der Mittel- und Unterschicht, die mit und wegen ihrer Männer auf Reisen gingen, waren zuweilen weniger zurückhaltend. Frances Brooke, die Ehefrau eines britischen Armeekaplans, fuhr 1763 zu ihm nach Quebec, das nur wenige Tage später offiziell zur britischen Kolonie erklärt wurde. In *The History of Emily Montague* (1769), dem ersten englischsprachigen Roman, der in Kanada spielte und ein äußerst erfolgreiches – bis heute lesenswertes – Werk wurde, verarbeitete sie einige Erfahrungen, die ihr Mann im Siebenjährigen Krieg in Nova Scotia und New York gemacht hatte, sowie ihre eigenen Beobachtungen, die sie in Huronen-Siedlungen und in der französisch-katholischen Gesellschaft Quebecs anstellte. Einen ähnlichen Hintergrund hatte Jemima Kindersley, die 1777 *Letters from the Island of Teneriffe, Brazil, the Cape of Good Hope and the East Indies* (dt.: *Briefe von der Insel Teneriffa, Brasilien, dem Vorgebirge der Guten Hoffnung und Ostindien*) veröffentlichte; sie war die Witwe eines Offiziers, der sie Mitte der 1760er Jahre mit nach Bengalen und Allahabad genommen hatte, dort starb und sie mittellos zurückließ. Mary Ann Parker, die Witwe eines Marineangehörigen, die ihren Mann in die Botany Bay begleitet hatte, bat im Vorwort zu ihrem Reisebericht, *A Voyage round the World* (1795), um Verständnis für ihre »vielköpfige Familie« verwaister Kinder. Nicht ganz so mittellos war Anna Maria Falconbridge, doch auch sie gehörte zu den abhängigen, aber eigenwilligen Frauen, die im letzten Drittel des 18. Jahrhunderts über eine stärker vernetzte Welt schrieben. Falconbridge stammte aus bescheidenen, umstrittenen Verhältnissen. Ihr erster Mann, ein zum Abolitionisten bekehrter Schiffsarzt auf einem Sklavenschiff, wurde 1791 nach Sierra Leone geschickt, um dort eine Kolonie freigelassener Sklaven aufzubauen. Die Erfahrungen, die sie dort an seiner Seite machte, nutzte sie, um mit

ihrer *Narrative of two voyages to the River Sierra Leone* (1794/95)
Geld zu verdienen, topographische und ethnographische Informationen zu verbreiten und für eine Sache einzutreten, in
ihrem Fall für die Sklaverei, aber gegen Kolonialismus.[5]

Elizabeth Marsh besaß offenkundige Gemeinsamkeiten mit
diesen Frauen. Auch sie stand am Rand der Gesellschaft. Die
Reisen zu Wasser und zu Land, die sie in *The Female Captive*
schilderte, hatte sie unternommen, weil sie einen männlichen
Verwandten im britischen Staatsdienst, ihren Vater Milbourne
Marsh, ins Ausland begleitet hatte. Und mehr noch als Brooke,
Kindersley, Parker oder Falconbridge schrieb sie ihr Buch, als
sie in verzweifelter Geldnot war.

Aber *The Female Captive* unterschied sich von den meisten
anderen selbstbekundeten Reisebeschreibungen weiblicher wie
männlicher, gebildeter wie autodidaktischer Autoren. Es war
merkwürdig unbeholfen und sogar schockierend geschrieben.
Das offensichtlich von einer Amateurin verfasste Werk in zwei
dünnen Bändchen zu je fünf Schillingen war schon nach kurzer
Zeit vergriffen. Es erschien 1769 mit einer Auflage von vermutlich 750 Exemplaren. Es erfuhr keine Neuauflage, und bereits Anfang der 1770er Jahre war Marshs Buch »sehr selten«
und schwer erhältlich. Mehrere Leihbibliotheken hielten es
jahrzehntelang im Bestand, aber offenbar hat nur ein Exemplar
bis heute überlebt.[6] Das lässt vermuten, dass *The Female Captive*
sehr schnell von Privatpersonen gekauft wurde, deren Bibliothek nach ihrem Tod nicht erhalten blieb, und/oder dass die
Bücher so häufig gelesen oder ausgeliehen wurden, bis sie
schlicht auseinanderfielen. Das Buch erregte mehr Aufmerksamkeit bei Kritikern, als die meisten Veröffentlichungen seiner
Zeit. Als Mary Wortley Montagus türkische Briefe erschienen, erhielten sie offenbar keine Besprechung, dagegen provozierte *The Female Captive* zwei ausführliche Kritiken. Elizabeth
Marshs Rezensenten waren jedoch verwundert und irritiert.
Ihr Buch enthalte »keine sonderlich interessanten Vorfälle«,

beklagte einer, zitierte aber anschließend fünf Seiten lang daraus.[7]

Im Gegensatz zu vielen Reiseschriftstellern besaß Elizabeth Marsh keinerlei Notizen aus der Zeit ihrer Reise und keine sonderlichen Vorkenntnisse über die Gesellschaft, die sie beschrieb, da man sie gegen ihren Willen nach Marokko verschleppt hatte. Auch schrieb sie anders als Peter Williamson und andere Autoren, die ihre Gefangenschaft schilderten, nicht unmittelbar nach ihrer Freilassung. Als sie *The Female Captive* plante, beschäftigten die Ereignisse von Ende der 1760er Jahre sie weit mehr als die »Tatsachen, die sich in der Berberei« 1756 ereignet hatten. Folglich geriet ihr Buch nicht nur zu einer Schilderung ihrer Erlebnisse auf See und in Marokko, sondern zu einer persönlichen Erklärung und zu einer Auseinandersetzung mit erfahrenen Einschränkungen und Wünschen, die bis heute bewegend zu lesen sind. Reiseliteratur konzentriert sich ebenso wie Romane auf »die zentrale Stellung des Ich«, und gerade das machte für Elizabeth Marsh einen entscheidenden Reiz dieses Genres aus.[8] *The Female Captive* zeugt von ihrer Gemütsverfassung nach James Crisps Bankrott und Flucht. Es kommt damit einer Autobiographie nahe und verrät mehr über Elizabeth Marsh, als sie vermutlich beabsichtigt hatte. Wie der Titel verkündete, wurde das Buch »von ihr selbst geschrieben«.[9]

❈

Elizabeth Marsh schrieb ihr Buch im Haus ihrer Eltern in Chatham, Kent, wo sie mit ihren Kindern, Burrish und Elizabeth Maria, Zuflucht gesucht hatte, nachdem James Crisp Anfang 1769 nach Indien aufgebrochen war und sie kein Geld hatte, um die Miete für eine Wohnung in London zu bezahlen. Als ihr Vater, Milbourne Marsh, 1765 im Alter von 56 Jahren nach England zurückgekehrt war und den Posten eines Verpflegungsagenten in Chatham übernommen hatte, bedeutete das für ihn sowohl beruflich als auch kreativ ein Opfer. Zwei Jahre zuvor, nach Kriegsende, hatte er wieder seine frühere Stelle als Marinebeamter auf Menorca angetreten. Auf der Insel hatte er den Auftrag, nach der französischen Besatzung notwendige Instandsetzungen zu leiten, hatte stattdessen aber einen Plan aufgestellt, der die Werft zur größten und imposantesten Marineeinrichtung ausbaute, die eine europäische Macht im Ausland besaß.

Schon vorher hatte Milbourne sich an solchen Plänen versucht. In Gibraltar hatte er seinen Vorgesetzten einen Plan zum Umbau der Verteidigungsanlagen vorgelegt, »in aller Bescheidenheit vorgeschlagen von Mr. Marsh, Schiffbaumeister«. Mittlerweile besaß er genug Selbstvertrauen, etwas weitaus Ehrgeizigeres zu versuchen. Anfang 1764 legte er Pläne vor, einige der Werfteinrichtungen Menorcas von dem vorhandenen, beengten Standort in der Nähe von Mahón auf die Insel Saffron vor dem Nordende des Hafens zu verlegen. Das Marineamt berichtete der Admiralität in London begeistert:

Und nachdem er diese Maßnahme vorgeschlagen hat sowie die Planierung der Insel, sodass dort Werften, Kielholplätze, Lagerschuppen und ähnliche nützliche Einrichtungen gebaut werden können, schätzt er die Gesamtkosten auf ... die Summe von 6348 Pfund ausschließlich des Holzes, das aus England zu senden wäre ... Zudem teilte er uns mit, dass durch die Durchführung der oben genannten Arbeiten auf der Insel sechs [tatsächlich acht] Werften entstehen werden, jede zweihundert Fuß lang und imstande, dieselbe Zahl von Schiffen gleichzeitig kielzuholen.[10]

An der Tatsache, dass London in einer Zeit eifriger Nachkriegssparmaßnahmen diese erste, viel zu konservative Kostenschätzung akzeptierte, die Insel Saffron kaufte und den Plan umsetzte, lässt sich ermessen, wie ernst man das Mittelmeer in seiner strategischen, imperialen und kommerziellen Bedeutung nahm – und wie ernst man Milbourne Marsh nahm. Milbourne zeichnete die meisten Pläne für die Erweiterung der Werft und die acht neuen Kielholplätze auf der Insel Saffron aufgrund von Beobachtungen und Notizen, die er seit seinen ersten Aufenthalten auf Menorca in den 1720er Jahren gemacht hatte. Er entwarf auch die neuen Werftgebäude, die zum großen Teil noch heute stehen: strenge, geradlinige Bauten, Hallen, Lagerhäuser und Schlaftrakte für Hafenarbeiter, durchreisende Seeleute und Marineoffiziere und als einziges Zugeständnis an Schmuck einen hübschen Uhrturm, der die Zeit und die Arbeitsstunden maß. Auf der Insel Saffron, einem »so noblen und notwendigen Unternehmen«, wie ein leitender Marinebeamter später sagte, flossen Milbourne Marshs eingehende praktische Kenntnisse in Schiffbau und -Instandsetzung, sein Talent im technischen Zeichnen und sein unwiderstehlicher Drang zu bauen, wo er auch war, endlich in einem Großprojekt zusammen.[11] Dieses Projekt musste er im Grunde 1765 aufgeben, als er nach England zurückkehrte, um seiner einzigen Tochter und seinem kurz vor dem Ruin stehenden Schwiegersohn näher zu sein.

Oberflächlich betrachtet sah seine neue Stellung nach einer Beförderung aus. Chatham lag ideal, um Südengland und London zu verteidigen, hatte einen großen, natürlich geschützten Hafen und besaß seit mindestens Anfang des 16. Jahrhunderts eine Marinewerft. Seitdem waren die hoch spezialisierten Anlagen parallel mit der Marine gewachsen, und als Milbourne Marsh seine Stellung im Oktober 1765 antrat, hatte das Werftgelände Chatham eine Größe von über 32 Hektar. Daniel Defoe hatte bereits Anfang des Jahrhunderts geschrieben:

> Die Gebäude sind hier in der Tat wie die Schiffe erstaunlich groß und in ihrer unterschiedlichen Art schön. Die Speicher, oder vielmehr Straßen voller Speicher und Lagerhäuser für die Unterbringung der Marineschätze sind die größten und zahlreichsten, die in der Welt zu finden sind: Die Seilerbahn, um Taue zu schlagen, und die Schmieden, um Anker und

andere Eisenwaren herzustellen, stehen in ihren Proportionen dem Rest in nichts nach; das Gleiche gilt für das Schwimmdock, in dem die größten Masten und Rahen unter Wasser liegen, um sie zu konservieren, den Bootshof, den Ankerhof; alles ist wie das Ganze ungeheuer groß und ausgedehnt ... wie eine wohl geordnete Stadt.[12]

Aber obwohl Chathams Werft mittlerweile eher noch größer und ausgedehnter war, befand sie sich teils im Niedergang, da die allmähliche Versandung des Medway ihren Nutzen einschränkte. In den 1760er Jahren brauchten Schiffe mit größerem Tiefgang über drei Monate, um auf dem Fluss bis zur Mündung bei Chatham zu segeln, und die größten Kriegsschiffe konnten die Fahrt nur an wenigen Tagen während des Frühjahrshochwassers wagen. Da die Werft in Chatham nicht mehr als primärer Flottenstützpunkt dienen konnte, musste sie sich neu erfinden. Zunehmend konzentrierten sich ihre 1400 Arbeitskräfte auf die Instandsetzung und den Neubau von Schiffen (Horatio Nelsons Flaggschiff, die *Victory*, wurde hier gebaut und später umgebaut), während die leitenden Beamten der Werft sich mit ihren großzügigen, oft eleganten Backsteinhäusern trösteten, ein Vermächtnis aus jener Zeit, als Chatham der bedeutendste britische Marinestützpunkt war.[13]

Chathams Proviantlager lag etwas flussaufwärts der Hauptwerft. Heute ist davon nichts mehr vorhanden, aber der erhaltene Flurplan des Hauses, das Milbourne Marsh als Verpflegungsagent bewohnte, zeigt, dass es nah an der Straße stand und, der Größe nach zu urteilen, vermutlich mindestens acht oder neun Zimmer auf drei Etagen sowie Speicher und Keller besaß. An der Rückseite des Hauses führte eine Treppe hinunter in einen gut 20 Meter langen ummauerten Garten, und an der anderen Seite des Hofes befanden sich ein Waschhaus, Stallungen und Milbournes Büro, das er »in der denkbar besten Ordnung« hielt, wie ein Besucher berichtete.[14] Lord Tyrawley, ein reizbarer, effizienter Mann, der während Elizabeth

Marshs marokkanischer Gefangenschaft Gouverneur von Gibraltar war, äußerte eine weit verbreitete Ansicht, als er beklagte, Männer von Milbourne Marshs Schlag und Rang, »Zahlmeister, Schreiber, Lagerhalter, Verpflegungsagenten, Marinebeamte und alle diese Schreibtischberufe«, denen man solche Häuser als Dienstwohnungen zur Verfügung stellte, »wohnten besser als … Leute von Geburt und Stand, die ihnen in jeder Hinsicht überlegen« seien. Das machte tatsächlich einen Teil des Reizes aus, den eine leitende Position in der Marineverwaltung vor allem für ehrgeizige Männer besaß, die unvermögend geboren wurden.[15] Aber die geräumigen Häuser im Queen-Anne- und Georgian-Stil, die man leitenden Beamten in Chatham und anderen Marinestützpunkten auf Kosten des Steuerzahlers zur Verfügung stellte, waren mehr als bloß notwendige Unterkünfte. Wie die Werften als Ganzes demonstrierten sie in Backstein, Stein und Mörtel die wachsende Macht und den Reichtum des britischen Staates. Zudem signalisierten sie, dass Männer »der Feder« – Verwaltungsbeamte, Buchhalter, Ersteller von Listen, Archiven und Plänen – hier wie auch in anderen Staaten zunehmend an Bedeutung gewannen. Die Verwaltung und Aufsicht über die Schiffsverpflegung, mit der sich die beiden Brüder Marsh nach 1765 befassten, war zwar nicht der heroischste Tätigkeitsbereich der Kriegsmarine, wohl aber der wichtigste. Weit mehr als Verbesserungen im Schiffbau oder individuelle Heldentaten war es vor allem die zunehmende Fähigkeit, Schiffe, die vielleicht monatelang nicht in Reichweite von Land kamen, so mit Proviant auszustatten, dass die Seeleute gesund und einsatzfähig blieben, die die Grundlage für die wachsende Effizienz und globale Reichweite der Royal Navy schuf. Eine effizientere Proviantierung der Schiffe ermöglichte auch immer ehrgeizigere Forschungsreisen zur See, wie die drei Pazifikreisen belegten, die James Cook 1768 bis 1771, 1772 bis 1775 und 1776 bis 1780 unternahm. So stellte ein Weltumsegler in den 1760er Jahren fest: »Neue

Welten zu entdecken … hängt von der Gesundheit der Männer ab.«[16]

Elizabeth Marsh kam nie in die Lage zu vergessen, dass ihr Zufluchtsort in Chatham zugleich ein wichtiger Industriestandort war. Sie wohnte in einem geräumigeren Haus als in London, hatte ein eigenes Zimmer, in dem sie schreiben konnte, einen Garten, in dem die Kinder spielen konnten, ihre Mutter zur Hand, die nach den Kindern sah, während sie arbeitete, und sie konnte ab und an einen Spaziergang oder Ausritt an das gelbliche Wasser des Medway unternehmen. Aber bei allem, was sie tat, war sie von regem Treiben und Lärm umgeben. Von den vorderen Fenstern des Hauses sah sie die Böttcherei, die Holzfässer herstellte, und das Lager für Sauerkonserven, da das Einlegen in Essig, Trocknen, Räuchern und Pökeln die einzigen Möglichkeiten darstellten, Nahrungsmittel für lange Seereisen haltbar zu machen. Etwas weiter entfernt befanden sich die Lagerhäuser für Fleisch und Bier sowie die Bäckerei, die Schiffszwieback und die dunklen Zweipfundbrote buk, die Seeleute gemeinhin als »Negerköpfe« bezeichneten. Auch das Schlachthaus und die Metzgerei waren ein Stück entfernt, obwohl das kaum eine Rolle gespielt haben dürfte. Denn fast täglich trieb man Ochsen, Schafe, Schweine und Rinder auf der Straße am Haus des Verpflegungsagenten vorbei durch den Hofeingang in einen Pferch, wo man sie sich 24 Stunden abkühlen ließ. War ihre Zeit abgelaufen, wurden die Tiere »von einem Schlachtermeister und dem Leiter der Metzgerei inspiziert; und wenn der Schlachtermeister und der Leiter der Metzgerei es genehmigen, töten sie die Tiere«. Die geschlachteten Tiere wurden umgehend geviertelt, auf speziellen Waagen gewogen und zum Kochen, Pökeln und Einlegen in die entsprechenden Küchen gebracht, während man den Pferch fegte und für die nächsten kurzfristigen Gäste vorbereitete.[17] Der Titel, den Elizabeth Marsh für ihr Buch wählte, lässt sich wohl als Anspielung nicht nur auf ihre Zeit in Marokko verstehen, sondern auch auf ihren monatelangen erzwungenen Aufenthalt in Chatham ohne Ehemann, umgeben von ihren eifrig bemühten, besorgten Eltern, ihren verwirrten Kindern und den unablässigen Arbeitsgeräuschen und Schreien eingepferchter Tiere.

Der Titel *The Female Captive* beinhaltete zudem einen ausdrücklichen Hinweis auf einen ungewöhnlichen Inhalt. Wie bei Henry Fieldings Satire *The Female Husband* (1746) und Hannah Snells angeblichen, halb fiktiven Erlebnissen als verkleideter Soldat in *The Female Soldier*, das 1750 große Erfolge feierte, verkündete schon Elizabeth Marshs Buchtitel, dass die darin beschriebenen Erlebnisse für eine Frau ungewöhnlich waren und außerhalb jeglicher Normalität lagen. Diese Behauptung war durchaus legitim. Im Laufe der Jahrhunderte waren natürlich viele europäische Frauen und noch wesentlich mehr schwarze Frauen im Maghreb und in anderen Regionen der Welt in Gefangenschaft geraten. Aber dass eine Frau, die man gegen ihren Willen in einem islamischen Staat festgehalten hatte, anschließend ihre Erlebnisse ausführlich in Druckform veröffentlichte, gab es so gut wie gar nicht. Was Marokko betraf, so war als einziger Präzedenzfall für *The Female Captive* 1748 in Holland der Bericht einer katholischen Holländerin, Maria ter Meetelen, über ihre zwölfjährige Gefangenschaft erschienen, den Elizabeth Marsh aber nicht gekannt haben kann. Ter Meetelens Gefangenschaft dauerte nicht nur wesentlich länger, sondern unterschied sich auch in anderer Hinsicht erheblich von Elizabeth Marshs Fall. Als marokkanische Korsaren ihr Schiff 1731 kaperten, war sie 27 Jahre alt, verheiratet und in Begleitung ihres ersten Ehemanns, der mit ihr gefangen wurde.[18]

Elizabeth Marsh war dagegen erst 20 Jahre alt und, wie sie ihren Lesern mitteilte, unverheiratet (somit Jungfrau, wie ihre Zeitgenossen selbstverständlich voraussetzen durften) und ohne Begleitung eines männlichen Verwandten, der sie hätte beschützen können, als sie 1756 auf See in Gefangenschaft geriet.

Diese Umstände in Druckform zuzugeben, war ein bemerkenswerter Akt, ein »gewagter … Versuch«, wie sie es nannte. In Britisch Nordamerika gab es mittlerweile eine gewisse Tradition, dass Frauen, die von amerikanischen Ureinwohnern gefangen genommen wurden, anschließend über ihre Erlebnisse schrieben oder schreiben ließen und diese Berichte veröffentlichten. Allerdings galt es als allgemein anerkannte Tatsache, dass Krieger der Ureinwohner Nordamerikas ihre weiblichen Gefangenen selten vergewaltigten.[19] In Marokko und der osmanischen Welt erfuhren weibliche Gefangene oft eine völlig andere Behandlung, die sich in den europäischen Fantasien noch weitaus drastischer ausnahm.

Selbst Männer, die von muslimischen Korsaren gefangen genommen und versklavt wurden, liefen nach Ansicht mancher europäischer Kommentatoren Gefahr, von ihren männlichen Besitzern vergewaltigt zu werden. Weibliche Gefangene, die anschließend als Sklavinnen verkauft wurden, waren tatsächlich nach Recht und Gesetz ihrem Käufer sexuell auf Gedeih und Verderb ausgeliefert. Und dass alle Frauen, die als Gefangene in islamische Gesellschaften kamen, automatisch sexuellen Übergriffen ausgesetzt und/oder in Harems gesteckt wurden, war Thema einer umfangreichen und ständig wachsenden Fach- und Populärliteratur:

> All women, there, obey – because they must.
> Silent, they sit, in passive rows, all day;
> And musing, cross-legg'd, stitch strange thoughts away.
> Provoking life! – Stew'd up like ponds of fish,
> They feed, and fatten, for one glutton's dish.[20]

> (Alle Frauen dort gehorchen, weil sie müssen.
> Still sitzen sie den ganzen Tag in untätigen Reihen;
> und sticken mit gekreuzten Beinen grübelnd seltsame
> Gedanken.
> Unerträgliches Leben! Eingepfercht wie Fische im Teich,
> füttert und mästet man sie als Gericht für einen Vielfraß.)

Elizabeth Marsh unternahm in *The Female Captive* gewisse Versuche, ihren Ruf zu wahren und Kritik vorzubeugen. Ausdrücklich betonte sie, dass man sie nicht versklavt hatte, und thematisierte durchgängig ihren Widerstand: wie sie Furcht, Härten, körperliche Gefahren, feindliche Landschaft und Verführungsversuche des mächtigsten Mannes von Marokko überwand. Ob dies manche anderen Fakten aufzuwiegen vermochte, die sie zugab, ist allerdings unwahrscheinlich: dass sie nämlich beschlossen hatte, als alleinstehende Frau eine Seereise auf einem Schiff voller Männer anzutreten; dass sie sich monatelang als Ehefrau eines Mannes ausgab, den sie später heiratete; und dass sie in Sidi Muhammads Palast zwei Mal den »Machenschaften [dieses] maurischen Liebhabers« ausgesetzt war, wie ein Rezensent es nannte.[21] Zudem konnte sie nicht darauf vertrauen, dass ihre Leser positiv auf die gelegentlich von ihr eingestreuten Belege für ihre persönliche Zähigkeit reagierten, auf ihre erwiesene Fähigkeit, extreme Hitze, lange Ritte auf einem Maulesel, unzureichende Nahrung, das Fehlen sauberer Kleidung und rudimentärer Privatsphäre auszuhalten. Ein englischer Autor stellte damals in einem Zeitschriftenartikel, der der »Frau« gewidmet war, fest:

> Es ist höchst unnatürlich, jene zu lieben, die weder von zarter noch empfindsamer Anlage, sondern im Gegenteil von wagemutigem, schamlosem Betragen sind. Welch unterwürfige Seele muss ein Mann haben, der seine Leidenschaft mit etwas so Widerwärtigem verbinden kann! ... Mut ist mir bei diesem Geschlecht ebenso widerwärtig wie Weibisches bei Männern. Es ist mir unerträglich, selbst ihre Gefühle von männlicher Art zu finden.

George Marsh war von diesem Auszug so angetan, dass er ihn in sein Sammelalbum klebte, das er durchaus zurecht als sein Buch der Gemeinplätze ansah. Obwohl die Zahl der Schriften und Veröffentlichungen von Frauen zunahm, galt nach wie vor, dass »ehrbare Frauen fast nie Schilderungen ihres eigenen Lebens veröffentlichten, außer mit stark pietistischem Firniss«.[22] Einem solchen »pietistischen Firniss«, den sie in diesem Stadium durchaus ernst gemeint haben mag, räumte Elizabeth Marsh in *The Female Captive* einen gewissen Raum ein, aber sie beschrieb auch ihre Kühnheit, ihre Schamlosigkeit, ihren Mut und andere Abweichungen von den üblichen Normen für Frauen. Wieso ließ sie sich darauf ein, sich in einem solchen Maße der Öffentlichkeit auszusetzen?

Eine Antwort besteht wohl darin, dass ihr kaum etwas anderes übrig blieb. Als mittellose Frau, deren Mann sich mit jedem Tag weiter von ihr entfernte und die mit ihren Kindern unter der Aufsicht ihrer Eltern in Chatham festsaß, bot das Schreiben über ein Thema, das vermutlich öffentliche Aufmerksamkeit erregen würde, eine der wenigen Möglichkeiten, durch die sie hoffen durfte, etwas Geld zu verdienen. Obwohl sie anonym veröffentlichte, hatte sie vermutlich keine andere Wahl, als anderen zu offenbaren, dass sie dieses Buch schrieb. Als mittellose Autorin, die ihr erstes Werk schrieb, war Elizabeth Marsh in einer schwachen Verhandlungsposition gegenüber ihrem Verleger und Buchhändler Charles Bathurst. Er war ein etablierter, erfahrener Mann in den Fünfzigern, der sich seiner Verbindungen zur Aristokratie rühmte und im Ruf stand, tote, literarische Größen wie Jonathan Swift und Notenblätter zu verlegen. Durch diese Noten hatte Elizabeth möglicherweise von ihm und seiner Buchhandlung in der Fleet Street 26 erfahren.[23] Vielleicht kannte George Marsh Bathurst durch Druckaufträge, die er manchmal für das Parlament ausführte, und hatte ihn ihr empfohlen. In jedem Fall musste sie dem Buchhändler einen gewissen wirtschaftlichen Anreiz bieten, damit er das Risiko einging, das Werk einer Unbekannten zu verlegen. Dies tat sie auf eine Weise, wie sie unter Schriftstellern üblich war, die unter ungewöhnlichem Druck standen: Sie verkaufte ihr Buch auf Subskriptionsbasis. Freunde, Verwandte und alle, die sie sonst noch dazu überreden konnte – insgesamt 83 Personen –, verpflichteten sich vor Erscheinen, ein oder mehrere Exemplare von *The Female Captive* zu kaufen, und wurden im Gegenzug auf den ersten Seiten des Buches namentlich genannt. Damit verringerte sich Bathursts verlegerisches Risiko, und Elizabeths Bekannte erhielten die Möglichkeit, sie in ihrer Notlage diskret zu unterstützen.[24]

Dank dieser Art der Veröffentlichung schrieb sie natürlich in der Gewissheit, dass praktisch jeder in ihrem Umfeld alle ihre Enthüllungen – jeden Gedanken, jede Handlung, jede Beurteilung anderer, die ihr Buch enthielt – lesen und erfahren würde. Während ihrer marokkanischen Gefangenschaft hatten andere ihr die Privatsphäre geraubt, nun gab sie diese selbst auf. In ihrem Buch kaschierte sie zwar bestimmte Daten und ersetzte Buchstaben in Namen durch Auslassungszeichen, lieferte aber eine Fülle von Hinweisen auf die Identität ihrer verschiedenen Charaktere. Sie besprach ihr Buch und dessen Hintergründe nicht nur mit unzähligen potenziellen Subskribenten, sondern auch mit anderen, entfernteren Bekannten. Zu ihnen zählte der Bücherfreund Sir William Musgrave, ein Treuhänder des British Museum und Leiter der Zollbehörde, dessen Büro in Themsenähe nur wenige Straßen von der letzten Londoner Wohnung der Crisps in der Camomile Street entfernt lag. Wie Musgraves Exemplar von *The Female Captive* belegt, fiel es ihm nicht schwer, praktisch alle vorkommenden Personen namentlich zu identifizieren. Außerdem notierte er an den Seitenrändern persönliche Details über Elizabeth Marsh und vermerkte, er halte ihre Schilderung für »eine wahre Geschichte«.[25] Obwohl sie also ihren Namen von der Titelseite fernhielt, versuchte sie keineswegs, ihre Autorenschaft geheim zu halten, was durchaus nicht nur aus Notwendigkeit geschah. Die Gelegenheit, gewisse Argumente und Informationen an die Öffentlichkeit zu bringen, wogen für sie die Risiken auf, die sie damit einging.

Elizabeth Marshs Buch ist geprägt von der Spannung zwischen ihrem Verlangen, sich einerseits nach einem weiteren schmachvollen Bruch in ihrem Leben zu verteidigen und sich andererseits zu offenbaren. Auf einer Ebene war sie eifrig bemüht, in ihrem Buch als leidende Unschuld zu erscheinen und die Härten, die sie durchgemacht hatte, als schlüssigen Beweis für diese Unschuld darzustellen. Als fleißige Romanleserin nutzte sie alle diese Konventionen empfindsamer Romane, die sie gut kannte. Die meisten Mitglieder der Familie Marsh waren leidenschaftliche Leser und kauften sowohl Sachbücher als auch Romane. In einer australischen Bibliothek existiert noch heute ein Exemplar von Samuel Richardsons Schilderung des moralisch vollkommenen Ehrenmanns, *The History of Sir Charles Grandison* (1753 bis 1754), das der Familie gehörte.[26] Wie in allen seinen äußerst profitablen Romanen lässt Richardson darin seine Helden, vor allem aber seine Heldinnen Mitleid erregende Qualen und Notsituationen durchleiden, in denen sie ihre Tugend unter Beweis stellen und verfeinern. In diesen wie auch in anderen empfindsamen Romanen wird »Empfindsamkeit und somit Tugend am stärksten erregt und damit am offenkundigsten, wenn sie bedroht ist«. Leiden gilt besonders bei Frauen als Beweis ihres moralischen Wertes und drückt sich überwiegend körperlich in Ohnmachten, Tränen, Schluchzen, Schreien, Händeringen und verzweifelter Miene aus.[27]

Ihre Mitgefangenen in Marokko hatten 1756 festgestellt, dass Elisabeth Marsh körperlich und seelisch widerstandsfähiger war, »als man es von ihrem zarten Geschlecht erwarten durfte«. In ihrem Buch sank ihr jedoch der Mut, schmolz sie dahin, fiel immer wieder beinah oder tatsächlich in Ohnmacht, war »unsagbar ... entsetzt«, konnte nur »unter Tränen antworten«, war gelegentlich bereit, »in all meinem Elend auf die Hilfe der göttlichen Vorsehung« zu vertrauen, sehnte sich andere Male wie Richardsons berühmtestes weibliches Opfer,

Clarissa Harlowe, danach, »aus dieser Welt genommen zu werden, da sie mir keinen Trost bot«. Bewusst stellte sie sich zumindest über einen Teil ihrer Gefangenschaft auf See und in Marokko als empfindsame Heldin dar, damit die »Großherzigen, Zartfühlenden und Mitleidigen«, an die sie in ihrem Vorwort appellierte, jene, deren Seele wahrhaft »mit Einfühlungsvermögen ausgestattet« war, ihr erlittenes Unglück ebenfalls als Beleg für zu Unrecht missbrauchte Tugend interpretierten.[28]

Ihre Schilderungen traumatischer Erlebnisse waren jedoch mehr als bloßer literarischer Pastiche. Unmittelbar nach ihrem Aufenthalt in Marokko hatte Elizabeth Marsh offenbar versucht, alle Überreste von Schock und Wut durch eine Mischung aus Reden, Humor, Kreativität und Eitelkeit zu überwinden. Bereits damals hatte sie sich eifrig bemüht, das Geschehene in Geschichten umzusetzen, hatte aber in dieser frühen verbalen Phase lächerliche Aspekte betont und erfunden. Kurz nach ihrer Rückkehr nach England 1757 hatte sie beispielsweise George Marsh anvertraut, dass sie und James Crisp sich sowohl in Gesellschaft anderer als auch hinter verschlossenen Türen in Slà und Marrakesch ausdrücklich sehr laut als »Mann« und »Frau« angeredet hatten in der Hoffnung, Marokkaner mit Englischkenntnissen würden es hören und glauben, sie seien tatsächlich verheiratet. Sie hatte sich mit Geschichten aufgewertet, in denen sie die Fettleibigkeit mancher der in Seide und Musselin gekleideten Frauen Sidi Muhammads (»eine ungeheure Menge und so dick, dass sie kaum gehen konnten«) und Bemerkungen des amtierenden Sultans über ihre vergleichsweise schlanke Figur in den Vordergrund rückte: »Sie sei sehr hübsch und wäre bemerkenswert schön, wenn sie erst dicker würde«.[29] Keine dieser frühen Anekdoten tauchte in *The Female Captive* auf. Stattdessen schuf Elizabeth Marsh darin eine Atmosphäre von Bedrohung, Elend und Furcht, die sie nicht nur aus der Nachahmung ihr bekannter Romane bezog, sondern auch aus ihrer augenblicklichen Lebenssituation. Die Niedergeschlagenheit, Bitterkeit und dem Selbstmord nahe Verzweiflung, die sie ihrer Schilderung nach 1756 in Marokko empfand, entsprach vermutlich eher ihrer Gemütsverfassung während und nach James Crisps Bankrott und Abreise: »Ich wurde zwar gerettet, aber nur, um in *meinem eigenen Lande* noch größeren Kummer zu erfahren, als ich ihn selbst in der Berberei je erlebt hatte.«[30]

James Crisp kam wiederholt in dem Buch vor, allerdings nie mit Namen oder Hinweisen auf seine geschäftlichen Leistungen oder Misserfolge. Vielmehr erschien er als ihr »getreuer Freund«, ihr »werter Freund«, der »alles in seiner Macht Stehende tat, um meine Lage erträglich zu machen« und ihr, »Mut zusprach, wo er nur konnte«, schrieb sie über ihre gemeinsame Zeit in Marokko.[31] In einem Entwurf behauptete sie: »Der liebevollste Vater hätte nicht zärtlicher um mich besorgt sein können«. Er habe sich zu ihr verhalten wie »zu einer Schwester«. Anscheinend war sie nach dem Ruin und der Flucht ihres Mannes teils ehrlich entschlossen, seine Integrität und Ehrbarkeit zu bekräftigen, nicht zuletzt, um die Kritik abzuwehren, die Mitglieder ihrer eigenen Familie nun an ihm äußerten. »Sein Verhalten hielte allezeit der genauesten Prüfung stand«, beharrte sie, und müsse »ihm die Achtung des ehrenwerten und tugendhaften Teils der Menschheit eintragen«, ließ sie eine Figur in ihrem Buch erklären. Er sei »ein Ehrenmann und ein *Christ*« (von ihr hervorgehoben).[32]

Da Elizabeth Marsh James Crisp mit solchem Lob überhäuft, fällt erst nach einer Weile auf, dass sie ihn immer nur in Bezug auf sie selbst erwähnt und er in ihrer Geschichte als nahezu unhörbarer, oft hilfloser Akteur erscheint. Dass sie ihn häufig mit einem Bruder, Freund oder Vater vergleicht, ist eine leicht durchschaubare Strategie, ihr eigenes Verhalten in Marokko akzeptabler zu machen, lässt aber Crisp nahezu geschlechtslos wirken. Nichts von alledem vermittelt auch nur im Entferntesten seine reale Rolle und sein Verhalten von 1756 oder ihre damalige Einstellung zu ihm. Vielmehr lassen sich die Crisp gewidmeten Passagen in *The Female Captive* als Hinweis lesen, wie Elizabeth Marsh ihren Mann 1769 – wenngleich in diesem Stadium auch nur zeitweise – sah: als von Natur aus glücklos, als unfähig, sie und die Kinder zu ernähren und effektiv nicht einmal mehr als Mann. Ihr Buch gipfelt darin, wie sie Sidi Muhammad allein die Stirn bietet und ihm entkommt. Trotz aller ihrer angeblich wiederkehrenden Tränen und Ohnmachtsanfälle ist oft sie es, die die Initiative ergreift: »Die Sonne brannte mit Fortschreiten des Tages immer heißer … Ich kaufte einige Wassermelonen und verteilte einen Teil unter den Seeleuten.« James Crisp kommt unterdessen nicht gut weg: »Mein Freund … wurde immer schlecht behandelt und vermochte sich nie durchzusetzen«.[33] Noch in anderer Hinsicht ist er ein konturloses, entmanntes Wesen. Außer seinem Nutzen für sie erwähnt sie kaum etwas über seine Eigenschaften und gar nichts über sein Erscheinungsbild.

Das mag auf ihr Taktgefühl zurückzuführen sein, auf eine Abneigung, persönliche Einzelheiten über den Mann zu veröffentlichen, den sie geheiratet hat. Aber in Bezug auf einige andere Männer, denen sie 1756 im Mittelmeerraum begegnete, ist sie nicht so zurückhaltend. In gewisser Weise ist *The Female Captive* ein Buch über Elizabeth Marsh und vier Männer, unter denen James Crisp nur einer ist. Am Anfang schildert sie, dass sie bei ihrer Vertreibung aus Menorca »angenehme Hoffnungen« hegte, in Gibraltar ihren damaligen Verlobten, den späteren Captain Henry Towry, zu treffen, und wie »sehr enttäuscht« sie war, als sie feststellen musste, dass er bereits nach Britannien weitergesegelt war. In der Schilderung ihres Aufenthalts in Marrakesch und Asfi berichtet sie von ihrem Vergnügen an der »angenehmen Gesellschaft« John Courts, des Berbereikaufmanns und Reisenden mit seiner »liebenswerten« Art und feinen, singenden Stimme.[34] Wesentlich ausführlicher beschreibt sie Courts Gefallen an ihr. Auf einer Ebene weist sie ihm die Rolle zu, ihre Qualität und Reinheit zu erkennen und zu bezeugen, wie es mitfühlende männliche Charaktere häufig in Bezug auf die Heldinnen empfindsamer Romane tun. So führt sie in ihrem Buch einen Brief an, den Court ihr (wie sie behauptet) schrieb, als sie noch in Marokko war; darin drängt er sie:

> Solange Sie gezwungen sind, in der Berberei zu bleiben, versuchen Sie, sich damit abzufinden; bedenken Sie, dass es ein Unglück ist, das Sie in keiner Weise selbst über sich gebracht haben und das zu ändern nicht in Ihrer Macht steht; vertrauen Sie fest auf die Vorsehung und seien Sie gewiss, dass Tugend und Unschuld immer der besonderen Fürsorge jenes höchsten Lenkers aller Geschicke anheim gestellt sind, der Sie aus Ihrer derzeitigen Notlage zu befreien vermag.[35]

Briefe in ihre Schilderung einzubeziehen ist ein weiteres Stilmittel, das Elizabeth Marsh dem empfindsamen Roman entlieh. Doch John Courts Briefe vermitteln so, wie sie daraus zitiert, mehr als sein Bemühen, sie zu beruhigen. »Sie nehmen einen Großteil meiner Gedanken ein«, teilte er ihr mit; sie habe einen »bleibenden Eindruck« auf ihn gemacht, »den ich nicht abzuschütteln vermag«; ihre gemeinsame Zeit sei »wie ein Traum«. Vor ihrer Abreise beteuerte er: »Jene, die Ihnen in Europa am engsten verbunden sind, können nicht ängstlicher auf Ihre Befreiung bedacht sein als ich.«[36] Selbst als sie wieder sicher in Gibraltar war, bat er sie, die Korrespondenz mit ihr weiterführen zu dürfen, »derer ich fürchte völlig beraubt zu sein«, und versicherte ihr, dass diese Bitte »in keiner Weise gegen die strengsten Regeln verstößt«; er (oder sie) zitierte in abgewandelter Form ein Gedicht von Alexander Pope: »*Though seas come 'tween us, and whole Oceans roll*« (Mögen auch Meere zwischen uns kommen und ganze Ozeane rollen). Gebildete Leser der damaligen Zeit dürften erkannt haben, dass es sich dabei um eine abgewandelte Zeile aus »Heloise an Abelard« (1717) handelte, eine Klage über ein grausam getrenntes Liebespaar:

Rise Alps between us! And whole oceans roll!
Ah, come not, write not, think not once of me,
Nor share one pang of all I felt for thee.

(Es ragen Alpen zwischen uns, und ganze Ozeane rollen!
Komm nicht, schreib nicht, denk nicht ein Mal meiner;
theil nicht Einen von den Schmerzen allen, die ich um dich
fühlte.)[37]

Diese Darstellung mag zum Teil auf schmeichelhaften Fantasien Elizabeth Marshs oder ihres Verlegers beruhen, aber es ist
durchaus wahrscheinlich, dass John Court ein einsamer Mann
war, als sie ihm in Marokko begegnete, »seit einigen Jahren von
allem verbannt, was kultiviert ist«, wie er ihr erklärte, und dass
er wärmstens auf die unerwartete Gesellschaft einer sehr jungen, attraktiven, intelligenten und äußerst verletzlichen Frau
reagierte.[38] Court war 1769 gut verheiratet, bestellte aber im
selben Jahr vier Exemplare von Elizabeth Marshs Buch als
Subskribent.[39] Sich an seine Zuneigung zu erinnern und Aus-
züge aus seinen Briefen (die sie aufbewahrt haben muss) zu veröffentlichen oder aufzupolieren, mag ihrem Stolz in einer Zeit
gut getan haben, in der James Crisp nach allem, was sie oder
sonst jemand wusste, vielleicht für immer verschwunden war.

Noch wesentlich dramatischer bekundet ihre Schilderung,
wie der Sultan von Marokko ein Auge auf sie warf und um ihre
Gunst warb, ihre Einzigartigkeit und ihr faszinierendes Wesen.
Sidi Muhammad ist in *The Female Captive* die Figur, die nach
Elizabeth selbst am lebendigsten gezeichnet ist. Sie beschreibt
sein Gesicht, seine Statur, die verschiedenen Kleider und
Schmuckstücke, die er trägt, seine Stimme, die Gegenstände,
die er berührt, seine Bewegungen, seine Sitzhaltung und die
Ausstattung seiner Umgebung. Und weit mehr als in Bezug
auf James Crisp, John Court oder ihren ehemaligen Verlobten
gesteht sie die Erregung ein, die sie in Gegenwart des Sultans
empfindet, allerdings so verzerrt, dass dieses Eingeständnis
leicht zu übersehen ist. Über ihre Zeit in Asfi schreibt sie: »Ich

war in ständiger Furcht, dass Seine kaiserliche Hoheit mich wieder holen lassen würde, *nachdem er von unzweifelhafter Seite erfahren hatte, dass ich ihm nicht gleichgültig gegenüberstand.*«[40] Sie hatte Angst, wieder in den Palast zu müssen, und zwar nicht nur wegen seiner Begierde, sondern auch wegen ihrer eigenen.

In dem erklärtermaßen autobiographischen Buch einer Frau war ein solches Eingeständnis in der damaligen Zeit so ungewöhnlich, dass die Versuchung groß ist, es als prickelnde Ergänzung eines anderen abzutun. Sicher nahm Charles Bathurst einige Textänderungen an *The Female Captive* vor. So beschrieb Elizabeth Marsh in ihrem Manuskript unumwunden, dass sie bei ihrem zweiten Besuch im Palast in Marrakesch »einem jungen Prinzen und einer Prinzessin«, zwei Kindern Sidi Muhammads, die Hand küssen durfte. In der gedruckten Version waren die Hände dieser jungen Königskinder »braun«, ein Adjektiv, das sie selbst nie verwendete. Bei ihrer Äußerung, dass sie Marokkos Sultan »nicht gleichgültig« gegenüberstand, gab es jedoch keinerlei redaktionellen Eingriff. Es sind ihre eigenen Worte, die unverändert aus dem Originalmanuskript übernommen wurden.[41]

Noch in anderer Hinsicht wich Elizabeth Marsh von der Konvention ab, was aufmerksameren Lesern damals durchaus auffiel. »Ich habe immer gedacht, nirgendwo herrsche die Willkür und Leidenschaft des Fürsten so uneingeschränkt wie in den Staaten der Berberei, und ich war aufrichtig überrascht, in der Erzählung Ihrer Schwester beim Herrscher Marokkos ein Beispiel für die Beherrschung seiner eigenen Leidenschaften zu finden, wie es darin geschildert ist«, schrieb Thomas Shadwell an Elizabeths jüngeren Bruder John Marsh, nachdem er *The Female Captive* gelesen hatte. Shadwell war Sekretär des britischen Botschafters in Madrid. Er und John Marsh, der zu dieser Zeit britischer Konsul in Málaga war, waren beide sehr auf ihre Fortbildung bedacht und korrespondierten regelmäßig über die neuesten Bücher, Aufsätze und Literaturkritiken.

Marsh hatte seinem Freund aus brüderlichem Stolz und wegen Shadwells persönlichen Erfahrungen mit einer islamischen Gesellschaft ein Exemplar von *The Female Captive* geschickt. Er war eng mit Lady Mary Wortley Montagus Sohn, Edward Wortley Montagu, befreundet, der ein eigenwilliger, intelligenter Mann war und (unter anderem) von sich behauptete, er sei zum Islam konvertiert. Seine »großen Lobreden auf die Regierung des Landes« hatten Shadwell ermuntert, selbst in das Osmanische Reich zu reisen, »um es mit der mir zu Gebote stehenden Urteilskraft und Fähigkeit zu untersuchen«, und er hatte einige Zeit in Istanbul gelebt. Wie er Marsh erzählte, fand er dort »eine sittliche Reinheit und Schlichtheit der Manieren, … wie ich sie unter den Einwohnern keines anderen Landes gefunden habe«. Er hielt das Kernland des Osmanischen Reiches auch nicht für »schlechter verwaltet« als die christlichen Staaten, die er kannte. Wie viele Türkophile zog Shadwell jedoch eine Grenze zu den osmanischen Provinzen in Nordafrika und Marokko. Diese Region war für ihn barbarisch und in besonderem Maße launischen, unterdrückerischen Herrschern ausgeliefert, und er ging selbstverständlich davon aus, dass Tyrannei in einem Staat »mit der Knechtschaft der Frauen einherging«.[42] Übereinstimmend mit den Schriften Montesquieus und anderer glaubte Shadwell, politischer Despotismus müsse seinem Wesen nach auch Akte männlichen Despotismus gegen das schwächere Geschlecht fördern. Zwang und Passivität, die nach gängigen Vorstellungen im Harem herrschten, spiegelten lediglich das tiefgreifendere Fehlen von Freiheit außerhalb seiner luxuriösen Gefängnismauern wider. Folglich war Shadwell verblüfft, als er in *The Female Captive* Elizabeth Marshs Bericht über Sidi Muhammads Verhalten las. Sie selbst hatte ihn als »absoluten Fürsten« bezeichnet.[43] Was hatte es also zu bedeuten, dass ein Herrscher an einem solchen Ort sich angesichts einer jungen, hilflosen und begehrenswerten Frau chevaleresque und beherrscht gezeigt hatte?

Elizabeth Marsh war natürlich in abstrakten politischen Theorien nicht bewandert: Sie war lediglich Romanleserin. Sidi Muhammads sexuelle Avancen und sein Erbarmen schilderte sie teils so, wie sie es tat, weil sie anerkannte, dass es tatsächlich großzügig von ihm war, »mich gehen zu lassen, obwohl es in seiner Macht stand, mich festzuhalten«. Aber wahrscheinlich war ihre Erinnerung und Interpretation der Ereignisse auch hier von Samuel Richardson beeinflusst, speziell von seinem populärsten Werk, *Pamela* (1740/41). Die junge Heldin dieses Romans ist eine verarmte, aber verdienstvolle Dienerin voller »Fähigkeiten über meinem Maße« und »ständig schreibend« (wie Elizabeth Marsh). Pamelas Eltern sind im üblen Netz aus Krediten und Konkursen verfangen und finanziell ruiniert (wie James Crisp), aber »sie sind ehrlich: Sie sind gut: Es ist keine Schande, arm zu sein«. Pamela ist ebenfalls eine Art Gefangene auf dem abgelegenen Landgut ihres Dienstherrn, des reichen »Mr. B.«, der sie begehrt und mit üppigen Geschenken zu verführen sucht (wie Sidi Muhammad es bei Elizabeth versuchte). Am Ende des Romans sieht Mr. B. jedoch davon ab, die Heldin zu missbrauchen, weil er von ihrer Unschuld und ihren ganz außergewöhnlichen Qualitäten überwältigt ist.[44] Offenbar wollte Elizabeth Marsh die Leser von *The Female Captive* auf die Parallelen zwischen ihrer Lage und der Situation der tugendhaften Pamela aufmerksam machen. Dabei zeichnete sie Sidi Muhammad weniger als fremdländischen Despoten denn als wiedererkennbaren, sympathischen Charakter, der Gewissensgründen zugänglich war und letztlich Verständnis für eine Frau in ihrer Notlage aufbrachte.

Dieses Vorgehen mag sie durchaus bewusst gewählt haben, denn offenbar filterte sie den Bericht, um das Bild des Sultans zu mildern. Ihren Eltern erzählte Elizabeth, bei ihrem zweiten Besuch im Palast sei sie Zeugin geworden, wie man »einen jungen europäischen Sklaven« wegen Frechheit unvermittelt enthauptet habe. Diesen Vorfall, ob er sich nun tatsächlich so ereignete oder nicht, ließ sie in ihrem Buch aus. So vermittelte sie letztlich ein Bild von Sidi Muhammad, das voller Brüche ist. Es gibt Beispiele seiner »despotischen Macht«, die aber durchmischt sind mit Belegen, dass er eigentlich »ein weichherziger Mann« war.[45] Es gibt noch weitere Brüche. In ihrem Buch wollte Elizabeth Marsh als tugendhafte, christliche Frau erscheinen, die Opfer eines Unrechts wurde. Zugleich war sie aber bereit, ihre ambivalenten Reaktionen auf die Verführungsversuche des Sultans zuzugeben, und eifrig bedacht, sich an die Existenz ihres verlorenen Verlobten und an John Courts liebevolle Zuneigung in Marokko zu erinnern und andere davon in Kenntnis zu setzen. Und obschon sie ihren Mann James Crisp zu verteidigen und für ihn einzutreten suchte, wollte sie ihn zugleich auch herabsetzen – zumindest erscheint es so. Ebenso wie ihr Bestreben, zugleich zerbrechlich und körperlich widerstandsfähig zu erscheinen, lässt auch ihre Behandlung dieser vier Männer nicht nur Unsicherheit erkennen, wie sie sich am besten präsentieren soll, sondern auch Spaltungen und Brüche in ihrem Denken und Fühlen.

Diese vier männlichen Akteure, Sidi Muhammad, Towry, Court und Crisp, erfüllen in Elizabeth Marshs Buch noch eine weitere Funktion. In Zeiten, in denen die Welt gefährlich offen erscheint, versuchen Männer und Frauen oft, sie durch Geschichten einzugrenzen und zu erfassen. In der Regel sind solche Geschichten ausschließlich privat und Sache der Fantasie. Gelegentlich werden sie jedoch schriftlich festgehalten. Das war die tiefere Funktion von *The Female Captive*. Das Buch ist in Teilen eine Allegorie, wie es bei Legenden einzelner und ganzer Familien häufig der Fall ist, die in Krisenzeiten oder Phasen extremen Wandels entstehen.[46] Eine Geschichte über ihre Begegnungen mit vier Männern zu erzählen, ermöglichte es Elizabeth Marsh, sich andere Lebenswege vorzustellen als jenen, den sie 1756 hatte einschlagen müssen und mittlerweile bereute. Zudem übersetzte dieser Erzählstrang die sich wandelnde Welt, der sie in besonderem Maße ausgesetzt war, in eine menschlichere, begreifbarere Form. Ein Captain der Royal Navy, der die Weltmeere kennt; ein muslimischer Fürst mit dem Ehrgeiz, internationale diplomatische und Handelsbeziehungen aufzubauen; ein Berbereikaufmann, der auch »in den südlichen Teilen Afrikas gelebt« hat; und ein Kaufmann, der auf allen Kontinenten Handel treibt: das sind die vier männlichen Charaktere, die so, wie sie ihre Geschichte erzählt, vor allem um Elizabeth Marsh kreisen. *The Female Captive* lässt sich daher unter anderem als Buch lesen, durch das sie ihre Welt darzustellen versuchte.

☙

So zu schreiben, war grausam und sogar brutal gegenüber ihrem abwesenden Ehemann, der, wie sich herausstellte, sein Bestes tat, um ihre Vermögensverhältnisse in Bengalen und Madras wieder zu ordnen. Zumal ihr Buch unter Verwandten, Freunden, Nachbarn und früheren Geschäftspartnern Crisps, die es auf Subskriptionsbasis bestellt hatten, die Runde machen würde. Was Elizabeth Marshs Bereitschaft, diese zwiespältigen Botschaften über ihren Mann und die kompromittierenden Enthüllungen über ihre Beziehungen zu anderen Männern zu veröffentlichen, über den Zustand ihrer Ehe und ihre eigene Gemütsverfassung besagt, ist nicht ganz klar. Doch ohne Zweifel war sie nach Crisps geschäftlichem Ruin und seiner Flucht wütend und gedemütigt.

Die Liste der 83 Subskribenten, die vorn in *The Female Captive* abgedruckt ist, vermittelt einen Einblick in die Bandbreite der Kontakte, die das Ehepaar in diesem Stadium besaß. Darunter befinden sich einige ihrer Freundinnen, über die ansonsten wenig bekannt ist: Miss Franks, Mrs. Kettle, Mrs. Batt und Mrs. Jewson, ihre frühere Nachbarin aus der Camomile Street. Als Nächstes stehen auf dieser Liste die Londoner Kaufleute und Akademiker, mit denen die Crisps in ihrer blühenden

Anfangszeit in der Hauptstadt geschäftlich zu tun hatten und die nach wie vor bereit waren, Elizabeths Buch aus Wohltätigkeit zu finanzieren: Walter Cope, James Crisps Versicherungsagent in Cornhill; Alexander Allan, ein schottischer Weinhändler in der Mark Lane, der möglicherweise von Crisp spanischen Branntwein gekauft oder die wachsende gemeinsame Vorliebe des Paares für Alkohol bedient hatte; und Ralph Fresselicque, ein Hugenotte und Anwalt, der Crisp bei seinem Konkurs 1767 vertreten hatte.[47] Wie nicht anders zu erwarten, finden sich auch eine ganze Reihe von Namen aus der Marine, unter denen einige belegen, dass die Crisps in ihrer Londoner Blütezeit eifrig darauf bedacht und imstande waren (wie George Marsh knurrend feststellte), Beziehungen zu Leuten zu knüpfen, die gesellschaftlich wesentlich höhergestellt waren. Über die Bekanntschaft mit Captain Matthew Whitwell und seine Frau, die jeweils ein Exemplar von *The Female Captive* auf Subskriptionsbasis bestellten, hatten sie offensichtlich auch Whitwells älteren Bruder John kennen gelernt. Nachdem er das große Herrenhaus und Gut Audley End bei Suffron Walden in Essex geerbt hatte, hieß John Whitwell Sir John Griffin Griffin.[48] Er und Lady Griffin ließen sich beide 1769 in die Subskriptionsliste eintragen, damit Elizabeth Marsh ihr Buch veröffentlichen konnte.

Die Liste enthält noch eine weitere Gruppe Prominenter. Zu ihr gehörten Charles Pinfold, der seit 1761 Gouverneur von Barbados war; William Rufane, ein ehemaliger Gouverneur von Martinique; Ralph Payne, der auf der winzigen Karibikinsel St. Kitts geboren war und später Oberkommandierender und Gouverneur der Leeward Islands wurde; Sir John Boyd, der Plantagen auf den Windward Islands und Grenada sowie einen Anteil an Bance Island besaß. Diese Insel, gut 30 Kilometer flussaufwärts vom heutigen Freetown in Sierra Leone entfernt, war zwar nur sechs Hektar groß, durch ihre Lage aber äußerst einträglich. Die eingeschränkte Navigierbarkeit seetüchtiger europäischer Schiffe in frühmoderner Zeit machte Bance Island zum natürlichen Umschlagplatz, an dem Sklavenhändler aus Übersee mit afrikanischen Sklavenhändlern zusammentrafen, die ihre menschliche Ware aus dem Binnenland über den Fluss dorthin brachten. In den zwei Jahrzehnten vor Erscheinen von *The Female Captive* exportierten britische Kaufleute nachweislich zehntausend afrikanische Sklaven von Bance Island.[49] Schon seit Mitte des 17. Jahrhunderts waren Mitglieder der Familie Crisp im transatlantischen Sklavenhandel tätig; und wie die meisten größeren Londoner Kaufleute besaß auch James Crisp Verbindungen und geschäftliche Kontakte, die in Beziehungen zum Sklavenhandel und zur Karibik standen. Ein gewisser John Crisp, der mit James Crisp verwandt war, rekrutierte in den 1750er und 1760er Jahren vertraglich gebundene Arbeitskräfte für die amerikanischen Kolonien und die karibischen Inseln.[50] Aber während James Crisp in den 1750er Jahren und Anfang der 1760er Jahre, als seine Firma, Crisp Brothers, noch florierte, gelegentlich mit Plantagenerzeugnissen handelte, hielt er sich offenbar vom Ankauf, Verkauf und erzwungenen Überseetransport von Menschen fern. Wie so vieles änderte sich das nach seinem Bankrott 1767.

Als James Crisp sich in der Hoffnung, seine Vermögensverhältnisse wieder zu verbessern, an den Kolonisierungsprojekten des Earl of Egmont in Ostflorida beteiligte, kam er auch in direkten Kontakt mit Zwangsarbeitern und deren Beschaffung. Von Anfang an hatte der britische Gouverneur von Ostflorida, James Grant, den Investoren in der neuen Kolonie erklärt, freiwillige weiße Einwanderer würden allein wohl kaum ausreichen, das Land zu kultivieren und rentabel zu machen, und es sei unerlässlich, wie im benachbarten Georgia unfreie schwarze und vielleicht eingeborene amerikanische Arbeitskräfte einzusetzen. Als James Crisp und die anderen »Abenteurer« des Konsortiums sich dem Ostfloridaprojekt anschlossen, vertrat auch der Earl of Egmont diese Ansicht. Er war darauf bedacht, billige weiße Arbeitskräfte und Siedler aus dem Mittelmeerraum zu rekrutieren, drängte aber jedes Konsortiumsmitglied, zusätzlich im ersten Jahr ihrer Investition zehn schwarze Sklaven für das ihnen zugeteilte Land zu beschaffen, zehn im zweiten Jahr und weitere 20 in den folgenden sechs Jahren.[51] Möglicherweise war Crisp als Geschäftspartner für Egmont gerade interessant, weil er breit gestreute Kontakte in den Mittelmeerraum besaß und seine Familie seit langem Verbindungen in die Karibik und zum Sklavenhandel unterhielt. Ein weiteres Mitglied im Mittelschichtkonsortium der »Abenteurer«, das Egmonts Ostfloridapläne betrieb, war James Anderson, ein Neffe des ungeheuer wohlhabenden schottischen Kaufmanns Richard Oswald, dem mit Abstand die meisten Anteile an Bance Island gehörten.[52]

Von Richard Oswald ist bekannt, dass er von dort in den 1760er Jahren Sklavenfamilien auf seine eigenen Plantagen in Ostflorida schickte, und der Earl of Egmont gab nachweislich zwischen 1767 und 1770 über 3700 Pfund aus, um mehr als 95 schwarze Sklaven zu kaufen und nach Ostflorida zu bringen. Wie viele afrikanische Sklaven James Crisp selbst über seine geschäftlichen Kontakte in London, in der Karibik und in der Schifffahrt organisierte und letztlich in Ostflorida besaß, ist nicht bekannt, aber es dürften sicher einige gewesen sein. Im Dezember 1768, als er immer noch auf ein Wunder wartete, das seine geschäftliche Lage in letzter Minute retten würde, übertrug er seine Ländereien von Upper und Lower Crisp in Ostflorida für ein Jahr zurück an Egmont. Die entsprechenden Dokumente führten den Grund mitsamt aller »Negerhäuser« und »Neger und anderer Sklaven beiderlei Geschlechts« auf.[53] Die vielen bedeutenden Persönlichkeiten aus der Karibik und dem Sklavenhandel, die auf Elizabeth Marshs Subskriptionsliste auftauchten, waren also ein Beleg dafür, dass James Crisp nach seinem Bankrott die alten Verbindungen seiner Familie nach Westafrika und zum Sklavenhandel wieder aufgefrischt hatte.

Und Elizabeth Marsh? Wie die meisten Menschen ihrer Zeit auf allen Kontinenten fand sie die Existenz der Sklaverei selbstverständlich; und das mit mehr Grund als die meisten, da sie dieses Phänomen in unterschiedlichen Umgebungen und Ausprägungen kannte. Von ihren Eltern hatte sie Geschichten über die Maronaufstände auf Jamaika gehört, die 1735 dazu geführt hatten, dass sie die Insel verlassen hatten und Elizabeth in England geboren wurde. Auf ihren Seereisen an Bord von Schiffen der Royal Navy muss sie freien schwarzen Seeleuten und vermutlich auch schwarzen Sklaven begegnet sein. In Marokko war sie selbst nur knapp der Versklavung entgangen und hatte schwarze und weiße Sklaven als Hausdiener und Soldaten gesehen und mit ihnen gesprochen. In den 1770er Jahren sollte sie in Dhaka, das damals zu Bengalen gehörte, Nutznießerin eines Systems werden, in dem arme Menschen manchmal aus Notwendigkeit zu Sklaven der Reicheren wurden, ein System, das schon vor Ankunft der Briten existiert hatte. Über ihre Einstellung zum Transatlantikhandel mit Sklaven ist jedoch nichts bekannt. Anfang des 19. Jahrhunderts war die Familie Marsh durch Heirat und Freundschaft mit einigen führenden Abolitionistenfamilien verbunden wie den Roscoes aus Liverpool; und zumindest George Marsh sammelte offenbar Material über den Sklavenhandel und setzte sich in den 1780er Jahren engagiert dafür ein, armen Schwarzen in London zu helfen.[54] Es ist also durchaus möglich, dass Elizabeth Marsh wie andere in Großbritannien in den 1760er Jahren anfängliche Skrupel wegen des Sklavenhandels empfand, auch wenn sie gezwungen war, Hilfe von Personen zu erbitten und anzunehmen, die entscheidend daran beteiligt waren.

Es gibt noch eine weitere Möglichkeit, die hier nur am Rande gestreift werden kann. Falls ihre Mutter tatsächlich eine Mulattin, eine ehemalige Sklavin oder die Nachfahrin von

Sklaven war, die in Westafrika gefangen und nach Jamaika verschleppt wurden, mag Elizabeth Marsh auf die Tatsache, dass ihr Mann sich im Sklavenhandel engagierte, um die Familie vor dem Ruin zu bewahren, zwiespältig und konfus reagiert haben. In *The Female Captive* schrieb sie unzutreffend, aber pointiert, wer mit Marokko »nicht vertraut« sei, fände es merkwürdig, dass »Mohammedaner« ihre christlichen Sklaven »so heilig halten wie die Gräber ihrer Heiligen vor schlechter Behandlung durch jeden bis auf ihren Herrn, den Fürsten«.[55] Sie dürfte gewusst haben, dass dies für die Behandlung nichtchristlicher Sklaven, die aus Westafrika verschifft wurden, nicht galt. Die Ambivalenz und gelegentliche Grausamkeit, die sie in ihrem Buch gegenüber ihrem Mann an den Tag legte und die sich später noch schärfer ausprägte, mag sich durch diese Spannungen durchaus verschärft haben, also durch ihr Wissen, dass James Crisp in den Sklavenhandel verwickelt war, auch wenn sie in ihrem Buch noch so ausdrücklich betonte, dass er »ein Ehrenmann und *Christ*« war. Dass eine verheiratete Frau anonym ein Buch veröffentlichte, war möglicherweise nicht nur ein Akt der Bescheidenheit und des Takts, sondern eine Unabhängigkeitserklärung. Elizabeth Marshs Buch stammte ausdrücklich und ausschließlich von »ihr selbst«. Sie entschloss sich, aus welchen Gründen auch immer, darin nicht als Mrs. Crisp in Erscheinung zu treten.[56]

☙❧

Dennoch verließ sie im August 1770, einen Monat vor ihrem 35. Geburtstag, England mit ihrer Tochter Elizabeth Maria und reiste zu James Crisp nach Madras. Einige Jahre zuvor hatte der Schriftsteller Lawrence Sterne über eine andere Frau, die auf den indischen Subkontinent zu ihrem gescheiterten Mann reiste, geschrieben: »Ich glaube …, dass die Natur auf den Kopf gestellt ist – denn heutzutage nehmen die Frauen, die ihre Ehemänner besuchen wollen, aus böser Absicht größere

Gefahren auf sich und unternehmen längere Reisen, um ihnen diese Höflichkeit zu bezeigen – als wenn sie eine gute Absicht treibt ... und wie weit musst Du erst reisen, um Deinen Lebensgefährten zu sehen – und unter solchen Gefahren für Dein Leben«.[57] In Wirklichkeit hatten verheiratete Frauen, wie Sterne durchaus wusste, in dieser Lage nur eine äußerst eingeschränkte Wahl, besonders, wenn sie nicht wohlhabend waren. Elizabeth Marsh hätte bei ihren Eltern in deren großer Dienstwohnung in Chatham bleiben können. Damit hätte sie aber jede Aussicht zunichte gemacht, ihrem Mann wieder näher zu kommen, und hätte sich in eine rechtlich unklare Lage begeben. Und obwohl sie sehr an ihrer Herkunftsfamilie hing, verspürte sie, nach ihrem Verhalten zu urteilen, doch immer wieder den starken Wunsch, von ihr fort zu kommen. Diese Rastlosigkeit, Reste von Zuneigung zu Crisp und der Wunsch, dass ihre Kinder bei ihrem Vater aufwachsen sollten, bestimmten offenbar ihren Entschluss, sich auf die Reise zu machen. Sir William Musgrave notierte als offiziellen Grund für ihre Abreise: »nach dem Erfolg ihres Mannes in Indien fuhr sie zu ihm dorthin«, was aber keineswegs den Tatsachen entsprach.[58] In diesem Stadium konnten weder James Crisp noch Elizabeth Marsh zuversichtlich damit rechnen, es auf dem indischen Subkontinent zu Wohlstand zu bringen. Sie brach nach Indien auf, weil es ihr als das Richtige und einzig Mögliche erschien und weil sie sich unterwegs am meisten zu Hause fühlte.

Die Direktion der East India Company in London bewilligte im Juni 1770 ihren Antrag, »sich zu ihrem Mann zu begeben, der in Bengalen im Militärdienst der Gesellschaft steht, [und] ihre Tochter Elizabeth mitzunehmen«. In Anbetracht ihrer Mittellosigkeit erließ die Direktion ihr die »Zahlung der üblichen Summe für die Genehmigung«.[59] Zu dieser Zeit waren keine Schiffe der East India Company verfügbar, da sie in der Regel nur im Herbst und Frühjahr von England ausliefen. So entschied sie sich, mit der *Dolphin* zu fahren, einer extrem schnellen dreimastigen Schaluppe der Royal Navy, die 1751 gebaut wurde und mit 32 Geschützen bestückt werden konnte. Milbourne und George Marsh dürften gewusst haben, dass sie eines der ersten Kriegsschiffe mit kupferummanteltem Rumpf war; dieser Mantel bot einen wirksamen Schutz gegen Algen und Ringelwürmer, die sich an hölzernen Schiffsrümpfen ansiedelten und sie verlangsamten. Da man den Kupfermantel 1770 erneuert hatte, waren Plätze auf der *Dolphin* sehr begehrt, zumal sie zu einer Zeit segelte, in der keine anderen Schiffe nach Indien ausliefen, und sie die Aussicht bot, die Reise in erheblich kürzerer Zeit zurückzulegen als den üblichen sechs bis sieben Monaten. In jenem Sommer beklagte sich der Kommandant, Digby Dent, wenn er auch nur »ein Drittel« der Zivilisten aufnehmen sollte, die vehement um eine Passage nachgesucht hätten, »müsste er ein Schiff erster Klasse statt einer Schaluppe kommandieren«. Wie die Dinge lagen, wies Dent die meisten Zivilisten ab, die um eine Koje gebeten hatten, weil »kein einziger Zoll unbesetzt war«.[60] Er erklärte sich jedoch selbstverständlich bereit, Elizabeth Marsh und ihre Tochter mitzunehmen. Denn sowohl ihr Onkel als auch ihr Vater spielten mittlerweile eine wichtige Rolle im Verpflegungsamt der Marine und waren somit in der Lage, sich bei Captain Dent für einen Gefallen zu revanchieren. Außerdem kannte Dent Milbourne Marsh aus Gibraltar, sein Vater hatte mit ihm auf Jamaika gedient und der Kapitän der *Dolphin* war ein gewisser Joseph Milbourne, einer von Elizabeths zahlreichen entfernten Cousins auf See.[61] Dies ist ein typisches Beispiel, wie die vielfältigen Beziehungen ihrer Familie zur Marine ihr Seereisen erleichterten.

Die Entscheidung eines Einzelnen auszuwandern ist, wie John Berger schreibt, oft »von historischen Zwängen durchdrungen, die weder ihm noch jemandem in seinem Umfeld bewusst sind«, und das gilt in einem gewissen Maße auch für Elizabeth Marsh.[62] Sie hatte ihre eigenen Gründe, zu diesem

Zeitpunkt abzureisen, aber sie war zugleich Teil »einer Welt in Bewegung«, wie man die beträchtliche Zunahme der Menschen genannt hat, die nach dem Siebenjährigen Krieg in weit entfernte Überseegebiete auswanderten. Die meisten Wanderungsbewegungen über große Entfernungen betrafen nach 1763 wie schon vor dem Krieg Afrikaner, die in die Sklaverei verschleppt wurden. Über 70 Prozent der Sklaven, die beispielsweise Frankreich im gesamten 18. Jahrhundert über den Atlantik verschiffte, wurden in den drei Jahrzehnten nach 1762 zu dieser Passage gezwungen. Auch Ausmaß und Reichweite der Auswanderung Weißer nahmen in dieser Zeit erheblich zu. Zwischen 1760 und 1775 zogen gut 125000 Menschen aus Großbritannien und Irland in verschiedene Gebiete Nordamerikas, ermuntert – wie die Crisps in bezug auf Ostflorida – durch die Tatsache, dass dort so viel neu erobertes Land verfügbar war. Gleichzeitig suchten die europäischen Mächte, die im Siebenjährigen Krieg Territorien verloren hatten, nun zum Ausgleich neue außereuropäische Gebiete und Migranten, um sie zu besiedeln. Zwischen 1763 und 1765 machten sich über 13000 Männer, Frauen und Kinder aus Frankreich und den deutschen Staaten auf nach »Kourou«, einer neuen Siedlung in Guyana, die nach Prinzipien der Aufklärung organisiert war. Das verhinderte allerdings nicht, dass die meisten von ihnen sehr bald an Hunger und Krankheiten starben.[63]

Die Überseemigration auf den indischen Subkontinent nach dem Siebenjährigen Krieg wird nur selten zusammen mit diesen anderen Fernwanderbewegungen Schwarzer und Weißer betrachtet, teils weil sie zahlenmäßig weitaus geringer war. Briten, die nicht Staatsbeamte oder Angestellte der East India Company waren, durften zumindest theoretisch nicht ohne Genehmigung nach Indien reisen. Deshalb und wegen der damit verbundenen Gefahren und großen Entfernungen blieb die männliche britische Bevölkerung auf dem Subkontinent recht spärlich und die Gesamtzahl der »weißen« Frauen verschwindend gering. Als Elizabeth Marsh und ihre Tochter 1771 in Madras eintrafen, hatten dort nur 85 Frauen und Kinder, die als europäisch eingestuft waren, ihren registrierten Wohnsitz.[64] Dennoch gab es Parallelen zwischen Briten, die nach 1763 nach Osten auswanderten, und solchen, die nach Westen zogen, wie der Werdegang der Crisps erkennen lässt, die zunächst Ost-florida favorisierten, dann aber nach Indien gingen. Auch ihre Zahl nahm nach dem Siebenjährigen Krieg zu. Vor 1756 gab es auf dem indischen Subkontinent wahrscheinlich zu keiner Zeit mehr als jeweils tausend nominelle Briten. Dagegen weiß man allein von 6500 Männern, die aus England, Wales, Schottland, Irland, der Karibik oder vom nordamerikanischen Festland stammten und in den zehn Jahren nach 1762 aus Großbritannien nach Indien auswanderten, die reale Zahl muss aber höher gewesen sein. Die britischen Auswanderer nach Indien stammten – wie die nach Amerika – überproportional aus den Städten und waren überwiegend jung und männlich. Die meisten waren entweder wie Elizabeth Marsh in bescheidene Verhältnisse hineingeboren oder hatten wie James Crisp als Erwachsene eine wirtschaftliche Krise hinter sich. Und ob sie nun nach Nordamerika oder nach Indien gingen, die meisten ließen sich »von ihrem eigenen Ehrgeiz … verleiten« und handelten nicht aus reiner Verzweiflung.[65] Elizabeth Marsh ging nicht mit der klaren Erwartung an Bord der *Dolphin*, dass sie, ihr Mann und ihre Kinder bald wohlhabend nach Großbritannien zurückkehren würden. Einige Gläubiger James Crisps versuchten nach wie vor, ihre Forderungen einzutreiben, daher war es für ihn das einzig Sichere, in Übersee zu bleiben. Das hieß jedoch nicht, dass sie – oder er – ohne Zukunftshoffnungen oder -pläne auswanderten.

Noch in anderer Hinsicht besaß ihre erste Reise nach Indien eine umfassendere Bedeutung, über die Elizabeth Marsh sich teils im Klaren war. Die *Dolphin* war, wie Elizabeth durchaus gewusst haben dürfte, das einzige Schiff, das die Welt zwei

Mal umsegelt hatte. Von Juli 1764 bis Mai 1766 war sie unter dem Kommando von Commodore the Honorable John Byron in 20 Monaten in den Pazifik und wieder zurück gesegelt und hatte dabei nur sieben Männer verloren, war somit also schneller und mit geringeren Verlusten an Menschenleben gereist als James Cook auf seinen drei Pazifikfahrten. Auf seiner Weltumseglung hatte Byron britische Ansprüche auf die Falklandinseln erhoben, eine Neuerwerbung, die der damalige Erste Seelord, der Earl of Egmont, als Schlüssel zum »gesamten Pazifik ... den Häfen und dem Handel mit Chile, Peru, Panama [und] Acapulco« sah. Von 1766 bis 1768 war Captain Samuel Wallis erneut mit der *Dolphin* in den Pazifik gesegelt mit dem Auftrag, dieses Mal »einen ausgedehnten, bisher unerforschten und unentdeckten Kontinent zwischen Magellanstraße und Neuseeland« zu finden.[66] Wallis entdeckte tatsächlich Tahiti und 14 weitere Inseln, aber nicht den großen Südkontinent. Elizabeth Marsh wusste viel über die Forschungsfahrten der *Dolphin*, da ihr Onkel George Marsh im Rahmen seiner Arbeit für Egmont und die Admiralität an deren Planung beteiligt war. Später berichtete George Marsh: »Als Admiral Byron die Reise um die Welt antrat, fragte er mich ..., ob ich ihm einen Herrn empfehlen könnte, der ihn als Sekretär begleiten sollte.« Selbstverständlich fand Elizabeth Marshs Onkel auf Anhieb »eine äußerst geeignete Person«, die Byron begleiten und einen Bericht über seine Weltumsegelung erstellen konnte, und »empfahl ihn entsprechend.«[67]

Die Fahrt der *Dolphin* zum indischen Subkontinent 1770 hing wie diese früheren, ehrgeizigeren Reisen mit einem zunehmend selbstbewussten Weltmachtanspruch der Herrschenden im britischen Staat zusammen. James Crisp und Elizabeth Marsh hatten in den 1750er und 1760er Jahren in London nur wenige Straßen vom East India House und vom Parlament entfernt gewohnt und die Tageszeitungen der Hauptstadt zur Verfügung gehabt; somit hatten sie sich bestens über die rasch wachsende Rolle der East India Company auf dem Laufenden halten können. Das Ehepaar war in London, als die Nachricht von der Schlacht von Plassey 1757 und vom Sieg der Ostindischen Kompanie über den Nawab von Bengalen, Siraj-ud-Dawlah, eintraf. Sie waren auch in London, als der Mogul 1765 der Kompanie in den nordindischen Provinzen Bengalen, Bihar und Orissa das *diwani* einräumen musste, also das Recht, Steuern zu erheben. Und 1767 erlebten sie dort die erste umfassende Untersuchung mit, die das Parlament über die Geschäfte der East India Company auf dem Subkontinent durchführte. Diese Untersuchung und eine Fülle von Pamphleten und Büchern, die damals erschienen, enthüllten Korruption, Gewalt und Inkompetenz und vertieften die Überzeugung, dass die Geschäfte der East India Company mittlerweile »zu groß für eine Verwaltung durch ein Kaufmannsgremium« waren. Zunehmend wurde die Ansicht laut, der britische Staat müsse aus kommerziellen, fiskalischen, humanitären und imperialen Gründen eine stärkere Kontrolle über die Ostindische Kompanie und über die Sektoren ausüben, die sie auf dem Subkontinent zu beherrschen versuchte.[68] Im Rahmen einer ganzen Reihe staatlicher Maßnahmen, die genau dies bewirken sollten, erfolgte auch die Indienfahrt der *Dolphin*, die bereits im Ruf stand, die Reichweite der britischen Macht auszudehnen.

Das Schiff hatte außer Elizabeth Marsh und ihrer Tochter sowie einer internationalen Besatzung von 150 Mann auch noch zwei Mal das Ordensabzeichen am Band des Order of the Bath an Bord. Sie waren für Sir John Lindsey, einen schottischen Marineoffizier, und für den erfahrenen irischen Militär, General Eyre Coote, bestimmt, die man nach Bengalen und Madras beordert hatte, um das dortige Auftreten der East India Company zu beaufsichtigen und Bericht darüber zu erstatten. Der Order of the Bath, den der britische König nach eigenem Ermessen verlieh, wurde Lindsey und Coote 1770 überbracht, um ihre Rolle und Autorität als Agenten der Krone zu unterstreichen. Als ein leitender Angestellter der East India Company Ende Februar 1771 von der Ankunft der *Dolphin* in Madras erfuhr, schrieb er: »Wir fürchten das Schlimmste …, dass die [britische] Regierung im Begriff steht, sich in die Führung der Geschäfte in Indien durch die Kompanie einzumischen.«[69]

Die ominöse imperiale und globale Bedeutung des Schiffes hatte sogar Auswirkungen auf Elizabeth und ihre Tochter in ihrer feuchten, engen Kabine. Sie und die Besatzung der *Dolphin* blieben in den Anfangsstadien der Fahrt erstaunlich gesund, aber das Schiff wurde »in dem Wetter, in das wir gerieten, sehr strapaziert« und musste im Oktober 1770 von der geplanten Route abweichen und vor Rio de Janeiro vor Anker gehen, das damals zum portugiesischen Reich gehörte. Captain Dent hoffte, dort »das Schiff kalfatern zu lassen« und seinen Proviant um Zucker, Kaffee, Rum, Tabak, Zitronen und preiswertes Gemüse aufzustocken, Erzeugnisse, für die Brasiliens neue Hauptstadt berühmt war. Dieser Plan und Elizabeth Marshs Vorhaben, sich einige Tage lang die Stadt anzusehen, durchkreuzte Rios Vizekönig, als er der *Dolphin* »jede Unterstützung« verweigerte und sie zwang, umgehend weiter zu segeln. Die *Dolphin* war ein allzu offenkundiges Symbol transozeanischer Ambitionen, und die portugiesischen Behörden fürchteten, dass die Briten in ihre südamerikanischen Kolonialgebiete eindringen könnten.[70]

Da die *Dolphin* nach dem schlechten Wetter, in das sie geraten war, die nötige Instandsetzung und Aufstockung ihrer Vorräte nicht hatte vornehmen können, wurden Material und Borddisziplin während der 29-tägigen Fahrt über den Südatlantik zum Kap der Guten Hoffnung arg strapaziert. Ein Seemann starb, ein weiterer ging über Bord, und Elizabeth stritt sich mit dem Schiffsarzt, einem Mr. Davis, weil er sich »äußerst respektlos gegen die junge Dame und mich verhielt«. Wenn jemand sie herablassend oder unhöflich behandelte, war sie sehr schnell gekränkt. Als die *Dolphin* am 18. November endlich am Kap Land sichtete, herrschte in der Besatzung eine so explosive Mischung aus Euphorie, Unterernährung und lang unterdrückter Wut, dass fünf Seeleute und zwei Marineinfanteristen, die sich den Schiffsoffizieren widersetzt hatten, ausgepeitscht wurden. Elizabeth, die keine Angst vor rauem Wetter auf See hatte, kärgliche Verpflegung gewohnt war und schon öfter erlebt hatte, dass Seeleute ausgepeitscht wurden, empfand diese letzte Phase der Fahrt als erfrischend und sogar erholsam. Das Schiff lag vier Wochen vor dem Kap der Guten Hoffnung auf Reede, und sie konnte die Siedlung besuchen und ihren niederländischen Gouverneur kennen lernen, der zu einem feierlichen Besuch an Bord kam. Am 18. Dezember setzte die *Dolphin* erneut die Segel, sichtete, da sie sehr schnell war, am 17. Februar 1771 die Küste Ceylons und erreichte drei Tage später Madras.[71] Als Elizabeth Marsh den vertrauten Marinebereich und ihr selbst erwähltes Medium, das Meer, verließ, begannen für sie die eigentlichen Herausforderungen und Offenbarungen.

◦∺◦

James Crisp – und damit indirekt auch Elizabeth Marsh – hatte in einer Hinsicht einen klaren Vorteil, als er dieses neue Terrain betrat und diese neue Lebensphase begann. Die geschäftlichen Verbindungen der Familie Crisp mit Süd- und Südostasien reichten zurück bis Anfang des 17. Jahrhunderts, als Sir Nicholas Crisp in die East India Company investiert hatte. Anfang des 18. Jahrhunderts kauften verschiedene Mitglieder des ausgedehnten Crisp-Clans regelmäßig bei den Londoner Auktionen der Ostindischen Kompanie Waren aus Asien; und mittlerweile waren Crisps auch in Teilen des indischen Subkontinents tätig. So arbeitete ein Phesaunt Crisp in den 1740er Jahren als Kaufmann in Bombay.[72] James Crisp besaß aber nicht nur geschäftliche und familiäre Kontakte nach

Indien. In seiner Kindheit hatte er »Eyre Coote als Spiel-
kameraden« gekannt, und 1753 hatten die beiden Männer ihre
Freundschaft auf Menorca aufgefrischt, als Coote »dort Unter-
offizier und er [Crisp] Kapitän des Postschiffs« war. James
Crisps Fähigkeit, Eyre Coote auf sich aufmerksam zu machen
und eine Freundschaft mit ihm zu pflegen, obwohl dieser als
schwierig und arrogant verschrien war, zeugt ebenso wie seine
Verbindung zum Earl of Egmont von seinem Charme und seinem Talent, andere zu beeindrucken. Möglicherweise deutet
es auch auf irische Verbindungen in seiner näheren Verwandtschaft hin, denn die Percevals, Earls of Egmont, stammten aus
dem County Cork und Eyre Coote aus Limerick. Mittlerweile
war Coote ein äußerst einflussreicher Freund. An der Schlacht
von Plassey hatte er als stellvertretender Kommandeur unter
Robert Clive teilgenommen und danach bedeutende Siege über
die französisch geführten Armeen in Wandiwash (Vandavasi)
und Pondicherry in Südindien errungen.[73]

Nach seinem Bankrott hatte James Crisp wieder Kontakt zu
Eyre Coote aufgenommen, der sich damals gerade in London
befand. Vielleicht hatte Cootes Unterstützung Crisp zu der
Genehmigung der East India Company verholfen, auf den indischen Subkontinent zu reisen und sich dort als Privatperson
niederzulassen und »in der Seefahrt« Handel zu treiben – eine
Erlaubnis, die keineswegs einfach zu bekommen war.[74] Coote
und seine Frau bestellten 1769 auch großzügig auf Subskriptionsbasis *The Female Captive*. Im selben Jahr kehrte Coote als
Oberkommandierender der Streitkräfte der East India Company in Madras zurück nach Indien. Unmittelbar nach seiner
eigenen Auswanderung besaß James Crisp also einen überaus
einflussreichen Förderer auf dem Subkontinent, der ihn nachweislich führenden Mitarbeitern der Ostindischen Kompanie
empfahl und mit nützlichen Handelspartnern bekannt machte.
Schon vor seiner Abreise hatte Crisp vor, in Asien private
Handelsgeschäfte zu betreiben und sich dabei auf die Waren

zu konzentrieren, mit denen er sich am besten auskannte, Textilien, Salz und Edelsteine. »Meine Leiden kommen, Gott sei Dank, anscheinend zu einem glücklichen Ende«, schrieb er im November 1768 einem Freund; er bereite sich »auf diese Reise tatsächlich voller Hoffnung vor, dass ich (so Gott will) in einigen Jahren imstande sein werde … für meine Familie zu sorgen«. Nach seiner Ankunft brauchte er eine Weile, um die nötigen Netzwerke aufzubauen und einheimische Hilfskräfte zu beschaffen, und in der Zwischenzeit verhalf Coote ihm zu einem Kadettenposten (dem niedrigsten Offiziersrang) in der Armee der East India Company, der ihm ein festes Einkommen und eine gewisse Stellung sicherte.[75]

Auch das war eine große Gefälligkeit, denn einen Kadettenposten musste man normalerweise teuer erkaufen, aber James Crisp war dort alles andere als in seinem Element. Als eingefleischter Kaufmann musste er sich nun mit Mitte bis Ende 30 an Uniform und militärische Disziplin gewöhnen. Anfangs lebten er und seine gerade eingetroffene, noch unter Kulturschock stehende und ihm halb entfremdete Frau und Tochter in finanziell angespannten Verhältnissen. Eyre Coote hatte dafür gesorgt, dass Crisp einen Kadettenposten in Bengalen bekam, wo Offiziere vielfältige Möglichkeiten hatten, privaten Handel zu treiben. Versehentlich schickte die East India Company ihn jedoch nach Madras, wo das Risiko, aktiven Militärdienst leisten zu müssen, größer, die kommerziellen Aussichten geringer und der Sold der unteren Offiziersränge »zu lächerlich war, um sich das Nötigste zum Leben leisten zu können«. Berichten zufolge lebten 1771 manche Kadetten der Ostindischen Kompanie von fünf Pagoda (weniger als zwei Pfund) im Monat und mussten »wohl sehr große Not leiden, wenn sie keine Unterstützung … [oder] Vorschüsse aus der Kasse der Kompanie erhielten«.[76]

Vom Ausmaß der Schwierigkeiten, mit denen das Paar in dieser Zeit zu kämpfen hatte, zeugt die Tatsache, dass sie ihre beiden Kinder abgeben mussten. Elizabeth Maria, die 1771 sieben Jahre alt war, schickten sie schon bald allein nach England zurück in der Hoffnung, dass sie in Chatham in der Obhut Milbourne Marshs und seiner Frau »gut erzogen und gebildet« werde. Burrish Crisp, den sie zurückgelassen hatten, holten sie dagegen zu sich nach Madras. Milbourne zahlte dem Kapitän eines Ostindienfahrers über 80 Pfund für die Ostpassage des Jungen, und als der Obermaat sich mit dem Geld aus dem Staub machte, zahlte er weitere 50 Pfund. Dem Schiffssteward machte er sogar Geschenke in einem kläglichen Versuch, dem Neunjährigen auf der halbjährigen Fahrt nach Indien eine freundliche Behandlung zu sichern. Tatsächlich wurde Burrish, »ein mannhafter, schöner Junge«, aber offenbar auf der Fahrt vernachlässigt und misshandelt. Als das Schiff 1772 in Madras vor Anker ging, fanden seine Eltern ihn »fast verhungert und völlig verdreckt« im Laderaum. Aber auch ihn konnten sie nicht lange bei sich behalten:

> Innerhalb eines Jahres nach seiner Ankunft war ein persischer Kaufmann, der mit seinem Vater zu tun hatte, von dem Jungen so angetan, dass er bat, ihn nach Persien mitnehmen zu dürfen, damit er die Sprache lerne, die ihm nach seiner Rückkehr, wie er vertrat, verhelfen könne, sein Glück zu machen.

»Nach langem Überreden« gaben die Crisps Burrish diesem Kaufmann mit, von dem nicht bekannt ist, ob er Brite, Niederländer, Armenier, Bengali oder Perser war. Er nahm den Jungen »für längere Zeit« mit nach Persien, wo er abgesehen von allem, was ihm dort zugestoßen sein mag, tatsächlich Persisch lernte.[77] Mit zwölf Jahren sprach und schrieb er die Sprache fließend.

Diese Episode verdeutlicht die bedrängte Lage, in der die Crisps sich Anfang der 1770er Jahre befanden, und erklärt, weshalb Burrish Crisp einerseits persönlich unbeholfen und in sich gekehrt, andererseits intellektuell fasziniert von der Vielfalt asiatischer Kulturen und Sprachen aufwuchs. Damals kam es äußerst selten vor, dass Abendländer mit dem persischen Binnenland Bekanntschaft machten, wie Burrish es offenbar tat. Da das Land seit einer afghanischen Invasion 1720 unter politisch instabilen Verhältnissen litt, kamen die meisten europäischen Besucher kaum je über die Hafen- und Küstenstädte am Persischen Golf hinaus.[78] In so jungen Jahren zwei Mal in ein fremdes Land ziehen zu müssen, hinterließ bei Burrish aber anscheinend psychische, möglicherweise auch sexuelle Schäden.

Dass seine Eltern ihren Sohn zunächst nach Madras holten und ihn anschließend nur in Begleitung eines nahezu Fremden nach Persien schickten, zeugt jedoch von familiärem Ehrgeiz, politischem Scharfblick und dem Ausmaß ihrer Armut. Offenbar sahen sie sich schon damals nicht als Migranten, sondern dachten ernsthaft an eine Zukunft in Asien. Persisch war im Mogulreich die Sprache der Gelehrsamkeit, Politik, Justiz und Verwaltung und blieb bis in die 1830er Jahre offizielle Amtssprache der East India Company. Da die Ostindische Kompanie nun praktisch Bengalen beherrschte und ihre diplomatische und militärische Präsenz auf andere Teile des indischen Subkontinents ausdehnte, waren Kenntnisse in Persisch und anderen Landessprachen zunehmend von Vorteil, wenn man in ihrem Verwaltungs- und Handelsapparat Karriere machen wollte. Sir William Jones wies in seiner *Grammar of the Persian Language* (1771) ausdrücklich darauf hin, es sei wichtig für Briten, »die Sprachen Asiens mit außerordentlichem Fleiß zu studieren«, um »die Schranken unseres Wissens nicht minder auszudehnen als die Grenzen unseres Reiches«.[79] Burrish nach Persien zu schicken, war daher unter anderem eine Möglichkeit, ihrem einzigen Sohn die nötigen Voraussetzungen für eine zukünftige Karriere mitzugeben. Geld konnten seine Eltern ihm nicht geben. Eyre Cootes Gunst war vielleicht nicht von Dauer. Die einzige Hoffnung des Jungen auf eine gesicherte

Zukunft in Indien bestand in seinem eigenen Grips und der Möglichkeit, besondere Fähigkeiten zu bieten. Elizabeth Marshs Vater Milbourne Marsh, sein Vater George Marsh senior und James Crisp selbst hatten als kleine Kinder ihr Heim und ihre Eltern verlassen, weit reisen und lernen müssen, allein zu überleben. Solche einsamen, gefährlichen Lehrjahre waren häufig die einzige Berufsausbildung, die mittellosen Jungen offen stand. So gesehen stellten Burrish Crisps Fahrt allein nach Madras und seine anschließende persische Leidenszeit lediglich eine besonders harte, transkontinentale Variante eines durchaus üblichen Übergangsritus für junge Männer dar.

Was die Karriere anging, zahlte sich das enorme Wagnis aus, das die Crisps für das Leben ihres Sohnes eingingen. Im März 1774 teilten der Gouverneur von Bengalen, Warren Hastings, und sein Rat in Kalkutta den Direktoren der East India Company in London mit, sie seien »bislang äußerst zurückhaltend gewesen, Sie mit Empfehlungen zu behelligen«, fühlten sich aber verpflichtet, im Fall Burrish Crisps eine Ausnahme zu machen:

> Er ist ein Jüngling von etwa 15 Jahren [in Wahrheit war er 12] und entsprechend gebildet, von äußerst vielversprechendem Talent und hat bereits so bemerkenswerte Fortschritte im Erlernen der persischen, bengalischen und maurischen Sprache gemacht und ein solches Wissen über Handel und Sitten des Landes erworben, dass wir seine Anstellung bei der ehrenwerten Kompanie wahrhaft für einen Gewinn halten und uns erlauben, ihn zu empfehlen.

Als Anlage fügten sie dem Schreiben »eine Probe seiner [Burrishs] persischen Schrift« bei.[80] Dass man sich so für den Jungen einsetzte war vermutlich teils auf die bekannten Beziehungen seines Vaters zu Eyre Coote zurückzuführen. Teils spiegelte es es wider, dass sich die Lage der Crisps 1774 gebessert hatte. Im Zuge einer Kampagne, die Verwaltung der Kompanie fester zu verwurzeln und die Korruption zu verringern, schuf man in diesem Jahr in Bengalen sechs Provinzräte. Jeder bestand aus fünf leitenden Beamten der Kompanie, einem Sekretär, einem persischen Übersetzer, einem Buchprüfer und drei Assistenten; »die Finanzen, die interne Polizei und die zivile Gerichtsbarkeit unterstanden alle ihrer Kontrolle«, wie ein Freund James Crisps berichtete. »Eine Anstellung unter einem dieser Gremien galt als eine gewisse Beförderung«, schrieb er weiter. Und einen solchen Posten sicherte sich Crisp nun: als einer der Salzaufseher, die im Auftrag des Provinzrats von Dkaha halfen, das Monopol der Kompanie auf den dortigen Salzhandel zu verwalten. Diese Beförderung brachte ihn wieder in die zivile Sphäre, in die er gehörte, und trug ihm statt des ärmlichen Solds in Madras ein Jahresgehalt von 450 Pfund nach Ermessen der Kompanie ein.[81] Zudem brachte sie ihn und Elizabeth Marsh wieder mit einem der Hauptzentren der zunehmend globalen Wirtschaft in Berührung.

Dhaka liegt am Nordufer eines Nebenflusses des Ganges, unweit des Meghna, der wiederum in den mächtigen Brahmaputra fließt.[82] Jeden Sommer überschwemmt der Monsun Teile des Umlandes; als die Crisps dort lebten, stieg der Wasserstand von Mai bis August regelmäßig um bis zu vier Meter. In einem Umkreis von hundert Kilometern um Dkaha verwandelten sich Städte und Dörfer eine Zeitlang in »viele kleine Inseln«, die nur mit dem Boot zu erreichen waren. Die Allgegenwart des Wassers war eine Grundlage der florierenden Salzproduktion. Die Flüsse der Region flossen in den Golf von Bengalen und vermischten sich mit dessen Salzwasser. In jedem Frühjahr sammelte man das Meerwasser in Salzgärten mit Lehmboden. Aus der entstehenden Sole gewann man anschließend Salz, indem man sie in irdenen Sudpfannen kochte; als Brennstoff diente Holz aus den dichten heimischen Wäldern. Das allgegenwärtige Wasser sorgte auch für fruchtbaren Boden und üppige Vegetation.[83] Die gut sechs Kilometer lange Stadtfläche von Dhaka und ihr Umland produzierten in großer Menge hochwertigen Reis, und die Kaufleute der Stadt exportierten Betelblätter und -nüsse, Zucker, Kreuzkümmel, Fisch und Holzmöbel. Praktisch jeder wohlhabende Einwohner besaß einen Garten und nutzte das günstige Klima, um neben Zierpflanzen Obst und Gemüse anzubauen. Trotz ihrer natürlichen Schönheit, ihrer »Brücken, verfallenen Torbauten und Säulen von teils nicht unansehnlicher Architektur« konnte Dhaka auf Neuankömmlinge und uneingeweihte Westeuropäer den Eindruck einer Stadt im Niedergang machen. In einer wichtigen Hinsicht war sie jedoch »eine der reichsten der Welt«, wie scharfsichtigere Europäer erkannten.[84]

Der Grund hierfür war Baumwolle, ein weiteres Produkt des allgegenwärtigen Wassers. Ein Beamter der East India Company schrieb später, die überlegene Qualität der Baumwolle, die in der Umgebung Dhakas angebaut wurde, ließe sich zurückführen auf

> die Nähe zum Meer, dessen Wasser sich bei Flut mit dem anderen Wasser des Meghna vermischt, der diesen Teil des Landes in drei Monaten des Jahres überflutet und im Abfließen Sand und Salzpartikel ablagert, die den Boden erheblich verbessern und fruchtbar machen.[85]

Baumwolle ist die einzige Naturfaser für Textilien, die nicht in Europa wächst, und sie besitzt den großen Vorteil, dass sich daraus Stoffe herstellen lassen, die für jedes Klima geeignet sind. In Gegenden mit sehr heißem Wetter lässt sich daraus die gesamte Garderobe fertigen. In kälteren Regionen ist sie ideal für Unterwäsche, weil sie leicht zu waschen und zu trocknen ist. Außerdem nimmt Baumwolle Farben gut an. Selbst zu Lebzeiten der Crisps, als es lediglich Pflanzenfarbstoffe gab, ließ sie sich in komplizierten Mustern und leuchtenden oder zarten Farbtönen färben und war dennoch farbecht. Und Baumwolle war billig, billiger als Wolle oder Leinen, die Standardgewebe, die in Großbritannien und Irland produziert wurden.

Über weite Teile des 17. und 18. Jahrhunderts bot Baumwolle, die auf dem indischen Subkontinent angebaut und verarbeitet wurde, neben diesen praktischen Vorzügen noch weitere Vorteile. Indien verfügte über ein umfangreiches Reservoir spezieller Fertigkeiten, die über Generationen hinweg weitergegeben wurden, und die Arbeitskosten waren äußerst gering. Das war von entscheidender Bedeutung, da Aussaat und Ernte der Baumwolle im Herbst beziehungsweise Frühjahr sowie Waschen, Spinnen, Weben und Sticken zahlreiche Arbeitskräfte erforderten.[86] Einer Schätzung zufolge arbeiteten von den etwa 450 000 Einwohnern, die in den 1770er Jahren in der Region Dhaka lebten, 147 000 in der Baumwollerzeugung und -verarbeitung. Es gab über 25 000 ausschließlich männliche Weber. Außerdem arbeiteten 30 000 Frauen als Baumwollspinnerinnen und -wäscherinnen. Weitere 5000 Frauen bestickten die luxuriösesten und teuersten Stoffe, vor allem Musselin, der angeblich so zart und fein war, dass eine Stoffbreite sich mühelos durch einen Frauenring ziehen ließ.[87]

Diese blühende heimische Wirtschaft beeinflusste James Crisps Sicht und Umgang mit seiner neuen Umgebung. Die meisten weißen Zivilisten, die neu auf den Subkontinent kamen, ließen sich in Kalkutta, Madras oder Bombay nieder, in Orten, in denen Europäer seit dem 17. Jahrhundert eine wichtige Rolle gespielt hatten und die sie daher im Grunde als ihre Schöpfungen ansehen konnten. Auch nach Dhaka waren seit Jahrhunderten Europäer gekommen, um Handel zu treiben, aber es war nach wie vor sichtlich eine Mogulstadt, die schon lange vor dem Staatsstreich der East India Company in Bengalen prachtvolle Gebäude, Wohlstand und internationale Bedeutung besessen hatte. Der Mogul-Vizekönig von Bengalen hatte Dhaka 1610 zu seiner Hauptstadt und Residenz gemacht, was nicht ohne Auswirkungen auf Größe und Baulichkeiten der Stadt geblieben war. Anfang des 18. Jahrhunderts hatte Dhaka seine politische Bedeutung verloren, aber Baumwolle und Kommerz hatten auch weiterhin armenische, arabische, persische, paschtunische, bengalische sowie diverse europäische – niederländische, französische, portugiesische und britische – Kaufleute angelockt. Als die Crisps 1774 in Dhaka eintrafen, gingen die meisten der dort und im übrigen Bengalen produzierten Textilien noch auf den heimischen Markt oder in andere Gegenden des indischen Subkontinents. Dennoch war indische Baumwolle bereits »die einzige Textilie, von der sich sagen lässt, dass sie integraler Bestandteil des globalen Handels war«.[88]

Asiatische Kaufleute hatten schon lange Baumwolltextilien nach West-, Zentral- und Südostasien sowie nach Ostafrika exportiert; traditionell war indische Baumwolle über Kairo auch in das Osmanische Reich vorgedrungen; und in zunehmendem Maße gelangte sie auch nach Europa und von dort auf andere Kontinente. Die East India Company hatte 1665 aus Bengalen 7000 Ballen Stoff nach Großbritannien ausgeführt. Als James Crisp nach Dhaka kam, wurden jährlich 650000 Ballen aus Bengalen nach London verschifft. Ein Teil dieser Stoffe ging anschließend weiter nach Nordamerika und in die Karibik. Indische Baumwolle wurde auch in das spanisch kontrollierte Manila und von dort weiter nach Lateinamerika verkauft. Im transatlantischen Sklavenhandel spielten indische Textilien ebenfalls eine wesentliche Rolle. Bei britischen Sklavenhändlern machten Textilien vom indischen Subkontinent offenbar mindestens ein Drittel der Waren aus, die sie im 18. Jahrhundert an der westafrikanischen Küste gegen Sklaven eintauschten, und ein Teil dieser Baumwollprodukte gelangte unweigerlich ins afrikanische Binnenland.[89]

Anfang des 19. Jahrhunderts waren die meisten, wenn auch nicht alle Europäer, die ins Land kamen, der Ansicht, Indien sei in allen erdenklichen Hinsichten in einer archaischen Vergangenheit verhaftet und bedürfe folglich der Förderung und Modernisierung von außen. Dagegen war James Crisp in der

Lage, Dhaka mit seiner umfangreichen, hochwertigen Baumwollindustrie beinah als traditionelle Stätte wirtschaftlicher Moderne zu sehen. Ein anderer Brite, der noch nicht lange in der Stadt war, schrieb 1776:

> Der Verbrauch ausländischer Güter durch die Einheimischen Bengalens ist äußerst unbeträchtlich … Aber die Erzeugnisse Bengalens sind in fast allen Teilen der Welt gefragt … [Wenn] Verkaufen das Wesensmerkmal des Kommerzes wäre, wäre Bengalen eine Handelsnation ersten Ranges.[90]

Mit einiger Zuversicht konnte James Crisp seine neue Umgebung in Dhaka tatsächlich gewissermaßen als Fortsetzung seiner früheren Existenz sehen und nicht als Bruch damit. Er war an internationale Städte gewöhnt, die transkontinentalen Handel trieben. Nach Barcelona, London, Hamburg, Livorno und den übrigen Orten befand er sich nun in einem weiteren dynamischen Handelszentrum, das nur zufällig auf dem indischen Subkontinent lag. In Europa hatte er unter anderem mit Salz gehandelt. In Dhaka handelte er nun wieder – allerdings ausschließlich – mit Salz. Aus seiner kaufmännischen Tätigkeit in Großbritannien und Spanien war er bereits mit indischen Textilien vertraut. Durch den Umzug nach Dhaka kam dieser Mann mit seinem ausgeprägten Unternehmergeist, der es gewohnt war, mit verschiedenen Kulturen und Sprachen umzugehen, in eines der größten Zentren der Textilindustrie. Und er erhielt täglichen Zugang zu einer Ware, nach der auf der ganzen Welt eine wachsende Nachfrage bestand. Durch Dhakas hochwertige Baumwolle sollte er sich denn auch wieder einen Namen machen und die Vermögensverhältnisse seiner Familie verbessern.

Sobald James Crisp sich in Dhaka niedergelassen hatte, »florierten seine Handelsgeschäfte sehr bald«, wie selbst George Marsh einräumen musste.[91] Wie schnell dies ging, zeigt eine Inventarliste von 1780 des Hauses, das er und Elizabeth Marsh mit Unterbrechungen bewohnten. Es war hilfreich, dass ein eleganter Lebensstil in Dhaka relativ billig war. Wie ein Besucher 1765 errechnete, stand der Unterschied in den Ausgaben, die ein europäischer Einwohner dort oder in Kalkutta aufwenden musste, im »selben Verhältnis wie der zwischen Land und Stadt in England«. In Kalkutta ein angemessen vornehmes Haus zu führen, konnte einen Kaufmann bis zu 1000 Pfund im Jahr kosten. Dagegen hatte das große Haus mit Garten, das die Crisps in Dhaka erwarben, einen geschätzten Preis von 9010 Rupien, was damals etwa 900 Pfund entsprach.[92] Da die Crisps weniger für ihre Unterkunft aufwenden mussten, konnten sie mehr Geld für Konsumgüter ausgeben. Die Inventarliste deutet darauf hin, dass sie eine Zeitlang einen aufwändigeren Lebensstil pflegten, als es die meisten Europäer auf dem Subkontinent konnten. Sie lässt zudem erkennen, dass das Ehepaar wie schon in London in Dingen schwelgte und sie als Mittel nutzte, um sich in einer neuen Umgebung neu zu definieren.

So konnte sich nicht einmal die Hälfte der wenigen europäischen Einwohner von Madras damals eine eigene Sänfte leisten. Aber die Crisps besaßen einen solchen Palankin mit »Bambustroddeln« und bezahlten vermutlich auch die dafür erforderlichen vier bis acht Träger. Das Ehepaar legte sich noch weitere Gegenstände und Statussymbole zu, die traditionell mit der Elite im Mogulreich assoziiert waren. Ein Fächer aus Pfauenfedern, ein *morchal*, war ein indopersisches Machtsymbol. Die Crisps besaßen davon gleich vier. Auch in ihrem Einrichtungsstil passten sie sich an ihre neue Umgebung an und richteten sich minimalistischer ein, als sie es aus Europa wahrscheinlich gewohnt waren. So gab es in ihrem Haus in Dhaka offenbar weder Vorhänge noch Teppiche, möglicherweise hatten sie aber Rattanmatten aus heimischer oder chinesischer Herstellung auf den Böden. Ihre Sofas, Betten und Stühle waren aus Schwarzholz, einem heimischen Hartholz, das die indischen Tischler viel verwendeten; ihre lackierten Kartentische und zwei Schränke mit »Japanlack« (bemalt und vergoldet) waren vermutlich Importe der East India Company aus Kanton. Selbst in seiner Garderobe machte James Crisp kulturübergreifende Anleihen. Bei förmlichen Zusammenkünften mit anderen Europäern trug er weiterhin seine Perücke (ebenso wie Elizabeth ihr dünner werdendes Haar weiter mit der Lockenschere bearbeitete), und er besaß vier Anzüge im europäischen Stil, allerdings aus brauner, schwarzer und blauer indischer Seide. Aber zu Hause und unterwegs auf Dhakas endlosen Wasserwegen trug er »Banjan«-Jacken und -Hemden, also lockere indische Baumwollkleidung, und besaß mindestens 25 »kurze Unterhosen« und 59 Paar Baumwollstrümpfe.[93] Die extreme Hitze und die Fülle einheimischer Dienstboten, die die Wäsche wuschen, bewirkten, dass er ebenso wie andere Europäer in Asien wesentlich sauberer war, als es auf seinem Heimatkontinent üblich war.

Die tiefere Bedeutung, die solchen kulturellen und materiellen Anleihen eindringender Briten in Indien zukommt, ist unter Historikern strittig. Manche sehen sie als Beleg, dass über weite Teile des 18. Jahrhunderts eine größere Bereitschaft als später herrschte, über Religions- und Rassenschranken hinweg Beziehungen und Verständigung unterschiedlicher Art zu pflegen. Für andere liegt auf der Hand, dass »die Übernahme indischer Sitten und der Gebrauch indischer Gegenstände sich nicht auf die Identität der Briten in Indien auswirkte« und dass der alltägliche Umgang mit der Andersartigkeit lediglich das Selbstbewusstsein der Eindringlinge stärkte.[94] Derart polarisierte Positionen zu beziehen ist jedoch nicht der beste Ansatz, um das komplexe Gefüge und die Unstimmigkeiten im Leben und der Mentalität einzelner Menschen früherer Zeiten zu entwirren. Elizabeth Marsh und ihr Mann waren aus Verzweiflung und eigennützigen Gründen nach Indien gegangen; sie waren angewiesen auf und verbunden mit – aber in entscheidender Hinsicht nicht völlig abhängig von – einer paramilitärischen Handelsgesellschaft, die die fiskalische, kommerzielle und rechtliche Hoheit in Bengalen an sich gerissen hatte. Ein Teil ihrer Geschichte muss sich damit befassen, inwieweit jeder von ihnen sich von alledem korrumpieren ließ. Es ist von vorneherein unwahrscheinlich, dass Elizabeth Marsh und James Crisp in ihrer ohnehin schon gemischten Identität von dieser erneuten erzwungenen Migration und den Erfahrungen eines völlig anderen Lebens in Dhaka unbeeindruckt blieben.

Zum einen waren Landschaft, Klima, Flora und Fauna, Gewohnheiten und Küche ungewohnt, zum anderen verlor das Ehepaar durch seine Migration nach Südasien und seinen Wohnort jeglichen förmlichen Kontakt zu seiner Religion, die für die meisten Menschen der damaligen Zeit die Grundlage ihrer Identität bildete. In London besuchten die Crisps offenbar regelmäßig die Gottesdienste der anglikanischen Kirche und hatten ihre beiden Kinder selbstverständlich taufen lassen. Aber in Dhaka gab es keinerlei protestantische Kirche, die eine Alternative zu den über 230 Moscheen und 52 hinduistischen Tempeln der Region geboten hätte. Die Crisps hatten in ihrem Haus in Dhaka zwar eine Bibel, aber ihre Position auf der Inventarliste scheint beredtes Zeugnis abzulegen, welchen Stellenwert die Religion – jegliche Religion – nun im Leben des Paares spielte. »Eine Bibel und zwölf Kartenspiele«, schrieb der Ersteller der Inventarliste.[95] In *The Female Captive* hatte Elizabeth Marsh regelmäßig auf Gott verwiesen. Nach ihrer Ankunft auf dem indischen Subkontinent schrieb sie nicht mehr über Gott. Ohnehin hatten die Crisps unweigerlich nur noch äußerst begrenzte Gelegenheit, sich in ihrer Muttersprache oder einer anderen europäischen Sprache mit den Menschen ihrer Umgebung zu verständigen. Laut einer »Liste der Europäer in dieser Provinz«, erstellt 1778 von der East India Company, lebten in diesem Jahr in Dhaka nur 48 männliche Weiße, einschließlich James Crisp und mittlerweile auch Burrish Crisp. 30 dieser Männer standen als Zivilisten oder

Militärs im Dienst der Kompanie, die übrigen waren entweder private Kaufleute wie James Crisp oder »ohne ersichtliches Einkommen«.[96]

Frauen waren auf der Liste nicht erfasst, da Europäerinnen in den Augen der Kompanie keine offizielle Funktion auf dem Subkontinent erfüllten und es ohnehin nur sehr wenige dort gab. In Dhaka wohnten 1785 nur drei verheiratete Frauen, die als Weiße galten. »Sie leben alle sehr zurückgezogen und treffen sich nur sehr selten, obwohl die Damen offenbar gute Freundinnen sind«, berichtete ein damaliger Einwohner der Stadt.[97] Für Elizabeth Marsh, die zumindest nominell eine Weiße war, gab es daher wenig zu tun und kaum Menschen, die als passende Gesellschaft oder Gesprächspartner gelten konnten. Für ehrgeizige, energiegeladene, gierige weiße Männer konnte Dhaka ein großartiger Ort in einer Grenzregion voller Herausforderungen und Möglichkeiten sein. Die Stadt entsprach allen, die wie James Crisp eine neue Chance suchten oder von vornehmer Geburt, aber unzureichendem Einkommen waren wie der Honourable Robert Lindsay: Als Sohn eines schottischen Peers mit elf Kindern, die er mit einem Jahreseinkommen von nur 1000 Pfund durchbringen musste, kam er 1776 nach Dhaka, um sein Glück zu machen, und kannte die Crisps. Die Stadt war etwas für politisch Getriebene, da innerhalb der winzigen britischen Gemeinde heftige, erbitterte Parteirivalitäten tobten. Und das relativ preiswerte Leben und die Isolation machte Dhaka zu einem Paradies für Einzelgänger und Exzentriker aller Art.

Es gab zwar keine protestantischen Gotteshäuser, aber für die wenigen britischen Männer der Stadt bestanden andere Möglichkeiten, ihre Solidarität zu bekunden. Hier existierte bereits eine Freimaurerloge, in der sie und andere Europäer die neueren Rituale der Aufklärung begehen konnten. Unter »unverheirateten Gentlemen« war es üblich, sich »jeden Freitag etwa 20 Meilen aus der Stadt zu begeben, um wilde Bären und

Rotwild zu jagen und bis zum Montag in Zelten zu wohnen. Dort reiten wir morgens und abends auf Pferden oder Elefanten, die es hier in Fülle gibt; nahezu jeder Gentleman hält hier eines oder zwei dieser großen Tiere«.[98] Alle europäischen Männer, ob verheiratet oder ledig, ob in Dhaka und anderen Teilen des indischen Subkontinents, konnten zudem Beziehungen zu einheimischen Frauen eingehen und dabei mehr über die örtliche Kultur lernen, sich zugleich aber mit ihrer Überlegenheit brüsten, wenn sie es wollten. Diese Möglichkeiten und Beschäftigungen waren Elizabeth Marsh jedoch verwehrt.

Selbstverständlich profitierte sie vom materiellen Luxus ihrer Stellung, teilte aber auch einige der Risiken, während sie als äußerst privilegierter Eindringling in einer Umgebung lebte, in der es eine halbe Million Einheimische und kaum mehr als 50 weiße Zivilisten gab. Nicht umsonst waren sie und James Crisp in ihrem Haus in Dhaka mit Gewehren, Pfeil und Bogen ausgerüstet. Aber da eines ihrer Kinder in Persien, das andere in Chatham lebte und ihr Mann die meiste Zeit in seinen Salz- und Textilgeschäften unterwegs war, hatte sie kaum etwas zu tun. Ohne weiteres hätte sie nach Kalkutta flüchten können, das Machtzentrum der East India Company und Prunkstück der britischen Gesellschaft in Indien, das mit seinen Theatern, musikalischen Gesellschaften, unzähligen Basaren, stuckverzierten klassizistischen Gebäuden und Kirchen mit Spitztürmen und mit seinem ausgesprochen prunkvollen und zeitraubenden gesellschaftlichen Leben Zerstreuung geboten hätte. Es zeugt von Elizabeth Marshs Qualität und Andersartigkeit, dass sie stattdessen wesentlich weiter ging und anderes suchte.

5

Eine Indienrundreise

Sie war krank, »wirklich sehr krank«, klagte über »eine große Mattigkeit« und »starke Schmerzen in meiner Seite«. Wie 1756 in Gibraltar nutzte sie Zwänge, die in gewissem Maße real vorhanden waren – damals die Gefahr einer Invasion, nun Krankheit –, als Rationalisierung für ihren abrupten Aufbruch zu ausgedehnten Reisen. »Mein äußerst schlechter Gesundheitszustand *zwang* mich, eine Reise an die Küste zu unternehmen.« Am 13. Dezember 1774 fuhr sie von Dhaka nach Kalkutta und von dort mit dem Schiff nach Madras (Chennai). Ein Jahrhundert später suchten zugereiste Europäer, die sich unwohl fühlten und genügend Geld hatten, meist Zuflucht in den Bergregionen und erholten sich in Almora, Simla, Darjeeling im Osten oder Ooty im Süden im kühleren Klima und der sicheren, wohl geordneten Gesellschaft anderer Briten. Aber zu Elizabeth Marshs Lebzeiten blieb Europäern, die in Nordindien mehr als üblich kränkelten, aber nicht nach Hause fahren wollten oder konnten, kaum etwas anderes übrig, als in den Süden zu reisen und zu hoffen, dass die frischere Meeresbrise eine Genesung bewirken würde. Einer ihrer Mitreisenden über einen Teil dieser Fahrt nach Madras war John Shore, ein damals 24-jähriger Schreiber der East India Company, der später Generalgouverneur von Indien wurde. Auch er »litt an einer schweren Krankheit« und wollte »es mit Seeluft versuchen«, wie sie es angeblich tat.[1] Aber nur selten blieben Kranke aus freien Stücken ihren Familien oder ihren Pflichten so lange fern wie Elizabeth Marsh. In der Regel verbrachten sie ihre Zeit auch nicht so wie sie: Denn sie segelte zwar, wie es üblich war, nach Madras, blieb dort aber nicht, sondern reiste über ein Jahr lang in den heutigen Bundesstaaten Tamil Nadu und Andhra Pradesh von einem Ort zum anderen und lernte letztlich einige der bedeutendsten religiösen Stätten, urbanen und ökonomischen Zentren kennen. Im Juli 1776 kehrte sie schließlich auf einem mühsamen Landweg durch Orissa an der indischen Ostküste entlang nach Dhaka zurück, nachdem sie mehr als 18 Monate unterwegs war.

Eine solche Reise war in jeder Hinsicht ungewöhnlich. Seit dem 15. Jahrhundert hatte die Zahl der Ausländer, die Vorstöße ins indische Binnenland unternahmen, zwar erheblich zugenommen, aber es war immer noch ungewöhnlich, dass männliche weiße Zivilisten – und schon gar Frauen – sich auf ausgedehnte Reisen über Land begaben, wenn sie nicht aus religiösen oder kommerziellen Gründen dazu gezwungen waren oder einen Ehegatten begleiten mussten.[2] James Crisp fuhr nach 1774 offenbar nie wieder von Bengalen nach Süden. Dasselbe galt auch auf einer völlig anderen Führungsebene der East India Company etwa für Philip Francis, nachdem er im selben Jahr seinen Posten im Obersten Rat von Kalkutta angetreten hatte. Berufliche Verpflichtungen, Angst vor Krankheit, Hitze und Monsunregen wirkten als ebenso nachdrückliche Abschreckung gegen nicht unbedingt notwendige Fernreisen wie die praktischen Schwierigkeiten, mit denen Reisen ins Binnenland verbunden waren. Landkarten der Einheimischen, soweit vorhanden, blieben den Europäern weitgehend unbekannt; und die Ostindische Kompanie besaß zwar gute Karten der indischen Küstenlinien, beauftragte aber erst 1767 James Rennell als Generalvermesser damit, die Kartierung von Teilen des indischen Binnenlandes zu leiten. Selbst als einigermaßen genaue Karten vorlagen, waren Überlandreisen oft langsam und körperlich anstrengend. Rennell beklagte:

Die Straßen sind bestenfalls kaum besser als Pfade, und wann immer sich tiefe Flüsse (die in diesem Land häufig vorkommen und keine Brücken haben), Sümpfe, Gebirgszüge oder andere Hindernisse dem Verlauf der Straße in den Weg stellen, umgeht sie diese, um die einfachste Passage zu bieten; aus diesem Grund sind die Straßen hier in einem weitaus höheren Maße gewunden, als wir es in europäischen Ländern finden.

Wegen der holperigen, gewundenen Wege konnte »ein gewöhnlicher Reisender« seiner Ansicht nach kaum mehr als 35 Kilometer am Tag zurücklegen.[3]

Elizabeth Marsh war alles andere als eine gewöhnliche Reisende und unternahm ihre ausgedehnte Indienrundreise überwiegend in Begleitung einheimischer Soldaten, Führer und Diener, aber ohne James Crisp. Auch in dieser Hinsicht wies diese Reise Parallelen zu ihrem Verhalten von 1756 auf. Damals war sie von Gibraltar aufgebrochen und hatte ihre Eltern und ihren Bruder zurückgelassen. Nun begab sie sich ohne ihren Mann und ihren Sohn auf Reisen. Wie 1756 reiste sie wieder in Begleitung eines unverheirateten Mannes, dieses Mal eines gewissen Captain George Smith, den sie als ihren »Cousin« bezeichnete. Smith und sie standen von ihrer gemeinsamen Abreise aus Dhaka im Dezember 1774 bis zu ihrer Rückkehr nach Bengalen im Juni 1776 in täglichem Kontakt. Das und vieles mehr unterschied sie von anderen ausländischen Frauen, die schon früh Indien bereisten, wie Jemima Kindersley, die in den 1760er Jahren Madras und Nordindien besuchte, Sophia Plowden, die 1777 bis 1778 von Kalkutta nach Lucknow reiste, oder Eliza Fay, die ihre Abenteuer in Südindien in den 1780er Jahren beschrieb.[4] Diese Frauen reisten überwiegend in einem *budgerow* (einer Art Flussbarke ohne Kiel) auf Wasserwegen oder an der Küste entlang. Wenn sie sich an Land wagten, dann meist, um ihre Ehemänner zu begleiten. In der Beschreibung ihrer Reisen betonten Kindersley, Plowden und

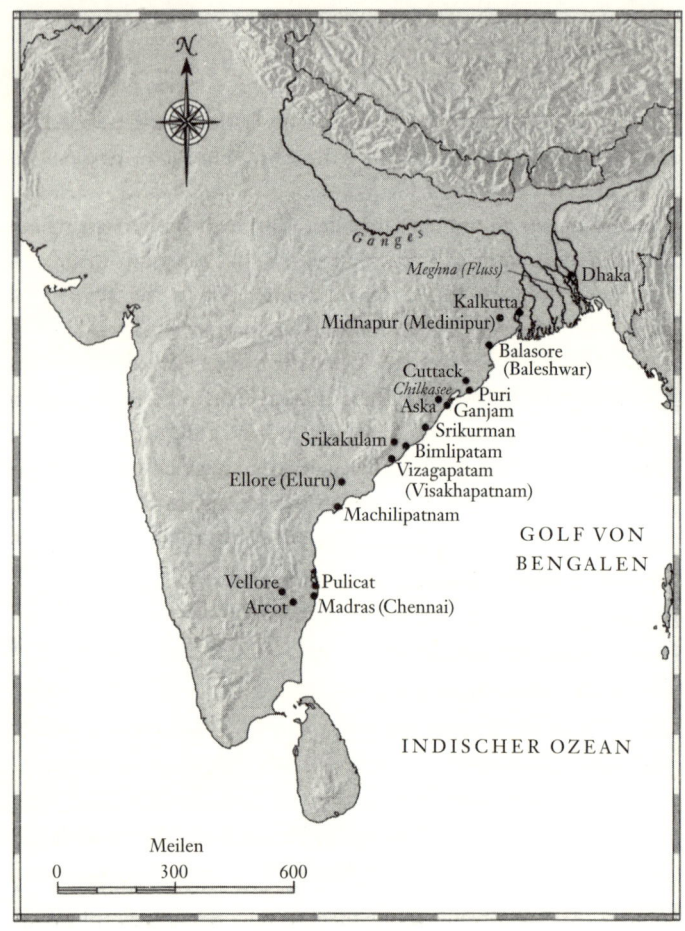

Elizabeth Marshs Indienreise

sogar Fay ausdrücklich, wie sehr sie in Familienstrukturen und gesellschaftliche Verpflichtungen eingebunden blieben. So begann Kindersley ihre *Letters from the Island of Teneriffe, Brazil, the Cape of Good Hope and the East Indies* (1777) mit einem Hinweis auf einen möglicherweise fiktiven Freund in England und ihr »Versprechen, Dir einen ausführlichen Bericht zu schicken«.[5]

Elizabeth Marshs Schilderung ihrer Indienrundreise war völlig anders. Während ihrer Erlebnisse 1756 auf See und in Marokko hatte sie sich keine Notizen machen können und bitter bedauert, dass sie nur auf ihre Erinnerung vertrauen konnte, als sie 13 Jahre später *The Female Captive* schrieb. Vielleicht wollte sie sich die Möglichkeit offen halten, einen Bericht über diese neue Reise zu veröffentlichen, als sie nun begann, Tagebuch zu führen. Die zuweilen allzu selbstsicheren Informationsschnipsel, die sie darin anführt (»ein *coss* sind zweieinhalb englische Meilen«), lassen vermuten, dass sie ein zukünftiges Publikum vor Augen hatte; aber es gab noch unmittelbarere Gründe für sie zu schreiben. Die Krankheitserfahrung oder die Angst davor könnten bewirkt haben, dass sie Zuflucht zu autobiographischen Zeugnissen nahm.[6] Das Gleiche gilt für die Erkenntnis, dass die mittleren Jahre oder das Alter unwiderruflich begonnen haben. Als Elizabeth Marsh diese Indienreise antrat, war sie nicht einmal mehr ein Jahr von ihrem 40. Geburtstag entfernt und hatte bereits zwei Mal mit Mühe den Monsun überstanden; viele Zuwanderer durften kaum hoffen, diese Jahreszeit öfter zu überleben. Das Tagebuch war eine Möglichkeit, Bilanz zu ziehen, was aus ihr geworden war und inwieweit sie noch Chancen auf Veränderung hatte. Im Laufe der Monate entwickelte es sich auch zu einer Chronik ihrer Heiterkeit und Verblüffung über vielfältige Entdeckungen.

Es handelte sich jedoch keineswegs um ein rein introspektives Dokument oder eine ausschließlich private Reise. Hätte die East India Company ihre militärische und politische Macht auf dem indischen Subkontinent nicht erheblich ausgedehnt und ungleich weiter expandiert, hätte Elizabeth Marsh dort gar nicht so ehrgeizige Reisen unternehmen können, wie sie es tat. Dieser epochale Wandel der imperialen und transkontinentalen Geschichte bildete den Hintergrund ihrer Reise und lieferte den Stoff für einen Großteil ihres Tagebuchs. Die Übernahme

Bengalens durch die Ostindische Kompanie 1765 auf dem Weg über das *diwani* stellte rückblickend die erste in einer Reihe europäischer Eroberungen beträchtlicher Territorien in Asien dar, einen Coup, der letztlich »eine Plattform – an Menschen, Geld und Material – für die Unterwerfung der gesamten Region vom östlichen Mittelmeer bis zum Südchinesischen Meer« und somit für die vorübergehende Entstehung einer stärker westlich dominierten Welt schuf.[7] Elizabeth Marsh besaß darüber, wie die meisten ihrer Zeitgenossen, nur den Schimmer eines Vorwissens. Aber sie beobachtete und beschrieb einige Veränderungen der Machtverhältnisse, die um sie her stattfanden, sowie die Grenzen dieses Wandels und Anzeichen von Widerstand dagegen. Dass sie sich auf eine der mit Abstand größten Forschungsreisen begab, die, soweit bekannt, von einer Frau nach dem *diwani* unternommen wurde, und sie dokumentierte, passt zu ihrer merkwürdigen, wiederkehrenden Rolle als eine Art weiblicher Candide. Wieder einmal stolperte sie in folgenschwere Ereignisse und Wandlungsprozesse hinein und kam mit Menschen zusammen, die unendlich viel einflussreicher waren als sie. Wieder einmal betrachtete sie diese Begegnungen uninformiert, aber keineswegs ohne Scharfblick.

⌒⋙⌒

Anfangs suchte sie, vielleicht weil sie krank und ängstlich war, in der geographischen und sozialen Landschaft weniger das Neue und Schwierige, als vielmehr Aspekte, die sie in gewisser Weise als vertraut einstufen konnte. An nahezu jedem Tag, an dem sie und George Smith unterwegs waren, Notizen zu machen, konnte an sich schon etwas Beruhigendes haben, da es ein Ritual war, das eine gewisse Kontinuität schuf. Bezeichnenderweise stellte sie ihre Aufzeichnungen ein, sobald sie längere Zeit an einem Ort blieben, in einem Fort, einem Quartier oder Haus der East India Company oder einer Herberge (*choultry*), und sie sich sicherer fühlte. Aber ansonsten schrieb sie unterwegs Impressionen und Begegnungen in ihrer sauberen, gestochen scharfen Handschrift nieder, die an den zu Strichen geratenen Punkten die Bewegung erkennen ließ, in der sie sich befand.

Von Dhaka fuhr Elizabeth Marsh nach Kalkutta – eine Fahrt von 600 Kilometern auf dem damaligen Verlauf der Flüsse im Gangesdelta –, nahm Abschied von den beiden, die sie damals noch als »mein lieber Crisp und mein süßer Junge« bezeichnete, und ging mit George Smith an Bord des Versorgungsschiffes *Goodwill*. Ihr Kommandant, ein gewisser Captain Burford, war »ein guter, schlichter Charakter, aber keineswegs unterhaltsam«, wie sie schon bald feststellte. Die *Goodwill* war in Privatbesitz, ein »großes, stabiles Schiff in gutem Zustand, gut bemannt mit europäischen Seeleuten und Laskaren mit Gewehren und Munition zur Verteidigung«, und wurde regelmäßig wie in diesem Fall von der Royal Navy gechartert, aber nicht einmal das konnte sie unmittelbar beruhigen.[8] Nachdem sie von Kalkutta ausgelaufen waren, verbrachte sie einen Großteil des Tages an Deck, ohne mit Smith oder einem der anderen Passagiere zu sprechen, und starrte auf die vorüberziehenden Gartenhäuser südlich der Stadt, die ein- und zweigeschossigen Gebäude, in die wohlhabende Einwohner sich in den heißesten Sommermonaten flüchteten. Aus ihrem Blickwinkel wirkten sie so elegant wie »die vornehmsten Häuser an einem der großen Plätze in England«, worunter sie London verstand, wie sie sofort klarstellte. Als sie weitersegelten, sah sie »eine Landspitze namens Melancholy, benannt nach der ersten englischen Lady, die je nach Bengalen kam und dort begraben liegt.« Und als die *Goodwill* Baj Baj, Phalta und Kulpi passierte und vor der »tristen Insel Sagar«, gut 100 Kilometer flussabwärts von Kalkutta, vor Anker lag, bemerkte sie »auf der anderen Seite ein flaches Stück Land, wo viele meiner armen Landsleute ruhen, da dort zahlreiche Seeleute und Soldaten begraben sind«.[9]

Diese Zeilen lassen nicht nur das Ausmaß ihrer damaligen

Verzagtheit erkennen, sondern gehören auch zu ihren frei-
mütigsten Äußerungen über gewisse Aspekte ihrer Identität.
Elizabeth Marsh war – zwar nicht durchgängig, aber meist –
bestrebt, als englische Lady zu gelten. Außerdem betrachtete
sie von ihrer Grundeinstellung her Männer in britischer Mili-
täruniform und besonders in Marineuniform als ihre Landsleute und fühlte sich ihnen in einem »Wir-Gefühl« verbunden.
Nach wie vor vermisste sie London mit seinen eleganten Plätzen, über die sie gegangen war, an denen sie aber nie gewohnt
hatte, mit den gesellschaftlichen Möglichkeiten und der Eleganz, die sie dort für kurze Zeit erlebt hatte. Alle diese Bindungen an Nation, Heimat und Kultur, die sie zuweilen sorgsam
betonte, traten zutage, als sie eine Begegnung der *Goodwill* mit
dem Ostindiengeschwader der britischen Marine Ende Januar
1775 in der Bucht von Bengalen beschrieb. Von Deck aus
schaute sie zu, wie Captain Burfords Crew frischen Proviant
auf die *Salisbury* lud, das Flaggschiff des Geschwaderkomman-
deurs, Commodore Sir Edward Hughes. Am Ende dieser
Schilderung hielt sie eine bezeichnende Passage fest: »Die
Kriegsschiffe salutierten, und dann setzten alle Schiffe sich
in Bewegung, der Commodore Richtung Madras, Sir John
Clerke Richtung chinesisches Meer und die Sloop *Swallow*
unter Captain Pigot nach Ganjam.« Clerkes Schiff, die *Dolphin*,
mit der Elizabeth nach Indien gekommen war, transportierte
damals 800 Kisten Opium in den Freihafen Balambangan im
Osten Javas. Hughes Schiff, die *Salisbury*, hatte auf der Fahrt
nach Indien 1772 in der Tafelbucht vor dem Kap der Guten
Hoffnung neben der *Adventure* und James Cooks Schiff, der
Resolution, geankert, die damals auf Cooks zweiter Weltumseglung unterwegs waren in die Antarktis und den Pazifik.[10] In der
Bucht von Bengalen spielte sich also, wie Elizabeth Marsh zumindest teilweise verstand, eine Szene ab, die von der verstärkten Präsenz der Royal Navy in asiatischen Gewässern zeugte
und ihre wachsende Kapazität illustrierte, verschiedene Schau-

plätze des Empire, Handelsbestrebungen und Erkundungen der Erde miteinander zu verbinden.

Für sie bedeutete diese Begegnung auf See jedoch vor allem eine Gelegenheit, sich wieder einmal in vornehmen Umgangsformen zu üben, an die sie sich in London gewöhnt hatte. So lange die *Goodwill* in der Nähe des Ostindischen Geschwaders auf Reede lag, kleidete sie sich zum Abendessen mit besonderer Sorgfalt. Einmal holte sie ihren Teewagen und ihr Teegeschirr aus ihrer »sehr komfortablen, hervorragenden« Kabine und machte Tee für »eine große Gesellschaft« von Marineoffizieren; außerdem empfing sie noch weitere Besuche. Sir John Clerke ließ sich von der *Dolphin* herüber rudern, um ihr seine Aufwartung zu machen. Sir Edward Hughes Schwiegersohn und sein Sekretär suchten sie ebenfalls auf. Der Kommodore kam zwar nicht, schickte ihr aber »einen höflichen Brief« und »einige Erfrischungen«, wie sie stolz festhielt, darunter drei Dutzend Flaschen englischen Mineralwassers, das warm und schal war.[11]

Auch wenn Elizabeth Marsh gesundheitlich angegriffen war, benahm sie sich anscheinend immer wie eine Frau, die wusste, dass sie attraktiv und gewinnend war. In ihrem Tagebuch räumte sie allerdings ein, dass sie diese schmeichelhaften Aufmerksamkeiten nicht nur ihren verbliebenen weiblichen Reizen oder dem schlichten Mangel an alternativer Damengesellschaft in der Bucht von Bengalen zu verdanken hatte. Die Männer, die ihr auf der *Goodwill* Höflichkeitsbesuche abstatteten, waren »mit den meisten meiner Familie gut bekannt«. So war Sir Edward Hughes' Sekretär, Arthur Cuthbert, ein enger Freund und Geschäftspartner ihres Onkels George Marsh. Neben den ausgedehnten Beziehungen zur Royal Navy, die sie immer nutzen konnte, besaß ihre Familie noch eine Verbindung, die ihr offizielle Aufmerksamkeit und Entgegenkommen innerhalb des Einflussbereichs der East India Company sicherte.[12]

Richard Smith (1734–1803), ein Londoner von »sehr obskurer Herkunft«, aber »großem Ehrgeiz«, hatte als Zahlmeistermaat in der Flotte der East India Company angefangen. Er hatte die Mobilität, die Meer und Schiffe boten, und die Chancen, die Krieg und das Weltreich eröffneten, als Sprungbrett zu Macht, Reichtum und schwindelerregendem sozialem Aufstieg genutzt, wie es nur wenigen Menschen möglich war. Smith wechselte schon bald in die Armee der Ostindischen Kompanie, setzte sich in ihren Kämpfen ein und machte bald Karriere; 1767 wurde er zum Oberkommandierenden von Bengalen ernannt. Dabei machte er ein Vermögen, indem er unter anderem Geld zu exorbitanten Zinsen an Muhammad Ali Khan Walajah, den Nawab der unter britischem »Schutz« stehenden Provinz Arcot bei Madras, verlieh. Als Smith 1770 nach Großbritannien zurückkehrte, besaß er nach eigenen Angaben 200 000 bis 300 000 Pfund und war damit nach heutigen Maßstäben 20-facher Millionär. In Samuel Footes überaus erfolgreicher Komödie *The Nabob*, die 1772 im Londoner Haymarket Theatre uraufgeführt wurde, tauchte General Richard Smith in Gestalt von »Sir Matthew Mite« auf als Archetyp des Kapitalisten, Militärs und Abenteurers der East India Company, der mit »vom Osten gebräunter« Haut nach Großbritannien zurückkehrt, »lautstark unter uns tönt und die reiche Beute ruinierter [asiatischer] Provinzen mit vollen Händen um sich streut«.[13] In Wirklichkeit war Richard Smith nicht ohne Scharfblick und stand manchen militärischen oder wirtschaftlichen Projekten, an denen er sich beteiligte, durchaus kritisch gegenüber; daher wurde er später auch zu einem politischen Verbündeten Edmund Burkes in dessen Parlamentskampagne zur Reform der East India Company. Smith erklärte dem Parlament 1781 zur Übernahme Bengalens durch die Kompanie, es verstoße gegen den gesunden Menschenverstand, dass »5000 Männer 10 Millionen ein System aufzwingen sollten«, zumal jene, die sich den eingeborenen Völkern »dieses weiten Gebiets«

aufgedrängt hätten, »Menschen wie sie oder nur um Weniges besser« seien.[14]

Die Verbindungen zwischen diesem überaus intelligenten, aggressiven und korrupten Mann und der Familie Marsh waren komplex. Mindestens ein »Cousin« Milbourne Marshs heiratete Anfang des 18. Jahrhunderts offenbar eine Smith; und Richard Smith behauptete in seinem Testament, er sei der leibliche Vater der Frau, mit der George Marsh später seinen ältesten Sohn verheiratete (und dabei eine Mitgift von 40 000 Pfund einheimste).[15] Für Elizabeth Marsh war die Existenz ihrer familiären Beziehungen zu Smith wichtig, nicht ihr genaues Verwandtschaftsverhältnis. Männer und Frauen, die über große Entfernungen auswandern, neigen dazu, jedwede verwandtschaftlichen oder sonstigen Kontakte, die ihr Fortkommen in einem neuen Land erleichtern können, bestmöglich zu nutzen, zumal wenn sie nur über begrenzte Mittel verfügen. Und es ist klar, dass Elizabeth aus ihrer Verwandtschaft mit Richard Smith ebenso gierig und zielstrebig Kapital schlug, wie James Crisp die Hilfe seines Freundes aus Kindertagen, Eyre Coote, suchte. Offenbar aß sie mit Smith, Captain Dent und Robert Orme, dem Historiographen der East India Company, zu Abend, kurz bevor sie 1770 an Bord der *Dolphin* ging, um nach Madras zu fahren. In Bengalen pflegte sie die enge Freundschaft mit einer wohlhabenden Witwe in Kalkutta, Johanna Ross, die eine Tante von Richard Smiths Frau war. Später war Johanna Ross eine der größten Kreditgeberinnen für James Crisps Geschäfte.[16]

In den Reihen der East India Company war Richard Smith, ein ehemaliger Oberkommandierender ihrer Streitkräfte, nach wie vor eine mächtige Persönlichkeit, und die Aufmerksamkeiten, die Männer wie Sir John Clerke und Sir Edward Hughes Elizabeth Marsh erwiesen, hatte sie teils ihren bekannten Beziehungen zu ihm zu verdanken; die wichtigeren Vorteile, die ihre Verbindung zu ihm ihr eintrugen, zeigten sich jedoch erst, als sie an Land ging.

Je weiter die *Goodwill* nach Süden segelte, umso schwerer fiel es ihr, das Gefühl der Fremdheit zu bannen. Wiederkehrende Tagebucheintragungen wie »entzückende Landschaft – und herrliches Wetter« vermochten kaum zu erfassen, was sie an Eindrücken gewann. Als sie schließlich am 14. Februar 1775 vor Madras, das keinen natürlichen Hafen besaß, vor Anker gingen, kam eine stattliche *mussoola*, um sie an Land zu bringen: »aus einer besonderen Konstruktion mit Kordel zusammengenäht und völlig ohne Eisenwerk, ungemein hoch an den Seiten und sehr geräumig«. Diese Brandungsboote waren bewusst ohne festes Gebälk und Metallbeschläge gebaut, wie Elizabeth Marsh sie von den Schiffen der Kriegsmarine kannte, damit sie biegsam waren und sich an die starke Brandung vor Madras anpassen konnten, »die so erschreckend wirkte, dass der Gedanke, sie zu durchqueren, grauenhaft war«. Als sie in dem Boot saß, konnte sie kaum über die Seitenwände schauen, spürte, wie Holz und Leder sich um sie her bewegten, und war »beinah seekrank und in Todesangst«. An diesem Abend notierte sie, recht atypisch für sie: »Abendessen im Himmel, da wir an Land waren«.[17]

Für eine Weile bot Madras ihr einen Kokon, in den sie sich zurückziehen und in dem sie sich wieder etwas vormachen konnte. Madras war zwar eine ausgesprochen asiatische Stadt, ein weitläufiger Flickenteppich aus Bauern- und Fischerdörfern, der so genannten »Black Town«, in der portugiesische und armenische Kaufleute und Einheimische lebten, und der massiv befestigten Siedlung der East India Company; dennoch konnte die Stadt allen, die sie so sehen wollten, als quasi englisch und sogar klassisch europäisch erscheinen. Das Stadtviertel der Ostindischen Kompanie war in Straßenzügen und Plätzen angelegt, hatte eine anglikanische Kirche, St. Mary's, einige »nette, hübsche« Häuser mit schlichten Veranden und einige wenige öffentliche Bauten, die in einem weißen Putz, *chunam*, aus gemahlenen Muscheln erstrahlten.[18] Als Elizabeth

Marsh sich Anfang April zum ersten Mal ernsthaft über die Stadtgrenzen hinaus wagte, geriet sie offenbar in Panik (»meine Erkrankung schien sich zu verschlimmern«), und erst am 16. Juni 1775 brach sie mit der vorgetäuschten Vertrautheit und begann die zweite Phase ihrer Reise. In diesem Stadium erwies es sich als lebenswichtig, dass sie sich auf verwandtschaftliche Beziehungen zu General Richard Smith berufen konnte und Captain George Smith (der möglicherweise auch mit ihm verwandt war) als Begleiter hatte.[19]

Als der Künstler William Hodges auf der Suche nach Landschaftsmotiven und Bauten für seine Gemälde und Stiche 1780 bis 1784 Teile Indiens bereiste, konnte er sich nur eine massive Militäreskorte zu seinem Schutz und Geleit beschaffen, weil sein Mäzen, der Generalgouverneur Warren Hastings, dafür sorgte, dass man ihm die nötige bewaffnete Eskorte bereitstellte.[20] Elizabeth Marsh war bloß eine Frau ohne offiziell anerkannten Reisegrund, die Ehefrau eines privaten Kaufmanns und untergeordneten Funktionärs, der nicht einmal zum festen Mitarbeiterstab der East India Company gehörte. Aber über Richard Smith und George Smith erhielt sie eine beträchtliche Militäreskorte, ohne die sie niemals eine so weite und riskante Reise hätte unternehmen können.

Bis April 1776 hatte sie auf ihren diversen Exkursionen in der Regel sowohl europäische als auch einheimische Soldaten als Geleit. Selbst nachdem sie schließlich die Präsidentschaft Madras, also die britisch beanspruchte Region an der Koromandelküste, verlassen hatte und wieder Richtung Norden zog, umfasste ihr Reisetrupp mindestens »etwa 40 Kulis … mit Peons, Dolmetschern u. s. w.«, sowie acht Sepoys und einen Havildar, die der Eingeboreneninfanterie der Ostindischen Kompanie angehörten. Meist, wenn auch nicht immer, reiste sie recht vornehm. In Madras überließ der dortige Oberkommandierende der Kompanie ihr eines seiner eigenen Häuser in der Nähe des Forts; und als sie sich entschloss, die Stadt zu verlassen, tat sie es in einem stattlichen Palankin, einer Sänfte, die von vier Trägern getragen wurde. Das Vehikel fand »große Bewunderung, da es äußerst aufwändig gearbeitet war«, hielt sie zufrieden fest.[21]

Das war ein Paradox an Elizabeth Marshs Reise: Sie war krank, gesellschaftlich und politisch bedeutungslos und sporadisch sehr ängstlich, zugleich aber auch überaus privilegiert. Obwohl sie in vielfacher Hinsicht eine Außenseiterin war, reiste sie unter Bedingungen, die normalerweise an Wohlstand, gehobenen Status und Macht geknüpft waren.

⊂⋙⊃

In den folgenden elf Monaten hielt Elizabeth Marsh sich in verschiedenen Orten in der Präsidentschaft Madras auf, meist an Truppenstandorten der Ostindischen Kompanie: in Vellore, Ellore, Pulicat – ein bedeutendes Zentrum der Textilherstellung, das noch niederländisch kontrolliert war –, Machilipatnam, Ganjam, Aska und weiteren. Auf den ersten Blick deuten die stark selektiven Tagebucheintragungen über diese Exkursionen nur auf ein weiteres solipsistisches Festhalten an europäischen Konventionen und europäischen Menschen hin. Doch selbst bei oberflächlichem Lesen wird klar, dass ihre Energie und ihr Selbstvertrauen in dieser Phase merklich zurückkehrten. Welche Ursachen ihr schlechter Gesundheitszustand in Dhaka auch gehabt haben mag – akute Depressionen, ein früher Beginn der Wechseljahre, da sie nun 40 war, oder Gallensteine, wie manche ihrer Symptome vermuten lassen –, so überwand sie ihn nun oder schenkte ihm keine Beachtung mehr. Die meisten Offiziere der Ostindischen Kompanie, denen sie begegnete, waren jünger als sie, aber mehrere von ihnen starben während ihrer Reise oder kurz danach, und zwar nicht im Kampf, sondern an der Hitze oder an Krankheiten. So waren Captain John Candler, den sie in Ichapur traf, und Captain Francis Bandinel, ihr Gastgeber in Aska, Ende 1776 bereits tot.[22] Dagegen litt Elizabeth Marsh auf ihrer restlichen Reise, auf der sie nur selten vor zwei Uhr nachts ins Bett kam oder in einem Palankin oder Zelt zu schlafen versuchte und abwechselnd von Regen durchnässt und von der Sonne verbrannt wurde, offenbar an nichts Schlimmerem als gelegentlich an einer Erkältung und Verdauungsstörungen von den Austern und dem Madeira, die sie bei jeder Gelegenheit verzehrte.

Einen Teil dieser frischen Energie investierte sie in hektische Gesellichkeit, die allerdings wesentlich mehr zu bedeuten hatte. Wie ihr Zeitgenosse James Boswell, ein erheblich vornehmerer Tagebuchautor, der als Schotte in London ebenfalls eine Art Außenseiter war, hatte auch Marsh anscheinend verstanden, dass es möglich war, »in gewissem Maße jeder Charakter zu sein, der uns beliebt«.[23] Das Ich war formbar und ließ sich in vielfältigen Versionen darstellen und niederschreiben. Als Migrantin, die erst kürzlich auf den indischen Subkontinent gekommen war, und als Frau, die unter ungewöhnlichen Umständen reiste, war Elizabeth Marsh in gewisser Weise gezwungen, neue Rollen auszuprobieren. Offenbar empfand sie diese Notwendigkeit aber durchgängig; und über weite Teile dieser mittleren Reisephase beschäftigte sie das ständige Bestreben, sich umzumodeln und sich Respekt und Aufmerksamkeit zu sichern, in einem Umfang, der maßlos erscheint und es zuweilen sicher auch war. In Phebe Gibbes' Roman *Hartly House* (1789) erklärt eine Engländerin in Kalkutta: »Wie niedrig mein Stand in England auch sein mag, hier bin ich eine unumschränkte Prinzessin.« Die Bemerkung dieser Romanfigur bezog sich auf die einheimischen Dienstboten, das koloniale Auftreten und den aufwändigen Konsum, den Bengalen ihr ermöglichte und die sie in England nie gekannt hatte. Elizabeth Marsh dürfte Verständnis für den Wunsch aufgebracht haben, in Indien eine andere zu werden und begierig nach Besserem zu greifen. Ihr ging es aber offenbar weniger um die Ehrerbietung der Eingeborenen als um den Respekt der Briten, speziell gewisser Briten. In dieser mittleren Reiseetappe in Madras suchte sie anscheinend vor allem »eine Gesellschaft«, die ihr eine gewisse Anerkennung zollte und sich »bemühte, mich glücklich zu machen«.[24]

So schilderte sie in ihrem Tagebuch eingehend jede höfliche Geste und jedes Zeichen der Anerkennung, vor allem, wenn es von einflussreichen Männern kam. Über ihren Aufenthalt in Madras schrieb sie praktisch nur, dass sie »viel Gesellschaft sah«, ebenso wie sie zum Abschied von Dhaka lediglich anmerkte, dass »die Gesellschaft des Ortes … mich in der denkbar freundlichsten Weise verabschiedete«. Bei ihrem zweiten Besuch in Machilipatnam berichtete sie strahlend: »Meine Gesellschaft war täglich gefragt … mein Teetisch war Treffpunkt aller Vernünftigen und Höflichen und jeden Abend gut besucht.« In Ichapur beschrieb sie ein Abendessen »in einer sehr großen Gesellschaft, alle munter und wohlerzogen«, und die Konversation, die »lebhaft, aber feinfühlend« war. Und dann gab es Musik und vor allem Tanz: In Aska bat man sie, »viele Lieder mit dem ersten Geiger« zu singen. In Ganjam gab der örtliche Chef der Ostindischen Kompanie einen Ball »mir zu Ehren: Ich eröffnete ihn mit einem Menuett«, also mit einem Tanz, bei dem konventionell ein führendes Paar zunächst allein vor den Augen aller Anwesenden tanzte. Eine Woche später arrangierte Robert Maunsell (»der Zweite im Rat«) eine Abendgesellschaft, bei der »die ganze Gesellschaft erwartete, dass ich den Ball eröffnete, was ich denn auch tat«.[25]

Diese recht genaue Auflistung kleiner gesellschaftlicher Erfolge unterstreicht natürlich, in welchem Maße wohlhabende Briten und Möchtegernreiche bereits in diesem frühen Stadium in Indien Cliquenbildung betrieben und Höflichkeitsrituale und Konventionen aus der Heimat – Teezeremonien, Besuche, Kartenspiele, die Förmlichkeiten des Menuetts und die Gewohnheit von Kompanie-Offizieren wie George Smith, bei jeder Hitze ihre wollenen Uniformjacken hoch geschlossen zu tragen – heranzogen, um eine winzige Minderheit zu zementieren und zur Schau zu stellen, deren Autorität auf dem Subkontinent noch äußerst lückenhaft und zuweilen unsicher war. Solche Rituale schweißten nicht nur britische und irische Angestellte der Ostindischen Kompanie und ihre Frauen zusammen, sondern auch reiche und einigermaßen wohlhabende Weiße aus verschiedenen Teilen Europas, etwa in Indien tätige Portugiesen, Dänen, Niederländer, Schweizer und Deutsche (allerdings nur selten Franzosen, da sie immer noch als Bedrohung galten). Ein ehemaliger Mitarbeiter der Kompanie schrieb 1780:

> Wegen der geringen Zahl europäischer Damen in Indien wird dort ein reger Umgang unter den Familien stärker gefördert als in jedem anderen Teil der Welt ... Die Europäer statten sich alle gegenseitig Besuche ab und sind Dank dieser Praxis alle persönlich miteinander bekannt.[26]

Elizabeth Marshs gesellschaftlicher Umgang hatte allerdings politisch komplexere Hintergründe. Die Leute, mit denen sie während ihrer Reisen in der Region Madras Konversation trieb, tanzte, sang und Karten spielte, waren in vielen ihrer kulturellen Praktiken sicher Europäer, aber was den Ort anging, an dem sie geboren wurden und aufgewachsen waren, galt das durchaus nicht für alle. Damals war ein gewisser Anteil der Offiziere in der Armee der East India Company gemischt rassischer Abstammung – wie sie selbst vielleicht ebenfalls. Da es in Indien so wenige weiße Frauen gab, waren manche Zivilangestellte und Offiziere der Kompanie aus Notwendigkeit wie auch aus Neigung mit »im Lande geborenen« Frauen verheiratet, wie man es nannte. Und manche Offiziere der Ostindischen Kompanie, die britische Eltern hatten, aber in Indien geboren waren, hatten selbst nie in Großbritannien gelebt – wie es offenbar bei George Smith der Fall war.[27] Hintergrund der fieberhaften Folge von Bällen, Kartenabenden, prunkvollen Diners und sittsamen Picknicks, wie Elizabeth Marsh sie hingerissen besuchte, war also die faktische Heterogenität der damaligen »britischen« Präsenz in Indien und nicht nur ihr Selbstbewusstsein. Ein solcher »vornehmer« gesellschaftlicher Umgang sorgte allerdings auf dem Subkontinent ebenso wenig für Rassengleichheit (ein Begriff und eine Vorstellung, die damals ohnehin kaum Bedeutung gehabt hätte) wie ähnliche Rituale innerhalb Großbritanniens für gesellschaftliche Gleichheit. Aber solche gesellschaftlichen Veranstaltungen verschafften »Menschen unterschiedlicher Art Zugang zu denselben Orten und ermöglichten eine Interaktion zwischen verschiedenen Gruppen auf der Basis gemeinsamer Umgangsformen«. Zu lernen, ein Menuett zu tanzen, konnte nicht nur eine Möglichkeit darstellen, seine Herkunft zur Schau zu stellen und zu feiern, sondern auch sie zu verbergen und zu kaschieren.[28]

Das mag durchaus mit ein Grund gewesen sein, weshalb Elizabeth Marsh diese Phase ihres Lebens so anregend fand. In der Region Madras, wo die Briten in ihrer Machtposition wesentlich weniger verankert waren als in Bengalen und weniger borniert als in den wohlhabendsten Bezirken Kalkuttas, spielten ihre ungewisse Herkunft, ihre gebrochene Vergangenheit und ihre nur bescheidene Bildung keine so große Rolle. Ihr bankrotter Ehemann war weit weg in Dhaka. Über ihre Kindheit in einem Mietshaus in Portsmouth wusste niemand Bescheid. Und falls sie wegen der Herkunft ihrer Mutter noch eine gewisse Befangenheit verspürt haben sollte, konnte sie diese überspielen, indem sie ihre eigenen hart errungenen Talente zur Schau stellte, wie manche ihrer Gefährten ihre gemischte Herkunft und Abstammung durch die Beteiligung an einem allgemein anerkannten Set gesellschaftlicher Rituale, eine bestimmte Kleidung, ihre Ausdrucksweise und ihr Benehmen überspielten. Gewissermaßen konnte Elizabeth Marsh in diesem Stadium ihrer Indienreise ein Aschenputtel sein, das nicht nur real, sondern auch im übertragenen Sinne zum Ball gehen durfte. Captain George Smith gehörte der Armee der

Ostindischen Kompanie zwar erst seit 1765 an, war aber durch die hohe Sterblichkeit unter den Armeeangehörigen in dieser Region oft der ranghöchste Offizier in den verschiedenen Orten und Gesellschaften, die das Paar besuchte. Daher begrüßte man ihn – und somit auch sie – mit »allem üblichen Zeremoniell … mit Pauken und Trompeten … mit allen Ehren, die man uns nur erweisen konnte« und mit »allen Anzeichen der Aufmerksamkeit und echter Gastfreundschaft«.[29] Für die Tochter eines Schiffszimmermanns, die durch ihre Vergangenheit in mehrfacher Hinsicht kompromittiert war, waren diese Erfahrungen überwältigend schmeichelhaft, und entsprechend waren die Tagebucheintragungen, die sie ihnen widmete, voll überschwänglichen Jubels.

Da ihre Reise sich zwei Mal über das indische Spätfrühjahr und den Sommer erstreckte, herrschte oft brütende Hitze, die sie manchmal vor Müdigkeit in Tränen ausbrechen ließ, weil sie »nur auf einer dünnen Matte schlafen konnte, die ständig nass gemacht wurde, aber ebenso schnell wieder trocknete und zu heiß für mich war, um darauf zu liegen«. Aber sie verlangsamte ihr Tempo nicht. Sie »rang nach Luft«, wie sie schrieb, war »aber guter Dinge«. Bei anderer Gelegenheit brüstete sie sich – unnötigerweise: »Ich gehörte zu den rastlosen Wesen«. Ein Brite, der damals Ostindien bereiste, stellte nüchtern fest, bei solchen Temperaturen zu tanzen, wie Elizabeth Marsh es regelmäßig bis in die frühen Morgenstunden tat, wenn sie in Niederlassungen der East India Company war, verwandele improvisierte Ballsäle eher in Schwimmbäder, durchtränkt vom Schweiß (und Geruch) der Tänzer und von Wasser, mit dem der Boden immer wieder begossen werden musste, um die Füße erträglich kühl zu halten und ein Reißen des Holzes zu verhindern.[30] Sie war mittlerweile jedoch zu euphorisch, um solche Unbequemlichkeiten zu bemerken, »denn auch wenn das Wetter so heiß war, dass die Böden ständig feucht gehalten werden mussten, konnten wir doch zuweilen der Verlockung zu tanzen nicht widerstehen«. Und wenn das Thermometer an den heißesten Tagen auf über 45 °C stieg, gab es immer noch die »herrliche Nacht«:

> Nachdem das Tischtuch, wie üblich, auf dem Gras ausgebreitet war, gab es kaltes Geflügel und Austern – wir sangen einige Lieder, tanzten einen Reel und setzten uns wieder in unsere Palankins – der Mond schien hell, und die Herren zogen es vor, einige Meilen neben meinem Palankin her zu gehen – Wir plauderten die Nacht hindurch.[31]

Beim Lesen solcher Passagen muss man sich in Erinnerung rufen, dass Elizabeth Marsh nicht nur angeblich krank war, sondern immer noch mit James Crisp verheiratet war.

Auch in dieser Hinsicht passierte mehr, als sie in ihrem Tagebuch ausdrücklich erwähnte. Gelegentlich zog sie in der Region Madras von einem Dorf, Armeestützpunkt und Hafen zum anderen, hielt sich aber von Ende Juni 1775 bis Februar 1776 überwiegend in Ellore auf, einer Garnison knapp 500 Kilometer von Madras entfernt, in der etwa tausend Sepoy und 700 europäische Soldaten der Ostindischen Kompanie stationiert waren. Dort lebte sie nicht allein. Captain Smith kommandierte ein Regiment in Ellore, und an »diesem äußerst angenehmen Ort« wohnte sie mit ihm in seinem Haus.[32]

ᴄᴡᴄ

Das ist das zweite offensichtliche Paradox an ihrer Indienrundreise: So sehr sie in Teilen ihres Tagebuchs Anstand und gesellschaftliche Konventionen betonte, missachtete Elizabeth Marsh in ihrer Lebensweise und ihren Reisen beides doch in entscheidenden Aspekten.

Wer war George Smith? Möglicherweise handelte es sich um dieselbe Person diesen Namens, die 1746 als Sohn englischer Eltern in Madras geboren wurde, dort 1765 in die Armee der East India Company eintrat, ein Jahr später zum Leutnant und 1772 zum Hauptmann befördert wurde. Dieser

Captain Smith, der vielleicht auch mit General Richard Smith verwandt war, kommandierte tatsächlich ein Regiment in Ellore.[33] Da »George Smith« aber zu den häufigsten englischen Namen gehörte, benutzte Elizabeth Marsh ihn möglicherweise als Pseudonym für einen anderen Mann, über den wir nichts wissen.

In ihrem Tagebuch machte sie nur spärliche Angaben zu ihm. So erklärte sie nicht genau, in welchem Verwandtschaftsverhältnis er zu ihr stand, sondern bezeichnete ihn lediglich als »Cousin«, ein Begriff, der im 18. Jahrhundert eine familiäre Beziehung, aber nicht zwangsläufig eine Blutsverwandtschaft beinhaltete. Sie schrieb auch nichts über das Äußere dieses Mannes oder über ihre Gespräche während der Reise, auch wenn sich zuweilen erschließen lässt, worüber sie miteinander sprachen. Und nur an einer Stelle gegen Ende ging sie detailliert auf ihre Schlafarrangements ein. Smith und sie reisten langsam in heftigem Monsunregen durch Orissa zurück nach Bengalen und fanden erst bei Einbruch der Dunkelheit eine Stelle, wo der Wasserstand eines Flusses niedrig genug war, ihn zu durchqueren:

> Unsere Leute verirrten sich erneut, daher war [ich] gezwungen, bis Tagesanbruch oben am Ufer zu bleiben, und obwohl es in diesem Teil des Landes viele Tiger gab, siegte der Schlaf über alle Bedenken, und ich genoss eine süßere Nachtruhe denn je – Mein Cousin hielt seine Sänfte in der Nähe der meinen.

Sofort korrigierte sie sich jedoch, es seien »außerdem alle unsere Diener« dort gewesen.[34]

Ihre Familie griff ebenfalls in ihre Aufzeichnungen über diesen Teil ihres Lebens ein wie auch in einen Großteil ihrer übrigen Hinterlassenschaft. Ihr indisches Reisejournal, das möglicherweise zu einem längeren Tagebuch gehörte, blieb lediglich erhalten, weil ihre Tochter, Elizabeth Maria, es 1788 Elizabeth Marshs jüngerem Bruder John Marsh gab, der seiner Schwester sehr zugetan war. Er ließ es zusammen mit einem Entwurf ihres Berichts über ihren Marokkoaufenthalt in einen roten Ledereinband mit Goldprägung und marmorierten Vorsatzblättern binden. Außerdem stellte er dem Band sein eigenes Exlibris mit dem nachgemachten Wappen und Motto voran, das die erfolgreicheren männlichen Familienangehörigen sich mittlerweile zugelegt hatten. Posthum fand Elizabeth Marshs Indienreise also, ordentlich gebunden und offenkundig respektabel gemacht, Eingang in das Familienarchiv. Eine Seite wurde anscheinend mit einem Rasiermesser herausgetrennt, zwei weitere zusammengeklebt.[35]

Doch in einem entscheidenden Punkt gingen die Zensur (falls es denn eine war), die sie ihren eigenen Äußerungen über George Smith auferlegte, und die Versuche ihrer Nachfahren, ihre Unterlagen zu filtern, am Wesentlichen vorbei. Denn indem Elizabeth Marsh ihren Mann und ihren Sohn für 18 Monate verließ, in ständiger Begleitung eines jüngeren Mannes reiste, der kein enger Verwandter war, und über ein halbes Jahr in seinem Haus lebte, begab sie sich unbestreitbar außerhalb der Konventionen, die zu ihren Lebzeiten und auch später für das Verhalten einer anständigen Frau galten. Und trotz all ihrer Vorsicht schrieb sie immer noch genug, um zu verraten, dass sie emotionale Macht über George Smith hatte und diese genoss. So berichtete sie, wie Smith sie an einem Abend, als sie zusammen in Ganjam waren, mit dem örtlichen Kommandeur der Ostindischen Kompanie allein zu Abend essen ließ, und unterstrich in ihrem Tagebuch, dass es »auf meinen Wunsch hin« geschah. Der Eindruck, dass es sich bei ihrer Beziehung zu Smith um mehr gehandelt haben könnte, als zwischen Cousin und Cousine üblich war, wird noch durch die Tatsache verstärkt – und vielleicht verzerrt –, dass keinerlei Briefwechsel zwischen Elizabeth und ihrem Mann erhalten geblieben ist. Falls sie während ihrer Rundreise mit James Crisp in brieflichem Kontakt geblieben sein sollte, so erwähnte sie davon nichts in ihrem

Tagebuch. Am 23. Januar 1775, am Beginn ihrer Reise nach Madras, vermerkte sie, dass er ihr ein Boot »mit frischem Nachschub an Notwendigem« schickte, danach erwähnte sie den Mann, den sie nur »mein lieber Crisp« nannte, bis zum Ende ihrer Rundreise und zur letzten erhaltenen Seite ihres Journals nicht mehr.[36]

Das passt zu der gelegentlich abfälligen Haltung und sogar Grausamkeit, die Elizabeth Marsh ihrem Mann gegenüber an den Tag legte, als sie 1769 *The Female Captive* schrieb. Doch ihr Verhalten war auch von den Veränderungen ihrer Lebensumstände in den letzten Jahren geprägt. Zeitungen, Spottverse und Romane warfen damals europäischen Frauen der Mittel- und Oberschicht in Indien häufig »hohlen Müßiggang«, Extravaganz und manchmal sexuelle Schamlosigkeit vor:

… Und doch, liebes Kind! Dieser Ort hat Reize,
dass mein muntrer Busen sich erwärmt!
Kein Ort, an dem wir Frauen kühner
unsere unumschränkte Macht bewiesen.
Niemals hebt Schönheit ihren Arm vergebens,
jeder Blick lässt einen Verehrer schmelzen.[37]

Solche (von Männern verfassten) Karikaturen und Schmähungen waren ebenso wie die später aufkommende hartnäckige Behauptung, britische Frauen in Indien hätten mehr Rassenvorurteile als ihre Männer, teils ein Mittel, die Schuld an der Verworfenheit innerhalb der gesamten weißen Bevölkerung auf die stärker marginalisierten Frauen zu schieben. Aber aus den Vorwürfen, britische Frauen seien auf dem indischen Subkontinent triebhafter und zügelloser als in der Heimat, sprach auch das Eingeständnis, dass Frauen, die neu in diese Umgebung kamen, sich zuweilen weit von den konservativen Vorstellungen über ihre angemessene Rolle entfernen konnten. So schrieb ein Romancier 1780 über die britische Gemeinde Indiens: »Kontrolle ist nicht Gegenstand der ehelichen Herrschaft in Kalkutta.«[38]

Die Ursache hierfür war die extrem geringe Zahl weißer Frauen oder solcher, die als weiß durchgingen. Als Elizabeth Marsh in Bengalen eintraf, gab es dort insgesamt wahrscheinlich nicht einmal 200 weiße Frauen, aber 4000 britische Soldaten, 250 Zivilangestellte der East India Company und eine unbekannte, aber wesentlich höhere Zahl privater Kaufleute, Händler, Bediensteter und Seeleute.[39] Da es so wenige weibliche Einwanderer gab und sie zahlreiche einheimische Diener und Sklaven zur Verfügung hatten, die sich um Haushalt und Kinder kümmerten, standen manchen von ihnen Möglichkeiten in einem Maße offen, wie Frauen sie in Europa und Amerika nur selten hatten. In einigen jüngeren Kolonien in den westlicheren Regionen Amerikas waren weibliche Einwanderer damals zwar ebenfalls selten, aber die schwere körperliche Arbeit, die das Siedlerleben mit sich brachte – den Boden urbar machen, säen, ernten, Scheunen und Wirtschaftsgebäude bauen, kochen, waschen, Kleidung herstellen, Lebensmittel einkochen, Seife sieden –, verfestigte tendenziell die traditionellen Geschlechterrollen und ließ Einwandererfamilien zusammenbleiben, um ihr Überleben zu sichern.[40] Auf dem indischen Subkontinent durften europäische Einwanderer dagegen kein Land bewirtschaften. Die wenigen weiblichen Einwanderer, die es hier gab, hatten daher reichlich Freizeit, auch wenn sie nur über geringe Mittel verfügten.

Dieser Umstand und die seit langem bestehenden heimischen Handels- und Kulturnetzwerke ermöglichten es manchen weiblichen Einwanderern damals, das Empire keineswegs nur passiv mitzutragen, sondern selbst erheblich davon zu profitieren. So brachte es Marian Hastings, die deutschstämmige zweite Ehefrau von Warren Hastings, der von 1771 bis 1785 Gouverneur und später Generalgouverneur von Bengalen war, bis in die 1790er Jahre durch ihre Beziehungen auf dem indischen Subkontinent zu einem Vermögen von über 100000 Pfund.[41] Nur wenige Frauen besaßen ähnliche Möglichkeiten wie sie, sich zu bereichern, aber offenbar engagierten sich viele Witwen und unverheiratete Frauen unmittelbar im Asienhandel wie Mary Cross aus Bombay, die in den 1770er Jahren regelmäßig Handel mit Persien trieb. Andere wie Johanna Ross, Elizabeth Marshs Freundin und Gönnerin in Kalkutta, verdienten Geld, indem sie britischen und zuweilen auch einheimischen Kaufleuten über ihre *sarkars* – persönlichen indischen Bankiers – Darlehen gaben. Und manche Frauen arbeiteten für ihre Ehemänner. Eliza Draper, die Elizabeth Marsh während ihrer Rundreise 1775 in Machilipatnam traf, hatte in früheren Jahren einen Großteil des offiziellen und geschäftlichen Schriftverkehrs für ihren Mann erledigt, der im Dienst der Ostindischen Kompanie stand und außerhalb Bombays eine Fabrik leitete. Sie schrieb: »Ich bin gezwungen, meine Zeit größtenteils in seinem Büro zu verbringen.« Selbst wenn sie nicht für ihn arbeitete, sondern es vorzog, »im Meer zu baden, Bücher zu lesen – und ganze Bände mit meinem Gekritzel zu füllen«, hatte sie oft »das Haus voller Schifffahrtsvolk, das sich zwecks Geschäften und Neuigkeiten aus allen Teilen Indiens, Chinas und Asiens bei uns einfindet«.[42]

Andere privilegierte Frauen in Indien nutzten die Chance zu Studien, die ihnen in Großbritannien oft verwehrt waren. Die Ehefrau des siegreichen Kommandeurs in der Schlacht von Plassey 1757 und ersten britischen Gouverneurs von Bengalen, Rovert Clive, hatte angeblich Freude an »Vorlesungen über Astronomie, [das] Sonnensystem und die Verwendung von Globen« sowie an Mathematik. Die Mathematik, die in der indisch-persischen und hinduistischen Kultur traditionell eine große Bedeutung hatte, entwickelte sich offenbar zu einer Art Kult unter weißen Frauen der Oberschicht auf dem indischen Subkontinent. Margaret Clive gab ihr Interesse daran an Margaret Fowke weiter, die Tochter eines führenden Diamantenhändlers in Kalkutta. Sie wiederum befasste sich eingehend mit Euklid und Newton und hinterließ bei ihrem Tod fünf Bände mathematischer Deduktionen und zwei Bände algebraischer Übungen, die ihre Familie offenbar alle vernichtete. Ihr Sohn schrieb in Erinnerung an sie: »Zudem besaß sie eine große Freiheitsliebe und Abneigung gegen den Gedanken an eine Einschränkung ihrer Willensfreiheit.«[43] Offensichtlich teilten manche Frauen auch das damals unter führenden Mitarbeitern der Ostindischen Kompanie aufkommende Interesse an indisch-persischer und später auch hinduistischer Wissenschaft und Kultur. Samuel Johnstons Ehefrau, Hester Johnston, die Elizabeth Marsh in Visakhapatnam traf, engagierte »die herausragendsten Brahmanen ihrer Umgebung, um für sie Erkenntnisse über das hinduistische Wissen über Mathematik und Astronomie zu sammeln«. Auch hier fällt auf, dass bei Frauen der Elite – Hester Johnston war die Tochter eines schottischen Aristokraten – in Indien ein ausgeprägter Hang zu mathematischen Studien bestand. Als der Schotte Colin Mackenzie 1783 in Madras eintraf, machte Hester Johnston ihn mit ihrem Zirkel indischer Gelehrter bekannt und trug damit zu Mackenzies letztlich überaus bedeutender Sammlung südindischer Manuskripte gelehrter Schriften und Antiquitäten bei.[44]

Weniger klar ist, inwieweit europäische Frauen damals in Indien größere sexuelle Freiheiten und unkonventionellere Lebensweisen anstrebten und praktizieren konnten. Die Sitten, die ständige Überwachung durch einheimische Diener, die großen Wert auf weibliche Sittsamkeit und Abgeschiedenheit legten, und in Großbritannien verabschiedete Gesetze gewährleisteten, dass weiße Frauen nur selten Beziehungen mit eingeborenen Männern eingingen. Ab 1730 konnte »jedes im Ausland geborene Kind, dessen *Vater* ein gebürtiger protestantischer Staatsangehöriger Großbritanniens« war, nach Recht und Gesetz ebenfalls als gebürtiger Staatsangehöriger gelten; dieses Privileg wurde 1772 auch auf die im Ausland geborenen Enkel solcher »gebürtigen [männlichen] Staatsangehörigen« ausgeweitet. Es ist bezeichnend für die zeitgenössischen Erwartungen, dass das Parlament bis 1791 eine gesetzliche Regelung für den Fall ablehnte, dass eine Britin in Übersee das Kind eines »Ausländers« zur Welt brachte.[45]

In Briefen und Testamenten europäischer Frauen der damaligen Zeit gibt es jedoch mehr Belege für Freundschaften mit asiatischen Männern und gelegentlich auch für ihre körperliche Anziehungskraft, als allgemein anerkannt wurde. So schrieb die junge Margaret Fowke 1783 in Kalkutta:

> Am Abend kam Bahauder … mit überaus jockeyhaftem Gebaren und eleganten Stiefeln. Sein Turban war von einem feinen Geranienrot. Ich gestehe, dass er die schönste Farbe des Regenbogens gewählt hatte. Lady Day und ich bewunderten sie sehr. Seine Schärpe war hellgelb. Nachdem er vom Pferd gestiegen war, stand er da und spielte mit der denkbar unbekümmertsten und zufriedensten Miene mit seiner Peitsche.[46]

Manches belegt, dass selbst offenkundige außereheliche Beziehungen unter Europäern dem Ruf einer verheirateten Frau in Indien nicht *zwangsläufig* im gleichen Maße schadeten, wie es in ihrer Heimat der Fall war. So verließ Eliza Draper 1773 Bombay und ihren unsensiblen, brutalen Ehemann, um mit Sir John Clerke durchzubrennen, den Elizabeth Marsh zwei Jahre später in der Bucht von Bengalen auf der *Dolphin* traf. Im Laufe des Jahres 1775 begegnete sie in Machilipatnam auch Eliza Draper, die mittlerweile nicht mehr unter Clerkes »Schutz« lebte. Wie Elizabeth in ihrem Tagebuch festhielt, konnte Eliza Draper dennoch an der Seite ihres Onkels, der damals Chef der Ostindischen Kompanie in Machilipatnam war und offenbar in einer leidenschaftlichen homosexuellen Beziehung lebte, als Gastgeberin einen »sehr vornehmen Empfang … [und] ständige Gesellschaften und Veranstaltungen« geben.[47] Es ist unwahrscheinlich, dass die feine Gesellschaft Europas oder der amerikanischen Kolonien eine Ehefrau, die ihren Mann verlassen hatte und erst kürzlich in einen öffentlichen Skandal verwickelt war, damals als Gastgeberin akzeptiert hätte.

Die Tatsache, dass Elizabeth Marsh sich über ein Jahr von ihrem Mann und ihrem Sohn trennen konnte, um mit einem unverheirateten Mann zu reisen und zusammenzuwohnen, und dennoch ausgiebig in Kreisen gefeiert wurde, die als die vornehme weiße Gesellschaft der Präsidentschaft Madras galten, illustriert ebenfalls, dass Frauen – wie auch Männer –, die den Briten in Indien zugerechnet wurden, gelegentlich einen abweichenden, unabhängigen Weg einschlagen konnten.

Marshs Verhalten während ihrer Rundreise verdeutlicht aber noch etwas anderes. Im 18. Jahrhundert konnte ein ausgedehntes Verwandtschaftsnetz die Erfahrung, in ein weit entferntes Land auszuwandern, ebenso mildern wie heute. Dass General Richard Smith und George Smith Elizabeth Marsh familiär verpflichtet waren, half ihr erheblich bei ihrer Reise durch Ost- und Südindien. Die extreme Mobilität des Einzelnen wurde durch solche weitläufigen verwandtschaftlichen Bindungen zwar vereinfacht, stellte aber unweigerlich eine Belastung für die Kernfamilie und die eheliche Solidarität dar und führte manchmal zum Bruch. Es wäre daher unangemessen, Elizabeth Marshs Verhalten in dieser Phase ihres Lebens lediglich unter dem Aspekt ihrer persönlichen Unberechenbarkeit und Wünsche zu sehen. Die Risse in ihrer Ehe mit James Crisp waren ebenso wie ihre Heirat auch darauf zurückzuführen, dass sie und er wiederholt dazu getrieben wurden oder sich entschlossen, weite Reisen über Land oder auf See zu unternehmen. Die Spannungen, die in ihrer Beziehung zunehmend deutlich wurden, gehörten zumindest teilweise zu dem Preis, den jeder von ihnen für seine ausgeprägte Wanderlust bezahlen musste.

Die Großfamilie Marsh war mittlerweile durchaus mit den Belastungen vertraut, die Fernreisen über Meere und Kontinente für Ehe und Moral mit sich bringen konnten. Milbourne Marshs Fahrt nach Jamaika in den 1730er Jahren und sein

Werben um die Frau, die vorher Elizabeth Bouchier, Boucher oder Bourchier hieß, hatte schließlich ihren ersten Mann, James Evans, um seinen Frieden gebracht und ihn vielleicht sogar das Leben gekostet. Elizabeth Marshs ältester Bruder, Francis Milbourne Marsh, hatte offenbar Anfang der 1770er Jahre im Militärdienst in Übersee die Frau seines Feldwebels Isaac Myers geschwängert. Um einen Skandal zu vermeiden, war George Marsh gezwungen, Myers mit einem komfortablen Posten auf der Marinewerft in Chatham zu entschädigen.[48] Bislang hatte aber Milbourne Warren, ein Cousin ersten Grades von Milbourne Marsh, der Familie das beste Beispiel für die emotionalen und sexuellen Brüche geliefert, die daraus erwachsen konnten, wenn jemand sich zu oft zu weit hinauswagte.

Der Seemann Milbourne Warren hatte Anfang der 1750er Jahre »im Freibezirk Fleet Prison in London« eine Mary Brown geheiratet und war anschließend ohne sie nach Madras gefahren in der Absicht, dort als Schiffszimmermann zu arbeiten und sein Glück zu machen. Dort geriet er 1762 auf der *Norfolk*, dem mit 74 Geschützen bestückten Flaggschiff Admiral Samuel Cornishs, in die Invasion Manilas auf den Philippinen durch die britische Kriegsmarine und die East India Company und war somit das erste Mitglied der Familie Marsh, das nachweislich nach Südostasien gelangte.[49] Seit Spanien die Inseln im 16. Jahrhundert kolonisiert hatte, hatte Manila sich zu einem der wichtigsten Umschlagplätze für Handelsgüter, ungemünztes Gold und Silber sowie Menschen zwischen den östlichen und westlichen Teilen der Welt entwickelt. Silber aus den spanischen Kolonien in Südamerika passierte Manila regelmäßig auf dem Weg nach Asien als Zahlungsmittel für Waren aus China und dem indischen Subkontinent; und ab dem frühen 17. Jahrhundert wanderten alljährlich Tausende Asiaten über Manila nach Mexiko aus. Die Stadt lockte spanische, chinesische, japanische und mexikanische Einwanderer an, die recht friedlich neben der eingeborenen Bevölkerung lebten. Die britische Besatzung Manilas von 1762 bis 1764 erweiterte ihren multikulturellen Flickenteppich um weitere Nuancen. Mit der britischen Invasionstruppe kamen 600 indische Sepoy nach Manila, und einige dieser Männer blieben in der Stadt und gründeten dort eine Familie.[50]

Milbourne Warren fuhr jedoch 1763 auf der *Norfolk* zurück nach Madras, nachdem er in Manila seine gesamten privaten Handelseinnahmen aus Indien in den Kauf wertvoller Waren und Beutestücke investiert hatte. Einige dieser Luxusgüter und exotischen Waren wollte er in Madras an den Mann bringen und den Rest mit nach London nehmen, um ihn mit hohen Gewinnen zu verkaufen und sich und seiner Frau Mary ein sicheres Polster zu verschaffen. Aber die gesamte Fracht und mit ihr alle seine Träume gingen auf See verloren, als die *Norfolk* auf der Rückfahrt nach Madras in einen Sturm geriet. Als Milbourne Warren 1765 schließlich so gut wie mittellos aus Indien nach London zurückkehrte, musste er feststellen, dass Mary – die sieben Jahre lang sich selbst überlassen war – ihm nicht treu geblieben war. George Marsh, der alles in der Familie richtete, sorgte dafür, dass Warren Milbourne Marshs Posten als Marinebeamter auf Menorca übernahm und dieses Mal seine Frau mitnahm.

Die Geschichte der nächsten Phase in Warrens Ehe, des nächsten Bruchs aufgrund von Distanz, wurde vor dem Court of Arches verhandelt, dem Kirchengericht, das über Scheidungsanträge entschied. Die Warrens hatten bis 1768 »in Port Mahon zusammengelebt«, bis folgendes geschah:

> Sie, die genannte Mary Warren, suchte, ungeachtet ihres Ehegelübdes und ohne Gottesfurcht, sondern verleitet und verführt vom Teufel, regelmäßig die Gesellschaft von William Madox Richardson Esq., Captain im dritten Infanterieregiment, der damals im oben genannten Port Mahon stationiert war, und hatte geschlechtlichen Verkehr und Umgang mit ihm.

Wie das Gericht erfuhr, hatten Richardson und Mary Warren sich »in eine Schlafkammer« im eleganten neuen Haus des Marinebeamten in Mahon zurückgezogen, wann immer Milbourne Warren in Amtsgeschäften auf der Insel unterwegs war. Als Warren erfuhr, was vorging, reichte er die Scheidung »von Tisch und Bett und ehelicher Gemeinschaft« ein.[51] Die Familie Marsh musste also 1769 nicht nur mit den Nachwirkungen von James Crisps Bankrott und Flucht nach Indien und mit Elizabeth Marshs Enthüllungen in *The Female Captive* fertig werden, sondern auch mit Milbourne Warrens langwierigem Scheidungsprozess. Sie musste also gleichzeitig drei unglückliche Familiengeschichten verarbeiten, die Ereignisse und Angehörige in Nord- und Westafrika, dem Mittelmeerraum, Florida, Teilen des indischen Subkontinents und Südostasiens betrafen.

In Elizabeth Marshs Fall wirkten Distanz und ausgedehnte Mobilität mit ihrem Potenzial, etablierte Bindungen zu lockern, anscheinend wieder einmal als Quelle der Erneuerung und Umorientierung, und zwar nicht nur in emotionaler und möglicherweise auch sexueller Hinsicht. Anfang Februar 1776 wurde George Smith' Regiment von Ellore nach Madras verlegt. Sie und er blieben »noch einige Tage« im Ort, nachdem die meisten Soldaten bereits aufgebrochen waren, weil Smith »die restlichen Soldaten, die entweder krank oder in Haft waren« begleiten musste; erst am 22. Februar verließ das Paar das Haus, das es zusammen bewohnt hatte, »unter Tränen und mit unendlichem Bedauern, nachdem wir dort so viele, viele schöne Stunden verbracht hatten«.[52] Ihre Reise hatte sie bereits erheblich verändert, aber als sie nun wieder weiterzog, kam es auch zu einem Wandel ihrer Sichtweise.

❀

Eine Woche lang war es einfach: »Das Leben war neu und durchaus nicht unangenehm«. Sie und George Smith folgten in einer Kutsche den Truppen, die nach Machilipatnam marschierten. Dort änderten sich allmählich ihre Prioritäten. Ihr Gastgeber, der neue kommissarische Chef in Machilipatnam, war ein Schotte namens Quintin Craufurd (1743–1819). Man hatte ihm Elizabeth »besonders anempfohlen«, da er sich gleichzeitig mit Milbourne Warren in Manila aufgehalten hatte und ihn »eine lang währende Freundschaft« mit George Smith verband. Im Gegensatz zu den Offizieren und Beamten der East India Company, die sie bis dahin kennen gelernt hatte, war Craufurd ein hochgebildeter, wenngleich schrulliger und habgieriger Mann, der mehrere Sprachen beherrschte, in klassischer Literatur bewandert war und sich für vergleichende Studien zu Mythologie und Religionen interessierte. Einige Jahre später schrieb er: »Menschen zu hassen oder zu verachten, weil sie sich nicht zum selben Glauben bekennen wie wir, sie engstirnig zu beurteilen und arrogant zu verurteilen, heißt vielleicht in Wahrheit, die Weisheit und Güte des Allmächtigen zu rügen.« Craufurd hielt es für notwendig und wichtig, Islam, Hinduismus und Christentum zusammen zu studieren, da diese Religionen »den bei weitem größten Anteil der Erdbewohner« anzögen – wie viele andere Intellektuelle in der Ostindischen Kompanie fühlte er sich allerdings zunehmend zum Hinduismus und seinen Anhängern hingezogen. In einem Buch, das 1790 in London erschien, schrieb Craufurd, er wolle »die Aufmerksamkeit der Öffentlichkeit für eine Weile von den Errungenschaften der Mohammedaner und Europäer fort auf die Ureinwohner« des indischen Subkontinents lenken.[53]

Craufurd war Elizabeth Marsh in seiner intellektuellen Bildung und seinem regen Interesse weit überlegen. Aber die Gespräche, die sie bei ihrem fünfwöchigen Aufenthalt in Machilipatnam mit ihm führte, weckten offenbar ihre Neugier, sich einige religiöse Stätten und Bauwerke anzusehen. Als George Smith Anfang April Befehl erhielt, ein Militärgerichtsverfahren in Aska zu leiten, ergriff sie die Gelegenheit. Nach dem damaligen Straßenverlauf lag Aska etwa 40 *coss* (130 Kilometer)

landeinwärts von Ganjam im nördlichsten Teil der Präsidentschaft Madras. Ursprünglich hatte sie in Machilipatnam auf
ein Schiff warten wollen, mit dem sie nach Kalkutta zurückfahren konnte. Da Smith nun auf dem Landweg nach Norden
musste, fand sie, »es wäre eine gute Gelegenheit für mich,
auf dieser Route nach Bengalen zu reisen«. Es würde ihre
Rückkehr nach Dhaka hinauszögern, ihr ermöglichen, länger
mit Smith zusammen zu bleiben, und Gelegenheit bieten, sich
unterwegs einiges anzusehen und zu erkunden.[54]

Elizabeth Marshs Bereitschaft, den Blick nach außen zu
wenden, kam eindeutig recht spät. Heutigen Lesern mag das
vermutlich als auffallendstes Paradox ihrer Reise erscheinen.
Sie war seit Dezember 1774 unterwegs. Aber nach ihrem Tagebuch zu urteilen, weckten die Kulturen und Ureinwohner des
Subkontinents erst ab Frühjahr 1776 ihr Interesse und ihre
eingehendere Aufmerksamkeit. Vorher hatten ihr schlechter
Gesundheitszustand und anschließend andere Prioritäten sie
zu stark in Anspruch genommen. Aber das waren nicht die
einzigen Gründe, die sie bewogen, sich so zu verhalten und zu
reagieren, wie sie es tat.

Selbstverständlich bevölkerten Südasiaten ihre gesamte
Rundreise und gewissermaßen auch ihr gesamtes Tagebuch.
Flüchtig erwähnte sie, wie schnell ihre Träger sie trugen, als sie
die Stadt Madras verließ, wesentlich schneller, als James Rennell es für möglich gehalten hatte: »Die Palankin-Jungen laufen
mit einer Geschwindigkeit von 28 Meilen in weniger als sechs
Stunden – nur acht Mann, je vier, die vier andere ablösen.«
Regelmäßig sprach sie auch von ihren »drei Sklavenmädchen«,
die sich um ihre Kleider kümmerten, ihre häufigen Bäder orga-
nisierten, ihren kostbaren Teevorrat bewachten, ihr eine Zeitlang auf Ochsen und manchmal in einem *doli* folgten, »das ist
eine Art Palankin, aber wesentlich schlichter gearbeitet«. Sie
erwähnte die Männer, die in Abständen frische Milch holten,
um »Butter für unsere Reise zu machen«, und den Mann, der

die Aufgabe hatte, in der größten Hitze eine *chatta*, einen Sonnenschirm über ihren Palankin zu halten. In ihrem Tagebuch tauchten noch unzählige weitere Helfer flüchtig auf, die ihre Zelte auf- und abbauten, Mahlzeiten zubereiteten, ihre Nachrichten überbrachten oder als Träger fungierten. In diesem Sinne waren (vor allem männliche) Ureinwohner allgegenwärtig. Aber sie traten vor allem so in Erscheinung wie es Dienstboten in einem Landhaus traditionell taten, um einen berühmten Vergleich heranzuziehen: für den reibungslosen Ablauf unverzichtbar, aber zugleich durchweg unauffällig und im Hintergrund. An keiner Stelle nannte Elizabeth Marsh in ihrem Tagebuch auch nur einen dieser Menschen mit Namen.[55]

Das an sich besagt noch nicht allzu viel. In den wenigen Fällen, in denen sie und James Crisp schriftlich die Diener erwähnten, die sie sich in London leisten konnten, nannten sie ihre Namen ebenfalls nicht.[56] Dienstboten, gleich welcher Herkunft, erwies man nirgendwo die gleiche Höflichkeit, die unter gesellschaftlich höher Gestellten mit Selbstachtung verlangt war. Selbst die Tatsache, dass Elizabeth Marsh nun Sklavenhalterin war, besagt noch nicht so viel über ihre Einstellung zu den Völkern, in deren Mitte sie reiste. In der Region Dhaka, wo die Crisps sich niedergelassen hatten, wie auch in anderen Teilen des indischen Subkontinents war Sklavenhaltung bei reichen Asiaten und europäischen Einwanderern weit verbreitet:

> In Hinblick auf Sklaven herrscht in diesem Land folgende Sitte: Jeder, der ohne Vater, Mutter oder sonstige Verwandte ist ... der nicht den nötigen Lebensunterhalt hat & sich zum Verkauf anbieten muss ... wird Sklave, und jeder, der solch einen Sklaven oder mehrere Sklaven besitzt und den nötigen Lebensunterhalt nicht mehr aufbringt, kann ihn oder sie nach Belieben an jedweden verkaufen & von nun an gilt der Käufer als Herr des oder der Sklaven. Die Kinder, Enkel und so fort über viele Generationen werden Sklaven der Herren ihrer Eltern & müssen tun, was man ihnen befiehlt,

sei es Land zu bestellen, Bauten zu errichten oder jedwede Art der Schinderei.[57]

Dass Elizabeth Marsh auf ihrer Reise von mindestens drei Sklavinnen begleitet wurde (von denen sie zwei offenbar umbenannte in »Phillis« und »Mary«) verrät mehr über ihr damaliges Bestreben, einen gewissen Wohlstand und Status für sich zu beanspruchen, als über ihre Einstellung zu Indern und Rassen.

Bezeichnender ist in dieser Hinsicht, dass sie die Namen der wenigen männlichen Inder der Oberschicht nicht nannte, denen sie während ihrer Rundreise begegnete. Bei jedem hochrangigen weißen Beamten oder Offizier der East India Company, den Elizabeth traf, notierte sie sorgfältig seinen Namen. Aber als sie etwa schilderte, wie ein »starker Landwind« sie auf der Reise nach Aska im April 1776 zwang, »Schutz in einem neu gebauten Haus zu suchen, das einem schwarzen Mann von Ansehen gehörte«, gab sie keine weiteren Einzelheiten an.[58] Dass sie gar nicht erst versuchte, diesen Mann namentlich kenntlich zu machen, legt in gewisser Weise den Schluss nahe, dass sie es, vielleicht unbewusst, vorzog, ihn nicht als mächtig anzusehen.

Offenbar schenkte sie, wie es damals üblich war, der Hautfarbe der Menschen, denen sie in ihrem Leben begegnete, nur begrenzte Beachtung. In *The Female Captive* beschrieb sie die Hautfarbe der verschiedenen Marokkaner, die sie traf – Mauren, Araber, Juden, Berber, Beduinen, Soldatensklaven aus den Subsaharagebieten und andere –, manchmal als »dunkel«, andere Male als »fahl«; nicht sie, sondern ihr Verleger benutzte den pauschalen Begriff »braun«.[59] Aber im Gegensatz zu den dehnbaren Begriffen, die Elizabeth Marsh in Bezug auf die Hautfarbe verwendete, bestand sie in der Regel auf der kulturellen und vor allem religiösen Kluft zwischen ihr und ihren marokkanischen Entführern. In ihrem Buch bezeichnete sie die Nichteuropäer, denen sie in Marokko begegnete, manchmal als

»Ungläubige«, wogegen sie die »gute Christin« war. Nachdem sie Marrakesch und den Aufmerksamkeiten Sidi Muhammads entkommen war und Zuflucht im Haus eines europäischen Kaufmanns gefunden hatte, war ihr erster Gedanke – zumindest nach den Angaben in ihrem Buch: »Ich danke der Vorsehung für das Glück, das ich empfand, als ich wieder unter dem Dach von Menschen weilte, die sich zum selben Glauben bekannten wie ich«.[60]

Auch wenn Elizabeth Marsh gelegentlich Ureinwohner des indischen Subkontinents als »schwarz« bezeichnete, wie europäische Einwanderer es seit dem 15. Jahrhundert zunehmend getan hatten, konzentrierte sie sich in ihrem Reisejournal vielmehr auf George Smiths militärische Beobachtungen. So hielt sie fest, das alte Fort in Visakhapatnam sei »nicht imstande, sonderlichen Schutz zu bieten, zumal nicht gegen europäische Mächte«. Auch in Bimlipatam betonte sie, die örtliche Festung »könne nur … Landesmächten standhalten«, und in der Maratha-Hochburg Cuttack fand sie das Fort »klein und schutzlos« und die wenigen Wachen »hauptsächlich der Zurschaustellung dienend«.[61] Das sind eindeutig George Smiths professionelle Einschätzungen, die ebenso wie Elizabeth Marshs frühere Bemerkungen über das Geschwader der Ostindischen Kompanie in der Bucht von Bengalen vom raschen Wandel der Machtverhältnisse in diesem Teil Asiens zeugen. Smiths Ansichten über die Festungsanlagen der Einheimischen nachzuplappern war aber für Elizabeth Marsh offenbar vor allem ein Mittel, Andersartigkeit und Überlegenheit zu bekräftigen. Dieses Mal berief sie sich nicht auf das Christentum, sondern auf westliche Militärtechnik und Schlagkraft um sich von den Völkern abzugrenzen, durch deren Gebiete sie reiste.

Doch diese Art der Wahrnehmung ließ im Laufe ihrer Reise merklich nach. Selbst in den Anfangsphasen wirkten Elizabeth Marshs schriftliche Reaktionen auf die Überlandreise, die sie fast ausschließlich in Begleitung eingeborener Soldaten und

Diener unternahm, entspannt und sogar positiv im Vergleich zu den überlieferten Äußerungen mancher anderer weiblicher Einwanderer, die damals nach Indien kamen. »Ich konnte mich nicht mit der riesigen Menge schwarzer Menschen anfreunden, die sich bei meiner Ankunft ans Ufer drängten«, erklärte Jemima Kindersley in der veröffentlichten Schilderung ihrer Ankunft in Indien Mitte der 1760er Jahre. Manche Frauen gewöhnten sich nie daran. »Weiß Gott, was aus mir würde, wenn ich ganz allein mit den Schwarzen bliebe«, schrieb Mary Morgan in den 1770er Jahren, nachdem sie bereits einige Jahre mit ihrem Mann, einem Offizier, in Kalkutta gelebt hatte: »Gott verzeih mir... ich kann ihren Anblick nicht ertragen.«[62] In Elizabeth Marshs Reisejournal gibt es nicht im Entferntesten solche Ausbrüche und auch keinerlei Anzeichen, dass die Aussicht, allein »mit den Schwarzen« zu bleiben, ihr Angst gemacht hätte. Gegen Ende ihrer Reise ließ sie sogar zunehmend zu, dass sie eben in diese Situation geriet. Dieses relative Fehlen von Angst war weitgehend auf ihren speziellen Hintergrund zurückzuführen. Praktisch alle Frauen und die meisten Männer, die Mitte des 18. Jahrhunderts aus Europa nach Indien gingen, besaßen kaum oder gar keine Erfahrungen mit anderen Kontinenten, Völkern und Kulturen. Das war bei Elizabeth Marsh völlig anders. Ganz abgesehen von der Herkunft ihrer Mutter, hatte Elizabeth Marsh nicht nur Marokko erlebt, sondern auch die ausgesprochen kosmopolitischen Bevölkerungen von Portsmouth, Menorca, Gibraltar und Bishopsgate und war sicher von Kind auf vereinzelten schwarzen und asiatischen Seeleuten auf Schiffen der Royal Navy begegnet. Gelegentlich mochte sie zwar ihre eigene Andersartigkeit in den Vordergrund stellen, aber sie war ein Leben unter Andersartigem genügend gewohnt, dass es zuweilen in ihrer Wahrnehmung in den Hintergrund rückte.

Dass in ihrem Tagebuch jegliche Details selbst über männliche Inder der Oberschicht nahezu vollständig fehlen, mag durchaus ihre rassischen, religiösen und nationalen Vorurteile widerspiegeln, aber es war nicht minder ein Produkt ihrer eigenen Bedeutungslosigkeit, ihrer mangelnden Machtposition und des Ausmaßes, in dem man auf sie herabschaute. Als Jemima Kindersley 1777 den Bericht über ihre Indienreisen veröffentlichte, konnte sie dem Buch ein Bild aus einer *zenana* voranstellen, aus dem Harem »eines großen Muselmanen« in Abdallah, der ihr und ihrem Mann Gastfreundschaft gewährt hatte. Wesentlich länger und aufwändiger war die Gastfreundschaft, mit der die örtliche Elite Elizabeth Plowden aufnahm, als sie in den 1780er Jahren mit ihrem Mann Richard Chicheley Plowden die indische Stadt Lucknow besuchte. Aus ihrem Tagebuch geht hervor, dass der Nawab von Lucknow, Asaf ud-Daula, sie wiederholt zu Morgenempfängen, Festessen, Elefantenkämpfen, Tanzdarbietungen und Feuerwerken einlud. Er zeigte ihr einen Teil seiner Edelsteinsammlung und Gedichte, die er verfasst hatte. Gegen Ende ihres Aufenthalts schenkte er ihr 1788 eine *sanad* (Urkunde), in der er ihr den indischen Fürstinnentitel *begum* verlieh. Selbst Mary Morgan musste ihre Vorurteile und Ängste unterdrücken, als sie und ihr Mann 1778 in Kalkutta Besuch von einem örtlichen Nawab erhielten, der mit einem Gefolge von 200 Mann, »acht Elefanten, einigen eleganten Palankins [und] sehr vielen Pferden« erschien.[63]

Solche Aufmerksamkeiten erwies die heimische Elite Elizabeth Marsh dagegen nicht. So erhielt sie während ihres Aufenthalts in Madras offenbar keine Einladung des Nawab von Arcot in seinen neuen Palast in Chepauk. Der Nawab, Muhammad Ali Khan Walajah, interessierte sich eingehend für den Sufismus, persische Geisteswissenschaften und Poesie, aber auch für europäische und vor allem britische Kunst und Luxusgüter; es ist bekannt, dass er europäische Frauen empfing, darunter die Malerin Catherine Read. Hätte Elizabeth Marsh Chepauk besucht, hätte sie dies sicher in ihrem Tagebuch geschildert. Das tat sie aber nicht. Nach allem, was sie schrieb, erhielt sie offenbar auch keine Einladung von anderen indischen Aristokraten, nicht einmal, wenn sie ihr eine Unterkunft zur Verfügung stellten. Als der Herrscher von Cuttack in Orissa ihr in seiner Stadt kurze Zeit Obdach bot, notierte sie: »sein Palast ist, der Beschreibung nach, prunkvoll«. Offensichtlich erhielt sie aber keine Gelegenheit, sich selbst davon zu überzeugen.[64]

Auf ihrer Reise wie auch in dem Haus, das Elizabeth Marsh zeitweise mit James Crisp in Dhaka bewohnte, war sie von traditionellen indischen Statussymbolen umgeben. Sie reiste mit großem Gefolge in einem Palankin, wie es bei Angehörigen der indischen Elite und hohen Beamten und Offizieren der East India Company üblich war. Gelegentlich ging ihrem Trupp sogar ein *chobdar*, ein zeremonieller Stockträger voraus. Aufmerksame Beobachter aus der Urbevölkerung dürften aber mühelos erkannt haben, dass sie nicht zur vornehmen Elite gehörte, sondern eine Außenseiterin, eine Unreine, eine Fleischesserin war. Vermutlich sahen sie in ihr auch eine Frau, die keinen sonderlichen Anstand besaß, da sie nicht sittsam hinter den Vorhängen ihres Palankins blieb, sondern regelmäßig ausstieg, zu Fuß ging und im Freien mit diversen Männern redete, lachte, tanzte und Alkohol trank. Neben ihren eigenen Vorurteilen dürften also auch Misstrauen und Verachtung, die Elizabeth Marsh bei vielen Asiaten erregte, ihr unweigerlich enge Grenzen gesetzt haben in dem, was sie tun, sich ansehen und verstehen konnte.

Ihr größtes Hindernis bestand allerdings in ihrer Unwissenheit. James Rennell schrieb 1783 großartig: »Reisebücher von Thevenot, Bernier, Tavernier, P. de la Valle sind in aller Hände« und meinte damit einige der bekanntesten europäischen Autoritäten über Indien: Jean de Thévenot (1633–1667), den Arzt François Bernier (1625–1688), der den Mogulhof in Delhi besucht hatte, Jean-Baptiste Tavernier (1605–1689) und Pietro della Valle (1586–1652), von denen und anderen gebildete und/oder ehrgeizige Westeuropäer, die nach Indien kamen, höchstwahrscheinlich gehört hatten, auch wenn sie ihre Werke vielleicht nicht gelesen hatten.[65] Man darf allerdings sicher annehmen, dass Elizabeth Marsh die Werke dieser Männer und andere teure gelehrte Schriften kaum, wenn überhaupt je in die Hand bekam. Sie war eine intelligente, neugierige Frau, aber nicht im Entferntesten gelehrt oder lernbegierig. Wie der Rest ihrer Indienreise belegte, hatten Quintin Craufurds Gespräche über indische Mythologien und Religionen sie zutiefst fasziniert. Aber sie blieb von Grund auf unwissend über dieses Thema. Zudem war sie durch sprachliche Barrieren nicht nur von den Schriften indisch-persischer und hinduistischer Gelehrter abgeschnitten, sondern auch von einer mühelosen Verständigung mit den Einheimischen, denen sie begegnete. Mittlerweile investierten Männer, die eine gehobene Stellung in der East India Company anstrebten wie ihr Sohn Burrish Crisp, mehr Zeit, um asiatische Sprachen zu erlernen, auch wenn damals nur wenige europäische Männer mit den Sprachen vertraut waren, die in den von Elizabeth Marsh bereisten Landesteilen überwiegend gesprochen wurden: Tamil, Telagu und Oriya in Orissa. Elizabeth Marsh sprach offenbar genügend »Maurisch«, also ein gebrochenes Hindustani, um ihren Dienern und Sklavinnen Anweisungen zu geben und Fragen zu stellen. Aber sie hatte nur begrenzte Möglichkeiten und vor allem keine beruflichen Anreize, sich ernsthaft mit den Sprachen und Sitten des Landes auseinanderzusetzen.

Ihre Vorurteile, ihre gesellschaftlich und wirtschaftlich unbedeutende Stellung, ihre erhebliche Unwissenheit, aber auch ihre ungewöhnlichen Erfahrungen mit andersartigen Menschen und Orten sowie ihre Neugier darauf beeinflussten, was Elizabeth Marsh sehen und tun konnte, als sie ab dem Frühjahr 1776 auf ihrer Indienreise schließlich den Blick nach außen zu richten begann. Die Schilderung ihres ersten bewussten Versuchs, die Kulturen zu erkunden, durch die sie reiste, zeugt vom Eifer und Nachdruck ihrer Beobachtungen und von den verschiedenen unvermeidlichen Scheuklappen, die ihre Sicht prägten. Es war am 20. April auf dem Weg nach Aska in der Nähe eines Ortes, den die Briten »Chicacole« nannten, weil es ihnen schwer fiel Srikakulam auszusprechen. Es war heiß und sie war »todmüde«. Aber sie

> stand früh auf und ging in Begleitung einiger Herren, um mir eine berühmte Moschee anzusehen – Ich stieg bis ganz oben (wohin keine Frau je vorgedrungen war) – die Stufen waren an einer Seite und nicht mehr als einen Fuß und acht-einhalb Zoll tief und etwa einen halben Yard breit – sie waren an einer Seite an der Moschee angebracht und hatten an der anderen Seite einen sehr tiefen Abgrund ohne Geländer, das die Schritte gestützt hätte – Die Herren, die bei mir waren, konnten mir keine Hilfe bieten, außer dass ich mich an einem ihrer Rockschöße festhielt – und meine Augen fest auf die Stufen richtete – als wir oben in großer Höhe ankamen, war ich begeistert von der Aussicht, welche zu den schönsten gehört, die sich vorstellen lässt – der Rückweg war besonders zu fürchten – denn die Gefahr für uns war ungemein groß – Ich war froh, als ich mich wieder sicher am Boden befand.[66]

Es lässt sich unmöglich mit Sicherheit feststellen, um welche der bedeutenden religiösen Stätten bei Srikakulam es sich handelte, da es davon in dieser Region so viele gibt. Nahezu sicher ist dagegen, dass es keine »Moschee« war, die Elizabeth Marsh besuchte, sondern ein Hindutempel. Vielleicht war sie in Arasavalli einige Kilometer von Srikakulam, dem einzigen Tempel Indiens, der dem Sonnenkult geweiht ist. Wahrscheinlicher ist, dass sie und ihre Begleiter sich den Srikurmamtempel ansahen und seinen bemerkenswerten fünfstöckigen Torturm oder *gopuram* bestiegen. Um welchen Tempel es sich auch handelte, er war sicher mit Skulpturen und Reliefs von Göttern, Halbgöttern, mythologischen Figuren und Fabelwesen und vermutlich auch mit Wandgemälden geschmückt, aber davon erwähnte sie nichts. Elizabeth Marsh konzentrierte sich nur auf das, was sie begreifen konnte, auf ihre eigene körperliche Zähigkeit und auf die Schönheit der Landschaft.

Ähnlich hielt sie es, als sie sechs Tage später eine weitere »Moschee« besuchte; sie beschrieb, dass sie zwei Stunden einen Berg erstieg, um sie zu besichtigen, und wieder ließ sie sich völlig von der Landschaft und der malerischen Szenerie gefangen nehmen. In »einer schönen Nacht« erreichten sie schließlich Aska:

> Kamen durch mehrere ausgedehnte Dörfer, die allen Anschein von Üppigkeit erweckten – der Mond stand hoch, und die meisten Orte waren von vornehmen Pagoden, Flüssen und Getreidefeldern umgeben – kurz, als wir uns Aska näherten, war alles bezaubernd – ein so herrliches Land, stattliche Bäume, gute Weiden, ansteigende Hügel, fruchtbare Täler, gewundene Flüsse, dass ich noch nie einen so himmlischen Anblick sah. An Schlaf war nicht zu denken, da ständig ein neuer Gegenstand das Auge (trotz Mondschein) beschäftigte.

Obwohl sie in ihrer Wortwahl Klischees aus englischen Romanen aufgriff (»bezaubernd«, »herrlich«, »himmlisch«), merkte sie auch an, wie sengende Hitze und Wind die ausgedörrten Büsche und das Unterholz am Ortsrand aneinander reiben und manchmal Feuer fangen ließen: »ein schöner, aber erschreckender Anblick«.[67]

Sobald das Militärgerichtsverfahren abgeschlossen war, das George Smith nach Aska geführt hatte, reisten sie weiter. Sie brachen am 15. Mai auf und machten um zwei Uhr nachts Rast, »um ein wenig zu schlafen, und wachten erst bei Tagesanbruch auf; die anderen Palankins waren unbemerkt an uns vorbeigezogen, und da sie uns verpassten, eilten sie weiter nach Ganjam, weil sie glaubten, wir seien vor ihnen«. Allein, bis auf ihre unmittelbare Dienerschaft, reiste das Paar weiter an einen nicht näher benannten Ort, »der nur von Brahmanen bewohnt war«; der riesige Komplex bestand (nach Elizabeths Annahme) aus über hundert Hindutempeln und heiligen Stätten, die sich teils unter der Erde befanden. Zum ersten Mal schlich sich so etwas wie ein schlechtes Gewissen in ihr Tagebuch ein. Wegen der Hitze begleitete Smith sie in einen der unterirdischen Tempel. Inzwischen wusste sie, dass Ungläubige das Innere solcher Tempel nicht betreten durften und Gläubige dort nur nach einer rituellen Reinigung – an einem nahen Wasserbecken oder Fluss – beteten. Dieses Mal erwähnte sie daher »die große Not der armen Brahmanen, die sicher Mühe hatten, ihn nach uns zu reinigen«. Sie bezeichnete den Ort zwar nach wie vor als »Moschee«, beschrieb aber nun einige Details der Innenausstattung. In jedem der unterirdischen Tempel gab es einen »Swammy oder Gott«, gemeint ist *Swami*, der Titel der Hindu-Gottheit Krishna. Sich auf Dinge einzulassen, die so völlig losgelöst waren von allem, was sie kannte, ließ sie aber nicht zurückschrecken. Als sie Ganjam erreichten, beschloss sie wieder, nicht auf ein Schiff zu warten, mit dem sie nach Kalkutta zurückfahren konnte, sondern »meine Reise über Land fortzusetzen«, auf einer Route, die »keine europäische Dame zuvor je unternommen hatte«, wie sie ausdrücklich festhielt.[68]

Obwohl Ganjam nur etwa 600 Kilometer von Kalkutta entfernt lag, war dieser Entschluss außerordentlich unbesonnen. Die Stadt stand erst seit 1767 unter einem gewissen Maß britischer Verwaltung und besaß eine Garnison mit 2000 Soldaten der East India Company, war aber weiterhin von Angriffen durch Truppen der Maratha aus dem Norden bedroht, »eines gesetzlosen Stammes, der ständig Verträge bricht«, wie Elizabeth mit größter Selbstverständlichkeit schrieb. Um nach Kalkutta zu kommen, musste sie nordwärts durch Orissa reisen, aber »wir hatten keinen klaren Plan von der Route, die wir nahmen«. Abgesehen von Midnapur unterstand Orissa weitgehend der Kontrolle der Maratha, nicht der Ostindischen Kompanie. Außerdem befanden sich die Maratha seit 1775 in offenem Krieg mit der Ostindischen Kompanie. Zum ersten Mal, seit Elizabeth Marsh Dhaka verlassen hatte, begab sie sich nun außerhalb der staatlichen Grenzen und der Reichweite effektiver Sanktionsmöglichkeiten der Kompanie.[69] Im Laufe des restlichen Monats ihrer Reise, der nahezu ein Drittel ihres Tagebuchs einnimmt, trennte sie sich immer mehr von möglicher Hilfe.

Am 30. Mai erreichten sie, George Smith und ihr Gefolge, den 65 Kilometer langen Chilkasee, Asiens größten Salzwassersee, den nur schmale Landstreifen vom Meer trennten. Aus Furcht, im Sand der Uferbereiche stecken zu bleiben, beschlossen sie, nicht um den See herum zu gehen, sondern ihn mit einer Fähre zu überqueren und sich damit weit nach Orissa hinein vorzuwagen: »Unsere Palankins kamen quer auf das Boot, Gepäck und Diener darunter; die Nacht verging sehr gut.« Als sie am 31. Mai um Mitternacht bei Manickpatam an Land gingen, erfuhren sie, dass im Binnenland eine Hungersnot herrschte und es undenkbar war, genügend Reisvorräte für ihr Gefolge zu bekommen. Das machte weitere Abstriche notwendig. Sie beschlossen, die meisten ihrer Kulis mit dem Boot, auf dem sie gekommen waren, nach Ganjam zurück zu schicken. Zwangsläufig mussten sie sich damit auch von einem Großteil ihrer schweren europäischen Ausstattung und dem damit verbundenen Komfort trennen: »unsere Zelte, Tisch, Stühle und eine große Wäschetruhe, die mir gehörte«. Wie ungewöhnlich privilegiert ihre Reise war, lässt sich daran ablesen, dass ihr Gefolge anschließend offenbar immer noch etwa 60 Leute umfasste, die bis auf sie und Smith alle Asiaten waren. Als sie am 2. Juni in die Stadt kamen, die sie »Jaggurnaut« nannte, berichtete sie von einem weiteren Aspekt, der nun wegfiel: »Die *chowkey*-Leute oder Zöllner hielten uns an ...verlangten nach unseren Pässen und bezweifelten unser Recht, einzureisen.« George Smith konnte die Wogen schließlich glätten, aber es war offenbar das erste Mal, dass sie auf unverhohlenen Widerstand und das ausdrückliche Fehlen von Ehrerbietung bei Einheimischen stieß.[70]

»Jaggurnaut« war die heutige Stadt Puri mit ihrem ungewöhnlichen 60 Meter hohen Tempel aus dem 12. Jahrhundert, der Vishnu in seiner Erscheinungsform als Jagganatha oder Herr der Welt geweiht ist. Elizabeth Marshs Grenzen als Zeugin und Berichterstatterin, aber auch einige ihrer Stärken traten hier am deutlichsten zutage. Sie schrieb, »die Hauptstraße war etwa so breit wie der Haymarket in London – und da Vollmond war, waren alle Leute draußen, plauderten auf der Straße, und es herrschte großes Gedränge«. Sie bahnten sich einen Weg durch die Menge, zwischen den Pilgern, Tempeldienern und Händlern durch, die Gemälde auf Palmblättern, Edelsteine und Essen verkauften, und kamen vorbei an »der großartigen Pagode, wo der berühmte Gott Jaggernaut steht«, wie sie schrieb. Man sagte ihr, »die Eingeborenen dürfen das Bild nie sehen, und kein Fremder wird auch nur an seine Mauern gelassen«, also an die festungsartige Steinmauer, die den Tempelkomplex mit seinem Elefanten-, Löwen-, Pferde- und Tigertor umgibt. Es war typisch für sie, dass sie sich damit nicht zufrieden gab und mehr erfahren wollte: »Ich bekam eine Beschreibung des Gottes von einem Brahmanen, der sagte, er habe nur ein Auge, und das sei ein Diamant von ungeheurem Wert in der Mitte seiner Stirn, umgeben von anderen Reichtümern.« Der Mann erzählte ihr also ein Ammenmärchen, das eine Unwissende oder, in ihrem Fall, Ungläubige beeindrucken und erstaunen sollte. Zumindest fasste sie es so auf, denn sie beklagte sich, in Puri gebe es 500 Brahmanen, aber »die Wahrheit ist nicht herauszufinden, jeder Brahmane erzählt eine andere Geschichte«.[71]

Es ging jedoch auch vieles vor, was sie nicht verstehen konnte. Seit mindestens Anfang des 17. Jahrhunderts gab es eine wissenschaftliche, häufig aber fehlerhafte Literatur in englischer Sprache über Puris herausragende Bedeutung als Pilgerstätte. Sie war Elizabeth Marsh selbstverständlich nicht bekannt.[72] Sie erkannte, dass ihr Eintreffen in der Stadt zufällig zusammenfiel mit »dem hohen Fest, an dem Pilger (aus den fernsten Teilen Indiens) ... mit Gaben zu dem Gott Jaggurnaut gehen«, und sie spürte, dass die Brahmanen, mit denen sie zu sprechen versuchte, ihr wichtige Informationen vorenthielten. Aber weder sie noch Captain George Smith begriffen anscheinend, dass das Wagenfest *Ratha Yatra* unmittelbar bevorstand und »die Eingeborenen«, die Jagannatha angeblich nie sehen durften, Jagannatha bei dieser großen Prozession zu sehen bekommen würden (ihre Hindu-Diener wussten es entweder auch nicht oder erzählten es ihnen nicht, was wahrscheinlicher ist). Sie begriffen auch nicht, dass man sie und Smith möglichst schnell aus der Stadt haben wollte, die sich auf eines der spektakulärsten und wichtigsten religiösen Hindufeste des indischen Subkontinents vorbereitete.[73]

Jagannatha hat große, starrende Augen, rund wie Lotosblüten, und schwarze Haut. Er lächelt und breitet seine Arme weit aus, weil er durch und durch gütig ist und alles sieht. Seine Statue ist in der Regel etwa anderthalb Meter groß, das gilt aber nicht beim *Ratha Yatra*. Die Hauptstraße in Puri, die Elizabeth Marsh an den Haymarket in London erinnerte, muss so breit sein, um während des festlichen Umzugs Platz genug zu bieten für den 14 Meter hohen Götterwagen Jagannathas mit seinen 16 jeweils zwei Meter hohen Rädern und für die nur wenig kleineren Wagen, die Jagannathas Bruder Balabhadra und seine Schwester Subhadra tragen. Diese drei Stockwerke hohen Wagen werden jeweils für dieses Fest neu gebaut, bemalt und mit Schnitzereien, Spiegeln, Bildern, Glöckchen und Gongs verziert. Auf diesen Götterwagen oder *rathas* werden die Statuen unter Baldachinen aus leuchtenden Stoffen in einer feierlichen Prozession durch Puri gezogen.[74] Da Elizabeth Marsh fremd und unwissend war, entging ihr das alles. Aber sie hielt weiter die Augen offen. In den folgenden Tagen fanden sich in ihrem Tagebuch immer wieder Einträge über die Pilger, die sie unablässig nach Puri ziehen sah, während ihre eigene Reisegruppe sich zunehmend von der Stadt entfernte. Es waren »erstaunliche Menschenmengen, alle mit unterschiedlichen Gaben beladen«; »Tausende Pilger, die gingen, um Jaggernaut anzubeten«; »viele mit alten, schwachen Männern und Frauen auf dem Rücken, die sie zu Jaggernaut trugen, um dort zu sterben«. Wie sie ganz richtig beobachtete, waren unter den Pilgern unverhältnismäßig viele Frauen, zahlreiche »mit einem Krug Gangeswasser, fein säuberlich aufgebunden«. Offenbar fiel es Elizabeth Marsh leicht, bis zu einem gewissen Punkt Mitgefühl mit ihren einheimischen Dienern aufzubringen, so organisierte sie, dass Feuer angezündet wurden, um »die armen Leute, die uns trugen« zu wärmen, wenn der Monsunregen sie durchnässt hatte. Eine gewisse Mitmenschlichkeit und Neugier in Bezug auf gewöhnliche Inder, die nicht in ihren Diensten standen, drückte sie aber noch am ehesten in ihren Aufzeichnungen über die Puri-Pilger aus, vielleicht weil diese Menschen ebenfalls über weite Entfernungen hinweg unterwegs waren. Manche von ihnen »waren bereits bis zu 1000 Meilen weit gereist«, wie sie feststellte. »Sie wirkten völlig harmlos und ließen uns ungehindert passieren«, berichtete sie. »Ich zeigte mich nicht den Blicken, sondern schnitt ein Loch in meinen *bulker*, also den Vorhang meines Palankins, durch das ich sehen konnte, aber nicht zu sehen war.«[75]

Als sie sich Cuttack näherten, stieß ihre Reisegruppe jedoch allmählich auf Schikanen und unverhohlene Feindseligkeit. Am 5. Juni wehte ein »starker heißer Wind ... der beinah die Haut ablöste«, aber die einzige Herberge, die sie finden konnten, war »von einigen Maratha-Reitern belegt, und sie wollten sie nicht verlassen. Sie benahmen sich recht unverschämt gegen Captain Smith, aber es blieb nichts anderes übrig, als sich ihnen zu beugen und sie so schnell wie möglich zu verlassen.« Die wenigen Sepoy, die noch bei ihnen waren, hätten sich gern auf einen Kampf eingelassen, aber Smith ordnete den Rückzug an. Als ihre verbliebenen Kulis sahen, dass ein Offizier und Sepoys der East India Company vor einer bewaffneten Auseinandersetzung zurückschreckten, wurden sie ebenfalls »unerträglich frech [und] weigerten sich, das Gepäck zu tragen, wenn wir ihnen nicht den doppelten Lohn zahlten, worin wir uns fügen mussten«. Als sie Cuttack, die »große, und dicht bevölkerte« Hauptstadt Orissas und das Machtzentrum der Maratha, erreichten, nahm der Druck auf sie zu. An einem Morgen verweigerte man ihnen »die Freiheit, ihre Stadt zu passieren«. Am nächsten Tag belegten örtliche Beamte »unser Gepäck mit einem hohen Zoll«. Als sie die Stadt endlich verlassen konnten, »ließen sich die Palankins kaum durch das Gedränge der Männer und Jungen zwängen, die uns, jeder mit einem gezückten Krummsäbel oder Messer in der Hand, mit allen erdenklichen Beschimpfungen bedachten«.[76]

Die Hungersnot und die schwelende Feindseligkeit in den Dörfern, durch die sie nun kamen, zwangen sie, das Essen zu rationieren. Die Zeiten des Madeiras und der Austern waren schon lange vorbei, und eine Zeitlang aß Elizabeth wie alle anderen nur ein paar in Wasser eingeweichte Zwiebäcke. Da mittlerweile die heftigen Monsunregen eingesetzt hatten, kaufte sie bei einem fahrenden Maratha-Händler einige Ballen Musselin und wickelte sich den durchbrochenen Stoff locker über ihre westliche Kleidung. Sie fing nun an, mit verschiedenen Arten von Kleidung und Stoffen zu experimentieren, wie es unter Europäerinnen in Indien ungewöhnlich war und wie sie es in der Region Madras, ungeachtet des Wetters, nicht getan hatte. So nahm sie in Balasore, dem Haupthafen Orissas, wo sie für die Nacht Rast machten, ein Kleid an, das eine »Portugiesin« ihr lieh; dieser Begriff bezeichnete in der Regel Mischlinge und manchmal beschönigend die einheimische Konkubine eines Weißen.[77]

Kurz darauf kam es zu ihrem vermutlich wichtigsten Abschied von Vertrautem. Laut ihrem Tagebuch handelte Captain George Smith ohne Befehl, als er sie durch Orissa begleitete. Wenn er seine Offizierskarriere in der Armee von Madras nicht gefährden wollte, konnte er es sich nicht leisten, ohne Genehmigung seiner Vorgesetzten nach Bengalen, in eine andere Präsidentschaft, weiterzureisen. Sie hatte ihren bevorstehenden Abschied bereits seit einigen Wochen vor Augen gehabt: »Der Gedanke, bald von meinem lieben Cousin getrennt zu sein, vergiftet jeden Augenblick«, obwohl sie sich sehr bemühte, »mich mit diesem üblichen Ereignis im Leben abzufinden, Abschied zu nehmen von jenen, die wir schätzen und bewundern.« »Die gefürchtete Abschiedsstunde« kam »gegen 5 Uhr« am Morgen des 13. Juni. »Ich trennte mich von meinem lieben, lieben Cousin – er [reiste] nach Ganjam, ich nach Kalkutta«, schrieb sie, »für einige Stunden war meine ganze Seele von Kummer erfüllt.«[78]

Aus ihrer Schilderung dieser letzten Phase ihrer Reise spricht allerdings weniger Kummer als vielmehr Gereiztheit und das Gefühl zunehmender Einschränkungen. Als sie Midnapur erreichte, wo sie formal wieder zurückkehrte in das Herrschaftsgebiet der East India Company und somit in Sicherheit war, setzte sie sich eine Weile allein »unter einigen Bäumen in der Nähe des Forts« auf den Boden, bevor sie sich beim örtlichen Chef, Mr. Pearce, meldete. Er empfing sie recht »höflich« und sie »gingen spazieren und plauderten«. Aber es wirkte »steif und förmlich«, und sie wünschte, sie »säße wieder unter dem großen Baum, den ich gerade verlassen hatte, und genösse die Freiheit und Ruhe«.[79] Sie war auch aufgebracht, weil sie sich mit einem Mr. Brishen arrangieren musste, den sie gestrandet und mittellos in Orissa getroffen hatten. George Smith hatte darauf bestanden, dass Brishen mit ihnen reise, damit Elizabeth nach seiner Abreise einen Europäer zu ihrem Schutz bei sich hätte. Aber sie lehnte ihn ab. Er war »ungemein ungebildet«, »ein zu groß geratener Junge von etwa 20« ohne Geld, der darauf bestand, ihre spärlichen Essensvorräte zu teilen. »Er ... fand mich sehr bequem«, schrieb sie schnippisch, »und ich fand ihn ein äußerst nutzloses Gepäckstück.« In einem früheren Stadium ihrer Reise hatte sie bissig in ihrem Tagebuch festgehalten, wie ihre einheimischen Diener beim Anblick eines Tigers abrupt »unsere Palankins« abgesetzt hatten und davongelaufen waren: »Capt. Smith drohte ihnen ... aber es war vergebens, denn im nächsten Augenblick taten sie es wieder.« Mittlerweile hatte sie keine so abfällige Meinung mehr, sondern stärkeres Vertrauen und nicht mehr das Gefühl, einen europäischen Begleiter nötig zu haben, da sie »genügend Sepoys und Peons zu meinem Schutz« hatte. Verständlicherweise versteckte Brishen sich meist in seinem Palankin. So blieb es im Grunde ihr und vor allem ihren Sepoys, Kulis und Sänftenträgern überlassen, den sichersten Weg zurück nach Bengalen zu finden und »durch den nassen, gepflügten Boden« der Reisfelder zu waten.[80]

⚬⚬⚬

Das Ende ihrer Reise bedeutete für Elizabeth Marsh auch ein Ende ihrer vorübergehenden Flucht. Sie war nun wesentlich reicher an Erfahrungen und Wissen, wies aber auch stärkere Brüche in ihrem Denken und ihrem Selbstbewusstsein auf. Ihr indisches Tagebuch zeugt beredt von ihrer Freude an Gesellschaft und ihrer Sehnsucht, von dem, was als vornehme »europäische« Gesellschaft galt, akzeptiert zu werden, aber auch von ihrem Wunsch, zuweilen von beidem fort zu kommen. Es dokumentiert ihre beträchtliche Unwissenheit und Fähigkeit zu rassischer Verachtung und Skrupellosigkeit, aber zuweilen auch ihre Lernbegierde und eine Neugier auf und gelegentliche Empathie mit Stätten und Menschen des Landes. Und es offenbart, wie sie mit der Macht der East India Company, mit dem britischen Empire und der britischen Nation verbunden war, auch wenn diese Verbindung nicht immer nachdrücklich oder unzweideutig war. Das zeigt sich am deutlichsten an den Dingen, die in ihrem Tagebuch fehlen. Falls Elizabeth Marsh im Laufe ihrer Reise jemals einen christlichen Gottesdienst besuchte oder im Privaten betete, so erwähnte sie es nicht. Tempel oder das, was sie durchgängig »Moscheen« nannte, faszinierten und interessierten sie zunehmend. Aber Bibel und Gebetbuch kamen nie vor. Nach ihrer Ankunft in Madras erwähnte sie keine einzige patriotische Feier der Ostindischen Kompanie oder ihrer Armee. In der Kaserne in Ellore oder an anderen Orten müsste sie gesehen haben, dass zu Ehren königlicher Geburtstage oder anderer britischer Jahrestage Flaggen gehisst, Salutschüsse abgefeuert und Truppenparaden abgehalten wurden. Solche Vorkommnisse fehlen aber in ihrer Schilderung.[81]

Die Dinge, die Elizabeth Marsh in ihrem Text auslässt oder schnell übergeht, deuten auch auf manche Widersprüche in ihrem Verhältnis zu James Crisp hin. Am 20. Juni 1776 kehrte sie nach Kalkutta zurück. Aber statt sofort einen Flusskahn zu mieten, der sie nach Dhaka, zurück zu ihrem Mann und ihrem Sohn, gebracht hätte, die sie seit 18 Monaten nicht mehr gesehen hatte, blieb sie sechs Wochen in der Stadt und wohnte im Gartenhaus ihrer Freundin Johanna Ross. Die vermutlichen Gründe hierfür werfen ein anderes Licht auf ihre gesamte Reise. Johanna Ross stand nicht nur in Beziehung zu Elizabeth Marshs einflussreichem Verwandten, General Richard Smith, sondern war selbst eine vermögende Frau mit kommerziellen Interessen. In ihrem Haus hatte Elizabeth sich im Dezember 1774, bevor sie ihre Indienrundreise mit George Smith antrat, von ihrem Mann und ihrem Sohn verabschiedet, »die einige Zeit in Geschäften dort waren«. Es ist bekannt, dass Johanna Ross James Crisp etwa um diese Zeit, Mitte der 1770er Jahre, eine beträchtliche Summe für seinen Textilhandel lieh.[82] Elizabeth Marsh mag also Ende Juni bis Anfang Juli 1776 längere

Zeit im Haus der Johanna Ross geblieben sein, um nicht nur (vielleicht auch gar nicht) die Rückkehr zu ihrem Mann hinauszuzögern, sondern um ihm irgendwie zu helfen, dieses Darlehen zu bekommen. Für diese Möglichkeit spricht die vermutliche Identität des Mannes, der ihr am Ende ihrer Reise bis in die Vororte Kalkuttas entgegenkam und sie in die Stadt begleitete: ein »Mr. Ross aus Kalkutta«. Er war kein Verwandter von Johanna Ross, sondern nahezu mit Sicherheit Johannes Mathias Ross, Chef der East India Company in Bengalen, von dem bekannt ist, dass er umfangreiche Geschäfte mit vielen britischen Kaufleuten der Kompanie und mit privaten Händlern machte.[83]

Je genauer man sich Elizabeth Marshs Tagebuch ansieht, umso mehr fällt auf, dass sie nicht nur das gesellschaftliche Leben und die Aufmerksamkeit genoss, offenkundig Freude an der Gesellschaft eines jüngeren Offiziers und »Cousins« hatte, eine wachsende, wenn auch unkundige Neugier in Hinblick auf die Religionen, Völker, Städte und Landschaften Indiens entwickelte und einen Hang zu Ferne und Unterwegssein besaß, sondern sich auch durchgängig für das Wirtschafts- und Geschäftsleben interessierte. Verständlicherweise galt ihre besondere Aufmerksamkeit Orten, an denen »ein ganz beträchtlicher Tuchhandel ... stattfindet«: Machilipatnam; Madapolam; Pulicat; Ichapur, ein Zentrum des Indigohandels; Cuttack; Ganjam usw. Auch von anderen Wirtschaftszweigen nahm sie unterwegs Notiz: In Aska bemerkte sie »den großen Handel mit Messing und Kupfer« und stellte fest, dass die Einheimischen »gut genährt sind und Geld sparen«; außerhalb von Injuram sah sie die ausgedehnten Salzpfannen mit »großen Bergen dieses wertvollen Artikels, bereit zur Ausfuhr«; in Visakhapatnam beobachtete sie die Herstellung und den Export feiner Möbel, die »zahlreiche Handwerker ... mit schönen Einlegearbeiten aus Elfenbein und Schwarzholz« versahen, und die »Manufaktur von Strümpfen«, die in »Fülle in alle Teile des Landes geschickt« wurden.[84]

Eindeutig betrachtete Elizabeth Marsh die Teile des indischen Subkontinents, die sie bereiste, nicht als »riesiges Museum, dessen Landschaft voller Ruinen ist und dessen Völker vergangene Epochen repräsentieren«.[85] Unterwegs nahm sie zwar Notiz von manchen verfallenen Brücken, Festungen und Palästen, nahm aber ebenso wie andere Indienreisende der damaligen Zeit manche der Städte und Siedlungen, durch die sie kam, als florierende Handels- und Produktionszentren wahr, in denen sich Geld verdienen ließ. Es ist sogar möglich, dass nicht nur das Ende ihrer Indienrundreise in Kalkutta, sondern auch andere Teile ihrer Reise dazu dienten, ihren Mann in seiner kaufmännischen Tätigkeit zu unterstützen. Dass sie sich offenkundig in verschiedenen Etappen Mühe gab, Beziehungen zu einflussreichen Männern der East India Company zu pflegen, mag durchaus nicht nur ihrer eigenen Eitelkeit und Unsicherheit gegolten, sondern auch darauf abgezielt haben, James Crisps Geschäften zu nützen. Und wenn sie gelegentlich rätselhafte Zeilen in ihr Tagebuch einflocht wie »alle unsere Angelegenheiten geregelt«, dann meinte sie damit vielleicht mehr als nur ihre Koffer zu packen und sich um ihre Kleider zu kümmern.[86]

Das ist das letzte Paradox ihrer Indienrundreise: Obwohl sie geraume Zeit von James Crisp getrennt in Begleitung von George Smith verbrachte, nahm sie ihre Ehe auf einer gewissen Ebene vielleicht noch ernst. Der Bankrott ihres Mannes, das Buch, das sie geschrieben hatte, und vielleicht sein Sklavenhandel und die Umstände ihrer Heirat hatten ihre Beziehung zu Crisp schon belastet, bevor sie in Indien eintraf. Ihre ungewöhnlichen Reisen schufen in jeder Hinsicht eine noch größere Distanz zwischen ihnen, nicht zuletzt, weil sie sich in deren Verlauf stark veränderte. Weder sie noch Crisp würden wohl noch lange damit zufrieden sein, inmitten der Wasserwege Dhakas zu bleiben. Die Indizien lassen indes vermuten, dass sie sich immer noch mit Crisp in einem gemeinsamen Unternehmen verbunden sah und bereit war, einige Mühen darin zu investieren. Sie würde vielleicht nicht mit ihm zusammenleben und nicht einmal unbedingt bei ihren Kindern bleiben, aber sie würde ihm helfen, Geld zu verdienen, um zu ihrer aller Überleben und Fortkommen in der Welt beizutragen. Ende Juli 1776 kehrte sie schließlich zurück zu »meinem lieben Crisp und meinem kostbaren Jungen«, kaum zwei Wochen nach Unterzeichnung der amerikanischen Unabhängigkeitserklärung.

6

Weltkrieg und Familienrevolutionen

Was als Rebellion und Bürgerkrieg an der Ostküste Nordamerikas begann, nahm schließlich Ausmaße an, die Elizabeth Marshs Leben erschütterten und sie zwangen, es völlig zu verändern. Der Erfolg der amerikanischen Revolutionäre, sich die unverhohlene Unterstützung einiger der großen europäischen Kolonial- und Seemächte zu sichern – Frankreichs, Spaniens und der Niederlande –, und die Reichweite des britischen Empire und seiner Kriegsmarine sorgten dafür, dass der Krieg sich über mehrere Ländergrenzen ausdehnte und alle Weltmeere erfasste. Der Konflikt griff nahezu unmittelbar auf Kanada und bald auch auf verschiedene Gebiete der amerikanischen Ureinwohner über und weitete sich zunehmend auf britische, französische, spanische und niederländische Territorien und umstrittene Gebiete in der Karibik, im Mittelmeer, in Nordeuropa, Teile des indischen Subkontinents sowie Teile Nord-, Süd- und Zentralafrikas aus. Seine wirtschaftlichen, diplomatischen und in einigen Fällen auch demographischen Auswirkungen reichten noch weiter bis nach Südamerika, Russland, Westafrika, China und letztlich New South Wales.[1]

Da so viele Männer der Familien Crisp und Marsh ihren Lebensunterhalt im Dienst des britischen Staates, des britischen Empire, der Royal Navy und der East India Company oder mit Seefahrt und Fernhandel verdienten, waren sie zwangsläufig von den Verwerfungen und der Gewalt dieses

Krieges sowie von den Streitpunkten und Ideen betroffen, um die es darin ging. Dies alles wirkte sich wiederum auf Elizabeth Marsh aus, ein ständiges Paradox ihres Lebens, einerseits originell, zielstrebig, selbstsüchtig und unbezähmbar mobil zu sein, andererseits aber auch zutiefst abhängig. Ihr Abweichen von den üblichen für Frauen geltenden Normen machte sie in gewisser Hinsicht sogar weniger eigenständig. Ob sie nun mit *The Female Captive* ihr persönliches Vermächtnis veröffentlichte, wiederholt eine kostenlose Passage an Bord von Kriegsschiffen erhielt oder mit unzähligen Wachen und Führern ihre ehrgeizigen Überlandreisen unternahm, immer brauchte sie dazu Männer und deren Hilfe. Der Ausbruch eines transkontinentalen Krieges, der immer mehr Männer verschlang und abzog, beschnitt und veränderte daher zwangsläufig ihre Aktivitäten. Weitere Erkundungsreisen des indischen Subkontinents konnte es für sie nun nicht mehr geben, da die Truppen der East India Company Dringenderes und Gefährlicheres zu tun hatten. Der Krieg nahm ihr einige ihrer engsten Verwandten und Förderer. Folglich war sie gezwungen, zusätzliche Einkommensquellen aufzutun, sich statt auf Erkundungsfahrten, auf neue, bitterernste Zweckreisen zu begeben und ihre Lebensumstände und die ihrer Kinder an die neuen Gegebenheiten anzupassen.

Diese Erschütterungen und Veränderungen tragen vielleicht zur Erklärung bei, wieso sie ihre umfangreichen Aufzeichnungen nicht weiterführte, nachdem sie ihre Indienrundreise beendet hatte und im Juli 1776 zu ihrem Mann nach Dhaka zurückgekehrt war. Ihre eingehenden periodischen Schilderungen der Entwicklung, die sie angesichts neuer Begegnungen und Szenerien nahm, enden an diesem Punkt abrupt; soweit bekannt, existieren weder weitere Tagebücher oder Manuskripte noch Briefe. Ab Mitte 1776 lassen sich ihre Vorstellungen und Gefühle daher im Grunde nur aus ihren Handlungen ableiten; und diese wiederum lassen sich nur in mehreren

Schritten aus Dokumenten und Schilderungen anderer rekonstruieren und zusammensetzen. Elizabeth Marshs Erfahrungen in ihren letzten Jahren sind vor allem aus den Zeugnissen einiger Männer zu erschließen, die starken Einfluss darauf hatten, was mit ihr geschah und was sie erreichen konnte, die sie aber zuweilen auch für sich einzuspannen vermochte.

Der erste dieser Zeugen, die ihren Weg sowohl bestimmten als auch ebneten, war zwangsläufig ihr Mann, James Crisp. Während Elizabeth Ost- und Südindien bereiste und erkundete, blieb er in Bengalen und verdiente für sich und seine Familie Geld, indem er mit nordindischen Textilien handelte und für die East India Company die örtliche Salzgewinnung und den Salzhandel leitete.

ⲥⲱⲟ

Ghandis Klage, dass die von der britischen Obrigkeit erhobene Salzsteuer »vom Standpunkt des armen Mannes ... die ungerechteste überhaupt« war, vermittelt treffend, weshalb so viele Herrscher es vorteilhaft fanden, sie zu erheben. Salz eignete sich aus demselben Grund zur Besteuerung, aus dem es in manchen Gesellschaften als eine Art Zahlungsmittel im Tauschhandel diente: Es war ein Artikel, auf den niemand, wie arm er auch sein mochte, völlig verzichten konnte.[2] Salz ist praktisch in jedem Teil des menschlichen Körpers zu finden und lebenswichtig. Früher brauchte man es auch als Rohstoff in der Herstellung von Schießpulver und für die Konservierung von Nahrungsmitteln, bevor ihre Kühlung möglich wurde. Die Nawabs von Bengalen hatten die Unverzichtbarkeit dieses Minerals erkannt und ein Monopol darauf errichtet. Nachdem die East India Company die Macht über die Provinz erlangt hatte, verfuhr sie mit dem Salz noch rigoroser und zog 1772 das Monopol auf die Salzproduktion Bengalens an sich, die sich nach konservativen Schätzungen auf jährlich 90 000 Tonnen belief. Sie holte indische Salzbauern in die Provinz, die in ihrem Na-

– 275 –

men die Produktion leiteten, und verdrängte weitgehend die örtlichen Grundbesitzer, die traditionell diesen Gewerbezweig kontrolliert hatten.[3]

In seiner offiziellen Funktion als Salzaufseher für Bhulua – einer riesigen, wasserreichen Region, die etwa dem heutigen Bezirk Noakhali in Bangladesch entspricht – war James Crisp also in einer politisch heiklen, wirtschaftlich wichtigen und körperlich anstrengenden Position. Er musste die Produktivität Tausender *malangis*, also der Feldarbeiter in den Salinen, beaufsichtigen und regelmäßige Proben sammeln, um die Qualität zu prüfen. Er musste den Zustand der Salzlager oder *golas* überwachen, von denen es nach seinen Berechnungen in Bhulua mindestens 286 gab. Viele davon sahen »mehr nach Kuhstall als nach *golas*« aus, beklagte er mit einem Vergleich aus der Heimat. Crisp hatte dafür zu sorgen, dass diese tiefliegenden baufälligen Schuppen nicht vom Wasser des engmaschigen bengalischen Flussnetzes überschwemmt wurden, besonders bei den »Überflutungen während der Regenzeiten« zwischen Juni und September. Außerdem musste er das Salz der Region wiegen lassen und zu festen Terminen den Transport per Boot oder Ochsenkarren an bestimmte Orte organisieren, wo es versteigert werden konnte; für diese Salzversteigerungen mussten Bekanntmachungen in Persisch, Bengalisch und Englisch verfasst und in der gesamten Region verbreitet werden. Und schließlich war Crisp dafür verantwortlich, dass die einheimischen Kaufleute, die Salz ersteigerten, die bezahlte Ware prompt erhielten und »keinen Grund zur Klage« hatten.[4]

Bei diesen Aufgaben standen James Crisp ein Stellvertreter und 40 bengalische Assistenten zur Seite, ohne die dieses System nicht die geringste Chance gehabt hätte, zu funktionieren. Von Crisp erwartete man, dass er zu Pferd, auf dem Rücken eines Elefanten oder mit dem Boot die Runde durch Bhulua machte, monatliche (manchmal auch 14-tägige) Berichte an seine unmittelbaren Vorgesetzten im Provinzrat von Dhaka schickte und eine detaillierte Buchführung vorlegte. Diese Bücher wurden geprüft und an den Generalgouverneur, Warren Hastings, und seinen Rat in Kalkutta geschickt, der allen Grund hatte, sie wiederum eingehend zu prüfen, da die Profite aus dem Salzhandel für die Ostindische Kompanie einen erheblichen Teil ihrer Einnahmen in Bengalen ausmachten. Im März 1775 warnte Hastings James Crisp und die anderen Salzaufseher in einem Rundschreiben, jede Nachlässigkeit »oder Begünstigung« von ihrer Seite, jeglicher Mangel an »Wachsamkeit und Pünktlichkeit« schade »einem wichtigen Zweig der Staatseinnahmen, wird Ihnen unser ernstes Missfallen eintragen und muss folglich mit Ungnade und Verlust der Stellung geahndet werden«.[5]

Anfangs lief Crisps Salzaufsicht in Bhulua gut. Unter seiner Anleitung stieg offenbar die Produktion; und die Mitglieder des Provinzrats in Dhaka waren, wie die meisten, die Crisp kennen lernten, auf Anhieb beeindruckt von seiner Energie. »Wir haben allen Grund, mit seinem Fleiß und seiner Zuverlässigkeit zufrieden zu sein«, versicherten sie Hastings Ende 1775.[6] In gewisser Hinsicht hatte Elizabeth Marshs Mann Glück mit seiner neuen Stelle. Salzaufseher hatten zwar keine gesicherte Anstellung und gehörten nicht zum Beamtenstab der East India Company, die innerhalb der britischen Gemeinde auf dem indischen Subkontinent die selbstbewusste Aristokratie darstellte. Aber mit 450 Pfund im Jahr war Crisps Grundgehalt großzügig bemessen; und auch wenn das Terrain und die Produktionsnetzwerke, mit denen er es zu tun hatte, ihm in jeder Hinsicht fremd waren, besaß er doch Erfahrung im Salzhandel und im Umgang mit anderen Völkern und Sprachen. Elizabeth Marsh mochte sich weitgehend mit gebrochenem »Maurisch« durchschlagen können, aber ihrem Mann blieb kaum etwas anderes übrig, als neben Hindustani auch Bengali und etwas Persisch zu lernen, die fest verankerte Amtssprache in Verwaltung, Justiz und Steuerwesen.[7]

Trotz aller Bemühungen blieben Erfolge in James Crisps neuem Posten zunehmend aus, vor allem weil die größten Herausforderungen, vor die er sich unablässig gestellt sah, die Kompetenzen eines Einzelnen überstiegen. Ghulam Hussain Khan Tabatabai, ein führender nordindischer Intellektueller, vertrat später die Ansicht, die Mitarbeiter der East India Company hätten noch bis kurz, bevor sie ihre Aufgaben als Gouverneure und Verwaltungsbeamte in Bengalen übernahmen, als Händler und Soldaten in den Küstengebieten des indischen Subkontinents gearbeitet. Sie seien in einigen Fällen »tyrannisch, vorschriftswidrig, launisch, unstet und veruntreuend« gewesen, hätten keinen ausgeprägten Ethos des öffentlichen Dienstes und offenkundig keinen bürokratischen Erfahrungsschatz besessen, und seien fast durchgängig völlig ratlos gewesen. Wie er beklagte, waren sie »nicht vertraut mit den Methoden der Steuererhebung« in Bengalen, »mit den Maximen der Steuerschätzung oder mit dem Wissen, wie man Steuern eintreibt«; diese Kritik traf auf James Crisp und seine unmittelbaren Vorgesetzten in Dhaka eindeutig zu.[8]

James Crisp, der erst kürzlich auf den indischen Subkontinent gekommen war, musste ein Salzmonopol, das die East India Company erst 1772 eingeführt hatte, in Bhulua umsetzen, also in einem Distrikt, den sie erst seit 1765 verwaltete, und er war dabei direkt dem Provinzrat von Dhaka unterstellt, den man erst 1774 eingerichtet hatte und dessen britische Mitglieder nur begrenzte Landeskenntnisse besaßen. Nicht nur Crisp, sondern auch seine Vorgesetzten in der Ostindischen Kompanie mussten also im Grunde bei ihrer Arbeit ständig improvisieren. Das war mit ein Grund, weshalb es oft auffallend an der Fähigkeit mangelte, den Betriebsablauf reibungslos zu organisieren. So erhielt Crisp auf seine Bitte, ihm für seine indischen Bürokräfte und Buchprüfer notwendiges Büromaterial zu schicken, von Dhakas Provinzrat die Antwort, es »steht nicht in unserer Macht, Ihnen eine Lieferung Schreibwaren zu schicken«.

Ebenso verlangten Crisps Vorgesetzte von ihm, in ganz Bhulua neue wasserfeste *golas* zu bauen, um das Salz der Region zu lagern. Da »das Land in der gesamten Region sehr tief liegt«, mussten dazu die Flussufer angehoben werden, auf denen die *golas* standen, was den Einsatz zahlreicher Männer erforderte; man erwartete aber von Crisp, wie er beklagte, dass er diese Arbeiter vollständig aus eigenen Mitteln bezahlte.[9] Die Kluft zwischen den Anforderungen, die man an ihn stellte, und den Mitteln, die man ihm bereitstellte, war quälend für einen unternehmungsfreudigen Mann, der wusste, dass er gute Leistungen und Profite vorweisen musste, wenn er eine Chance auf Vertragsverlängerung als Salzaufseher haben wollte.

Das in seiner Umsetzung schlecht abgestimmte und ausgestattete Salzmonopol der East India Company wurde von manchen ihrer eigenen Mitarbeiter noch weiter untergraben. Ab 1773 war es Europäern in Bengalen verboten, sich »direkt oder indirekt im Salzhandel zu betätigen«, wenn sie nicht für die Ostindische Kompanie arbeiteten. Dagegen sollten gebürtige Bengalen »ein natürliches Recht auf ungehinderten Handel« besitzen. Das Monopol der Kompanie bildete demnach also den notwendigen, fördernden Rahmen, in dem der Salzhandel in Bengalen, zumindest der Theorie nach, ausschließlich Sache von Indern sein und ungehindert stattfinden sollte. In Wirklichkeit schnitten sich einzelne Mitarbeiter der Ostindischen Kompanie auch weiterhin eine Scheibe davon ab, indem sie mit indischen Strohmännern arbeiteten. Ein Salzaufseher schilderte die subversiven Machenschaften innerhalb des Kompanieapparates, mit denen auch James Crisp zu kämpfen hatte:

> Zu bestimmten Zeiten wird es [das Salz] in großen Booten nach Dacca gebracht und dort öffentlich zum Verkauf angeboten … In der Art und Weise, wie die Partien zum Verkauf angeboten werden, konnte ich feststellen, dass eine nicht unbeachtliche Intrige stattfand, denn ich sah, dass die

Eingeborenen zu diesem öffentlichen Verkauf nicht den ungehinderten Zugang bekamen, auf den sie Anspruch hatten,
und dass die angebotenen Partien an die Untergebenen von
Ratsmitgliedern fielen, die sich dadurch erhebliche Vorteile
verschafften.[10]

Selbst wenn Crisp persönlich solche illegalen Salzgeschäfte
nicht mitmachte (es gibt dafür ebenso wenig Belege wie für
das Gegenteil), war er sicher gezwungen, über solche raffinier-
ten Machenschaften einiger seiner Vorgesetzten in Dhaka geschickt hinwegzusehen.

Eine noch größere Herausforderung bestand im aktiven
und passiven Widerstand mancher Einwohner Bhuluas. Seine
Probleme in dieser Hinsicht begannen bei den *malangis*. Diese
verzweifelt armen Menschen gruben im Spätherbst in der Nähe
des Meeres und der Salzwasserflüsse die Salzbecken, die am
Anfang der Salzgewinnung standen.

> Dann bauten sie Schleusen, um bei Flut das Salzwasser ein-
> zulassen. Das Salz wurde vom Boden absorbiert, und mit
> den Frühjahrsfluten ließ man zusätzliches Salzwasser ein-
> fließen. Dieses verband sich mit dem salzigen Boden und
> erzeugte konzentrierte Sole, die man in rechteckige Töpfe
> schüttete; dann wurden etwa zweihundert Töpfe in einem
> kuppelförmigen Zementofen mit Lehm zusammengebacken.
> An der Nord- und Südseite eines jeden Ofens ließen die
> Salzhersteller Belüftungslöcher, sodass die vorherrschenden
> Winde das Feuer anfachten. Während die Sole in den Töp-
> fen verdunstete, gossen Arbeiter, die *malangi*, kellenweise
> weitere Sole nach, bis jeder Topf etwa drei Viertel voll mit
> Salzkristallen war.[11]

Malangis versuchten oft, ihr Einkommen aufzubessern, indem
sie nachts in Dhakas dichten Wäldern oder in ihren eigenen
Hütten mit Hilfe ihrer Frauen zusätzlich Salz gewannen und
ihre »illegalen« Erzeugnisse an Schmuggler verkauften. Auch
die *pykars* (Agenten), die den *malangis* im Auftrag der Ostindi-

schen Kompanie Salz abkauften, unterliefen oft das System, indem sie einen Teil des angekauften Salzes auf eigene Rechnung verkauften. Diese privaten Verkäufe kaschierten sie, indem sie das übrige Salz mit Sand verlängerten oder ihre Bücher frisierten. Manche *pykars* weigerten sich schlicht, wie James Crisp beklagte, überhaupt Bücher zu führen (»nachdem ich mich von ihren wiederholten Versprechungen, Folge zu leisten, habe täuschen lassen, halte ich es für vergebens, von ihnen noch die mindeste Einhaltung in dieser Richtung zu erwarten«). Außerdem sickerte aus Bhuluas *golas*, die in der Regel unbewachte Lehmbauten waren, Salz in die umliegenden Gemeinden ab. Im Juni 1775 meldete Crisp, dass aus seinen *golas* etwa 50000 *maunds* Salz unrechtmäßig entwendet wurden, der größte Teil nachts mit Booten.[12] Gelegentlich unterstützten örtliche Grundbesitzer solche Überfälle, weil sie wütend waren, dass man sie ihrer früheren Gewinne aus den Salzwerken beraubt hatte. »Die Leute dieser Distrikte sind ein Haufen verzweifelter Schmuggler«, schrieb Crisp 1776 aus Lakshmipur, »die eine bewaffnete Truppe unterhalten und … eine so kleine, wie ich sie habe, gar nicht beachten.« Aus Bhulua und den anderen Salzdistrikten Bengalens gab es wiederholt Meldungen über Angriffe auf Salzboote der East India Company, die langsam zu den Auktionsorten fuhren. Gelegentlich schossen Salzschmuggler auf die Flaggen der Boote, die Farben der Ostindischen Kompanie und den Union Jack.[13]

⌒❊⌒

An dieser Stelle ist daran zu erinnern, dass James Crisp früher selbst geschmuggelt hatte. Nun Steuern einzutreiben und mit vielfältigem Widerstand von Briten wie Asiaten umgehen zu müssen, war eine neue, zutiefst unwillkommene Erfahrung, die er zunehmend verabscheute. Als Crisp erfolglos und aus immer größerer Distanz seine Pflichten als Salzaufseher in Bhulua zu erfüllen versuchte, war er ein einsamer Einzelner, der ratlos und außerhalb seines Elements in einer imperialen Umgebung arbeitete.

In Teilen Amerikas, Asiens, Nordafrikas und in Europa stiegen damals die Steuern und andere staatliche Abgaben und mit ihnen auch ernst zu nehmende Proteste dagegen. Wachsender Wettbewerb und Konflikte zwischen Staaten und ein »vorindustrieller Rüstungswettlauf, in dem fiskalische Stärke für die militärische Schlagkraft ebenso wichtig war wie Fortschritte in Strategie und Technologie«, hatten den Hunger nach zusätzlichen Einnahmen bei Herrschern immer größer werden lassen. Es lässt sich darüber streiten, inwieweit dieser wütende fiskalische Hunger eine »Weltkrise« auslöste, unstrittig ist dagegen, dass wachsende Forderungen vieler verschiedener Herrscher auf allen Kontinenten Volksaufstände förderten, die in der zweiten Hälfte des 18. Jahrhunderts stärker wurden und sich ausweiteten.[14] Pugatschows Revolte unter den Kosaken im Ural 1773/74 und der Comunero-Aufstand 1781 in Neugranada (Kolumbien) wurden beide weitgehend von Wut über Steuererhöhungen in Kriegszeiten geschürt. In Russland kam der zündende Funke vom wachsenden Geldbedarf Katharinas der Großen für ihren Krieg gegen das Osmanische Reich. Beim Comunero-Aufstand war einer der Auslöser Spaniens Wunsch nach zusätzlichen Geldmitteln, um unter anderem die amerikanischen Revolutionäre in ihrem Krieg gegen Großbritannien unterstützen zu können. Das Bestreben, die Steuereinnahmen zu erhöhen, um größere und effizientere Militäranstrengungen zu finanzieren, war nicht nur bei christlichen Herrschern zu finden. In Marokko war Sidi Muhammads Politik, neue Handelsverträge zu schließen und den Im- und Exporthandel mit höheren Abgaben zu belegen, ebenfalls von dem Wunsch getrieben, seine Streitkräfte und seine Autorität auszubauen.[15]

Auch die amerikanische Revolution wurde (bekanntermaßen) teils durch britische Versuche entfacht, den Kolonisten

höhere Steuern abzuverlangen, um die Schulden des Siebenjährigen Krieges zu tilgen und die erheblich gestärkte Rolle des
Empire zu unterstreichen. Ganz ähnlich trieben die gewaltigen
Kosten für den Bau neuer Festungsanlagen in Kalkutta und
Madras, für den rapiden Ausbau ihrer Armee und für die
Kriege mit den Mysore und Marathas in den 1760er und
1770er Jahren die East India Company damals zu dem Versuch,
in Nordindien neue Steuern auf Grundbesitz zu erheben und
ihre Profite aus der Herstellung und dem Handel mit Salz
und Opium zu steigern.[16] Diese Initiativen, an verschiedenen
Enden der Welt die Steuern zu erhöhen, waren nicht nur theoretisch vergleichbar, sondern auch praktisch miteinander verwoben. Das britische Parlament verabschiedete im April 1773
den Tea Act, um die finanziellen Schwierigkeiten der East India
Company auf dem indischen Subkontinent zu mildern. Das
Gesetz erlaubte es der Ostindischen Kompanie erstmals, ihre
Überschüsse an chinesischem Tee auf eigenen Schiffen direkt
in vier Häfen der britisch-amerikanischen Kolonien zu expor-
tieren. Weil wütende Bürger das zu Recht als Bedrohung für
ihren privaten Schmuggel und als Versuch des Empire sahen,
ihnen seinen Stempel aufzudrücken, warfen sie im November
1774 in einem dieser Häfen, nämlich in Boston, 9000 Pfund
Tee der East India Company ins Hafenbecken.[17]

Was James Crisps Posten als Salzaufseher in Bhulua und die
zahlreichen Schwierigkeiten anging, auf die er dort stieß, war er
also durchaus ein Mann seiner Zeit. Er gehörte zu einer Vielzahl von Staatsdienern, die in völlig verschiedenen Teilen der
Welt zusätzliche Steuereinnahmen für ihre geld- und macht-
hungrigen politischen Herren einzutreiben versuchten und damit Geschacher, Behinderungen und gelegentlich gewaltsame
Proteste auslösten. Crisp wurde zwar nicht geteert, gefedert
oder geprügelt, während er seinen Pflichten als Salzaufseher in
Bhulua nachging, aber ebenso wie die Zollbeamten in Rhode
Island und Massachusetts, die eine solche Behandlung durch

aufgebrachte amerikanische Siedler erfuhren, litt er persönlich unter seiner Arbeit als Steuereintreiber und versuchte, sich daraus zu befreien.

Wie die Zollbeamten in den amerikanischen Kolonien beklagte auch Crisp häufig, die Opposition gegen das Salzmonopol der East India Company in Bhulua schreie förmlich nach stärkeren Zwangsmitteln. Bereits 1775 mahnte er den Provinzrat in Dhaka, er brauche zu seiner Unterstützung mindestens drei weitere Sepoys, »die für die Erfüllung meiner Pflicht unbedingt erforderlich sind«. Ein Jahr später beantragte er »eine Verstärkung von etwa 12 Sepoys«.[18] Seine Forderungen nach zusätzlicher militärischer Unterstützung wurden, wie in diesem Fall, gewöhnlich abgelehnt. Crisps Vorgesetzte in Dhaka und Kalkutta, die unter wirtschaftlichem Druck standen und sich mit der Aussicht konfrontiert sahen, dass ein bereits internationaler Krieg bald auch auf den indischen Subkontinent übergreifen würde, hielten lieber an der Überzeugung fest, alles ginge gut, wenn er nur seinen eigenen Einsatz und Eifer verstärke. Schon früh drängten sie ihn, mehr Zeit in Ausübung seiner Pflicht in Bhulua zu verbringen: »Sie allein sind aufgefordert zu handeln … und falls Sie es bislang nicht getan haben, so müssen Sie sich nun um das Salz der Kompanie kümmern und darauf achten, dass es keine Verzögerung in dessen Auslieferung gibt.«[19] Das war insofern ungerecht, als man von James Crisp verlangte, ein System mit strukturellen Mängeln, unzureichender Ausstattung und zweifelhafter Legitimität zu verwalten. Die Ostindische Kompanie hatte allerdings Recht mit ihrer Vermutung, dass er seinem Posten oft fern blieb. Die Briefe, die Crisp an seine Vorgesetzten schrieb, während Elizabeth Marsh mit George Smith auf Reisen war, zeigen, dass er immer mehr Zeit in Lakshmipur oder »Luckipore« verbrachte, wie die Briten es gemeinhin nannten. Die Stadt lag gut hundert Kilometer Flussweg von Dhaka entfernt in der Nähe des Zusammenflusses von Meghna und Ganges und war kein

Zentrum der Salzproduktion. Lakshmipur produzierte in erster Linie Stoffe. Seine Weber genossen einen illustren Ruf, hochwertige Textilien für die Elite des indischen Subkontinents wie auch für Überseemärkte herzustellen.[20]

Dieser Ort und sein kommerzielles Potenzial zogen James Crisp zunehmend mehr an als seine Pflichten als Salzaufseher der Ostindischen Kompanie in Bhulua. Er war weder ein geborener Bürokrat noch ein Mann, der gern für andere arbeitete. Und wie er bereits in Barcelona und London gezeigt hatte, gehörte er auch nicht zu den Menschen, die bereitwillig die Grenzen eines einzigen Weltreichs akzeptiert hätten. Notwendigkeit hatte ihn als frisch Zugewanderten gezwungen, eine Anstellung bei der East India Company zu suchen, so wie sein Bankrott ihn vorher verlockt hatte, sich in Kolonialprojekten in Ostflorida zu engagieren. Aber im Grunde war James Crisp Kaufmann, »das heißt, ein Mann, dessen Tätigkeit sich nicht auf eine Region beschränkt, sondern auf den gesamten Globus erstreckt, und der sich stets so verhält, als ob er sich als Bürger der ganzen Welt sähe«.[21] In Einklang mit einer solchen Anschauung erstreckten sich seine Interessen und Bestrebungen weit über das feuchte Bhulua hinaus. Schon bevor Crisp nach Dhaka gekommen war und die Stelle als Salzaufseher angetreten hatte, hatte er angefangen, Handel mit Persien zu treiben. Das Land war traditionell ein wichtiger Markt für bengalische Stoffe und ein Tor zu osmanischen Gebieten. Aus Unterlagen der East India Company von 1774 geht hervor, dass Crisp Rohstoffe für die Herstellung und Veredelung von Stoffen aus England nach Kalkutta importierte, Kisten mit Stärke, Seife, Öl und ähnlichem. Etwa um diese Zeit suchte er sich einen neuen Geschäftspartner und tat sich mit Henry Lodge zusammen, einem Angestellten der Ostindischen Kompanie, der damals Sekretär des Provinzrats in Dhaka war. Ihr gemeinsames Unternehmen war so hinlänglich bekannt, dass man die beiden Männer 1775 bat, in einem Prozess einheimischer Weber am Obersten Gerichtshof in Kalkutta über den Zustand der Textilindustrie Dhakas auszusagen.[22]

Bis hierher war das alles nichts Ungewöhnliches und nichts, wogegen die East India Company etwas einwenden konnte. Die Führungsebene ging davon aus, dass ihre Angestellten auf dem indischen Subkontinent, Männer wie Henry Lodge, ihr Gehalt mit Handelsgeschäften auf eigene Rechnung aufbesserten. James Crisp hatte zwar keine feste Anstellung bei der East India Company, aber man wusste, dass er von ihren Direktoren eine Lizenz besaß, die ihm privaten Handel in Bengalen und vor der dortigen Küste erlaubte. Es war also bekannt und akzeptiert, dass er neben seiner Arbeit als Salzaufseher für die Ostindische Kompanie bengalische Textilien nach Persien und in andere Teile Asiens verkaufte. Aber 1775/76, als Elizabeth Marsh auf Reisen war, überschritt James Crisp eine wichtige Grenze. Er verbrachte auffallend viel Zeit in Lakshmipur, wo die East India Company eine umfangreiche Textilmanufaktur betrieb. Offenbar begann er auch, den Vertretern der Ostindischen Kompanie beim Ankauf hochwertiger Stoffe von den Webern Lakshmipurs Konkurrenz zu machen, also gerade bei den Textilien, die für die Kompanie notwendig waren, um ihre Exportziele für Märkte außerhalb Asiens zu erreichen. James Crisp begann also wie in Barcelona und London, gegen die Regeln zu verstoßen und die Grenzen des Freihandels auszutesten.

Ein Gebäude in Lakshmipur entwickelte sich zum Inbegriff dieser Grenzüberschreitung und zum Streitobjekt zwischen Crisp und dem einflussreichen örtlichen Fabrikdirektor der Kompanie, einem gewissen Henry Goodwin, der Crisp ablehnte. Bei dem Gebäude handelte es sich um einen wenig einnehmenden Bungalow »mit einer kleinen, umlaufenden Veranda, abgeschlossen mit alten Matten« und von einem offenen Graben umgeben, der den einzigen Anflug sanitärer Einrichtungen darstellte. Das Attraktive daran war seine Lage. Er stand nur 250 Meter vom Eingang der Textilfabrik der East India Company entfernt. Wer in diesem Bungalow in Lakshmipur wohnte, konnte den täglichen Strom einheimischer Weber und Stoffhändler beobachten, die diese Fabrik betraten und verließen – und konnte sie abfangen und versuchen, eigene Geschäfte mit ihnen auszuhandeln. Nach Henry Goodwins Darstellung der Geschichte hatte James Crisp bei seinem ersten Besuch in Lakshmipur keine andere Bleibe für die Nacht als sein *budgerow*, das überdachte Boot, das ihm bei seinen Fahrten als Salzaufseher auf Bengalens Flussnetz als mobiles Heim diente. Goodwill hatte ihm großzügig angeboten, ihm »für die kurze Zeit, die er in Lakshmipur bleiben würde, was nach seiner Annahme nicht länger als einen Monat wäre«, den damals leerstehenden Bungalow zu überlassen. Aber sobald Crisp nach Dhaka zurückgekehrt war, schickte er Goodwin einen Brief, in dem er seinen Anspruch geltend machte, den Bungalow dauerhaft zu bewohnen, der »wie er fand … dem Rat in Dhaka zur Verfügung stand, und er wünschte darin Änderungen vorzunehmen, die ihn zu einer komfortablen Wohnung machen würden«.[23]

Goodwin reagierte wütend. Das sei nicht bloß ein Bungalow, sondern ein *cutcherry*, ein Büro. Dhakas Provinzrat habe keinen Anspruch darauf, da er der Handelsabteilung der East India Company gehöre und für Angestellte bestimmt sei, die in Lakshmipur Steuern eintrieben. Und was James Crisp anginge, wer sei er schon und welchen Anspruch habe er auf eine Unterkunft der Kompanie? Er sei »eine Person, die nicht im Dienst der Kompanie steht und als Salzaufseher in keiner Weise Anspruch auf eine Wohnung der Kompanie« habe. Auf Betreiben von Henry Lodge, Crisps neuem Geschäftspartner, tat Dhakas Provinzrat Goodwins Einwände zunächst in Bausch und Bogen ab. Der Bungalow stehe im Distrikt Dhaka. Folglich habe der Rat das Recht, ihn nach Belieben zu vergeben, und er wünsche, dass James Crisp ihn bewohne, wann immer seine Pflichten als Salzaufseher ihn nach Lakshmipur führten. Folglich konnte dort kein anderer wohnen. Die Korrespondenz über diese Angelegenheit zog sich über ein Jahr in zunehmend schärferem Ton hin und wanderte mehrmals über Warren Hastings' Schreibtisch. Anfangs stellte er sich auf James Crisps Seite.[24]

Henry Goodwin hatte allerdings Recht, wenn er darauf bestand, dass es um mehr ging als bloß um einen Bungalow. Auf persönlicher Ebene illustrierte dieses langwierige Gerangel um eine »unbequeme, ganz aus Matten gebaute Wohnung« den Unmut und das Misstrauen, die Elizabeth Marshs Ehemann mit seinen ungeduldigen, improvisierten Unternehmungen offenbar häufig provozierte.[25] Manchen, mit denen er in Kontakt kam, – vor allem konventionelleren und wichtigtuerischen Männern wie George Marsh in London und Henry Goodwin in Bengalen –, konnte James Crisps Geschäftsgebaren, das aus seinem ausgeprägten Ehrgeiz und seinem Mangel an sicherem Kapital erwuchs, als skrupelloser Opportunismus, abgefeimte Regelmissachtung und sogar Unredlichkeit erscheinen. So beklagte sich Goodwin, Crisp habe ihn »nicht behandelt wie einen Ehrenmann«, und meinte damit teils, dass Elizabeth Marshs Ehemann kein Gentleman war. Er schrieb, Crisp habe »eine äußerst unaufrichtige Rolle gespielt«. Ebenso vernichtend äußerte sich ein Finanzbeamter der Ostindischen Kompanie, der selbst gehofft hatte, in den Bungalow in Lakshmipur ziehen zu können: »Mir scheint, Mr. Crisp übernimmt nicht gern Kosten selbst, wenn sich etwas auf Kosten anderer erledigen lässt.« Der Finanzbeamte und Goodwin schickten diese Anschuldigungen allerdings nicht unmittelbar an Crisp, da sie damit ein Duell herausgefordert hätten. Aber beinah ebenso gefährlich war, dass sie Kopien dieser Beschwerdebriefe an das Handelsamt in Kalkutta sandten, das für die Aufsicht über die kommerziellen Unternehmen und Investitionen der East India Company zuständig war.[26]

Weder Henry Goodwin noch der verärgerte, wohnungslose Finanzbeamte hegten Zweifel an den Gründen, weshalb James Crisp den Bungalow unbedingt haben wollte – und sogar, wie sie behaupteten, auf Dauer die Übersiedelung nach Lakshmipur plante, selbst wenn er sich dazu ein eigenes Haus bauen müsste. Im Mai 1776 schrieb Goodwin boshaft an das Handelsamt:

> Ich kann nicht umhin … in Hinblick auf Mr. Crisps Wohnsitz in Lakshmipur hinzuzufügen, dass mir dieser mit den Amtspflichten des Salzaufsehers unvereinbar und dem Sinn seiner Bestallung zu widersprechen scheint, die nach meinem Dafürhalten verlangt, dass er an oder in der Nähe der Orte wohnt, wo das Salz gewonnen wird, damit es seiner unmittelbaren Aufsicht unterliegt, wohingegen ich für meinen Teil nicht sehe, welchen Nutzen er für die Kompanie haben kann, wenn die Aufgabe, die er selbst erfüllen sollte, an andere delegiert wird und er ebenso gut ganz in Dhaka oder sogar in Kalkutta wie in Lakshmipur wohnen könnte. Tatsächlich … hat der Salzaufseher meines Wissens die Orte, wo das Salz hergestellt wird, seit vierzehn Monaten nicht besucht.

Als letzten Todesstoß fügte Goodwin seinem Schreiben die im Wesentlichen zutreffende Einschätzung des Finanzbeamten über James Crisps Verhalten bei: »Was ihn bewegt, hier zu wohnen, ist mehr, seinen eigenen Privatgeschäften nachzugehen als ein echter Dienst, den er der Kompanie erweisen kann.«[27]

Die Aussicht, seine Privatgeschäfte in neue Richtungen auszubauen, mag nicht alles gewesen sein, was James Crisp nach Lakshmipur lockte. Wenn Henry Goodwin und der Finanzbeamte Recht hatten und Crisp tatsächlich in Erwägung zog, auf Dauer dorthin zu ziehen und das elegante Haus in Dhaka aufzugeben, hatte er dafür vielleicht andere, persönlichere Gründe. Im Frühsommer 1776 war Elizabeth Marsh mittlerweile seit nahezu 18 Monaten mit George Smith auf Reisen, nachdem sie schon weite Teile des Jahres 1769, 1770 und Anfang 1771 von ihrem Mann getrennt verbracht hatte. Vielleicht hatte James Crisp genug. Vielleicht hatte er in Lakshmipur außer einer reichen Quelle für edle Stoffe auch weibliche Gesellschaft und sexuellen Trost gesucht und gefunden, aber darüber lässt sich nur spekulieren. Fest steht, dass ihn nicht nur eine Vielzahl von Zwängen und Verlockungen in diese neue Richtung zogen, sondern auch sein Instinkt für potenziell lukrative, aber risikoreiche Unternehmungen.

Anfang der 1770er Jahre fiel es den Mitarbeitern der East India Company zunehmend schwerer, ihre Exportziele bei Textilien zu erreichen, vor allem bei feineren Stoffen, die in Europa, Nordamerika, der Karibik und anderswo die höchsten Gewinne einbrachten.[28] Obwohl die Ostindische Kompanie über beträchtliche Schikanen und Zwangsmittel verfügte, beschwerten sich ihre Vertreter in ganz Bengalen häufig, dass einheimische Weber ihnen die Stirn boten und ihre Stoffe an rivalisierende asiatische Händler oder europäische Privatkaufleute verkauften. Manche bengalischen Weber weigerten sich schlichtweg, weiter für die Ostindische Kompanie zu arbeiten. Andere reduzierten angeblich die Qualität der Stoffe, die sie für die Kompanie produzierten, und viele Weber beklagten sich, die von der Kompanie gezahlten Preise deckten nicht mehr ihre Kosten für Garn und Nahrungsmittel, die seit einer furchtbaren Hungersnot 1769 bis 1770 in Bengalen gestiegen waren. Die Tatsache, dass während dieser Hungersnot zahlreiche Weber verhungert waren, stärkte möglicherweise eine Zeitlang die Verhandlungsmacht derjenigen, die gesund und arbeitsfähig geblieben waren. Während die East India Company sich in Bengalen vor diese Schwierigkeiten mit einheimischen Webern und rivalisierenden Kaufleuten gestellt sah, mehrten sich die Anzeichen, dass die Nachfrage nach ihren Exporten in Großbritannien und andernorts abflaute. In den Lagern der Kompanie begannen sich massenhaft Waren zu türmen, die keinen Absatz fanden.[29]

Einer der Orte, an denen sich die Sorge über diese Entwicklungen akut bemerkbar machte, war Lakshmipur mit seiner kompanieeigenen Fabrik und seiner traditionellen Produktion überragender, leuchtend bunter Stoffe für westliche Märkte. Im April 1776, einen Monat, bevor er seinen Rufmord an James Crisp beging, hatte Henry Goodwin an das Handelsamt in Kalkutta geschrieben und gewarnt, die Ostindische Kompanie verliere ihren Einfluss auf die Weber Lakshmipurs. Er könne die Lieferung der geforderten Quote hochwertiger Textilien nicht mehr garantieren, da die von der Kompanie gebotenen Preise unter die »realen Kosten der Stoffe für die Weber« gefallen seien.[30] Manche der traditionell unabhängigen Weber in Lakshmipur machten, laut Goodwins Bericht, ihre Verluste bei der Kompanie wett, indem sie ihren Stoff an Privathändler verkauften – an Männer wie James Crisp. In diesem Jahr der Revolutionen begnügte James Crisp sich offenbar nicht mehr ausschließlich mit Handelsgeschäften innerhalb Asiens. Er wollte – und musste vielleicht – Zugang zum Übersee-Export hochwertiger bengalischer Stoffe haben. Er war unzufrieden mit seiner Situation in Dhaka, mit seiner schwierigen und umstrittenen Arbeit als Salzaufseher und mit seiner schon lange abwesenden Frau und wollte unter anderem den Bungalow oder zumindest ein eigenes Haus in Lakshmipur haben, um in Reichweite der besten Textilien zu sein, die die rebellischen Weber des Ortes produzieren konnten.

Adam Smith sollte im Laufe des Jahres 1776 in *Der Wohlstand der Nationen* seine berühmte Ansicht äußern, es sei zum Wohle der Einwohner und zum Wohle des freieren Handels durchaus wünschenswert, den kommerziellen Klammergriff der East India Company in einigen Sektoren des indischen Subkontinents durch privaten Handel in Frage zu stellen. Die Kompanie und ihre Angestellten seien »Plünderer«, ihr »dauerhaftes Monopol« auf so große Teile des britischen Handels um Kalkutta, Madras und Bombay sei unnötig und kom-

merziell schädlich. »Es scheint aller Erfahrung zu widerspre-
chen, daß eine Aktiengesellschaft imstande sein sollte, irgend-
einen Außenhandel mit Erfolg zu betreiben, sobald private
Unternehmer als Außenseiter in eine Art offene und faire Konkurrenz mit ihr treten können«, vertrat Adam Smith.[31] Über
die Risiken, die solche »privaten Unternehmer« eingingen,
wenn sie versuchten mit der East India Company auf Territorien zu konkurrieren, die sie als ihre eigenen betrachtete,
sagte er allerdings nichts. In Anbetracht des Temperaments
und Geschäftsstils James Crisps, seiner früheren Beteiligung
an Schmuggel auf der Isle of Man und der verschiedenen
Zwänge, denen er als bankrotter Neuankömmling ohne feste
Anstellung, aber mit einer Familie, die er zu ernähren hatte,
in Dhaka unterlag, ist es alles andere als überraschend, dass
er sich entschloss, diese Risiken einzugehen.[32] Die Arbeit als
Salzaufseher und die Beobachtung, wie oft Einheimische sich
über die Autorität der East India Company hinwegsetzten, mag
Crisp ebenfalls ermuntert haben, die Regeln zu ignorieren,
und dabei zu glauben, er könne damit durchkommen. Einige
Schwächen und Unzulänglichkeiten der Kompanie hatte er
schon aus erster Hand kennen gelernt. Im Spätherbst 1776
erfuhr er nun das Missfallen der Kompanie in seiner ganzen
Macht.

Warren Hastings kam nach Prüfung einiger Beschwerden
gegen James Crisps zwar zu dem Schluss, dass sein Verhalten
als Salzaufseher »nicht tadelnswert erscheint«, dennoch bestand das Handelsamt in Kalkutta auf seiner Entlassung.[33] Die
wahren Gründe dafür waren nicht Inkompetenz oder auch
Crisps regelmäßige Abwesenheit, sondern die kommerzielle
Wilderei, bei der man ihn erwischt hatte. Nicht sein Versagen,
das Salzmonopol der Kompanie umfassend umzusetzen (das er
mit jedem anderen Salzaufseher gemeinsam hatte), trug ihm
die Entlassung ein, sondern seine Bestrebungen, es als Außenseiter in Lakshmipur zu Erfolg zu bringen. Einige Monate ge-

lang es Crisp, seinen Nachfolger in Bhulua, William Justice, in Schach zu halten, indem er sich weigerte, ihm seine Bücher und das Salz zu übergeben, das er bereits aus den *golas* der Region geholt hatte, aber das konnte nicht mehr als eine Hinhaltetaktik sein. »Ihr Aufseheramt mit den damit verbundenen Zuwendungen endet mit dem letzten Tag des März, Sie werden also die Notwendigkeit zur Eile einsehen«, erinnerte man Crisp streng im Februar 1777. Als er die Übergabe hartnäckig auch im März noch verweigerte, schickte man ihm eine unverhohlenere Warnung: »Eine Verzögerung dieser Angelegenheit wird keine Fortzahlung Ihrer Bezüge über den 31. dieses Monats hinaus bewirken.«[34] Ab dem 1. April 1777 bestand James Crisps einzige Einkommensquelle in den Einnahmen, die er mit seinem Textilhandel auf eigene Rechnung in Teilen der Welt erwirtschaftete, zu denen er keinen tieferen Zugang finden konnte, und das in Zeiten sich ausweitender Kriege.

∽✕∾

Ein leitender Mitarbeiter der East India Company schrieb 1777, als europäischer Einwanderer »ohne eine Anstellung« auf dem indischen Subkontinent zu leben, sei eine »erbärmliche Notlage. Mich schaudert bei dem Gedanken … dass ein Mann darauf zurückgeworfen sein sollte«.[35] Der Verlust seiner halbfesten Anstellung bei der Ostindischen Kompanie mit ihrem komfortablen regelmäßigen Gehalt betraf James Crisp aber nicht allein. Seine unsichere Lage hatte auch Auswirkungen auf seine inzwischen zurückgekehrte, aber nach wie vor stark abhängige Frau.

Unmittelbar nach seiner Entlassung expandierten Crisps Asiengeschäfte anscheinend weiter. Noch 1778 führte ein Mitarbeiter der Ostindischen Kompanie ihn in einer Liste europäischer Privatkaufleute mit Wohnsitz in Dhaka, die »unseres Wissens erheblichen Handel treiben«.[36] Doch schon einige Zeit vorher sahen wohl manche, die den Crisps nahestanden,

das Paar nicht nur durch seine jeweiligen Reisen in einer be-
drängten Lage. Es ist bezeichnend, dass Johanna Ross, die
reiche Witwe aus Kalkutta, Elizabeth Marsh Ende 1776 in
ihrem Testament 5000 Rupien (etwa 500 Pfund) hinterließ,
die gleiche Summe, die sie auch Warren Hastings als einem
ihrer Nachlassverwalter vermachte. Ursprünglich hatte Johanna
Elizabeth nur mit 4000 Rupien bedacht, aber später offenbar
beschlossen, dass ihre Freundin eine höhere Summe verdiente
oder benötigte.[37] Diese 5000 Rupien waren wahrscheinlich der
größte einzelne Geldbetrag, den Elizabeth Marsh in ihrem
Leben erhielt, auch wenn die Verfügung über dieses Geld und
etwaige andere Erbschaften rechtmäßig ihrem Mann zustand,
da sie eine verheiratete Frau war. Es ist typisch, dass James
Crisp seiner Frau offenbar erlaubte, mit der Erbschaft zu tun,
was sie wollte. Aber nachdem ihr Mann das sichere Gehalt
der Kompanie verloren hatte, veranlasste Johanna Ross' Großzügigkeit Elizabeth Marsh, sich eingehendere Gedanken über
Geld und die Zukunft zu machen.

Die Entschlossenheit, die sie von nun an in dieser Hinsicht
an den Tag legte, hatte verschiedene Wurzeln. Zum Teil war sie
von der Erinnerung an Crisps Bankrott 1767 und dessen Folgen getrieben: an den Verlust ihres Heims, ihrer Wertgegen-
stände und gesellschaftlichen Stellung sowie an ihre und ihrer
Kinder Abhängigkeit von der Hilfe ihrer Eltern in Chatham
nach der Flucht ihres Ehemanns. Ihr instinktiver Entschluss,
nach Crisps erneuten wirtschaftlichen Schwierigkeiten aktiv zu
werden, verdankte sich allerdings mehr ihrem Temperament
und ihrem familiären Hintergrund.

Die Seefahrerfrauen in Portsmouth – wie auch in anderen
Hafenstädten –, unter denen Elizabeth Marsh aufgewachsen
war, mussten notgedrungen eine völlig andere Einstellung zu
Geld, Ehe und weiblichen Tätigkeitsbereichen entwickeln als
die Mehrheit der Frauen, deren Männer an Land arbeiteten.
Nach den Konventionen des englischen Rechts, das auch für

Einwanderer nach Bengalen galt, waren Eheleute nur eine juristische Person, und das war ausdrücklich der Mann. Rechtlich war eine Frau gefangen und definiert durch ihre Abhängigkeit von ihrem Ehemann.[38] Aber solche rechtlichen Fiktionen waren in maritimen Gemeinschaften völlig sinnlos, wo Frauen Monate oder gar Jahre lang allein zurechtkommen mussten, während ihre Männer, Väter und Brüder auf Seereisen waren, von denen sie vielleicht nie zurückkehrten. Folglich mussten Seefahrerfrauen mühsam sehen, wie sie über die Runden kamen. Sie nahmen vielleicht eine bezahlte Anstellung an, baten Marine oder zivile Reeder um Zugang zur Heuer eines männlichen Verwandten oder brachten ihre Männer dazu, ihnen eine Vollmacht zu erteilen, bevor sie in See stachen. Männer, die häufig zur See fuhren, gerieten unter Druck der Gemeinde und Familie, solche praktischen Maßnahmen der Frauen zu unterstützen. Die sexuelle Treue der Seeleute mochte in fernen Häfen ins Wanken geraten, aber man erwartete von ihnen, dass sie nicht übermäßig unzuverlässig waren, wenn es darum ging, eine gewisse Vorsorge für ihre Frauen in der Heimat zu treffen. Denn wie hätten Frauen, deren Männer einem derart gefährlichen Gewerbe nachgingen, sonst überleben sollen? Geographisch, gesellschaftlich und kulturell hatte Elizabeth Marsh sich weit von Portsmouth entfernt. Aber in ihrer Reaktion auf potenzielle wirtschaftliche Gefahren, die James Crisp und ihr nach 1777 in Bengalen drohten, war sie nach wie vor von der maritimen Tradition geprägt, dass Frauen die Initiative ergreifen und sich selbst helfen mussten.[39]

Im Januar 1776 war ihre Mutter, Elizabeth Marsh senior, in Chatham gestorben (die erhaltenen Briefe der Familie zu diesem Ereignis zeugen von Trauer, aber verraten nichts weiter über diese Frau).[40] Elizabeth Marsh erhielt die Nachricht erst nach ihrer Rückkehr nach Dhaka im Juli des Jahres und versuchte damals nicht, nach Großbritannien zu fahren, um ihren Vater zu trösten oder zu besuchen. Den Rest des Jahres und einen Großteil des Jahres 1777 blieb sie offenbar in Dhaka. Manchmal war James Crisp dort, manchmal in Geschäften unterwegs, und sie konnte über ihre Lage und über die sechs Monate alten Briefe nachdenken, die sie regelmäßig von ihren Verwandten in Großbritannien und Spanien erhielt. Im Laufe der Monate dürfte sie daraus erfahren haben, dass ihr Vater einer jüngeren Frau den Hof machte und sie schließlich heiratete. Wieder hatte Milbourne Marsh eine Braut mit Geld ausgewählt und heiratete im Dezember 1776 die respektable, vermögende Witwe Katherine Soan. Möglicherweise hatte er sich diese neue Frau als Pflegerin gesucht, denn wie Elizabeths Korrespondenten ihr mitteilten, wurde Milbourne nun ebenfalls gebrechlich: Er war in »einem zusehends schlechteren Gesundheitszustand«.[41] Anders als der Tod ihrer Mutter veranlassten diese beiden familiären Entwicklungen – die erneute Heirat ihres Vaters und seine schwindende Gesundheit – Elizabeth, die Reise von Bengalen nach Großbritannien zu versuchen. Kaum ein Jahr war sie wieder zurück bei James Crisp in Dhaka. Nun entschloss sie sich erneut, ohne ihn zu reisen.

Elizabeth Marshs Entschluss, sich auf eine weitere langwierige Seereise zu begeben, die sie vielleicht von ihrer Erbschaft von Johanna Ross bezahlte, war von der typisch maritimen Einstellung ihrer Familie zu Frauen und Geld beeinflusst. Die Großfamilie Marsh war an Arbeit, Risiken und beträchtliche Mobilität auf See gewöhnt und legte über Generationen hinweg ein ausgesprochenes Engagement an den Tag, ihren Frauen eine unabhängige Einkommensquelle zu verschaffen. Die Männer der Familie machten in ihren Testamenten oft ihre Ehefrauen zu den alleinigen Nachlassverwalterinnen und Erbinnen. So hinterließ der Schiffbauer George Marsh senior, Milbourne Marshs Vater, bei seinem Tod 1753 sein bescheidenes Vermögen seiner Frau, die er in seinem von zwei Frauen bezeugten Testament als einzige Nachlassverwalterin benannte.[42] Wie stark die Familie an dem maritimen Kodex festhielt, den

Lebensunterhalt der Frauen zu sichern, lässt sich daran ablesen, dass selbst die Männer, die nicht zur See fuhren, in ihrem Testament für die Unabhängigkeit der Frauen Sorge trugen. Als Elizabeth Marshs Bruder, der Offizier Francis Milbourne Marsh, 1782 einer unehelichen Tochter in seinem Testament Geld vermachte, vermerkte er ausdrücklich, es sei »zu ihrem eigenen ausschließlichen und separaten Gebrauch und nicht den Schulden, Verpflichtungen oder der Verfügung eines Ehemanns unterworfen, den sie einmal heiraten mag«.[43] Wenn Männer der Familie ihr Vermögen bei ihrem Tod unter ehelichen Kindern aufteilten, so hielten sie sich nur selten an die konventionellen Erbrechte des männlichen Erstgeborenen. Vielmehr tauchte in den Testamenten der Familie immer wieder die Formulierung »brüderlich teilen« auf. In der Familie Marsh hinterließen Väter zwar nicht immer, aber doch recht häufig jeder Tochter die gleiche Summe wie ihren Söhnen.

Elizabeth Marsh war sich dieser Familientradition durchaus bewusst, und wenn sie über die voraussichtlichen Folgen der erneuten Heirat ihres Vaters und seiner nachlassenden Gesundheit nachdachte, musste sie über die vermutlichen Verfügungen in seinem Testament besorgt sein. Was wäre, wenn Milbourne Marsh sterben und sein Vermögen vollständig oder zu einem beträchtlichen Teil seiner neuen, jüngeren Ehefrau Katherine hinterlassen sollte? Angesichts der tiefen Verbundenheit mit seiner Familie und ihren Traditionen war das zwar kaum wahrscheinlich, aber es war durchaus möglich, dass Milbourne Marsh nach alter Familiensitte seiner zweiten Frau einen anständigen Erbteil vermachen und verfügen würde, seine restliche Hinterlassenschaft zu gleichen Teilen zwischen seinen drei Kindern Francis Milbourne Marsh, John Marsh und seiner geliebten einzigen Tochter Elizabeth aufzuteilen. In diesem Fall stünde ihr auf dem Papier ein beträchtlicher Anteil zu. Aber die Verfügungsgewalt über eine solche Erbschaft hätte selbstverständlich ihr Mann. Und angesichts des Drucks, unter dem er in Bengalen stand, und der kommerziellen Auswirkungen des sich ausweitenden Krieges wäre James Crisp dieses Mal vielleicht nicht bereit, sich einen solchen Glücksfall entgehen zu lassen.

Elizabeth Marsh war nicht nur um ihrer selbst Willen um ihre mögliche Erbschaft besorgt. Für ihren Sohn Burrish Crisp spielte es kaum eine Rolle, wem Milbourne Marsh sein Geld vererbte: Seine hervorragenden Sprachkenntnisse ließen erwarten, dass er bald eine feste Anstellung als Schreiber bei der East India Company bekommen würde, die den ersten Schritt auf der Karriereleiter ihrer zivilen Hierarchie darstellte. Während Burrish also für sich selbst sorgen konnte, galt das für ihre Tochter nicht, Elizabeth Maria Crisp war 1777 13 Jahre alt. Seit sie fünf Jahre zuvor aus Indien zurückgekehrt war, hatte sie auf Milbournes Kosten in Chatham gelebt und eine teure Ausbildung für Mädchen erhalten. Wer würde für Elizabeth sorgen, wenn Milbourne starb, und wohin sollte sie dann gehen? Wie sollten sich eine anständige Mitgift und ein passender Mann für sie auftreiben lassen, wenn James Crisps kommerzielle Unternehmungen erneut scheiterten? Noch andere Fragen, die mit der Sterblichkeit zu tun hatten, drängten sich Elizabeth auf. Die meisten Europäer, die nach Indien auswanderten, starben vorzeitig und häufig ganz plötzlich. Was sollte aus ihr werden, wenn James Crisp sterben würde? Und was sollte werden, wenn sie in naher Zukunft sterben sollte, nachdem sie nun über 40 war und schon einmal eine schwere Krankheit überstanden hatte? Wer würde sich dann um Elizabeth Maria kümmern?

In Zeiten eines transkontinentalen Krieges für diese Fragen Lösungen zu finden, sollte Elizabeth Marsh über weite Teile ihres restlichen Lebens beschäftigen. Ende 1777 oder Anfang 1778 reiste sie mit dem Schiff von Kalkutta ab und traf noch rechtzeitig in Portsmouth ein, um ihren Vater zu sehen und Vereinbarungen mit ihm zu treffen.[44] Das neue Testament, das

Milbourne Marsh einige Monate vor seinem Tod am 17. Mai 1779 im Alter von 69 Jahren unterschrieb, folgte der Familientradition insofern, als es eine ausgesprochene Fürsorge für seine weiblichen Angehörigen an den Tag legte. Er bat, ihn »auf die gleiche Weise … und im selben Grab wie meine liebe verstorbene Frau« zu beerdigen, dachte aber auch an seine Witwe. Da Mrs. Katherine Marsh nicht weiter in dem schönen Haus des Verpflegungsamtsleiters in Chatham wohnen konnte, das der Marine gehörte, hatte Milbourne im nahen Rochester einige Häuser mit Grundstück gekauft, die ihr ein regelmäßiges Einkommen sicherten. Außerdem räumte er Katherine in seinem Testament die Auswahl unter Leinen, Porzellan, Tafelsilber, Haushaltsgegenständen und seinen »besten Möbeln« ein sowie die Zinsen auf Staatsanleihen im Wert von 700 Pfund. Sein ältester Sohn, Francis Milbourne Marsh, sollte die Zinsen auf Wertpapiere im Wert von 900 Pfund erhalten und John Marsh sollte der größte Teil eines großen Darlehens erlassen werden, das sein Vater ihm eingeräumt hatte.[45]

Elizabeth Marsh bekam nichts: Aber genau das hatten sie und ihr Vater gemeinsam geplant und vereinbart, da jegliches Geld, das er ihr unmittelbar vererbt hätte, an James Crisp oder seine Gläubiger gefallen wäre. Daher übersprang Milbourne in ihrem Fall eine Generation, ließ Elizabeth aus und verfügte, dass ihre Tochter, Elizabeth Maria, 300 Pfund erben sollte, sobald sie 21 Jahre alt wurde. Sollte Elizabeth Maria vorher heiraten, hatten Milbournes Nachlassverwalter Anweisung, ihr sofort ihre »besagten dreihundert Pfund und alle ausstehenden Zinsen« auszuzahlen. Es war nicht die einzige Vorsorge, die Milbourne Marsh in seinem Testament für Elizabeths Tochter traf. Nach dem Tod seiner zweiten Frau sollten alle Wertpapiere und Vermögenswerte, die er ihr vermacht hatte, nach der Familienkonvention zu gleichen Teilen unter seinen beiden Söhnen und seiner Enkelin Elizabeth Maria »brüderlich geteilt« werden. Somit hatte Elizabeth Marsh sich um eine ihrer Sorgen –

wenn auch nicht um ihre eigene zukünftige Sicherheit – schon einmal anfänglich gekümmert. Es war ihr gelungen, ihrer Tochter eine bescheidene Mitgift und die Aussicht auf eine weitere Erbschaft zu sichern.

Testamente sind kompakte Autobiographien, sie geben in kondensierter Form Aufschluss nicht nur über Wohlstand oder Armut eines Menschen, sondern auch über seine vorrangigen Sorgen im Leben, das Netzwerk seiner Vertrauten und die Grenzen dieser Vertrautheit. Alles, worüber Milbourne Marshs Testament schweigt – der Name Crisp, der abgesehen von seiner Enkelin Elizabeth Maria nicht vorkommt –, zeugt beredt von seinem mangelnden Vertrauen und Zutrauen in seinen sich abmühenden, unsteten Schwiegersohn, der ihm mittlerweile geographisch ebenso fern war wie charakterlich. Dagegen machen sowohl die Länge (vier Seiten) als auch der Inhalt des Testaments Milbournes erhebliche Erfolge im Leben deutlich. Die Stelle beim Verpflegungsamt in Chatham, die er seit 1765 bekleidete, bot einem immer noch kreativen, energiegeladenen Mann kaum Herausforderungen und ähnelte zu sehr einem Rentenposten. Dennoch hatte er in Chathams Verpflegungsabteilung eine neue Werft entworfen und gebaut, ein neues 22 Meter langes Lagerhaus errichtet, viele andere Bereiche seiner Abteilung erweitert und verbessert und bei Kriegsbeginn prompt Verteidigungsanlagen vor der Küste organisiert.[46] Da seine Arbeit ihn nicht allzu stark in Anspruch genommen hatte, hatte er sich mehr darum kümmern können, sein ansehnliches Vermögen zu konsolidieren. In den 1720er Jahren hatte seine Mutter von seinem Vater nur fünf Schillinge geerbt. Ein halbes Jahrhundert später hinterließ Milbourne Marsh Kapitalanlagen und Immobilien im Wert von über 5000 Pfund (nach heutiger Kaufkraft annähernd 500000 Pfund). In gewisser Hinsicht war es ein Glück, dass er noch vor Ende des Krieges starb. Mit dem Frieden von Paris, den Großbritannien einerseits und die neuen Vereinigten Staaten und ihre kontinentaleuropäischen Verbündeten andererseits 1783 aushandelten, gelangte Menorca wieder unter spanische Herrschaft. Somit ging auch Saffron Island mit seinen einwandfreien, teuren neuen Marineanlagen, die Milbourne Marshs Idee und Meisterwerk waren, an die Spanier über.

Im Laufe der Jahre hatte Milbourne Marsh einen erheblichen Beitrag zum Wohlergehen seiner Tochter geleistet; seine Unterstützung hatte eine Konstante in Elizabeth Marshs Leben dargestellt. Er hatte 1765 seine Arbeit an Saffron Island geopfert, um nach England zurückzukehren und ihr näher zu sein. Die Dokumente zu ihren und James Crisps Ostfloridaunternehmungen zeigen, wie oft Milbourne später als Leumundszeuge und sicher auch als Kreditgeber zur Verfügung stand.[47] Er hatte 1770 für Elizabeth Marshs erste Reise nach Indien gebürgt, 1771 die einsame Fahrt ihres Sohnes auf den indischen Subkontinent bezahlt und Elizabeth Maria Crisp in Chatham aufgenommen, als sie ein Jahr später zurückkam. Regelmäßig hatte Elizabeth Marsh auch von seinen Beziehungen zur Marine profitiert, die ihr in verschiedenen Häfen und Kontinenten Tür und Tor geöffnet und kostenlose oder günstige Schiffspassagen gesichert hatten.

Aber nun war ihr Vater tot. Ihr Mann war auf der anderen Seite der Welt in Bengalen; und ein Krieg trennte sie von ihren beiden engsten männlichen Verwandten. Ihr älterer Bruder, Francis Milbourne Marsh, war mittlerweile Major im 90. Infanterieregiment der britischen Armee. Er galt innerhalb der Familie als »vernünftiger und sehr gelehriger Mann« und war mit seinem Regiment auf den Leeward Islands (mit Antigua, St. Kitts, Montserrat und Nevis) im Einsatz, wo er 1782 starb.[48] Ihr jüngerer Bruder, John Marsh, der ihr näher stand, war ebenfalls tief in den Krieg verstrickt, allerdings als Zivilist und in einem anderen Teil der Welt. Er war seit 1768 britischer Konsul in Málaga an der spanischen Südküste. Wie die meisten Konsuln der damaligen Zeit sorgte er dort für sein Gehalt, indem er kommerzielle Pflichten ausübte und selbst Handel trieb. Neben den Diensten, die Konsuln einlaufenden Schiffen und einreisenden Bürgern ihres Staates erwiesen, waren sie professionelle Kundschafter, die den Auftrag hatten, möglichst viele Informationen aus möglichst vielen Quellen zu sammeln. Noch vor dem offiziellen Kriegsbeginn wurde John Marsh zum Spion und Chef eines Spionagerings. Sechs Monate vor der amerikanischen Unabhängigkeitserklärung meldete er bereits nach London, dass amerikanische Handelsschiffe an der spanischen und französischen Küste versuchten, ungeachtet der vom Parlament erlassenen Navigationsakte »unabhängig eigenen Handel zu treiben«. Regelmäßig korrespondierte er auch mit der britischen Botschaft in Madrid und mit den Behörden in Gibraltar über Entwicklungen in spanisch und portugiesisch Amerika, über die er Informationen in Erfahrung gebracht hatte, und baute ein Netz von Spionen und Informanten in einigen der bedeutendsten Häfen Spaniens und Frankreichs – Sevilla, Cartagena und Toulon – auf, die ihm politische Pamphlete, gelegentlich philosophische Texte und Geheimnisse zutrugen. Elizabeth Marshs jüngerer Bruder konnte also seine politischen Herren über einige Maßnahmen informieren, die die kontinentaleuropäischen Mächte betrafen, um sich auf den Krieg vorzubereiten und damit ihre Reichweite dramatisch auszudehnen: dass im April 1778 von Toulon »eine große Ladung Kriegsvorräte und viertausend Infanteristen nach Nordamerika« verschifft wurden; dass die Bäcker in »Sevilla und anderen Orten Tag und Nacht Schiffszwieback« zur Vorbereitung auf eine Offensive der spanischen Kriegsmarine buken; dass man »an der Küste Kataloniens kriegstaugliche Vorräte anlegte wie Sturmkanonen, Sandsäcke und Gerätschaften, die gemeinhin gebraucht werden, um Schützengräben auszuheben«; und dass der niederländische Konsul in Málaga ihm »vertraulich« mitgeteilt hatte, dass die Generalstaaten in Den Haag ebenfalls Befehl erteilt hätten »dreißig Kriegssegelschiffe auszurüsten«.[49]

Erst im Juli 1779, als Spanien Großbritannien offiziell den Krieg erklärte, war John Marsh gezwungen, Málaga zu verlassen. Selbst danach blieb er noch einige Monate in Portugal, um Informationen zu sammeln; er war also ebenfalls nicht zur Stelle, um seiner Schwester unmittelbar nach Milbourne Marshs Tod zu helfen. Also wandte Elizabeth Marsh sich an einen anderen männlichen Verwandten, der durch den Krieg Veränderungen durchmachte: an ihren Onkel George Marsh.

Bis 1776 war George Marsh an Land nie über Südengland hinausgekommen und hatte höchstens sehr kurze Seereisen vor der Küste unternommen. Diese relative Unbeweglichkeit erlaubte es ihm, als Treuhänder und Chronist der Familiengeschichte zu fungieren. Oft übernahmen Frauen diese archivarische Aufgabe, die das Andenken der Familie bewahrte, weil sie durch ihr stärker eingeschränktes Leben mehr Zeit dazu hatten und vielleicht auch den Wunsch verspürten, auf diesem Weg vergangenen Ereignissen ihren Stempel aufzuprägen und Gestalt zu verleihen.[50] George Marshs geschützte Sphäre war zwar im Wesentlichen eine männliche – sich mit der globalen Reichweite einer überragenden Marine zu befassen, wenn auch nur mit Tinte, Stift und Papier –, schottete ihn aber dennoch von den Brüchen und ausgedehnten Reisen ab, die viele seiner Verwandten erlebten. Von seinem sicheren, geschäftigen Posten an Land aus genoss er es, einige Zeilen aus *De rerum natura* des epikuräischen Dichters Lukrez (wenn auch ungenau) zu zitieren: »Es ist angenehm, einen Schiffbruch zu sehen, vor dem wir uns nicht fürchten müssen.« Eine genauere Übersetzung, zu der George Marsh nicht imstande war, da er kein Latein konnte, hätte seine Philosophie noch besser zum Ausdruck gebracht: »Wonnevoll ist's bei wogender See, wenn der Sturm die Gewässer aufwühlt, ruhig vom Lande zu sehn, wie ein andrer sich abmüht.« In einer reinen Seefahrerdynastie saß George

Marsh als Landratte »zufrieden in einem Lehnstuhl, ein Vermögen in der Tasche«, wie er gern erklärte, und hatte vor 1776 nur ein einziges Mal eine Überseereise in Erwägung gezogen. Mit Mitte 20 hatte er noch als aufstrebender Marineschreiber überlegt, zur Förderung seiner Karriere nach Antigua zu gehen.[51] Daraus wurde nichts, und so war er zufrieden und gewinnbringend in der Heimat geblieben. Aber nun zwang ihn der Beginn des weitreichenden Krieges, seine übliche Routine und Haltung aufzugeben.

Seit er nicht mehr Lord Egmonts Sekretär bei der Admiralität war, hatte George Marsh die Karriereleiter in der Marineverwaltung stetig weiter erklommen. Ab 1772 gehörte er dem Navy Board an, dem leitenden Gremium der Marineverwaltung, die als oberste Behörde für den Bau, die Verpflegung und Instandsetzung aller Schiffe und Depots der Royal Navy sowie für die Verwaltung ihrer Werften im Inland und in Übersee zuständig war. Ein Jahr später stieg George Marsh zum Ersten Sekretär des Navy Board auf, also auf den zweithöchsten Posten der Marineleitung mit einem Jahresgehalt von 830 Pfund. In seiner neuen Stellung musste er an jeder Zusammenkunft des Navy Board teilnehmen, das ab 1775 an sechs Tagen der Woche von mindestens 10 Uhr morgens bis zum frühen Abend tagte:

Die besondere Aufgabe des Ersten Sekretärs ist es, sämtliche Anweisungen und Briefe der Admiralität, des Schatzamtes und verschiedener Korrespondenten der Marineleitung entgegenzunehmen, zu ordnen, zu registrieren und sicher zu verwahren, Antworten darauf zu verfassen … Protokolle aller Sitzungen der Marineleitung zu führen … gemäß Weisungen der Admiralität oder der Marineleitung Anweisungen weiterzuleiten … über Ausrüstung, Verpflegung und Schiffsbedarf der Schiffe und Flotten … nach den Sitzungsprotokollen der Marineleitung sämtliche Verträge über Schiffsbedarf und Charterpartien aufzusetzen, abzuschließen und Abschriften davon weiterzuleiten … über alle der

Marineleitung gestellten Rechnungen Buch zu führen … alle Bewilligungen über Handgeld an Witwen und Waisen im Kampf gefallener Männer zu prüfen und Zahlungsanweisungen auszustellen … über die Zertifikate solcher Herren Buch zu führen, die eine Prüfung als Marineleutnant ablegen; Zertifikate auszustellen für Kommandanten von Kriegsschiffen, Leutnants und Kapitäne, dafür zu sorgen, dass sie ihre Heuer erhalten; die Journale und Logbücher, die von den diversen Offizieren eingereicht werden, entgegenzunehmen, zu ordnen und abzulegen; die Bücher der Holzlieferanten zu prüfen und abzuzeichnen.[52]

Da die Royal Navy auf dem Höhepunkt des Krieges 310 Schiffe, darunter über hundert Linienschiffe – die schwersten Kriegsschiffe –, besaß und 106 000 Seeleute, 8000 Leute in ihren Marinewerften und weitere in ihren Überseestützpunkten beschäftigte, hatte George Marsh, selbst mit Hilfe mehrerer Sekretäre, ein immenses Arbeitspensum zu bewältigen.[53] Er arbeitete härter als je zuvor in seinem Leben.

Die Aufsicht über die in einem transozeanischen Konflikt nötige Proviantierung, Materialbeschaffung, Buchführung, Entschädigung für Menschenverluste und Archivierung machte aber nur einen Teil der Veränderungen aus, die er erlebte. Im Februar 1776 beorderte man ihn plötzlich nach Hamburg, auf »die denkbar unangenehmste und gefährlichste Reise, die ich unternehmen konnte«. Dort blieben er und ein Kollege aus der Marineleitung, Jonas Hanway, bis Ende Mai, »überwanden viele Schwierigkeiten und eine Unmenge von Unannehmlichkeiten«. Die 40 deutschen, belgischen und französischen Orte, durch die er auf der Rückreise kam und die er anschließend in seinem Familienbuch, meist falsch geschrieben, auflistete, lesen sich wie eintöniges Glockengeläut und lassen erkennen, wie sehr es ihm widerstrebte und ihn sogar verstimmte, dass er ausnahmsweise zu einer Reise gezwungen war: »Zarendorff, Osnaberg, Rosamond, Burcan, Wickendorf …

Halle, Zell, Munster« und so weiter durch Hannover, Leuven, Brüssel, Lille und St. Omer bis nach Calais und von dort mit dem Schiff nach Hause.[54] Für die britische Regierung war diese Mission ein Erfolg. Sie schloss damals gerade Verträge mit Braunschweig-Wolfenbüttel, Hessen-Kassel, Ansbach-Bayreuth und anderen Fürstentümern über die Bereitstellung deutscher Söldnertruppen ab. Männer, Waffen und Proviant an so viele verschiedene Überseeziele zu schicken nahm damals bereits britische Schiffskapazitäten von 138 000 Tonnen in Anspruch. In Hamburg gelang es Georg Marsh und seinen Partnern, weitere Schiffe mit einer Tonnage von 34 000 Tonnen zu chartern, um 17 000 deutsche Soldaten nach Nordamerika zu bringen, »die alle bei bester Gesundheit ankamen«.[55] Dieser logistische Coup bestätigte zwar seine Professionalität, war George aber ansonsten kaum ein Trost, da seine Sympathien bei den Amerikanern lagen.

In dieser Hinsicht sind seine privaten Aufzeichnungen unzweideutig. Der Krieg mit den ehemaligen Kolonien war, wie er schrieb, »eine äußerst unglückliche Angelegenheit«. Als Berufsbeamter durfte er sich politisch nicht äußern, und da er kein ererbtes Vermögen besaß, war er auch nicht bereit, seine Existenz zu gefährden. »Ich hatte nichts damit zu tun.« In seiner offiziellen Eigenschaft betrieb er den Krieg auf dem Papier weiter unermüdlich und auf höchster Ebene. Aber »persönlich tat es mir leid, dass die Regierung ihn für notwendig erachtet hatte«, hielt er fest.[56] Er war nicht nur entsetzt, weil dieser Konflikt eine Art Bruderkrieg war oder weil er seine wachsenden menschlichen und finanziellen Kosten jeden Tag im Amt dokumentieren musste; vielmehr neigte er auch von seinem Charakter und seinen Vorurteilen her zur Sympathie mit dem amerikanischen Gegner. Seiner Religion nach war George Marsh zwar anglikanisch, in seinem persönlichen Stil jedoch ausgesprochen puritanisch. Da er als Selfmademan immer noch leicht gekränkt auf Anspielungen reagierte, »von wie niedriger

Geburt und welch armen Eltern« er abstammte, mag die Ablehnung des Erbprinzips zu seiner verkappten Unterstützung der Amerikaner beigetragen haben. Bei seiner Ernennung zum Ersten Sekretär der Marineleitung wurde George zwar bei Hofe vorgestellt und begleitete später George III. und Queen Charlotte, als sie 1773 und erneut 1778 zu einer Marineparade Portsmouth besuchten, aber auf dem Papier äußerte er sich in dieser Zeit nie überschwänglich über die Institution der Monarchie. Er nahm auch keine weiteren Einladungen an den Hof an: »Ich war nicht des Geistes Kind, das meiste daraus zu machen«. Er neigte sogar dazu, dem König vorzuwerfen, er habe ihn gedrängt, den Posten als Erster Sekretär anzunehmen, »eine kleine hohle Ehre«, die ihm mehr Plackerei, aber kein höheres Gehalt einbrachte als seine vorherige Stellung.[57]

Ein Porträt aus der Kriegszeit (eins von dreien, die er im Laufe seines Lebens in Auftrag gab) fing George Marshs gebrochene Selbstwahrnehmung als Staatsdiener ein, der sich damals im Stillen schon distanziert hatte. Als Maler wählte er Benjamin Wilson aus, der in den 1760er Jahren Benjamin Franklin während dessen Londonaufenthalts gemalt hatte, um für die Sache der amerikanischen Kolonisten einzutreten. Wilson war wie Franklin ein begeisterter Amateurwissenschaftler, der eigene Experimente mit Elektrizität durchführte. Dieses Interesse an Experimenten und Naturwissenschaften mag einen Teil seines Reizes für George Marsh ausgemacht haben. Wilson hatte zudem wie Marsh einen Posten in der Militärverwaltung (er arbeitete als Maler für das Feldzeugamt) und sympathisierte offenbar mit der Opposition. Jedenfalls malte Wilson führende britische Persönlichkeiten, die gegen den Krieg opponierten und die Amerikaner unterstützten wie die Marquess of Rockingham.[58] In seinem Porträt George Marshs zeigte er den Ersten Sekretär stehend in gedeckter, gut geschnittener Kleidung und mit um die 50 immer noch recht schlank, auch wenn ein ausgeprägtes Doppelkinn vermuten lässt, warum Elizabeth Marshs Onkel immer sorgfältig auf Gewicht und Ernährung achtete. Er wirkt intelligent, gewieft, mächtig und überaus vorsichtig, wie er es ja auch war. Einen Lederhandschuh hat er bereits ausgezogen, den anderen zieht er gerade von der Hand. Neben ihm sind Papiere, Ordner und Schreibfedern zu sehen. George Marsh schickt sich gerade an, sich um dringende Marineangelegenheiten Seiner Majestät Georgs III. zu kümmern, aber auf dem Bild gibt es keine Embleme des Monarchen.

Die Bereitschaft ihres Onkels, weiterhin auf einer gut bezahlten Führungsebene einen Krieg zu verwalten, den er zutiefst missbilligte, war für Elizabeth Marshs Interessen und Aussichten von entscheidender Bedeutung. Es gewährleistete, dass sie und ihre Tochter für den Rest ihres Lebens gelegentlich beträchtliche Geldgeschenke erhielten und dass sie auch nach dem Tod ihres Vaters einen Verwandten hatte, der ihr eine billige Kabine auf Schiffen der Royal Navy organisieren konnte. Genau das tat George Marsh im November 1779: Er sicherte ihr und Elizabeth Maria Plätze auf der *York*, einem in der Karibik gebauten 664-Tonnen-Versorgungsschiff, das nach Madras fuhr. Sie waren nicht die einzigen Frauen an Bord. Elizabeth Marshs indische Sklavinnen »Phillis« und »Mary«, die sie nach England begleitet hatten, fuhren nun wieder mit ihr zurück. Sie schauten zu, als Elizabeth Marsh in Madeira kurz an Land ging, um einem Marinebeamten persönlich die amtliche Korrespondenz ihres Onkels auszuhändigen, was zu ihrem Preis für die freie Passage gehörte. Sie halfen ihr die getriebenen Metallwaren auszupacken, die sie für einen verschwägerten Crisp, der im Juwelenhandel tätig war, nach Indien mitnahm. Sie bestaunten die 14 Kanonen und zwölf Drehbassen der *York*, die eine unentbehrliche Bewaffnung waren, da die französische und die spanische Kriegsflotte nun auf amerikanischer Seite standen (Captain Bechinoe, der Kommandant der *York*, sichtete Ende September eine spanische Fregatte).[59]

Da die *York* einen Kurs wählte, auf dem sie solchen Gefahren auswich, und immer wieder auf Konvois wartete, dauerte die Reise annähernd sieben Monate, aber für Phillis, Mary, Elizabeth Maria und Elizabeth Marsh gab es wenig Grund zur Eile. Seit 1772 in London das Somerset-Urteil gefallen war, galt es als illegal, Sklaven zwangsweise aus England fortzubringen, und zunehmend setzte sich die Ansicht durch, Sklaverei könne und dürfe es auf englischem Boden nicht geben. Daher zog die East India Company es vor, Sklaven, die nach diesem Zeitpunkt mit ihren Herren vom indischen Subkontinent eintrafen, für die Dauer ihres Aufenthalts in Großbritannien als »Diener« zu bezeichnen.[60] Für Phillis und Mary, die durch ihren Aufenthalt in einem anderen Land vorübergehend (zumindest nominell) ihre Freiheit erhalten hatten, bedeutete die Rückkehr nach Indien auch die Rückkehr zu ihrem Sklavenstatus. Sie fuhren zurück in die Leibeigenschaft. Auch für Elizabeth Marsh geriet durch die Ausreise ihr wesentlich privilegierterer Status in Fluss. Die schriftliche Genehmigung der East India Company, wieder auf den indischen Subkontinent zu reisen, erlaubte ihr »zu ihren Freunden in Bengalen zu fahren und ihre Tochter ... sowie zwei schwarze Sklaven ... mitzunehmen«. Was Elizabeth anging, so war der entscheidende Passus »zu ihren Freunden«. Zwar war sie wie schon auf ihrer Indienrundreise bereit, unterwegs Geschäftliches für die Crisps zu erledigen, aber die *York* fuhr nach Madras, in dessen Nähe Captain George Smith stationiert war, und sollte nicht direkt nach Bengalen weitersegeln. Sie entschied sich also, sich (und andere) in Gefahr zu bringen, indem sie sich in Zeiten des Krieges und wachsender maritimer Bedrohungen auf eine Überseereise begab, aber es geschah nicht aus ehelichem Pflichtgefühl. Wie die Formulierung auf der Einreiseerlaubnis der Ostindischen Kompanie deutlich macht, fuhr Elizabeth Marsh nicht zu James Crisp.[61]

☙

Denn was hätte sie dort erwartet? Mittlerweile hatten der sich ausweitende Krieg und seine Auswirkungen die Handelsgeschäfte zum Erliegen gebracht, die James Crisps einzige Einkommensquelle darstellten. Für ihn als privaten Kaufmann, der Textilien von Dhaka in die Region des Persischen Golfs exportierte, muss die Belagerung und Invasion Basras durch die Perser 1775/76 verheerende Folgen gehabt haben. Basra war ein Livorno des Indischen Ozeans, ein wichtiger Umschlagplatz im Ost-Westhandel; im Schutz der Lehmmauern mit ihren 131 Wachtürmen kauften und verkauften arabische, armenische, jüdische, indische, portugiesische, niederländische, griechische, venezianische, französische und britische Kaufleute, und traditionell diente die Stadt als wichtiger Stapelplatz für den Export nordindischer Textilien ins Osmanische Reich. Zwei Mal im Jahr transportierte eine der bestorganisierten Karawanen Asiens Textilien und andere Güter von Basra nach Aleppo, der größten Stadt im Fruchtbaren Halbmond und drittgrößten Stadt des Osmanischen Reiches nach Istanbul und Kairo. Anfang der 1770er Jahre gelangten jährlich schätzungsweise 3000 bis 3500 Ballen nordindischer Baumwollstoffe nach Basra, die überwiegend aus Bengalen kamen und meist auf britischen Schiffen transportiert wurden. Dieser Handel kam durch die persische Invasion und Besatzung Basras, die bis 1779 dauerte, praktisch vollständig zum Erliegen.[62]

Noch härter traf James Crisp wie viele europäische und asiatische Kaufleute in Bengalen die zunehmende transkontinentale Ausdehnung des amerikanischen Krieges. Sie wirkte sich nachteilig auf die Finanzen der East India Company aus, die schon vor 1776 unter Druck geraten waren, und damit auch auf die Verfügbarkeit von Bargeld und Krediten in Nordindien. Tee, Textilien, Gewürze, Keramik und Luxusmöbel, die Schiffe der Ostindischen Kompanie nach Großbritannien brachten, wurden gewöhnlich zu großen Teilen in andere Regionen der Welt weiter exportiert, vor allem auf den europäischen Kontinent, in die Karibik und in die 13 amerikanischen Kolonien. Nach 1775 waren die Einwohner der ehemaligen Kolonien auf dem amerikanischen Festland für die Dauer des Krieges kaum noch in der Lage, solche Luxusgüter zu kaufen. In den südlichen dieser Kolonien führte der Krieg außerdem dazu, dass Plantagenbesitzer den britischen Sklavenschiffen erheblich weniger Afrikaner abkauften. Das brachte weitere Einbußen für die East India Company, da britische Sklavenhändler vorher große Mengen asiatischer Textilien für den Tauschhandel gegen gefangene Menschen aus Westafrika gekauft hatten. Als der Krieg sich ausweitete und amerikanische Freibeuter immer tollkühner und gefährlicher wurden, litt auch der karibische Markt für die Waren der Ostindischen Kompanie. Der Eintritt Frankreichs, anschließend Spaniens und schließlich auch der Niederlande in den Krieg hatte noch schwerwiegendere Folgen. Der Feindesstatus dieser Mächte schränkte den Zugang der Ostindischen Kompanie zu den westeuropäischen Märkten erheblich ein, und die Kämpfe zwischen europäischen und europäisch unterstützten Truppen in Südindien und im Indischen Ozean lenkten die Ressourcen der Kompanie zwangsläufig vom Kommerz in den Krieg.[63] Schon 1776 hatten britische Händler in Bengalen »eine Knappheit an Münzgeld« und an ungeprägtem Münzsilber beklagt, das nach China abfloss. Ein Jahr später waren Kredite weitaus schwerer zu bekommen, und Kalkuttas Handelsaufkommen lag im Wert kaum mehr höher als 40 Jahre zuvor. Bis 1779 fielen Textilexporte aus Bengalen im Volumen wie auch im Wert ins Bodenlose.[64]

James Crisp reagierte anfangs auf diese Folge von Rückschlägen in typisch aggressiver Manier. Er »weitete seinen Handel so weit aus, dass er sich und andere ruinierte, die mit ihm zusammenhingen«, hielt George Marsh mit der kritischen Genugtuung eines Mannes fest, dessen Warnungen sich durch die Ereignisse vollauf bestätigt hatten.[65] Von dieser voreingenommenen Meinung einmal abgesehen ist klar, dass James

Crisp sich in dieser Notlage fieberhaft bemühte, ein Syndikat von Kreditgebern und Partnern sowie ein Darlehenspaket zusammenzubringen, das es ihm ermöglichte, liquide zu bleiben. Sein Partner Henry Lodge besaß mittlerweile als Mitglied des Provinzrats von Dhaka einen gewissen Einfluss. Einige andere bekannte Geschäftspartner suchte Crisp ebenfalls aus, weil sie in Positionen saßen, in denen sie ihm potenziell helfen konnten. So sprach William Cator fließend Persisch, das Crisp nicht beherrschte, arbeitete als Assistent des Zolleinnehmers in Dhaka und hatte verwandtschaftliche Beziehungen zu einem der Handelshäuser Kalkuttas, das Händlern Geld lieh. Es ist zudem bekannt, dass Crisp Darlehen von Privatpersonen erhielt. Von Johanna Ross lieh er sich 18000 Rupien auf Schuldschein und weigerte sich nach ihrem Tod, das Geld zurückzuzahlen. Es wäre erstaunlich, wenn er sich nicht auch von einheimischen Kaufleuten und Bankiers beträchtliche Summen geliehen hätte.[66]

Ende 1778 war James Crisps Lage so verzweifelt, dass er anfing, von der East India Company Auslagen einzufordern, die sie ihm angeblich noch aus seiner Zeit als Salzaufseher schuldete. In frostigem Ton antwortete Warren Hastings auf eine solche Forderung: »Es scheint uns doch äußerst ungewöhnlich, dass Mr. Crisp es so lange versäumt haben sollte, seinen Anspruch auf diesen Posten geltend zu machen, wenn er ein Recht darauf hätte.«[67] Die Demütigung, sich auf wenig erfolgversprechende Weise an die Ostindische Kompanie zu wenden, die ihn entlassen hatte, zeigt, unter welchem Druck Crisp stand, als seine Schulden wuchsen und eine geschäftliche Initiative nach der anderen fehlschlug. Verbitterung, Angst und zahlreiche Kisten Portwein und Madeira, die er in seinem halb leeren Haus in Dhaka lagerte, hatten bis Mitte 1779 »seine Gesundheit und Lebensgeister zerstört«.[68] Seine Frau war nicht nur abwesend, sondern sorgte aktiv dafür, dass ihr Mann kein Geld aus Milbourne Marshs Hinterlassenschaft erhielt. Selbst nach dem Tod ihres Vaters brannte Elizabeth Marsh offenbar nicht darauf, nach Dhaka zurückzukehren, sondern blieb monatelang in dem eleganten Haus, das George Marsh inzwischen in Blackheath bewohnte. Als ihr Mann immer kranker wurde und seine Kräfte nachließen, rief man daher seinen Sohn, damit er sich um James Crisps Angelegenheiten kümmerte.

Bereits Anfang 1778 hatte Burrish Crisp mit noch nicht einmal 16 Jahren eine Schreiberstelle bei der East India Company bekommen, nachdem er als dritter von 21 Bewerbern abgeschlossen hatte.[69] Seine Jugend und sein Fleiß machten Warren Hastings auf ihn aufmerksam, der bereits über seine Sprachtalente Bescheid wusste und ihn im Juni 1779 nach Fort William in Kalkutta kommen ließ. Dort arbeitete eine ganze Mannschaft intelligenter junger Männer, die für die zukünftige Regierung der East India Company juristische und amtliche Texte aus dem Hindi und Persischen ins Englische übersetzten, und es scheint wahrscheinlich, dass Hastings vorhatte, Burrish Crisp für diese Arbeit anzuwerben. Wie die Dinge lagen, musste er diese Karrierechance aber opfern und im August die Erlaubnis einholen, Kalkutta zu verlassen und eine Stelle in Dhaka anzutreten, um seinem Vater näher zu sein.[70] Burrish bezahlte die einheimischen Diener, die als einzige zur Hand waren, um sich »während seiner Krankheit« um James Crisp zu kümmern. Und er half Henry Lodge nach James Crisps Tod, zu verkaufen, was übrig war. Vermutlich starb er Ende Oktober oder im November, da Lodge am 23. Dezember 1779 die Urkunde erhielt, die ihn als Nachlassverwalter für Crisps Vermögen auswies.[71]

Der genaue Todestag ist unbekannt, da alles, was von James Crisp übrig blieb, systematisch in alle Winde verstreut und ausgelöscht wurde, einschließlich der Erinnerung an ihn. Da er kein Testament hinterließ, wurde seine gesamte Habe Anfang März 1780 versteigert.[72] Das Haus in Dhaka und die Möbel wurden ebenso verkauft wie die Konsumgüter aus verschie-

denen Kulturkreisen, einerseits Einmachgläser und Alltags-
geschirr, andererseits Crisps vier Fächer aus Pfauenfedern, die
wie 19 weitere Posten an einen asiatischen Bieter gingen. James
Crisps Seidenanzüge, Rüschenhemden und Baumwollunter-
wäsche kamen ebenso unter den Hammer wie seine goldene
Uhr mit Kette und sogar sein Rasierzeug mit Rasiermessern,
Schleifstein, Seifendose und »einem Haarzopf«, die zusammen
nur sieben Rupien einbrachten. Diese und einige andere Artikel, die zur Versteigerung kamen – etwa Burrishs Babykleider
oder Elizabeth Marshs altes Reitkleid mit Unterrock –, vermitteln den überwältigenden Eindruck, dass hier eine Familie
eifrig bedacht war, so viel Geld flüssig zu machen, wie sie nur
konnte, und sämtliche Andenken an die Vergangenheit ab-
zustoßen. Es bestand akuter Geldbedarf. Die ausstehenden
Löhne für James Crisps Dienstboten in Dhaka und über 18 000
Rupien, in zwei Raten an Johanna Ross' Nachlassverwalter
zu zahlen, fraßen die gesamten Einnahmen der Versteigerung
und mehr auf. Bei einer letzten Durchsuchung des Hauses in
Dhaka kamen weitere 720 Rupien zum Vorschein, die offenbar
Crisps gesamtes liquides Kapital zur Zeit seines Todes ausmachten. Damit konnte die Familie seine letzten Verbindlich-
keiten auf dem Papier ausgleichen, wobei seine männlichen
Gläubiger leer ausgingen.[73]

Elizabeth Marshs Ehe war somit am Ende, aber das war sie
wohl schon vor Crisps Tod gewesen. Schon als sie die Passage
auf der *York* arrangierte und vermutlich noch nicht wusste, dass
James Crisp sterbenskrank war, hatte sie anscheinend nicht vor,
zu ihm nach Dhaka zurückzufahren und mit ihm zu leben.
Als sie im Juni 1780 in Madras eintraf, war ihr Mann bereits
seit über sechs Monaten tot, und praktisch alle irdischen Güter
ihres gemeinsamen Lebens auf dem indischen Subkontinent
waren in alle Winde verstreut. In ihren Augen hatte James Crisp
in seinen Pflichten massiv versagt, was angesichts ihrer Herkunft aus einer Seefahrerfamilie besonders verwerflich erschien.

Die Männer ihres Clans sorgten in ihrem Testament für ihre Frauen, und man erwartete von ihnen, dass sie zu Lebzeiten verlässliche Vorsorge für sie trafen. Aber Crisp war gestorben, ohne ein Testament zu machen, und hatte sie zum zweiten Mal mittellos zurückgelassen. Schon wieder war ihr Heim und ihre gesamte Habe verloren gegangen bis hin zu ihrer »Menage mit Silberverschlüssen«. Sollte Elizabeth Marsh Skrupel verspürt haben, weil sie selbst diverse Male ihre ehelichen Pflichten vernachlässigt hatte, so waren sie vermutlich nun wie weggewischt. Falls James Crisps glücklose Gläubiger von seinen Unterlagen in Dhaka noch etwas übrig ließen, machten sich offenbar weder Elizabeth Marsh noch ihre Kinder die Mühe, sie aufzubewahren. Sein Name tauchte nicht einmal auf Elizabeth Marshs Grabstein auf. Burrish Crisp konnte – oder wollte – sich bei der Versteigerung der beweglichen Habe seiner Familie nur einen Gegenstand leisten, einen Silberbecher, der vielleicht ein Taufgeschenk war. Er bezahlte 172 Rupien, etwa 17 Pfund, für die Beerdigung seines Vaters. Falls James Crisp in Dhaka beerdigt und ihm dort je ein Grabstein errichtet wurde, so existiert er heute nicht mehr.[74]

⌒⋘⌒

Als Elizabeth Marsh und Elizabeth Maria aus Madras nach Bengalen zurückkehrten, zogen sie in ein kleines Haus in Hooghly, das Burrish ihnen eingerichtet hatte. Hooghly, 40 Kilometer nordwestlich von Kalkutta, war ein Ort des Vergessens, ein befestigtes, von Wasser geprägtes Zentrum der Opiumproduktion und relativ preiswert. Dort lebten die beiden Frauen »sehr glücklich miteinander«, wie George Marsh erfuhr, während Burrish sich um die Rechnungen kümmerte und ihnen längere Besuche abstattete, wann immer er sich von seinen beruflichen Pflichten für die Ostindische Kompanie in Dhaka frei machen konnte.[75] Aber auch wenn die drei nun in einigermaßen gesicherten Verhältnissen lebten und erfolgreich alle Erinnerungen an das fehlende Mitglied ihrer vierköpfigen Familie tilgen konnten, war noch nicht alles hinreichend geregelt. Burrish Crisps Gehalt von der East India Company und das Einkommen aus seinen Handelsgeschäften auf eigene Rechnung reichten aus, um für den Unterhalt seiner Mutter und seiner Schwester zu sorgen. Da er seine Schreiberstelle aber erst kürzlich bekommen hatte und als Neuling im Handel mit den kommerziellen Auswirkungen des wütenden Krieges fertig werden musste, war er nicht in der Lage, Elizabeth Marias bescheidenes Vermögen, das sie von Milbourne Marsh geerbt hatte, auf eine beträchtliche Mitgift aufzustocken, die sie idealerweise gebraucht hätte.

In Anbetracht der geringen Zahl alleinstehender weißer junger Frauen in Kalkutta mangelte es Elizabeth Maria, die 1780 sechzehn Jahre alt war, höchst wahrscheinlich nicht an männlicher Aufmerksamkeit, zumal sie das gute Aussehen beider Eltern und die Musikalität ihrer Mutter geerbt hatte. George Marsh, dessen einzige Tochter als Heranwachsende an Schwindsucht gestorben war und der sich etwas über seinen Kummer hinwegtröstete, indem er für Elizabeth Maria schwärmte, beschrieb seine Nichte im Familienbuch als »wohl erzogen, kultiviert und sehr hübsch«.[76] Der politische Philosoph und Parlamentsangehörige Edmund Burke empfahl sie später einigen aristokratischen Freunden in einem Schreiben als »junge Dame von ausgesucht liebenswerten und kultivierten Manieren«. Als der indisch-persische Reisende Abu Talib Khan 1800 in Irland Elizabeth Maria kennen lernte, war sie bereits in mittleren Jahren. In seinen Schriften würdigte er später ihre »bemerkenswerte ... Milde, Vornehmheit der Manieren, musikalischen Talente und Schönheit der Stimme«. Diese anmutige, gefällige Fassade war anfangs eine Form der Selbstdarstellung und Tarnung, die in ihrer benachteiligten Lage unerlässlich war, dahinter stand jedoch ein »ungewöhnlich vernünftiger«, sogar energischer Charakter.[77] Aber keine dieser

Qualitäten genügte, um das Dilemma zu lösen, mit dem sie – und Elizabeth Marsh für ihre Tochter – sich unmittelbar nach James Crisps Ende konfrontiert sah.

Elizabeth Marias Dilemma wurde in einigen Ausgaben der schlüpfrigen Wochenzeitung *Hicky's Bengal Gazette* deutlich, die der ehemalige Chirurg James August Hicky in Kalkutta herausgab. Bis Warren Hastings die Zeitung 1782 verbot, nutzte Hicky sie, um prominente Mitglieder der »europäischen« Gemeinde Bengalens bloßzustellen. Elizabeth Marias Aussehen und ihre Wirkung in der Gesellschaft veranlassten ihn, ihr in seiner Zeitung Platz zu widmen, und er genoss es, ihre Zwangslage ausgiebig zu enthüllen. So veröffentlichte er einige schlechte und sogar anzügliche Gedichte, die ihre zahlreichen Verehrer ihm schickten:

> Come push about the bottle, my bucks let's be brisk,
> Let's toast the fine girls, that grace India's soil,
> Here's a health to the matchless, and pretty Miss C—p
> All beauties to her, are no more than a foil.

> (Leert die Flaschen, Kumpane, trinkt fröhlich und frisch,
> Auf die Mädels, die feinen, die Indien schmücken,
> Auf die ohne Gleichen, und auf die hübsche Miss C—p,
> neben der alle Schönen in den Hintergrund rücken.)

Schließlich war sie eine relativ arme, schutzlose junge Frau, die sich kaum wehren konnte:

> Dear me, how I long to be married,
> And in my own coach to be carried!

> (O wie gern würd' zum Traualtar ich geführt,
> und in meiner eigenen Kutsche chauffiert.)

Das dachte Miss Crisp, wie Hicky in seiner Zeitung mutmaßte, unweigerlich insgeheim, als sie pflichtgemäß auf Kalkuttas Bällen und Abendgesellschaften die Runde machte, manchmal begleitet von ihrer Mutter, manchmal von ihrem Bruder, aber immer in der Kutsche anderer. Sie brauchte offenkundig einen Ehemann, aber mehr noch brauchte sie Geld und einen gesicherten Status. Aber selbst Hicky bemerkte neben Elizabeth Marias unterdrückter Verzweiflung auch ihre Vorsicht und ihr eifriges Bemühen, die gesellschaftliche Distanz und die Konventionen zu wahren. So berichtete er mit einem Wortspielchen über ihren Auftritt bei einem Maskenball 1782: »Miss C—p was in a *Geor gain* dress called *hoity-toity*« (Miss C—p erschien in einem Georg gewinnenden [statt georgianischen] Kleid, das sich *blasiert* nennt).[78]

Elizabeth Maria Crisp musste einen geeigneten Junggesellen finden, der reich genug war, sie aus Hooghly und der Unsicherheit zu retten, die ihre Mutter erlebt hatte, und der bereit war, sie, eine Frau aus einer kompromittierten Familie mit spärlichen Geldmitteln, zu heiraten. Zudem musste ihr das unter den prüfenden Blicken der Öffentlichkeit gelingen, ohne den ohnehin schon angeschlagenen Ruf ihrer Familie weiter zu schädigen, indem sie allzu unbesonnen erschien, und das in einer Stadt – in Kalkutta –, die trotz ihrer Größe, ihres Bevölkerungsreichtums, ihrer gelegentlichen architektonischen Großartigkeit und ihres beträchtlichen, ungleich verteilten Reichtums nach wie vor weitgehend eine Grenzstadt war. Weibliche Tugend und Sicherheit konnten hier sowohl bei Frauen, die sich als Weiße betrachteten, als auch unter Farbigen skrupelloseren Bedrohungen ausgesetzt sein als anderswo.

Unter diesen Umständen einen passablen Ehemann für ihre Tochter zu finden, war die vorletzte Prüfung, die Elizabeth Marsh durchstehen musste. Diese Aufgabe beanspruchte sie zunehmend, während ihre nachlassende Gesundheit, ihre begrenzten Geldmittel, der Witwenstand und der Krieg ihre Mobilität und ihre Möglichkeiten einschränkten. Elizabeth Marshs Handeln und ihre Pläne waren meist getrieben von dem grundlegenden Imperativ zu überleben und von dem Wunsch, ihre Situation zu verändern und zu verbessern. Dies galt auch, als es daran ging, ihr einziges noch unversorgtes Kind gut zu verheiraten.

George Shee, der Mann, der Elizabeth Maria schließlich ehelichte, kam 1754 in Castlebar im County Mayo in Westirland zur Welt. Er war der älteste Sohn eines unbedeutenden katholischen Grundbesitzers, und seine Mutter war mit Edmund Burke verwandt. Durch Burkes Einfluss erhielt Shee 1770 eine Stelle als Schreiber bei der East India Company, anfangs in Bombay. Burke mochte den jungen Mann, schickte ihm regelmäßig aus London Buchpakete und ermunterte ihn zu politischem Journalismus.[79] Als Shee im September 1776 – in James Crisps letztem Jahr als Salzaufseher – nach Bengalen ging, war er gesellschaftlich bereits auf einer anderen Ebene als die Familie seiner späteren Braut. Er stammte von Grundbesitzern ab, hatte eine feste Anstellung bei der East India Company, in der er einen raschen Aufstieg auf der Karriereleiter erwarten ließ, war »sehr beliebt und gern gesehen in den besten Häusern« Kalkuttas und besaß offenbar genug Geld, um es auszugeben. Ein Freund schrieb kurz nach Shees Ankunft in Bengalen: »Seine derzeitigen Beschäftigungen teilen sich auf zwischen militärischer Lagerverwaltung, Musik und dem Reiten der besten Pferde in Indien«. Shee engagierte sich auch in politischen Debatten und Parteipolitik. Vorbehaltlos trat er für die »Interessen Großbritanniens im Osten« ein und glaubte gern, es ginge ihm dabei auch um »die Sicherheit und das Glück von 16 Millionen … Untertanen« Großbritanniens in Bengalen. Später kam er zu der Auffassung, jegliche Verachtung gegenüber den Errungenschaften des Mogulreichs auf dem indischen Subkontinent und andernorts sei völlig unangebracht:

Diese Meinung … könnte ich mühelos zurückweisen. Wir [die East India Company] haben in keinem Territorium die Besitznachfolge einer mohammedanischen Regierung angetreten, in dem wir das Land nicht bevölkerungsreich und wohlhabend vorgefunden hätten. Wir haben kein Territorium [auf dem indischen Subkontinent] übernommen, das über die Dauer unseres Besitzes nicht von fortschreitendem Niedergang geprägt war.[80]

Solche Argumente und Sichtweisen verdankte George Shee vor allem Philip Francis (1740–1818). Die beiden Männer hatten sich in Kalkutta anfangs zueinander hingezogen gefühlt, weil beide aus Irland stammten und bald beide Edmund Burke verbunden waren. Ihnen war der Hang zur Politik gemeinsam, auch wenn beide sie mit recht unterschiedlicher Sachkenntnis und auf sehr unterschiedlichen Machtebenen betrieben. Philip Francis war 14 Jahre älter als Shee, kam aus Dublin und hatte Erfahrung in Diplomatie, Staatsverwaltung und Schmähjournalismus. Man hatte ihn 1773 in den neuen fünfköpfigen Obersten Rat in Kalkutta berufen, wo er sich schon bald nach seiner Ankunft zu Warren Hastings' schärfstem und gefährlichstem Kritiker innerhalb der Ostindischen Kompanie entwickelte. Francis war intellektuell geschliffen, von seinem Naturell her ein scharfer Polemiker und als Politiker geprägt von einer ungewöhnlichen und sich letztlich neutralisierenden Mischung aus starkem Ehrgeiz und entschlossener Radikalität. Im Laufe seiner Karriere unterstützte er die amerikanische Revolution, die Abschaffung des Sklavenhandels und die Französische Revolution – was erkennen lässt, dass er in großen geographischen Zusammenhängen dachte.[81] So war für Francis klar, dass es signifikante Parallelen gab zwischen einigen britischen Schwierigkeiten in den amerikanischen Kolonien, wo er selbst Land besaß, und den Unzulänglichkeiten und Fehlschlägen unter der Herrschaft der East India Company auf der anderen Seite der Welt. »Der Verlust Amerikas ist nur der Vorläufer für den Verlust Bengalens«, schrieb er einige Wochen nach der Unabhängigkeitserklärung der Vereinigten Staaten von Amerika – und sah bereits damals vorher, dass die Kolonien für Großbritannien tatsächlich verloren waren.[82]

Wie ein gewiefter politischer Hai, der einen ahnungslosen kleinen Fisch fing, bezeichnete Philip Francis George Shee bald als »Teil meiner Familie« in Kalkutta, genoss und förderte seine Unbesonnenheit (»Sie sind ein hitziger Mann«), gewährte ihm nützliche Unterstützung innerhalb der Ostindischen Kompanie und nutzte seine Bewunderung aus.[83] Bevor Francis nach Bengalen gekommen war, hatte er in einem privaten Memorandum geschrieben, es sei wichtig

> zu fördern, dass sich junge Leute an mich wenden, von denen ich die gegenwärtigen Ansichten über Personen und Dinge erfahren kann. Ihre Offenheit wird ihr mangelndes Urteilsvermögen mehr als wettmachen.

In Kalkutta arbeiteten er und Shee gemeinsam an politischen Vorhaben und journalistischen Projekten. Anscheinend machten die beiden Männer auch zusammen Frauen den Hof und suchten gemeinsam ihr Vergnügen. Francis schrieb einmal: »Sie und ich sind uns einig, dass wir uns über nichts gewiss sind außer über unsere Empfindungen.«[84] Diese berauschende ungleiche Freundschaft mit einem der mächtigsten politischen Akteure Bengalens trug dazu bei, dass aus dem wohlhabenden, ehrgeizigen George Shee, der gute Beziehungen besaß und als hervorragende Partie galt, ein Mann wurde, den Elizabeth Marsh sich als Schwiegersohn sichern konnte.

ᴄ᙮ᴐ

Am Dienstag, den 8. Dezember 1778, gegen 22.30 Uhr bemerkte ein Mann namens Meerun »ein seltsames Ding«, nämlich eine merkwürdige Leiter, die in einem vornehmen Viertel Kalkuttas an der Umfassungsmauer eines roten Hauses lehnte. Er meldete es dem *jemadar*, also dem obersten Diener des Hauses. Während die beiden Männer sich die Bambusleiter, die »bewegliche Stufen im Inneren hatte«, genauer ansahen, bemerkten sie eine große, schwarz gekleidete Gestalt, die aus dem Haus schlich. Der *jemadar* erkannte ihn »an seiner Figur, seinem Gesicht und seiner Farbe« als »Mr. Francis, den Ratsherrn«, einen Freund seines Arbeitgebers, des Franko-Schweizers George Grand, der ebenfalls im Dienst der East India Company stand. Der *jemadar* wusste, dass Grand in seinem Club war und seine 16-jährige Frau Catherine sich allein in ihren Gemächern im roten Haus aufhielt. Meerun erinnerte sich später, dass Francis in Hindustani zu den beiden Indern, die die Leiter festhielten, sagte: »Gebt mir das Ding. Ich gebe euch Geld. Ich mache euch zu großen Männern.«[85]

Aber sie zerrten ihn ins Haus, »in den Teil, der ins Obergeschoss führt; da gibt es eine Laterne und eine Treppe«. Francis drängte den beiden Männern weiter Geld auf, und selbst im Halbdunkel erkannten sie an dem »hellen Klang«, dass es keine Rupien waren sondern Gold-*mohurs*. Sie zwangen ihn auf einen Stuhl, und der *jemadar* legte »seine Hände auf die Armlehnen, um ihn dort zu halten«. Als Catherine Grand herunter kam und den Dienern befahl, Francis frei zu lassen, weigerte sich der *jemadar*: »Ich werde nicht auf Sie hören. Sie können auf Ihr Zimmer gehen.« Er schickte Meerun, George Grand zu holen. Während dieser fort war, brachen zwei Europäer eine Tür des Hauses auf. Einer von ihnen war George Shee. Er warf den *jemadar* zu Boden, wurde aber sofort von einem anderen indischen Diener niedergerungen. In diesem Handgemenge entkam Philip Francis, aber Shee wurde gepackt und an einen Stuhl gefesselt. Man ließ ihn nicht gehen, bis George Grand nach Hause kam und alles sah.

Diese Ereignisse sorgten in Kalkutta einige Monate lang für »Furore an diesem verfluchten Ort«, wie Philip Francis sich später beklagte.[86] Die Vorfälle in der Nacht des 8. Dezember 1778 machen verständlich, weshalb es Elizabeth Marsh und ihrer Tochter heikler und gefährlicher als üblich erscheinen mochte, in dieser Stadt einen Ehemann zu finden, und warum Elizabeth Maria Crisp sich als unverheiratete, besorgte junge

Frau, die sich in die Gesellschaftsschicht vorwagte, die als europäische High Society Kalkuttas galt, genötigt sah, vorsichtig zu sein und sich in der Kunst der »Blasiertheit« zu üben. In dem Gerichtsverfahren, das George Grand anschließend an Kalkuttas Oberstem Gerichtshof anstrengte, sagten indische wie europäische Zeugen übereinstimmend aus, Philip Francis habe sich schon lange zu Catherine Grand hingezogen gefühlt und ihr auffallend viel Beachtung geschenkt. Es gab aber keine schlüssigen Beweise, dass sie von Francis' unerlaubtem abendlichen Besuch gewusst »oder vorher eingewilligt« hatte, »zu welchem Zweck auch immer, schon gar nicht zum Zweck des Ehebruchs«. Dass man ihr eine Komplizenschaft nicht nachweisen konnte, änderte aber nichts daran, dass George Grand seine Frau umgehend verstieß.[87]

Catherine Grands Lage 1778 hatte viel Ähnlichkeit mit der Elizabeth Maria Crisps, als sie zwei Jahre später in die Gesellschaft Kalkuttas eingeführt wurde. Beide Frauen waren sehr jung und sehr attraktiv. Beide waren mehrfach kulturell entwurzelt worden, denn Catherine Grand war als Tochter französischer Eltern in einer dänischen Siedlung in Südindien (Tranquebar) zur Welt gekommen und bei ihrer Heirat mit dem Franko-Schweizer George Grand in das britisch dominierte Kalkutta verpflanzt worden. Und beide waren potenziell verwundbar: Elizabeth Maria, weil sie keinen Vater mehr hatte, kaum Geld besaß und aus einer im Grunde bankrotten, zerrütteten Familie stammte; und Catherine Grand, weil sie in einer Zeit, in der Großbritannien und Frankreich über Kontinente hinweg Krieg miteinander führten, als französische Katholikin in einem britischen Herrschaftsgebiet lebte und mit einem älteren, offenbar labilen und gewalttätigen Mann verheiratet war.[88] Philip Francis' raubgieriges Verhalten und George Grands maßlose Reaktion darauf, die seine Frau »charakterlich völlig vernichtete« und ihr kaum eine andere Wahl ließ, als anschließend Francis' Mätresse zu werden, zeigten, wie gefährlich

Kalkutta für schwache und unzureichend behütete Frauen sein konnte – selbst wenn sie als Europäerinnen galten und sich selbst so empfanden und hochrangigen Familien angehörten. Sie lassen auch darauf schließen, in welchem Maße Kalkutta damals noch eine Grenzstadt war.[89]

Diese Grenzlage wird auch durch die Philip Francis' Verhalten in Kalkutta unterstrichen, ein Verhalten, das er in London so nicht an den Tag gelegt hätte. Als Anhänger Montesquieus und Rousseaus war es für ihn selbstverständlich, dass freie, gut regierte Gesellschaften »von Frauen eine besondere Würde verlangten«. Später schrieb er in Beobachtungen, die für seinen Sohn bestimmt waren: »Sollte je eine Zeit kommen, in der es auf Londons Straßen keine Prostituierten mehr gibt, kann man sich darauf verlassen, dass es ein Zeichen für eine allgemeine Verdorbenheit der Frauen und der Auftakt zum Verfall des Empire ist.« Seiner Ansicht nach waren Prostituierte die notwendigen Ventile, die es anständigen Frauen ermöglichten, rein und tugendhaft zu bleiben: »Wir opfern einen Teil, um den Rest zu schützen.« Und die Tugend anständiger Frauen zu bewahren war ein hohes öffentliches und politisches Gut – zumindest an bestimmten, begünstigten Orten –, denn »wo es keine weibliche Tugend gibt, wird bald auch keine männliche Tugend mehr bestehen bleiben«.[90]

Vor seiner Abreise aus London 1774 hatte Francis seiner Frau entsprechend genaue Anweisungen für ihr Verhalten und die richtige Erziehung ihrer gemeinsamen Töchter gegeben und festgelegt, welche Bücher sie lesen sollten, welche Theaterstücke für sie passend wären und mit welchem engen Kreis von Menschen sie idealerweise Umgang pflegen sollten. »Sorge dafür, dass die Mädchen ein ernstes, bescheidenes, reserviertes Betragen lernen«, verlangte er. »Ich verabscheue Wildfänge.« Auf dem Weg nach Bengalen beschrieb er jedoch einem Freund in einem Brief sein Verlangen nach »Gewalt über die Hälfte der Schönheit« an Bord des Schiffes und äußerte sich ungehalten über den »Zustand der Entbehrung in einem der wichtigsten Dinge des Lebens«.[91] Diese hungrige, sexuelle Aggressivität, die nicht nur auf Heuchelei beruhte, sondern mit seinem polemischen Stil wie auch mit seinen politischen Überzeugungen zusammenhing, lebte er wesentlich ungezügelter aus, sobald er in Kalkutta war, und zwar nicht nur auf Kosten einiger Inderinnen, sondern wie schon auf der Seereise auch in Bezug auf manche Europäerinnen. Catherine Grand war die bis dahin respektable, allzu junge Ehefrau eines Kollegen bei der East India Company, aber das hielt ihn nicht auf.

Es waren vielmehr hart arbeitende Inder, die Philip Francis aufhielten, als er Catherine Grand erstmals nachstellte, und die dabei George Shee schnappten, der daraufhin vorübergehend aus der vornehmen Gesellschaft Kalkuttas verbannt und für Elizabeth Marshs Tochter erreichbar wurde. George Grands Hausdiener, die er anerkennend als Rajputs (Angehörige einer traditionellen Kriegertruppe) bezeichnete, sorgten dafür, dass Shee »ergriffen und überwältigt« wurde, als er seinen Freund und Förderer zu befreien versuchte. Unmittelbar danach verließ Shee auf Francis' Anweisung abrupt Kalkutta, um einer Zeugenaussage vor dem Obersten Gericht zu entgehen; aber »einer der Peons im Dienst des Sheriffs von Kalkutta« half, ihn aufzuspüren und zurückzubringen. »Shaike Doornah«, der in den Unterlagen der East India Company zusammen mit anderen Angestellten aufgeführt ist, entdeckte den Iren schließlich versteckt in einem Haus in Chandernagore.[92] Zu diesem verzweifelten Mittel hatte Shee gegriffen, weil die Episode, die als unwürdige sexuelle Eskapade begonnen hatte, sich zu einem ernsten politischen Skandal entwickelte. Warren Hastings sorgte dafür, dass Philip Francis' peinliches Verhalten regulär vor dem Obersten Gericht in Kalkutta verhandelt wurde und dass die Direktoren der East India Company in London über den Fortgang der Angelegenheit auf dem Laufenden waren. Als der Prozess vor dem Obersten Gericht in

Kalkutta am 8. Februar 1779 begann, sagten mehrere indische Diener Grands aus, nannten ihre Namen und schilderten ihre Sicht der Ereignisse vom Abend des 8. Dezember; unter ihnen war der *kitmutgar* oder Tischdiener Meerun, der *jemadar*, der lesen und schreiben konnte und im Gegensatz zu den Übrigen seine Aussage unterschrieb, und Catherine Grands Zofe Anne Lagoorda, die gemischter Abstammung war.[93]

Der Widerhall, den dieses Eingreifen und die Zeugenaussagen indischer Dienstboten Ende 1778 und Anfang 1779 in Kalkutta fanden, betraf wesentlich mehr Menschen als nur Elizabeth Marsh, eine welkende Witwe in Hooghly mit einer unverheirateten Tochter. Am 5. März 1779 sprach das Oberste Gericht Philip Francis des »kriminellen Umgangs« mit der Frau eines anderen Mannes schuldig und verurteilte ihn zu einer Geldstrafe von 50 000 Rupien (etwa 5000 Pfund). Die Episode untergrub seine politische Stellung in Kalkutta und vergiftete sein Verhältnis zu Warren Hastings noch weiter; im Dezember 1780 kehrte er zurück nach Großbritannien. Catherine Grand hatte Bengalen bereits in Schande verlassen und war nach Frankreich gefahren, wo sie später Napoleons Außenminister Charles Maurice de Talleyrand heiratete. George Grand beendete seine Karriere im Dienst der Niederländer am Kap der Guten Hoffnung.[94] Was Elizabeth Marsh und ihre Tochter anging, so waren für sie die Auswirkungen des Skandals auf George Shee das Wichtigste, da sie alles veränderten. Nachdem man ihn mit Gewalt nach Kalkutta zurückgebracht hatte und mehrere indische Zeugen sein Verhalten bereits geschildert und angeprangert hatten, musste Shee vor dem Obersten Gericht aussagen. Er gestand, dass Philip Francis ihn vorher in seinen Plan eingeweiht hatte, »zu Mr. Grands Haus zu gehen«. Er gab zu, dass er die schwarze Kleidung, die Francis zur Tarnung am Abend des 8. Dezember 1778 getragen hatte, in Empfang genommen und aufbewahrt hatte. Er schilderte dem Gericht sogar, dass sein einflussreicher Freund

ihm gesagt habe, »er würde es als besondere Gefälligkeit auf-
fassen, wenn ich eine Leiter für ihn anfertigen ließe«. Ein
»schwarzer Zimmermann« habe diese Leiter – Meeruns »seltsames Ding« – dann im Hof von George Shees Haus gebaut.
Ein Angestellter der Ostindischen Kompanie, der ihn kannte,
hielt anschließend fest: »Mr. Shee … gab eine peinliche Figur
ab, als der vorsitzende Richter feststellte, sein Verhalten sei
tadelnswert, da es des Charakters eines Gentleman unwürdig
sei.«[95]

So war auch George Shee gezwungen, sich zurückzuziehen
und fortzugehen. Zum Dank für erwiesene Gefälligkeiten besorgte Philip Francis ihm den Posten als Resident und Steuer-
einnehmer in Ferruckabad (Farrukhabad), »einer Stadt am
Westufer des Ganges, nicht weit südlich von Delhi«. Die Stellung ermöglichte Shee ein ansehnliches Einkommen aus seinem Gehalt und eigenem Handel, brachte ihn aber für einige
Zeit fort von Kalkuttas vornehmeren Kreisen und ihrer Parteipolitik innerhalb der East India Company. Francis riet ihm:
»Es ist Zeit für Sie, bescheiden zu sein.«[96] Offenbar kehrte
Shee erst Anfang 1782 nach Kalkutta zurück, und fast unmittelbar darauf berichtete *Hicky's Bengal Gazette*, dass er Elizabeth
Marshs Tochter den Hof machte:

In [Elizabeth] Maria's praise what a song could I write,
Would the muses but lend me their aid;
For in Maria's form all the graces unite,
And every perfection displayed.
In her bosom fair virtue, and sweetness of soul,
Wit, judgement, and modesty shine;
No vanity vexes, no passions control.
But all is serene and divine.

(Welch' Loblied könnt' ich [Elizabeth] Maria singen,
würden die Musen mir nur ihren Beistand leih'n;
Alle Reize in Marias Gestalt zusammenklingen
und ihre Anmut mit Vollkommenheit weih'n.

Reine Tugend und Sanftmut in ihrem Busen walten,
es leuchten Geist, Urteil und Bescheidenheit;
keine Eitelkeit stört, keine Leidenschaften schalten.
Alles ist heitere Ruhe und Göttlichkeit.)[97]

Die Bekanntschaft mit Shee verdankten Elizabeth Marsh und ihre Tochter offenbar wie so vieles einem ihrer Verwandten. Ihr jüngerer Bruder John Marsh hatte im Staatsdienst inzwischen einen neuen Posten in Cork angetreten, einer großen Hafenstadt im Südwesten Irlands, wo er den Transport von Proviant und Nachschub für die britischen und alliierten Truppen in Nordamerika und der Karibik überwachte. Obwohl er im Krieg gegen Amerika nur ein Rädchen im Getriebe war, sicherten John Marshs hohe Effizienz und auffallende Unbestechlichkeit in diesem Posten die Aufmerksamkeit und sehr bald auch die Gunst Edmund Burkes, der in Cork politische Interessen und enge Verwandte hatte – und ein Verwandter und nach wie vor engagierter Förderer George Shees war.[98] Als Shee schließlich, stark kompromittiert und gedämpft, nach Kalkutta zurückkehrte, war es daher nur natürlich, dass er dazu tendierte, die Gesellschaft Elizabeth Marshs und ihrer Tochter zu suchen, die auf ihre Weise ebenfalls angeschlagen waren und ihn bereitwillig und gern empfingen. Dennoch brauchten die beiden Frauen über ein Jahr, um ihn sich zu sichern. Im März 1783 räumte Shee ein: »Wollte ich leugnen, dass Miss Crisps hervorragende und äußerst ungewöhnliche Vorzüge einen starken und nachhaltigen Eindruck auf mich gemacht haben, würde der gesamte Tenor meines Verhaltens ihr gegenüber meine Worte rundheraus Lügen strafen.« Aus Sorge über »das begrenzte Ausmaß meines Vermögens und die ungewisse Lage meiner Aussichten« habe er sich jedoch zurückgehalten.[99] Er hätte hinzufügen können – was er allerdings nicht tat –, dass Elizabeth Marias äußerst begrenztes Vermögen und ihre ebenso begrenzten Aussichten gleichfalls ein Hinderungsgrund waren.

In seinem langen, ausführlichen Brief schilderte er Elizabeth Marsh die Entwicklung seiner Gefühle: »Sie werden nun fragen, warum diese Erwägungen mein Verhalten nicht schon früher beeinflusst haben.« Mit einer durchaus typischen Mischung aus Naivität und Skrupellosigkeit und mit einer Kniebeuge vor »der rückhaltlosen Aufrichtigkeit, die Sie mir erlauben«, gab Shee zu, dass seine Aufmerksamkeiten gegenüber Elizabeth Maria anfangs und noch »geraume Zeit« »ohne Bedeutung« waren. Aber: »Sollte Fortuna mir hold sein, so würde ich mir von ihr kein anderes Geschenk so sehnlich wünschen wie die Gewissheit oder den sicheren Beweis, dass Ihre Tochter eine gute Meinung von mir hat.« Sollte sie, Elizabeth Marsh, aber »der Ansicht sein, dass meine Anwesenheit in Hooghly Anlass zu einer Fortdauer jener Sorge geben könnte, die Sie verspürt haben«, so werde er davon Abstand nehmen und sich zurückziehen. Sie war also gezwungen, geduldig zu warten und mitzuspielen, während Elizabeth Maria Crisp dafür sorgen musste, dass George Shees »Zuneigung«, die er nur »mit Schwierigkeiten zu beherrschen vermochte«, sie nicht in die Falle lockte und für sie nicht in einem ähnlichen Ruin mündete, wie Catherine Grand ihn in Kalkutta (vorübergehend) erlebt hatte. Am 2. August 1783 hatten die beiden Frauen ihr Ziel erreicht. In einer privaten Feier im Haus in Hooghly heiratete George Shee Elizabeth Maria und wurde Elizabeth Marshs Schwiegersohn.[100]

☙❧

Es war ein Schritt, der von beträchtlichen Kompromissen und einer gewissen Verzweiflung bestimmt war. Ebenso wie Elizabeth Marsh Burrish Crisp als Zehnjährigen nach Persien geschickt hatte, verheiratete sie nun aus wirtschaftlicher Not und Ehrgeiz ihre minderjährige Tochter mit einem Mann von zweifelhaftem Ruf. Seine Freunde konnten George Shee jedoch immer noch als Mann sehen, der »einen sehr regen Geist und äußerst einnehmende Manieren« besaß und sogar voller »Aufrichtigkeit und Integrität« war; und er war in dieser Phase ein Getriebener, der zu politischem Idealismus fähig war.[101] Nachdem er Elizabeth Maria geheiratet und einen Posten bei den Justizbehörden der East India Company in Dhaka angenommen hatte, sammelte er Informationen über Warren Hastings' Verwaltung in Bengalen und war fest entschlossen, ihn einem ähnlichen Skandal und Ruin auszusetzen, wie er selbst ihn erlebt hatte. Shee schickte seine Erkenntnisse manchmal direkt an Philip Francis in London, manchmal an Edmund Burke und manchmal an seinen Onkel, John Burke, der als Kaufmann in der Londoner City tätig war und als Mittelsmann zwischen diesen beiden Politikern fungierte. So wurde Shee zu einem untergeordneten Akteur in der späteren Kampagne und dem parlamentarischen Amtsenthebungsverfahren gegen Warren Hastings, das die bis dahin nachhaltigste Untersuchung über das Verhalten der East India Company auf dem indischen Subkontinent darstellte; nach Edmund Burkes Ansicht beinhaltete es zudem einen weitaus umfassenderen Angriff auf manche Praktiken und Anmaßungen des Empire und auf die »geographische Moral«, wie er es nannte. General Richard Smith, ein weiterer Verwandter Elizabeth Marshs, beteiligte sich ebenfalls an Hastings' Strafverfolgung, und die frisch verheiratete Elizabeth Maria Shee war als Sekretärin und Beraterin einbezogen. »Sie zeichnen bewundernswerte Bilder«, schrieb Philip Francis Ende 1786 an George Shee, nachdem er von ihm ein weiteres Paket mit Informationen aus Bengalen erhalten hatte:

> So lange die Szenen wechseln, lassen Sie bitte Ihren Stift nicht ruhen … Beachten Sie, dass Sie diesen Brief niemandem zeigen außer Mrs. Shee, auf deren Freundschaft und Diskretion ich besonders vertraue. Die Strafverfolgung unseres Freundes Mr. Hastings wird mit neuer Kraft wieder aufgenommen, sobald das Parlament zusammentritt.[102]

Es ist nicht bekannt, wie viel Elizabeth Marsh über die politischen Machenschaften ihres Schwiegersohns wusste oder ob sie sich darum kümmerte. Was sie gewusst haben dürfte und woran ihr sicher lag, war, dass George Shee nach eigener Schätzung vor seiner Heirat »ein *sicheres* Einkommen von zwei- bis dreitausend Pfund im Jahr« hatte, das vor allem aus dem Salpeter- und Opiumhandel auf dem indischen Subkontinent und mit China stammte.[103] Die geborene Elizabeth Maria Crisp war also mehr als gut versorgt, und da Shee ein fester Mitarbeiter der East India Company war, kein Privatkaufmann, der externen Ereignissen auf Gedeih und Verderb ausgeliefert war, gewährleistete diese Ehe der frisch angetrauten Frau ein gewisses Maß an Status und Sicherheit. Obwohl diese Partie also mit gewissen Mängeln behaftet war, übertraf sie doch alles, was Elizabeth Marsh hatte erhoffen dürfen.

Ende – und Fortsetzung

Laut George Marsh entdeckte Elizabeth Marsh kurz nach der Hochzeit ihrer Tochter im August 1783 in einer ihrer Brüste ein »bösartiges Krebsgeschwulst«. Diese Angabe hielt er in hohem Alter fest, als die Erinnerung den Zeitraum vermutlich hatte schrumpfen lassen; allem Anschein nach erkrankte Elizabeth 1784, verbarg aber ihr Leiden und erduldete die Schmerzen mehrere Monate lang. Burrish Crisp versuchte später, die Erinnerung an diese Lebensphase seiner Mutter zu bereinigen und zu mildern, indem er sie als »geduldige Märtyrerin einer grausamen, unermüdlich fortschreitenden Krankheit« beschrieb. In Wirklichkeit war sie vermutlich keineswegs geduldig, sondern in Angst und Schrecken vor der einzigen Alternative, die es zum passiven Erdulden ihrer Krebserkrankung und zum Vortäuschen von Geduld gab. Anfang 1785 hatte sie jedoch »genügend Entschlossenheit« zusammengerafft, um etwas zu unternehmen. Sie wartete einen Tag ab, an dem ihr Sohn und ihre Tochter außerhalb der Stadt waren, und rief den Wundarzt.[1]

Unter europäischen Zuwanderern auf dem indischen Kontinent war es nach wie vor üblich, dass Männer wie Frauen sich von indischen Ärzten behandeln ließen, besonders in kleineren Ortschaften.[2] Aber Elizabeth Marsh ließ sich offenbar ihre Brust in Kalkutta operieren, wo Burrish ein Haus hatte; Dank ihm und ihres Schwiegersohns, George Shee, war sie nun auch wohlhabend genug, sich einen europäischen Arzt leisten zu können. Eine Mastektomie westlichen Stils ohne Anästhesie erfolgte nach einem Ritual, das bei dieser drastischen und zugleich unweigerlich mit einer sexuellen Note behafteten Operation ein gewisses Maß an Schicklichkeit wahren sollte. Die Patientin blieb in der Regel bis auf ihre entblößte Brust vollständig angekleidet und wurde auf einem Stuhl festgebunden oder angeschnallt. Während der Operation hielt man ihr den Arm hoch, damit der Brustmuskel die befallene Brust anhob. Dienerinnen oder Helferinnen des Arztes bemühten sich, Nacken und Schultern der Patientin möglichst fest an die Stuhllehne oder auf die Liege zu pressen, während der Arzt sich auf ihre Knie hockte und sich ans Werk machte:

> Ich stieß einen Schrei aus, der mit Unterbrechungen über die gesamte Dauer des Einschnitts anhielt … Als die Wunde geöffnet war und das Instrument zurückgezogen wurde, war der Schmerz unvermindert, denn die Luft, die plötzlich in diese zarten Teile strömte, fühlte sich an wie unzählige winzige, aber scharfe gegabelte Dolche, die an den Wundrändern zerrten – aber als ich das Instrument wieder spürte – eine Kurve beschreibend – gegen den Strich schneidend, wenn ich so sagen darf, während das Fleisch so gewaltsam Widerstand leistete, als wolle es die Hand des Operateurs ermüden, der gezwungen war, von der rechten Hand auf die linke zu wechseln – dann dachte ich wahrhaftig, ich müsse meinen Geist ausgehaucht haben. Ich versuchte nicht mehr, meine Augen zu öffnen – sie fühlten sich luftdicht und so fest verschlossen an, dass die Lider wie in die Wangen gegraben schienen. Als das Instrument dieses zweite Mal zurückgezogen wurde, schloss ich, die Operation sei vorbei, – O nein! sofort ging das Schneiden erneut weiter – und schlimmer denn je, um die Unterseite, den Grund dieser furchtbaren Drüse von den Teilen zu trennen, an denen sie anhaftete … und wieder war noch nicht alles vorüber … ich spürte das Messer über den Brustknochen kratzen - ihn abschaben![3]

Fanny Burneys berühmte Schilderung ihrer Brustamputation im Jahre 1811, die vom ersten Einschnitt bis zum Verbinden der

Wunde 20 Minuten dauerte, ist ein außergewöhnlicher Zeugenbericht, und das nicht nur wegen seiner grausigen Details und literarischen Kraft. Frauen, die diese Operation im 18. und Anfang des 19. Jahrhunderts durchmachten, überlebten sie selten lange genug oder in einem Zustand, dass sie ihre Erfahrungen beschreiben konnten. Manche starben sofort an den Schmerzen und am Schock. Weitaus mehr starben an Infektionen, auch wenn der Chirurg die Wunde mit einem glühenden Eisen ausbrannte. Der häufigste Grund für das Scheitern solcher Operationen war jedoch, dass Frauen sie aus Gründen, die auf der Hand liegen, zu lange hinauszögerten, wie es vielleicht auch bei Elizabeth Marsh der Fall war. Daher breitete sich der Krebs oft auf die Lymphknoten aus, die selbst für die heldenhafteste Chirurgie der damaligen Zeit außer Reichweite lagen.

Elizabeth Marsh überlebte die qualvolle Operation. »Dabei erlitt sie unerträgliche Schmerzen«, bestätigte George Marsh unnötigerweise, die sie »mit heldenhafter Standhaftigkeit« ertrug, wie man ihren Kindern später berichtete. Anschließend nahm der Wundarzt, dessen Name unbekannt ist, seine medizinische Waage und stellte fest, dass der entnommene Tumor mit dem umgebenden Brustgewebe »über fünf Pfund wog«. Es zeugt von Elizabeth Marshs Zähigkeit, dass sie trotz der drückenden Hitze, die im Frühjahr in Kalkutta herrschte, noch »einige Monate« lebte.[4] Vermutlich lässt sich daran auch ihr starker Lebenswille ermessen. Sie war erst 49 Jahre alt und hatte erst kürzlich einen zusätzlichen Anreiz für die Zukunft erhalten. Im Juli 1784 hatte ihre Tochter einen Sohn zur Welt gebracht, der nach seinem Vater George Shee genannt wurde. Als Großmutter »eines der hübschesten Bengel, die du je gesehen hast«, hatte Elizabeth Marsh guten Grund, weiter zu leben, und das gelang ihr bis zum 30. April 1785.[5]

Es gibt keine Schilderung, wie sie starb und wer am Ende bei ihr war. Am Tag nach ihrem Tod beerdigte man sie auf dem Friedhof South Park Street, wie er später hieß, in einer waldigen Gegend knapp zwei Kilometer südlich der Altstadt Kalkuttas. Offenbar setzte ihr Sohn, Burrish Crisp, die Grabschrift auf. Er bezeichnete sie als »die beste Mutter« und rühmte ihre Standhaftigkeit bei »einem der schwersten chirurgischen Eingriffe«. Aber er erwähnte weder Elizabeth Marshs Reisen noch ihre Schriften und wies an keiner Stelle auf einen bestimmten Ort, ihre Nation, ihre Religion oder auf James Crisp hin. Dieses Andenken wurde ihr nur teilweise gerecht und war kaum von sonderlicher Bedeutung. Elizabeth Marshs Grabstein ist – wie die meisten bescheidenen Grabsteine auf dem Friedhof South Park Street im Gegensatz zu den kunstvollen Monumenten der Reichen und Mächtigen – schon lange verschwunden.[6]

☙

Dieses verschüttete Menschenleben wieder auferstehen zu lassen war eine fesselnde Aufgabe, aber auch eine Herausforderung. Mehr noch, als es generell für biographische Sujets gilt, war es in diesem Fall unmöglich, sämtliche Fakten über Elizabeth Marshs Existenz herauszufinden. Manche ihrer Zeugnisse wie ihre Gebeine oder ihr Bild sind für immer verloren. Wie sollte man sie also sehen? Und was kam nach ihr?

Erst mehr als zehn Jahre nach ihrem Tod begann George Marsh sein Familienbuch zusammenzustellen, eine willkürliche Sammlung von Anekdoten, Beobachtungen und Geschichten über sich und seine Verwandten. Für ihn stand außer Zweifel, dass er und sie in einer sich wandelnden Welt gelebt hatten, die sich immer noch weiter veränderte, und er experimentierte mit verschiedenen Mitteln, um das Ausmaß dieser Veränderungen schriftlich abzubilden. Der erste Gradmesser des Wandels, auf den er zurückgriff, war das rapide Wachstum der Royal Navy, was angesichts ihrer Bedeutung für die Verbindung zwischen den verschiedenen Teilen der Welt und seiner eigenen Marinetätigkeit durchaus verständlich ist. Das in Velinpapier gebundene Familienbuch beginnt mit einer Seite voller Statistiken. George Marsh notierte, dass 1741 in der Marine 740 Admiräle, Kapitäne, Kommandanten und Leutnants dienten. Bis Juli 1756, dem Monat, in dem Elizabeth Marsh Gibraltar auf der *Ann* verließ, war die Zahl der Marineoffiziere bereits auf 929 gestiegen. Bis 1790 gab es nach seinen Berechnungen annähernd 3000.

Außerdem ließ er die wesentlich gewaltsamer vernetzte Welt, in der er und – weitaus unmittelbarer – seine Nichte gelebt hatten, erstehen, indem er im Familienbuch eine Fülle von Gegenständen und Objekten beschrieb. Darunter waren Dinge, die er in seinem Haus und seinem Büro ständig um sich hatte: »Dresdener Porzellan im Wert von 70 Pfund«, das er 1776 bei seiner Rückkehr aus Hamburg mit Bestechung unbehelligt durch den Zoll gebracht hatte; die »getriebene silberne Punschbowle, von einem Inder gemacht«, die in seinem Arbeitszimmer stand und die ursprünglich Milbourne Warren von der Crew der *Norfolk* bekommen hatte, nachdem seine Habe auf der Rückfahrt von Manila nach Madras 1764 von Bord gespült wurde; und Nicholas Owens handgeschriebener Bericht über den Sklavenhandel in Westafrika, den George Marsh in seiner Zeit bei der Marineleitung bekommen hatte. Außer diesen Gegenständen, die er sehen und berühren konnte, gab es noch weitere, über die er nur von anderen gehört hatte oder die verloren gegangen waren. So hielt er Elizabeth Marshs Beschreibung der Armreifen fest, die Sidi Muhammads Frauen ihr in Marrakesch geschenkt hatten und »die aus Silber waren und eher aussahen wie Hufeisen«. Er erinnerte sich an die »hohen, fortgesetzten Kosten« für einen Araberhengst, der als Geschenk aus Kairo an einen verwandten Marsh auf Menorca geschickt wurde, aber auf Umwegen bei ihm in London landete. Er dachte zurück an die Pläne und Vorkehrungen, die er zur Vorbereitung der Pazifikreise John Byrons 1764 getroffen hatte, und mit Bedauern an das Land in Ostflorida, das ihn verlockt hatte, in der Kolonie tausend Pfund zu investieren (und zu verlieren).[7]

In Kontinentaleuropa, auf dem indischen Subkontinent, in Südostasien, West- und Nordafrika, im Mittelmeerraum, im Pazifik, in Nordamerika – überall dort gab es Orte, die in George Marshs Erinnerungsgeflecht verwoben waren. Seine Eltern hatten zu Beginn des 18. Jahrhunderts ebenfalls bedeutsame Embleme der Familiengeschichte sorgsam aufbewahrt: etwa ihr Bild des Marquess of Montrose oder die Bibel, die Francis Marsh umklammert hatte, als er vor der Isle of Wight Schiffbruch erlitt. Aber ihr Horizont und die Gegenstände, die ihnen lieb und teuer waren, hatten sich auf Großbritannien und die umliegenden Meere beschränkt. George Marshs Horizont erstreckte sich dagegen in den 1790er Jahren auf jeden Kontinent der Erde, obwohl er so gut wie nie auf Reisen ging.

Elizabeth Marsh, die nahezu ihr gesamtes Leben unterwegs war, wurde weitaus stärker durch den Kontakt mit anderen Kontinenten und Meeren geprägt und in Mitleidenschaft gezogen. Obwohl sie sich charakterlich und in ihren Reisen von ihrem Onkel unterschied, ist sie nicht losgelöst von ihm zu begreifen, und daher war ihrer beider Geschichte in diesem Buch so häufig miteinander verknüpft. Beide besaßen keine reguläre Schulbildung. Aber beide schrieben und versuchten auf diesem Weg, die Erschütterungen und Veränderungen zu begreifen, die sie durchlebten, und herauszufinden, wer sie dabei wurden. Nichte und Onkel hatten noch etwas anderes gemeinsam. Dank seiner Verwurzelung in einem aggressiv expansionistischen britischen Staat konnten George Marshs Vorstellungskraft und sein Besitz weite Teile der Welt umfassen. Das Gleiche gilt für Elizabeth Marsh und ihre Nachkommen.

Ohne das britische Empire, seine maritime Reichweite und seinen Sklavenhandel wäre Elizabeh Marsh nie gezeugt worden. Ohne die Ressourcen des britischen Imperialstaates, zu denen ihr Onkel und andere männliche Verwandte ihr immer

wieder Zugang verschafften, – ohne Großbritanniens Kriegsschiffe, Marinestützpunkte, Konsuln, Häfen, expandierende
Kolonialgebiete und die East India Company – hätte ihr Lebensweg niemals diesen Verlauf genommen. Auch nach ihrem
Tod standen viele männliche Mitglieder ihrer Familie weiterhin
im Dienst des Empire. Manche wie ihr Bruder John Marsh
waren nur am Schreibtisch an dessen Expansion beteiligt. In
Anerkennung der Arbeit, die er während des amerikanischen
Unabhängigkeitskrieges in Spanien und Irland geleistet hatte,
berief man ihn 1783 in die fünfköpfige Kommission in London,
die Ansprüche loyalistischer Flüchtlinge aus den ehemaligen
Kolonien prüfen sollte. Sieben Jahre lang vernahm er 3000
weiße und schwarze amerikanische Loyalisten und machte sich
ungewöhnlich eingehend mit dem Leben einiger Verlierer des
Empire vertraut. Später schrieb er: »Bei Untersuchungen dieser Art machte er es sich zur Regel, sich alles der Hauptsache
Dienende anzueignen.« Er war so gewissenhaft, dass man ihm
nach Beendigung dieses Auftrags prompt einen neuen erteilte:
die Verluste zu untersuchen, die Briten 1787 bei ihrer Evakuie-
rung von der Moskitoküste erlitten hatten, als dieser 650 Kilometer lange Küstenstreifen von Gracias a Dios im heutigen
Honduras bis zum Fluss San Juan im heutigen Costa Rica an
Spanien »transferiert« wurde.[8]

Andere Mitglieder der Familie Marsh verschlug es in
Randgebiete des britischen Empire. Das galt etwa für mehrere
Enkel George Marshs. Einer von ihnen, der ebenfalls George
Marsh (1790–1868) hieß, emigrierte an das Kap der Guten
Hoffnung, wo eine Straße in Mossel Bay nach ihm benannt
wurde; er heiratete eine Niederländerin und nahm offenbar
einen schwarzen amerikanischen Seemann namens John Washington auf, der von seinem Schiff abgemustert wurde und
sich auf dem Kontinent seiner Vorfahren niederlassen wollte.[9]
Die weitesten Reisen unternahm ein illegitimer Enkel, »ein
sehr schlechter Junge«. Die Familie Marsh entledigte sich sei-

ner, indem sie ihn als Seemann auf einem Schiff der First Fleet unterbrachte, die im Mai 1787 mit 750 Gefangenen von Portsmouth nach New South Wales in See stach. So kam ein Mitglied ihres Clans, wenn auch ein ungeliebtes, nach Australien. Mit der Landung dort nahmen die Reisen dieses jungen Mannes aber erst ihren Anfang. Als sein Schiff, die *Scarborough*, im August 1788 von Port Jackson (dem heutigen Sydney) nach China aufbrach, segelte er mit. Er machte noch »einige weitere Reisen ohne die geringste Besserung«, vermerkte George Marsh bekümmert im Familienbuch, und »trat schließlich als Soldat in den Dienst der East India Company«. Bevor er auf dem indischen Subkontinent verschwand, änderte dieser uneheliche Enkel seinen Namen und nannte sich George Smith.[10] Der Name »George Smith« – den angeblich auch Elizabeth Marshs Begleiter auf ihrer Indienrundreise trug – war also nicht nur sehr verbreitet, sondern wurde auch gern als Pseudonym gewählt.

Elizabeth Marshs Tochter, Elizabeth Maria, und ihr Mann, George Shee, profitierten am deutlichsten von ihrem Dienst für Staat und Empire. Gemeinsam mit ihrem kleinen Sohn kehrten sie 1788 aus Bengalen nach Großbritannien zurück; zu diesem Zeitpunkt übergab Elizabeth Maria John Marsh einige Manuskripte ihrer Mutter, eine Abschrift ihrer marokkanischen Erlebnisse in einer anderen Handschrift sowie ihr indisches Journal.[11] Shee war inzwischen reich und spielte die Rolle des heimkehrenden Nabob überzeugend. Er sicherte sich 1794 den Titel eines Baronets, gab 1797 über 1300 Pfund für einen heruntergekommenen irischen Wahlbezirk aus und unterstützte 1800 die Vereinigung Irlands und Großbritanniens, die er für »vorteilhaft … für das gesamte Empire« hielt. Offenbar war er überzeugt, Irland und seine katholischen Landsleute würden von der Vereinigung profitieren (»Noch nie in meinem Leben war ich mir einer Wahrheit mehr gewiss«), aber sein enthusiastisches Eintreten für diese Maßnahme nutzte ihm ebenfalls.

Für seine Mühen erhielt er 8000 Pfund vom Geheimdienst sowie mehrere kleinere Regierungsposten, darunter 1806 den eines Staatssekretärs im Kriegs- und Kolonialministerium.[12]

So brachte Elizabeth Marshs Tochter es zu einem Lebensstil, den sich ihre Mutter trotz aller Ambitionen, die sie für sie hegte, nicht einmal hätte erträumen können. Das Paar besaß ein Haus in Galway, Irland, und ein wesentlich größeres Anwesen in Hertfordshire, England: Lockleys hatte eine »schöne Haupttreppe … eine 20 mal 16 Fuß große Bibliothek, ein 24 mal 16 Fuß großes getäfeltes Speisezimmer«. Außerdem besaß es acht Schlafzimmer (und vier Personalschlafräume), ein Schulzimmer und ein Kinderzimmer, eine Doppelremise, eine kiesbedeckte Terrasse und einen Ziergarten.[13] Wenn die Shees sich von diesem Anwesen losreißen konnten, stand ihnen ein weiteres Haus in London zur Verfügung, das viele ihrer Stiche und Gemälde sowie Elizabeth Marias Musikinstrumente beherbergte. Ihr ältester Sohn, George Shee junior, besuchte das St. John's College in Cambridge. Einer seiner besten Freunde, die er dort fand, war Henry John Temple, Viscount Palmerston, der spätere britische Premierminister. Dieser zweite George Shee, der Großenkel des Schiffbauers Milbourne Marsh, wurde – teils gefördert durch Palmerston – Mitglied des Parlaments, Berufsdiplomat, Kunstsammler und ein hoffnungsloser Lebemann.[14]

❧

Elizabeth Marshs Geschichte ist jedoch mehr als die eines Weltreichs. Das britische Empire war zwar Voraussetzung ihrer Geburt und eines erheblichen Teils ihrer Mobilität, machte aber in der geographischen Bandbreite der Erfahrungen und Einflüsse, denen sie ausgesetzt war, nur eine Teilmenge aus. Die vielfältigen Veränderungen und Kulturwechsel, die diese Frau erlebte, waren auch kein bloßer Auswuchs eines »omnipotenten Westens als Hauptort historischer Initiative«.[15] Von

Anfang an spielten Menschen, die keine Europäer waren, eine Schlüsselrolle in ihrem Leben. Angst vor afrikanischen Sklaven, die von den Zuckerrohrplantagen weggelaufen waren, bewog ihre Eltern, Jamaika zu verlassen, was dazu führte, dass Elizabeth Marsh in Portsmouth, England, geboren wurde. Wäre ihre Familie in der Karibik geblieben, hätte sie wahrscheinlich nicht die körperliche Zähigkeit entwickelt, die sie häufig aufzubringen vermochte. Vielleicht hätte sie das Erwachsenenalter nie erreicht.

Der Einfluss, den außereuropäische Völker und Gesellschaften auf ihr Leben hatten, war jedoch nicht immer ein Glücksfall. Als Sidi Muhammad 1756 seinen Korsaren befahl, britische Schiffe zu kapern, setzte er damit eine Kette von Ereignissen in Gang, die zur Folge hatten, dass Elizabeth Marshs erste Verlobung in die Brüche ging, sie eine andere Ehe eingehen musste und ihre Zukunft einen anderen Verlauf nahm. Für die Geschichte dieses Buches hat dieser bemerkenswerte Herrscher jedoch noch eine weitaus umfassendere Bedeutung. Sidi Muhammads Regentschaft in Marokko illustriert, dass in dieser Epoche – Mitte des 18. Jahrhunderts – nicht nur westliche Mächte wirtschaftliche und kulturelle Beziehungen über weite Entfernungen hinweg knüpften und dass der Westen dabei durchaus nicht nur nachgeahmt wurde. Die Weltsicht des Sultans war panislamisch und weitgehend afrikanisch, ließ aber auch Raum für den Austausch von Waren, Dienstleistungen und Wissen zwischen Marokko und Orten in West- und Osteuropa und letztlich auch in den Vereinigten Staaten. Als Elizabeth Marsh und James Crisp sich 1774 in Bengalen niederließen, kamen sie mit einem noch bedeutenderen außereuropäischen Wirtschaftszentrum in Berührung. Eine Zeitlang profitierte das Ehepaar auf unterschiedliche Weise – er durch Handel und sie, indem sie von seinen Einkünften auf Reisen ging – von Dhakas Textilmanufaktur und der globalen Ausdehnung seiner Märkte.

Rückblickend lässt sich sagen, dass Elizabeth Marshs Leben sich auf dem Scheitelpunkt zwischen zwei Phasen der Weltgeschichte abspielte. Einerseits war sie von Schlüsselentwicklungen betroffen, die nach traditioneller Ansicht dazu beitrugen, für eine gewisse Zeit eine stärker westlich dominierte Welt hervorzubringen: die Zunahme der britischen Seemacht, die territorialen Transformationen des Siebenjährigen Krieges, die amerikanische Revolution und die Gründung der Vereinigten Staaten sowie das stärker konzertierte Vordringen der Europäer in den Pazifik ab 1750. Andererseits verdeutlicht ihre Geschichte auch die Grenzen westlicher Macht und die anhaltende Bedeutung nichtwestlicher Zentren.

Schon um 1800 befanden sich viele dieser nichtwestlichen Zentren im Niedergang. Noch vor Sidi Muhammads Tod 1790 hatten europäische Kaufleute und Diplomaten begonnen, sein Streben nach erheblicher Kontrolle über Marokkos Überseehandel zu unterlaufen. Auch Dhakas Weber und Bengalens Baumwollhandel erlebten gegen Ende des Jahrhunderts eine Flaute, deren Ausmaß allerdings umstritten ist.[16] Bengalens Textilmanufaktur geriet unter Druck durch Großbritanniens eigene Baumwollindustrie, die ihre Mechanisierung betrieb, und durch den verheerenden Krieg zwischen dem britischen Empire und Napoleons französischem Reich, der erhebliche Störungen der Überseemärkte zur Folge hatte. Es gab noch viele weitere Opfer. In den 1750er und 1760er Jahren hatte James Crisp gewinnbringend mit sephardischen Kaufleuten und Bankiers zusammenarbeiten und ihre Handels- und Familiennetzwerke nutzen können, die sich auf Teile Asiens, Nordafrikas, der Karibik und europäische Freihäfen wie Livorno und Hamburg erstreckten. Aber während die Geschäfte der Sephardim im 17. und frühen 18. Jahrhundert florierten, weil sie bereit und imstande waren, Brücken über unterschiedliche Gesellschaften und Kulturen zu schlagen, befanden sie sich um 1800 ebenfalls im Niedergang. Von wenigen Ausnahmen ab-

gesehen war ihre Mittlerrolle in einer Welt, die von büro-
kratischeren und aggressiveren Imperial- und Nationalstaaten
geprägt war, nicht mehr so gefragt – oder nicht mehr so leicht
möglich.[17]

Ein Thema, das diesem Buch zugrunde liegt, ist die heikle
Beziehung, die zwischen imperialen Ambitionen einerseits und
transkontinentalen Handelsunternehmen andererseits bestand.
Imperien geht es um die Ausübung und Ausweitung ihrer
Macht über Meere und Territorien. Es ist daher kaum verwunderlich, dass man dem britischen Empire nicht ohne eine
gewisse Berechtigung nachsagt, es habe weltweite Wirtschaftsverbindungen und eine Protoglobalisierung gefördert.[18] In der
Praxis konnten imperiale Störungen und Kriege jedoch den
internationalen Handel selbst für Briten sabotieren, wie James
Crisps zweifacher Bankrott illustriert. James Crisp profitierte
vom britischen Empire ebenso wie vom spanischen Reich.
Sie verschafften ihm Zugang zu Produkten der Karibik und
letztlich zu afrikanischen Sklaven. Sie boten ihm Märkte für
gepökelten Fisch, eine flüchtige Aussicht auf Grundbesitz in
Ostflorida und eine Zeitlang profitablen Zugang zu bengalischen Textilien. Aber die Imperien und die Veränderungen, die
sie der Welt aufzwangen, forderten auch ihren Tribut. Crisps
Bankrott 1767 war teils den wirtschaftlichen Verwerfungen
durch den Siebenjährigen Krieg und der Entschlossenheit
eines aggressiver agierenden imperialen britischen Staates ge-
schuldet, gegen den flexiblen, extensiven Handel der Isle of
Man vorzugehen. Die Störungen, die ein weiterer imperialer
Krieg nach 1775 auslöste, und die Entschlossenheit der East
India Company, ihre Monopole zu verteidigen, trugen dazu
bei, ihn umzubringen.

Wo einerseits die Chancen für einzelne Menschen wuchsen,
nahmen andererseits auch die Risiken immer mehr zu. William
Marsh, George Marshs ältester Sohn, machte 1824 mit seiner
Bank, Marsh, Stacey, Fauntleroy & Graham in der Berners

Street, London, Bankrott. Für diesen Zusammenbruch waren zum Teil betrügerische Machenschaften eines Geschäftspartners von William Marsh verantwortlich. Verschlimmert wurde die Lage jedoch durch die allgemein angespannte Situation des britischen Bankensystems, nachdem eine Flut von Krediten in die neuerdings unabhängigen lateinamerikanischen Staaten geflossen war, die aus den Trümmern des spanischen Imperiums hervorgegangen waren. Wie William schrieb, hatte sein Vater ein Vermögen gemacht, und er hatte es verloren. George Marsh hatte es vom Seemann zum reichen Mann gebracht, indem er über 60 Jahre lang der mächtigsten Kriegsmarine der Welt diente. Geschäfte auf dem größten und am stärksten nach außen gerichteten Kapitalmarkt der Welt trieben William Marsh in den Ruin.[19]

☙ ❧

John Galsworthy erkannte als Romancier, dass Geschichte sich gut in komprimierter Form darstellen und vermitteln lässt, indem man den Werdegang verschiedener Familienmitglieder über die Zeit hinweg nachzeichnet.[20] Diese Mikrostrategie – die Perspektiven auf die Vergangenheit zu nutzen, die sich anhand einer Familie bieten – wird paradoxerweise wertvoller, statt weniger wertvoll, wenn es um historische Entwicklungen geht, die sich über weite territoriale und maritime Räume erstrecken. Manche der Veränderungen, die Elizabeth Marsh erlebte, waren so groß, so folgenschwer und weitreichend, dass sie sich anscheinend nur in anonymen, abstrakten Begriffen fassen lassen. Aber ein rein abstraktes Herangehen an Veränderungen und Einflüsse, die Kontinente überschreiten, bedeutet, dass wir sie nur unvollständig begreifen. Es kann und sollte keine olympische Version der Weltgeschichte geben, denn es existiert immer eine menschliche, individuelle Dimension. In diesem Buch habe ich untersucht, wie eine Großfamilie eine folgenschwere, brisante Periode der Weltgeschichte erlebte. Ich habe mich bemüht, die zahlreichen und unterschiedlichen Verbindungen aufzuzeigen, die zwischen »völlig unpersönlichen und fernliegenden Veränderungen« einerseits und »den intimsten Zügen des menschlichen Wesens« andererseits bestanden.[21]

Es ist jedoch auch die Geschichte einer Frau, die selbstverständlich mehr war als ein bloßer Spielball unpersönlicher Mächte. Trotz aller Prüfungen, die Elizabeth Marsh durchgemacht hat, wäre es nicht plausibel, sie als reines Opfer zu sehen. Oft brachten externe Ereignisse sie in Gefahr und stellten sie vor Herausforderungen, aber sie traf auch eine Folge von Entscheidungen, die sie Grenzen überschreiten und Gefahren eingehen ließen. Und auch wenn ihr Leben manchmal hart war, sie Angst und Unsicherheit erlebte, kannte sie doch auch Entdeckerfreude und Heiterkeit: »Das Leben war neu und keineswegs unangenehm.« Es war ein erheblich abwechslungsreicheres Leben als es ihr in England beschieden gewesen wäre; und sie war privilegierter als die Sklaven, die sie und James Crisp zeitweise besaßen oder zu denen sie in Sidi Muhammads Palast hätte gehören können.

Ich habe mich bemüht, Elizabeth Marshs vielschichtige Eigenschaften, die manche Brüche ihrer Herkunft und ihres Lebens widerspiegeln, aus ihren ungewöhnlichen Handlungen und ihren Schriften zu extrahieren. Sie war ausgesprochen couragiert, unternehmungslustig und häufig unwissend; ungemein neugierig, gewieft und forschend, zugleich aber voller Vorurteile; gesellschaftlich unsicher und nach Anerkennung hungernd, aber bereit, die Fesseln damenhafter Vornehmheit zu missachten, wenn es ihr passte; den Interessen ihrer Herkunftsfamilie und ihrer Nachkommen verpflichtet, aber sporadisch auch versessen darauf, von ihnen fortzukommen; zugleich eigennützig, skrupellos und immer fähig, sich nach einer Krise oder Katastrophe wieder aufzuraffen und etwas Neues auszuprobieren. Unser Wissen über ihre private Welt weist nach wie vor zwei wichtige Lücken auf. Wir wissen nichts über die Herkunft ihrer Mutter und nichts über die Qualität ihrer eigenen Ehe. Ihre zunehmende Entfremdung von James Crisp lässt sich nachzeichnen, man kann darüber spekulieren, aber sie lässt sich nicht vollständig erklären. Es ist auch nicht in Erfahrung zu bringen, ob sie sich so oft von ihm fernhielt, weil es Teil einer rudimentären, aber äußerst wirkungsvollen Geburtenkontrolle war. Mit zwei Kindern war ihre Familie für damalige Verhältnisse sehr klein.

Klar ist jedoch, dass diese »überaus fesselnde Frau mit großen Talenten« starken Eindruck auf andere machte. Ihre Begegnungen mit Sidi Muhammad, auch wenn sie literarisch geschönt sind, lassen darauf ebenso schließen wie ihr Umgang mit diversen Admirälen und Kapitänen der Royal Navy. Die Stärke ihrer Persönlichkeit und ihre Fähigkeit, Zuneigung zu gewinnen, sind auch am Verhalten ihrer männlichen Verwandten abzulesen. Elizabeth Marsh war wirtschaftlich immer abhängig, aber statt sie einzusperren, gaben ihre männlichen Verwandten sich alle Mühe, ihr bei ihren Unternehmungen zu helfen. George Marsh missbilligte ihr Verhalten, gab ihr aber Geld und verschaffte ihr Zugang zu Schiffen. John Marsh sorgte dafür, dass einige ihrer Aufzeichnungen erhalten blieben, auch wenn er sie vermutlich zensierte. General Richard Smith nutzte seinen Einfluss, um ihre Indienrundreise zu erleichtern. Das Gleiche gilt für George Smith, der sogar so weit ging, militärische Befehle zu missachten. Milbourne Marsh unterstützte seine Tochter immer wieder und opferte für sie sogar seine Karriere. Und James Crisp setzte seine geschäftlichen Aussichten aufs Spiel, als er Elizabeth im Dezember 1756 erneut einen Heiratsantrag machte.

Es gab noch einen weiteren Mann, der Elizabeth Marsh treu ergeben war und ihretwegen zu erheblichem Schaden kam: ihr Sohn Burrish Crisp, der die Grabstätte neben ihrer erwarb. Er hatte 1779 die Chance ausschlagen müssen, in Warren Hastings mächtigem Umkreis zu arbeiten, um nach Dhaka zurückzukehren und sich in Abwesenheit seiner Mutter um seinen sterbenden Vater zu kümmern. Eine ähnliche Chance, sich mit seinen hervorragenden Sprachkenntnissen Anerkennung in der Hierarchie der East India Company zu verschaffen, erhielt er nie wieder. Burrish Crisp gehörte zu den Gründungsmitgliedern der Asiatic Society, des führenden Clubs europäischer Intellektueller in Kalkutta, und schuf sachkundige Übersetzungen einiger bedeutender Texte, aber er blieb Zeit seines Lebens ein Kaufmann und kleiner Justizbeamter in Dhaka.[22] Mit einer Inderin, über die nichts bekannt ist, zeugte er zwei Kinder, einen Jungen und ein Mädchen.

Elizabeth Marshs Geschichte mit dieser in Vergessenheit geratenen Frau zu beenden erscheint durchaus passend, da ihr Leben mit einem anderen Geist im Familienstammbaum begann. Ihre Mutter Elizabeth Bouchier (Boucher oder Bourchier) war vielleicht afrikanischer Abstammung oder so konventionell englisch, wie ihre Tochter es gelegentlich gern von sich behauptete. Burrish Crisps indische Gefährtin ist noch schwerer zu fassen, da wir nicht einmal ihren Namen kennen. Wie es bei solchen gemischten Beziehungen häufig üblich war, machte Burrish keinerlei Angaben zur Mutter seines Sohnes, als er ihn 1794 in Kalkutta auf den Namen John Henry Crisp taufen ließ.[23] Elizabeth Marshs zweiter, halbindischer Enkel wuchs völlig anders auf als George Shee junior. Obwohl Eurasier ab 1791 offiziell von einer festen Anstellung bei der East India Company ausgeschlossen waren, brachte John Henry Crisp es zum Hauptmann der Armee in Madras. Wie sein Vater (und vielleicht seine indische Mutter) war er lernbegierig und hochintelligent, »besonders emsig im Studium des Hindustani« und besaß ausgezeichnete »naturwissenschaftliche Kenntnisse«. Dank dieser naturwissenschaftlichen Vorbildung übertrug man ihm 1822 die Leitung einer Sondermission nach Sumatra. Dort führte John Henry Crisp 800 astronomische Experimente nach westlichen und indischen Verfahren durch,

die er am Observatorium Madras gelernt hatte, und veröffentlichte anschließend eine dichte Abhandlung zur Bestimmung
»terrestrischer Längen anhand des rechten Mondwinkels«.[24]

Vor oder nach diesem wissenschaftlichen Auftrag hatte er
ebenfalls eine Affäre mit einer Inderin, deren Name unbekannt
ist. Sie hatten ein gemeinsames Kind, eine Tochter. Nach einiger Zeit kam sie in Madras in das Waisenhaus »für illegitime
Kinder europäischer Offiziere und Soldaten im Dienst des
Königs und der Kompanie«. Bevor John Henry Crisp seine
Tochter dort unterbrachte, gab er ihr den Ehenamen von Burrish Crisps Mutter, seiner bemerkenswerten Großmutter, die er
nie kennen gelernt hatte. Das Mädchen erwies sich jedoch als
rastlos. Aus den Archiven geht hervor, dass sie irgendwann
zwischen 1829 und 1838 fortlief.[25] Und so öffnete eines Tages
eine neue Elizabeth Crisp von fast vollständig indischer Abstammung die Tür des Waisenhauses in Madras, in dem sie
eingesperrt war, und machte sich auf den Straßen Chennais auf
ihre eigene Reise.

Stammbaum

Der folgende Stammbaum zeigt lediglich die Familienzweige, die für dieses Buch relevant sind. Weitere Einzelheiten über Mitglieder dieser Familie finden sich auf der Internetseite www.jjhc.info/. Die Namen der Personen, die ausführlich in diesem Buch vorkommen, sind fett gedruckt und, soweit vorhanden, mit Angaben des Geburts- und Todesjahres versehen. Dass diese Daten bei mehreren Personen unbekannt sind, spiegelt in einigen Fällen ihre Rasse, ihr Geschlecht oder ihre Armut wider. Andere sind nicht in bekannten amtlichen Registern erfasst, weil sie oder ihre Eltern über Ländergrenzen und Meere hinweg reisen.

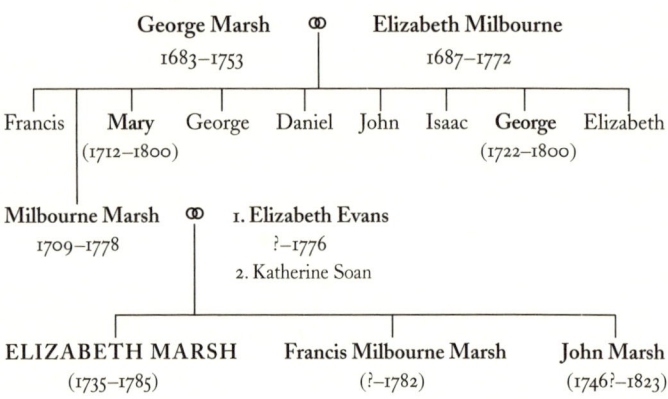

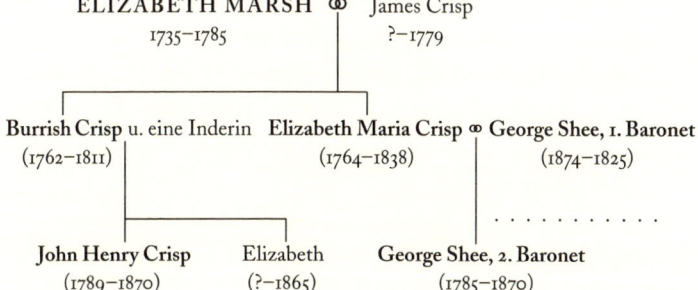

ELIZABETH MARSH ∞ James Crisp
1735–1785   ?–1779

Burrish Crisp u. eine Inderin   Elizabeth Maria Crisp ∞ George Shee, 1. Baronet
(1762–1811)   (1764–1838)   (1874–1825)

John Henry Crisp   Elizabeth   George Shee, 2. Baronet
(1789–1870)   (?–1865)   (1785–1870)

Konventionen

Seit Elizabeth Marshs Zeiten haben sich viele Ortsnamen stark verändert, vor allem in Regionen der Welt, die früher Kolonien waren. In diesem Buch verwende ich in der Regel die heute geläufigsten Ortsbezeichnungen, also etwa Dhaka statt Dacca. Manche mittlerweile abgelegten Ortsnamen besitzen aber so starke historische Anklänge, dass ich es für unangemessen hielt, sie zu aktualisieren. Daher nenne ich Kalkutta nicht Kolkata.

Bei der Umschrift arabischer Begriffe stütze ich mich auf die *Encyclopedia of Islam* und auf den Rat sachkundiger Freunde. Beim Verständnis der entstellten anglo-indischen Terminologie in Elizabeth Marshs Indischem Journal war die Online-Version des *Hobson-Johnson* der University of Chicago sehr hilfreich.

Um die wechselnden Vermögensverhältnisse der Hauptpersonen in diesem Buch zu vermitteln, habe ich gelegentlich geschätzte Wertangaben eingefügt, die etwa der heutigen Kaufkraft entsprechen. Diese Schätzungen basieren auf der Internetseite »How much ist that?« unter EH.net.

Bis 1752 galt in Großbritannien der julianische Kalender, wonach ein neues Jahr am 25. März, nicht am 1. Januar begann. So steht im Logbuch der *Kingston*, auf der Milbourne Marsh von Portsmouth nach Jamaika fuhr, dass dieses Schiff sich Anfang 1731 auf diese Überfahrt vorbereitete; nach dem gregorianischen Kalender traf sie diese Vorbereitungen Anfang 1732. Ich habe in Text und Fußnoten durchgängig die moderne Zeitrechnung verwendet. Bei Zitaten aus Originalmanuskripten habe ich die Schreibweise der modernen angepasst, Abkürzungen ausgeschrieben und die Zeichensetzung geändert, wo der Sinn es verlangte.

Anmerkungen

a) Familienaufzeichnungen

CB – Commonplace Book

Elizabeth Marshs Onkel, George Marsh, sammelte in diesem zweibändigen Kollektaneenbuch Notizen zu vielfältigen Themen, literarische Extrakte und Zeitungsausschnitte; es befindet sich in der Wellcome Library, London (MSS.7628–9).

FB – Family Book

Das Familienbuch der Marshs enthält eine unregelmäßig paginierte Zusammenstellung von Familiengeschichten, zeitgenössischen Beobachtungen und autobiographischen Notizen, zusammengestellt ebenfalls von George Marsh in den 1790er Jahren. Das Originalmanuskript, ein nahezu 200 Seiten starker weißer Halblederband mit marmoriertem Buchdeckel, befindet sich in Privatbesitz. Eine Online-Version steht auf der Internetseite www.jjhc. info/marshgeorge1800diary.htm zur Verfügung.

FC – *The Female Captive*

Elizabeth Marsh veröffentlichte dieses Buch anonym 1769; alle Seitenangaben beziehen sich auf die Ausgabe dieses Buches, die von Khalid Bekkaoui herausgegeben wurde (Moroccan Cultural Studies, Casablanca, 2003). Die Professoren Bekkaoui und Felicity Nussbaum arbeiten zurzeit an einer neuen Ausgabe des Buches, die auch Elizabeth Marshs Indisches Journal umfassen soll.

FCMS – Manuskript eines Entwurfs zu *The Female Captive*

Die Herkunft dieses Manuskripts ist unbekannt. Der Titel lautet zwar »Erzählung ihrer Gefangenschaft in der Berberei«, aber die

Handschrift ist nicht die Elizabeth Marshs. Offenbar handelt es sich um die Abschrift einer frühen Version von *The Female Captive*, die Elizabeth Marsh 1769 in Chatham, England, verfasste, nicht etwa 1756 in Marokko; sie enthält einige Fehler, aber auch Material, das sich in dem veröffentlichten Buch nicht wiederfindet. Es befindet sich in der Abteilung Special Collections der Charles E. Young Research Library, University of California, Los Angeles (Bound Manuscript 170/604).

IJ – Indian Journal

Elizabeth Marsh verfasste dieses Indische Tagebuch während ihrer Rundreise durch Ost- und Südindien von Dezember 1774 bis Juli 1776. Eine Beschreibung des Manuskripts siehe infra S. 223 f., 239 f. Es ist zusammen mit *FCMS* gebunden und befindet sich in der Charles E. Young Library (s. o).

b) Archive und Bibliotheken

AHPB – Arxiu Històric de Protocols, Barcelona, Spanien
BL – British Library, London, England
GL – Guildhall Library, London, England
IOL – India Office Library in der British Library, London, England
IOR – Island Record Office, Twickenham, Jamaika
JA – Jamaica Archives, Spanish Town, Jamaika
LC – Library of Congress, Washington, DC, USA
MNHL – Manx National Heritage Library, Douglas, Isle of Man
NA – National Archives, Kew, England
NAS – National Archives of Scotland, Edinburgh, Schottland
NMM – National Maritime Museum, Greenwich, England
RO – Record Office

c) Druckwerke

HMC – Reports of the Royal Commission on Historical Manuscripts
ODNB – Oxford Dictionary of National Biography (Online-Version)

Parl. Hist. – William Cobbett, *The Parliamentary History of England from the Earliest Period to 1803*, 36 Bde., London 1816

EINLEITUNG

1 A. Smith, *The Theory of Moral Sentiments*, London 1774; dt.: *Theorie der ethischen Gefühle*, Hamburg 2004, S. 315.

2 Siehe V. Carretta, *Equiano the African: Biography of a Self-Made Man*, New York 2006. Auf deutsch ist die Autobiographie Equianos erschienen: *Merkwürdige Lebensgeschichte des Sklaven Olaudah Equiano von ihm selbst veröffentlicht im Jahre 1789*, hrsg. Von P. Edwards, Frankfurt 1990.

3 Zit. in P. Horden und N. Purcell, *The Corrupting Sea: A Study of Mediterranean History*, Oxford 2000, S. 27.

4 Janet L. Abu-Lughod, *Before European Hegemony: The World System A.D. 1250–1350*, New York 1989; D. O. Flynn und A. Giráldez, »Born With a ›Silver Spoon‹: The Origin of World Trade in 1571«, *Journal of World History*, 6/1995, S. 201–221.

5 Eine hervorragende Argumentation zur Bedeutung dieser Epoche Mitte des 18. Jhs. für den Glauben an globale Beziehungen findet sich bei R. Koselleck, *Vergangene Zukunft: Zur Semantik geschichtlicher Zeiten*, Frankfurt a. M. 2006; Guillaume Raynal, *Histoire philosophique et politique des établissements et du commerce des Européens en les deux Indes*, Amsterdam 1773, in Auszügen dt.: *Die Geschichte beider Indien*, Nördlingen 1988, S. 9; *The Correspondence of Edmund Burke*, 10 Bde., Hrsg. T. W. Copeland et al, Cambridge 1958–78, III, S. 350f.

6 Der Pazifik »war schon weit vor der Moderne Schauplatz häufiger Interaktionen«, aber überwiegend für nichteuropäische Seeleute: siehe E. Manke, »Early Modern Globalization and the Politicization of Oceanic Space«, *Geographical Review*, 89/1999, S. 225–236; The Universal Pocket Companion, London 1760, S. 3.

7 C. Tang, »Writing World History: The Emergence of a Modern Global Consciousness in the Late Eighteenth Century«, Doktorarbeit an der Columbia University, 2000, S. 102.

8 Thomas Salmon, *A New Geographical and Historical Grammar: Wherein the Geographical Part is Truly Modern*, 12. Aufl., Dublin 1766, Vorwort.

9 Emma Rothschilds Tanner Lectures zum Thema »The Inner Life of Empires«, die sie im April 2006 an der Princeton University hielt, trugen erheblich dazu bei, mir diesen Punkt stärker zu verdeutlichen.

1 Siehe Logbuch: *NMM*, ADM/L/K 40A.

2 »State of Jamaica«, um 1735: *NA*, PC 1/58/3. Zu den Veränderungen im Grundbesitz und in der Zuckerproduktion der Insel siehe B.W. Higman, *Jamaica Surveyed: Plantation Maps and Plans of the Eighteenth and Nineteenth Centuries*, Kingston 1988; und R. S. Dunn, *Sugar and Slaves: The Rise of the Planter Class in the English West Indies, 1624–1713*, Chapel Hill, NC, 1972.

3 Zur Karibik als »frühmoderner« Region siehe P. D. Morgan, »The Caribbean Islands in Atlantic Context, circa 1500–1800«, in: F. Nussbaum (Hrsg.), *The Global Eighteenth Century*, Baltimore, MD, 2003, S. 52–64, und R. Drayton, »The Collaboration of Labour: Slaves, Empires and Globalization in the Atlantic World, circa 1600–1850«, in: A. G. Hopkins, *Globalization in World History*, London 2002, S. 98–114.

4 D. Eltis, *The Rise of African Slavery in the Americas*, Cambridge 2000, S. 136; T. Burnard und K. Morgan, »The Dynamics of the Slave Market and Slave Purchasing Patterns in Jamaica, 1655–1788«, *William and Mary Quarterly*, 58/2001, S. 205–228.

5 M. Pawson und D. Buisseret, *Port Royal, Jamaica*, Oxford 1975, S. 98 ff.; siehe auch N. Zahedieh, »Trade, Plunder, and Economic Development in Early English Jamaica, 1655–89«, *Economic History Review*, 39/1986, S. 205–222; und dieselbe., »The Merchants of Port Royal, Jamaica, and the Spanish Contraband Trade, 1655–1692«, *William and Mary Quarterly*, 43/1986, S. 570–593. Eine neue historische Untersuchung wäre notwendig, um Port Royal klarer in den weiteren amerikanischen, afrikanischen, europäischen und sogar asiatischen Kontext einzuordnen.

6 Guillaume Raynal, *Histoire philosophique et politique des établissements et du commerce des Européens en les deux Indes*, Amsterdam, 1773; zit. n. engl.: *A Philosphical and Political History of the Settlements and Trade of the Europeans*, 6 Bde., London 1788, VI, S. 340 f.

7 C. Leslie, *A New History of Jamaica*, London 1740, S. 25.

8 A. D. Meyers, »Ethnic Distinctions and Wealth Among Colonial Jamaican Merchants, 1685–1716«, *Social Science History*, 22/1998, S. 47–81.

9 Zit. in Morgan, »Caribbean Islands«, (s. Anm. 3) S. 63; H. C. De Wolf, »Chinese Porcelain and Seventeenth-Century Port Royal, Jamaica«, Doktorarbeit an der Texas A & M University 1998.

10 T. Burnard, »European Migration to Jamaica, 1655–1780«, *William and Mary Quarterly*, 53/1996, S. 769–796.

11 Zur hohen Sterblichkeit im frühmodernen Jamaika siehe V. A. Brown, »Slavery and the Spirits of the Dead: Mortuary Politics in Jamaica, 1740–1834«, Doktorarbeit an der Duke University 2002.

12 *NMM*, ADM/L/K 40A: Eintrag vom 22. Juli 1732; Edward Long be-

hauptete später, in Port Royal seien 1734 insgesamt 4570 Sklaven ausgeladen worden: *BL*, Add. MS 12435, fol. 17.

[13] Zit. in K. Brathwaite, *The Development of Creole Society in Jamaica, 1770 bis 1820*, Kingston 2005, S. 223.

[14] Die menschlichen Verluste lassen sich an der Musterrolle der *Kingston* für 1732–1733 ablesen: *NA*, ADM 36/1662; *BL* Add. MS. 12427, fol. 102.

[15] N.A.M. Rodger, *The Wooden World: An Anatomy of the Georgian Navy*, London 1986, S. 98 f.

[16] *Regulations and Instructions Relating to His Majesty's Service at Sea*, London 1746, S. 113; siehe auch Rodger, *Wooden World*, Anm. 15, S. 20 f., 39, 66.

[17] *NA*, ADM 36/727 und ADM 36/3166: Musterrollen der *Deal Castle* und der *Rupert*.

[18] *IRO*, Kingston Copy Register 1721–1825: Marriages, I, fol. 9. Auf ihren Grabstein ließ Milbourne Marsh schreiben, dass seine erste Frau 68 Jahre alt war, als sie 1776 starb. Es gibt keine anderen bekannten Quellen, die diese Angaben bestätigen.

[19] *IRO*, Court wills, Liber 19, Part 2, fol. 188. Das Testament wurde am 4. Dezember 1734 zu den Akten genommen, Evans dürfte also mindestens einige Wochen vorher gestorben sein; T. Burnard, »Inheritance and Independence: Women's Status in Early Colonial Jamaica«, *William and Mary Quarterly*, 48/1991, S. 95 f.

[20] *JA*, 2/19/1-4 (unfol.): Genehmigung vom 13. August 1734.

[21] Siehe T. Burnard, »Slave Naming Patterns: Onomastics and the Taxonomy of Race in Eighteenth-Century Jamaica«, *Journal of Interdisciplinary History*, 31/2001, S. 325–346; Evans' Inventarliste findet sich unter *JA*, 1B/11/3/17, fols. 132 f.

[22] »A list taken ... of all and every negro slave«, *JA*, 2/19/1–4 (unfol.)

[23] *JA*, Letters Testamentary, 1B/11/18/4, fol. 91; *IRO*, Kingston Copy Register 1721–1825: Marriages, I, fol. 91.

[24] Sie erscheint beispielsweise nicht in J. und M. Kaminkow, *A List of Emigrants from England to America, 1718–1759*, Baltimore, MD, 1964; oder in David Galensons Nachtrag »Agreements to Serve in America and the West Indies, 1727–1731«, *Genealogists' Magazine*, 19/1977, S. 40–44.

[25] *FB* (unfol.)

[26] Inwieweit das von Bedeutung ist, bleibt unklar. Wie John Gillis schreibt, diente die Grabinschrift im frühmodernen England »nicht dazu, an die Person zu erinnern, sondern an einen bestimmten Typ Mensch«: *A World of Their Own Making*, New York 1996; dt.: *Mythos Familie: Auf der Suche nach der eigenen Lebensform*, Weinheim 1997, S. 68.

[27] *JA* 2/19/1-4: »A list of the white inhabitants of this parish«; die Witwe Boucher erscheint auch in Port Royals Kopfsteuerlisten der Jahre 1739, 1740 und 1741.

[28] Eine Jane Bourchier wird 1678 als Besitzerin von 410 Hektar Land auf der Insel geführt: *JA*, 1B/11/1, Index to Patents; zu Charles Bourchier, dessen Land zur Pfarrei St. Catharine gehörte, siehe *IRO*, Court Wills, Liber 17, Part I, fol. 60.

[29] Brathwaite, *Development of Creole Society* (s. Anm. 13), S. 301.

[30] Sir John Fielding zit. in P. Earle, *Sailors: English Merchant Seamen 1650 bis 1775*, London 1998, Vorwort.

[31] P. Wright, *Monumental Inscriptions of Jamaica*, London 1966, S.VI. Eine klassische Schilderung des Seemannslebens, die ihre Andersartigkeit hervorhebt, bietet M. Rediker, *Between the Devil and the Deep Blue Sea: Merchant Seamen, Pirates, and the Anglo-American Maritime World, 1700–1750*, Cambridge 1987.

[32] Raynal, *Philosophical and Political History*, 4 Bd., Dublin 1776, IV, S. 464.

[33] Zu einem der bekanntesten Männer, die von der relativen Offenheit der Royal Navy profitierten, s. V. Carretta, *Equiano the African*, New York 2006; und W. J. Bolster, *Black Jacks: African American Seamen in the Age of Sail*, Cambridge, Mass., 1997.

[34] *NA*, ADM 33/342: Musterrolle der *Rupert*.

[35] H. Lee, *Body Parts: Essays in Life-Writing*, London 2005, S. 6; das Bild der *body parts* stammt ursprünglich von Julian Barnes.

[36] K. Wilson, *The Island Race: Englishness, Empire and Gender in the Eighteenth Century*, London 2003, S. 148.

[37] B. Anderson, *Imagined Communities*, London 1998; dt.: *Die Erfindung der Nation: Zur Karriere eines folgenreichen Konzepts*, Frankfurt a. M. 2005, S. 166.

[38] Siehe T. Burnard, »A Failed Settler Society: Marriage and Demographic Failure in Early Jamaica«, *Journal of Social History*, 28/1994, S. 63–82; *IRO*, Port Royal copy register, 1725–1835, I: Eintrag vom 2. Juli 1730.

[39] *JA*, House of Assembly Journals, 1B/5/1/10, fols. 197 und 204; Michael Craton, *Testing the Chains: Resistance to Slavery in the British West Indies*, New York 1982.

[40] Zu Cudjoes Weggang s. Musterrolle der *Rupert*: *NA*, ADM 36/3167. 1738 arbeitete ein Sklave namens »John Cudjoe« immer noch als Kalfaterer für die Royal Navy in Port Royal: *NA*, ADM 106/901, fol. 22.

[41] Zum wachsenden Ausdruck der Besorgnis bei der Siedlerelite Jamaikas siehe *Calendar of State Papers Colonial Series; America and West Indies … 1734–1735*, London 1953, S. 32, 49 ff., 91, 102 f., 188 ff., 257 f., 321 f. und 407 ff.

[42] Vielleicht behielt Milbourne Marsh einen Teil seines Besitzes in Port Royal noch eine Zeitlang. Ein Freund zahlte dort noch 1737 Steuern in seinem Namen: »A list of the deficiency tax for the parish and precincts of Port Royal«, *JA*, 2/19/1–4 (unfol.).

[43] Logbuch der *Kingston*, *NMM*, ADM L/K 40A; zu Frauen, die an Bord von Kriegsschiffen der Royal Navy mitreisten, siehe Rodger, *Wooden World*, (s. Anm. 15), S. 67–76.

[44] Sofern nicht anders angegeben, stammen Angaben zu Geburten, Taufen, Eheschließungen, Todesfällen und Beerdigungen von der Internetseite www.familysearch.org.

[45] *NA*, ADM 6/14, fol. 221; zu Milbourne Marshs Anstellung auf der *Deal Castle* und der *Cambridge* siehe NA, ADM 36/730, 736 und 437.

[46] C. R. Markham (Hrsg.), *Life of Captain Stephen Martin 1666–1740*, Navy Records Society 1895, S. 210.

[47] D. A. Baugh, *British Naval Administration in the Age of Walpole*, Princeton, NJ, 1965, S. 262–340; J. Coad, *The Royal Dockyards 1690–1850: Architecture and Engineering Works of the Royal Navy*, Aldershot 1989, S. 1–13.

[48] J. H. Thomas, *Portsmouth and the East India Company 1700–1815*, London 1999, S. 34.

[49] Coad, *Royal Dockyards*, (s. Anm. 47), S. 3.

[50] Siehe Thomas, *Portsmouth and the East India Company*, (s. Anm. 48); die Pagoden, Beutegut von Ansons Weltumsegelung, sind erwähnt in J. J. Cartwright (Hrsg.), *The Travels through England of Dr. Richard Pococke*, Camden Society, 2 Bde., 1888–1889, II, S. 115.

[51] *FC*, S. 43.

[52] Dieser und die folgenden Absätze stützen sich auf »Memorandums that I have heard of father's and mother's families« in *FB*; zu George Marsh senior siehe *NA*, ADM 7/810, fol. 15.

[53] Daran mag durchaus etwas Wahres sein, denn John Milbourne vermachte Milbourne Marshs Mutter in seinem Testament, in dem er sich als »Gentleman« bezeichnete, lediglich fünf Schillinge: *Hampshire R.O.*, 1722 A 56.

[54] 1749 erschien er auf einer Liste der Schiffbauer von Portsmouth, die »abgearbeitet wirken«: *NA* ADM 7/658, fol. 49.

[55] Zu Jean Duval siehe *NA*, PROB 11/844; Elizabeth Marsh äußerte sich zu ihren Französischkenntnissen in *FC*, S. 90.

[56] J. DeVries, »The Industrial Revolution and the Industrious Revolution«, *Journal of Economic History* 54/1994, S. 249–270.

[57] Milbourne Marsh an das Navy Board, 30. Mai 1765 (Kopie), *NMM* ADM/B/177.

[58] *Regulations and Instructions* (s. Anm. 16), S. 113 f.

[59] R. Campbell, *The London Tradesman*, London 1747, S. 299.

[60] *IJ*, S. 3.

[61] *NA*, ADM 106/938, fols. 222, 234–238.

[62] Milbourne Marshs Antwort auf die Anschuldigungen s. *ebd.*, fol. 236.

[63] Ebd.

[64] Zu Milbourne Marshs Arbeit vor Toulon siehe seine Berichte in *NA*, ADM 1/381; und ADM 36/2098: Musterrolle der *Namur*.

[65] Protokolle des Kriegsgerichtsverfahrens gegen Admiral Thomas Mathews, 1746, Aussage von Milbourne Marsh: *NA*, ADM 1/5279; zu den Hintergründen und der Debatte über Toulon siehe N. A. M. Rodger, *The Command of the Ocean: A Naval History of Britain, 1649–1815*, London 2004, S. 242–245.

[66] *NA*, ADM 1/5279: Aussage von Milbourne Marsh; *A Narrative of the Proceedings of His Majesty's Fleet*, London 1744, S. 63.

[67] M. Hunt, »Women and the Fiscal-Imperial State in the Late Seventeenth and Eighteenth Centuries«, in K. Wilson (Hrsg.), *A New Imperial History: Culture, Identity and Modernity in Britain and the Empire, 1660–1840*, Cambridge 2004, S. 29–47.

[68] *NA*, ADM 106/938, fol. 236; dass Elizabeth Marshs Brüder beide auf See geboren wurden, schließe ich aus der Tatsache, dass sie offenbar in keiner Pfarrgemeinde an Land registriert sind.

[69] Daniel Defoe, *Robinson Crusoe*, London, 1719; dt.: Leipzig 1869, S. 7. Zum Lohn, den Milbourne Marshs in dieser Zeit in der Werft von Chatham erhielt, s. *NA*, ADM 42/42 und 43.

[70] *FB*, Eintragungen für Februar 1737 und Mai 1744; George Marshs Darstellung seiner frühen beruflichen Laufbahn weicht in einigen Details ab von der in J. M. Collinge, *Navy Board Officials, 1660–1832*, London 1978, S. 121.

[71] *FB*, Eintrag für den 10. Oktober 1745.

[72] S. Pepys, *Die geheimen Tagebücher.* Hrsg. von Volker Kriegel und Roger Willemsen. Frankfurt 2004.

[73] George Marsh Manuskripte (unsortiert).

[74] J. B. Hattendorf et al (Hrsg.), *British Naval Documents, 1204–1940*, Navy Records Society 1993, S. 461.

[75] George Marsh, »Rough memorandum book«, um 1799, Anhang zum *FB*.

[76] *CB*, fols. 47, 79; sowie Gebet im Anhang von FB, fol. 78; ein typisches Beispiel für George Marshs Ehrerbietigkeit ist sein Brief an Lord Sandwich vom 13. Mai 1785: »Es wird mir immer die größte Freude sein, in meinem Tun meinem Empfinden für Ihre wahrhaft große und noble Gesinnung in allen Lagen Ausdruck zu verleihen, und verbleibe mit der größten Verehrung, My Lord, der gehorsamste, ergebenste, demütigste Diener Eurer Lordschaft«, *NMM*, SAN/F/40/27. Zu dieser Zeit schuldete Sandwich George Marsh Geld.

[77] *FB*, Eintrag für 1755; *NA*, ADM 6/18, fol. 120.

[78] *NA*, ADM 7/813, fol. 25.

KAPITEL 2

¹ Zu den Briten auf der Insel s. Desmond Gregory, *Minorca, the Illusory Prize*, London 1990.

² *FC*, S. 43; s. *ebd.*, S. 78 und 109 zu Elizabeth Marshs Reitkleidung und der Tatsache, dass sie bis 1756 Notenlesen lernte; Hospital Island (auch *Bloody Island* genannt), wo die Familie Marsh in Menorca wohnte, ist beschrieben in *The Importance of the Island of Minorca and Harbour of Port-Mahon*, London 1756, S. 25f. und S. 60.

³ *Importance of the Island*, S. 26; Jonathan G. Coad, *The Royal Dockyards 1690–1850: Architecture and Engineering Works of the Sailing Navy*, Aldershot 1989, S. 329–340.

⁴ *Importance of the Island*, S. 40.

⁵ Zitiert in Gregory, *Minorca*, (s. Anm. 1) S. 108.

⁶ Die Royal Navy begann Anfang September 1755, französische Schiffe im Mittelmeer anzugreifen, nachdem sie von Braddocks Niederlage in Monongahela in Nordamerika erfahren hatte: D. Syrett, »A Study of Peacetime Operations: The Royal Navy in the Mediterranean, 1752–5«, *Mariner's Mirror*, 90/2004, S. 42–50; P. Gould, »Lisbon 1755: Enlightenment, Catastrophe, and Communication«, in: D. Livingstone und C.W. J.Withers (Hrsg.), *Geography and Enlightenment*, Chicago, 1999.

⁷ H.W. Richmond, *Papers Relating to the Loss of Minorca in 1756*, Navy Records Society, London 1913, S. 208f.; Gregory, *Minorca*, (s. Anm. 1) S. 172–178.

⁸ H.W. Richmond, *Papers Relating to the Loss of Minorca in 1756*, (s. o.), S. XXXI und XXXIV.

⁹ *NA*, ADM 1/383, fol. 335; Gregory, *Minorca*, (s. Anm. 1) S. 168–178.

¹⁰ »Boscawen's Letters to his Wife, 1755–1756«, in: Christopher Lloyd (Hrsg.), *The Naval Miscellany*, Bd. 4, London 1952, S. 214. George Marsh behauptet in seinem Familienbuch, Elizabeth Marsh sei nach der Landung der Franzosen auf Menorca zunächst nach Barcelona geflohen. Ich folge hier ihrer eigenen Darstellung der Ereignisse.

¹¹ *NMM*, ADM B/153, Schreiben vom 11. Juni 1756.

¹² *NMM*, MRF/14: Journal der Belagerung Menorcas (Mikrofilm); und ADM/L/P/327: Logbuch der *Princess Louisa*.

¹³ *NA*, ADM 1/383, fol. 388; Milbourne Marshs Bericht ist zitiert in *The Trial of the Honourable Admiral John Byng*, London 1757, S. 9.

¹⁴ James Lind, *Three Letters Relating to the Navy, Gibraltar, and Port Mahon*, London 1757, S. 115.

¹⁵ Siehe z. B. *BL*, Add. MS. 35895, fol. 252.

¹⁶ *NA*, ADM 1/383, fol. 388.

[17] Ebd.; zu den Gehältern der Familie Marsh s. *NA*, ADM 7/813, fol. 25 und 7/814, fol. 29.

[18] Kapitän und Passagiere der *Ann* sind aufgeführt in *NA*, ADM 1/2108.

[19] Logbücher der *Gosport* ab Plymouth und weiter ab Gibraltar: *NA*, ADM 51/406 und *NMM*, ADM/L/G/77.

[20] *FC*, S. 44.

[21] *FC*, S. 45 ff.

[22] *NA*, SP 71/20, fol. 183.

[23] *FC*, S. 47–53.

[24] Abschriften einiger dieser frühen Briefe, die James Crisp und Joseph Popham aus Marokko schrieben, s. *NA*, SP 71/20, fols. 65, 67 und 69; *FB*, fol. 21.

[25] Mitte des 18. Jahrhunderts besaß das Wort »dunkel« bei der Beschreibung der Hautfarbe im englischen Sprachgebrauch ebenso wie das Wort »schwarz« nicht zwangsläufig einen rassistischen Beiklang; *FC*, S. 54.

[26] Solche Mittler, die dazu auserwählt und ausgebildet wurden, sich mühelos zwischen dem Maghreb und verschiedenen christlichen Mächten und Lobbys zu bewegen, und die Art, wie Sidi Muhammad sie rekrutierte und einsetzte, verdienen weitere Beachtung.

[27] *FC*, S. 59 f.

[28] *NA*, SP 71/20, Part I, fols. 183, 187.

[29] Zu den Auswirkungen dieser Bedrohung auf die englische und später auch die britische Seefahrt sowie auf die religiösen und politischen Einstellungen siehe L. Colley, *Captives: Britain, Empire, and the World, 1600–1850*, London 2002, S. 23–134.

[30] Zu den Quellen siehe ebd., S. 391, und R. C. Davis, »Counting European Slaves on the Barbary Coast«, *Past and Present*, 172/2002, S. 87–124.

[31] »Boscawen's Letters to his Wife« (s. Anm. 10), S. 236.

[32] Colley, *Captives* (s. Anm. 29), S. 65–72.

[33] General Thomas Fowke, Gouverneur von Gibraltar, nach London, 2. Januar 1756: *NA*, CO 91/12 (unfol.)

[34] *NA*, ADM 1/383, fol. 279; zu Arvona s. Fowke an Henry Fox, 12. März 1756: *NA*, CO 91/2 (unfol.).

[35] *NA*, ADM 1/383, fol. 279.

[36] Khalid Bekkaoui zitiert Höst *FC*, S. 8; P. G. Rogers, *A History of Anglo-Moroccan Relations to 1900*, London 1970, S. 95–104.

[37] *FC*, S. 65–73.

[38] *FC*, S. 68 f., 72.

[39] *FC*, S. 73.

[40] *FC*, S. 73 f.

[41] Zu solchen Schandumzügen s. E. P. Thompson, »Rough Music« in:

Customs in Common: Studies in Traditional Popular Culture, London 1991, S. 467–538; FC, S. 74f.

42 Zu den marokkanischen Hofritualen der damaligen Zeit siehe A. El Moudden, »Sharifs and Padishahs: Moroccan-Ottoman Relations from the 16th through the 18th Centuries«, Doktorarbeit an der Princeton University, 1992; FC, S. 75 ff.

43 John Stimson, »Misfortunes that Befell HMS Lichfield on the Coast of Barbary«, ein naiver, aber außergewöhnlicher Sklavenbericht: NMM, JOD/7 (unfol.); eine weitere Äußerung eines Europäers über Sidi Muhammads auffallendes Aussehen s. FC, S. 87 Fn.

44 Stimsons Bericht über die tägliche Routine des Sultans: NMM, JOD/7; F. Harrak, »State and Religion in Eighteenth Century Morocco: The Religious Policy of Sidi Muhammad B 'Abd Allâh 1757–1790«, Doktorarbeit an der London University 1989, S. 231–234.

45 A. K. Bennison, »Muslim Universalism and Western Globalization«, in: A. G. Hopkins (Hrsg.), Globalization in World History, London 2002, S. 84; siehe auch El Moudden, Sharifs and Padishahs (s. Anm. 42), S. 224–300.

46 Siehe den Bericht in NA, SP 71/19, fol. 251; Bennison, »Muslim Universalism« (s. o.), S. 74–97.

47 FC, S. 77; R. L. Diaz, »El sultán 'Alawi Sîdi Muhammad ... y sus sueños de hegemonia sobre el Islam Occidental« in: J. M. Barral (Hrsg.), Orientalia Hispanica, Leiden 1974.

48 Siehe J. Caillé, Les accords internationaux du sultan Sidi Mohammed ben Abdallah, Paris 1960.

49 P. H. Roberts und J. N. Tull, »Moroccan Sultan Sidi Muhammad Ibn Abdallah's Diplomatic Initiatives Towards the United States, 1777–1786«, Proceedings of the American Philosophical Society, 143/1999, S. 233–265; NA, FO 52/1, fol. 47.

50 An dieser Stelle schulde ich Professor Frank Stewart Dank für eine Vorlesung, die er 2005 an der Princeton University zum Thema »The Tribal Background of the Contemporary Arab World« hielt; FC, S. 66.

51 Harrak, »State and Religion« (s. Anm. 44), S. 287.

52 NMM, JOD/157/1–3, fol. 2; Bennison, »Muslim Universalism« (s. Anm. 45), S. 93.

53 E. R. Gottreich, »Jewish Space in the Moroccan City: a History of the Mellah of Marrakech, 1550–1930«, Doktorarbeit an der Harvard University, 1999; FC, S. 77, 113.

54 FC, S. 78.

55 Siehe Kap. 4.

56 FC, S. 78 ff; Elizabeth Marshs Reaktion auf die Armreifen ist geschildert in FB, fol. 26.

57 *FC*, S. 81ff.

58 *FC*, S. 83 f.

59 *FC*, S. 84.

60 John Stimsons Schilderung des Palastinneren aus dem Blickwinkel eines Sklaven siehe: *NMM*, JOD/7; mehr zu Sidi Muhammads Vorliebe für westliche Importe siehe Bennison, »Muslim Universalism« (s. Anm. 45), S. 85.

61 *FC*, S. 87, 87 Fn. und 88.

62 *FC*, S. 89.

63 *NMM*, JOD/7, (unfol.); FC, S. 89.

64 *FC*, S. 90–93.

65 Siehe L. Colley, »The Narrative of Elizabeth Marsh: Barbary, Sex and Power«, in: F. Nussbaum (Hrsg.), *The Global Eighteenth Century*, Baltimore 2003, S. 140 f.

66 W. Lempriere, *A Tour from Gibraltar to Tangier, Sallee, Mogodore, Santa Cruz, and Tarudant*, 3. Aufl., Richmond 1800, S. 259; Zweifel am Wahrheitsgehalt dieser (sicher einseitigen) Darstellung äußerte A. Farouk in »Critique du livre de Lempriere par un temoin de l'epoque«, *Hésperis-Tamuda*, 1988/89, S. 105–137.

67 *FC*, S. 92; zur Behandlung britischer Gefangener in Marokko und zu ihrer unterschiedlichen Verweildauer s. Colley, *Captives* (s. Anm. 29), S. 48–72, 88–98.

68 Mit diesem Thema befasst sich Professor Madeline Zilfis demnächst erscheinendes Buch über weibliche Sklaverei im osmanischen Orient; aus Gesprächen mit ihr habe ich viel darüber gelernt. Bis dahin sei auf folgende Aufsätze verwiesen: C. C. Robertson und M. A. Klein (Hrsg.), *Women and Slavery in Africa*, Madison, Wisc., 1983, und J. O. Hunwick, »Black Slaves in the Mediterranean World«, in: E. Savage (Hrsg.), *The Human Commodity: Perspectives on the Trans-Saharan Slave Trade*, London 1992.

69 *FC*, S. 91.

70 Ich danke Madeline Zilfi für die Klarstellung dieses Punktes. Beispiele für Arvonas Zurückhaltung siehe *NA*, ADM 1/383, fols. 510 und 512.

71 Elizabeth Marsh drückt Arvona anscheinend ihre Dankbarkeit aus, s. *FC*, S. 94.

72 *FC*, S. 95 f.

73 Der Befehl vom 7. Oktober 1756 ist unter *NMM*, HWK/4 (unfol.).

74 Logbücher der *Portland*: *NA*, ADM 51/3941, und *NMM*, ADM/L/P/205.

75 *NA*, ADM 1/383, fols. 508, 512.

76 Siehe Logbuch der *Portland*: *NA*, ADM 51/3941; zu Sidi Muhammads Schreiben siehe ADM 1/383, fol. 514.

77 *FC*, S. 112, 116, 118.

[78] *FC*, S. 117.

[79] *FC*, S. 103.

[80] *FC*, S. 83, 104.

[81] *FC*, S. 105.

KAPITEL 3

[1] *FC*, S. 119f.

[2] *FB*, fol. 20; *FC*, S. 43 und 120.

[3] L. Namier und J. Brooke (Hrsg.), *The House of Commons 1754–1790*, 3 Bde., London 1964), Bd. II, S. 220f; *NA*, PROB 11/829.

[4] *FC*, S. 120.

[5] *FB*, fol. 20.

[6] *FC*, S. 43f., 120.

[7] Zur Vielschichtigkeit und Verbreitung dieses Clans s. F. A. Crisp, *Collections relating to the family of Crispe… 1510–1760*, London 1882, S. 1–76.

[8] A. Farrington *et al* (Hrsg.), *The English Factory in Taiwan 1670–1685*, Taipeh 1995, S. 3–16, 50–118.

[9] Zur Burrish-Verwandtschaft (die James Crisp und Elizabeth Marsh in der Namensgebung ihres Sohnes würdigten) siehe *NA*, PROB 11/958; es gab auch Verwandte der Crisps auf Menorca: John Crisps Brief aus Mahón an John Russell, 12. Januar 1734: *NMM*, MS 83/135 (unfol.)

[10] M. Ogborn, *Spaces of Modernity: London's Geographies, 1680–1780*, New York 1998, S. 20.

[11] P. Gauci, *The Politics of Trade: The Overseas Merchant in State and Society, 1660–1720*, Oxford 2001, S. 74. Weitere wertvolle Erörterungen zum merkantilen Leben und den Arbeitsvoraussetzungen der damaligen Zeit bieten J. M. Price, »What did Merchants Do? Reflections on British Overseas Trade, 1660–1790«, *Journal of Economic History*, 49/1989, S. 267–284, und David Hancock, *Citizens of the World: London Merchants and the Integration of the British Atlantic Community, 1735–1785*, Cambridge 1995.

[12] *FB*, fol. 97; *NA*, PROB 11/1053.

[13] *FC*, S. 120; die *Elizabeth* lief am 26. Februar 1757, von Gibraltar kommend, in Bristol ein. Diese Information verdanke ich Professor Kenneth Morgan.

[14] *NA*, ADM 1/3833, fols. 97 und 252.

[15] *FB*, fol. 20; K. Ellis, *The Post Office in the Eighteenth Century*, 1958, S. 34–36; *Postal Museum* and Archive, POST 103/5 and 1/8.

[16] C. J. French, »London's Overseas Trade with Europe 1700–1775«, *Journal of European Economic History*, 23/1994, S. 475–501.

[17] J. K. J. Thomson, *A Distinctive Industrialization: Cotton in Barcelona, 1728 bis 1832*, Cambridge 1992; zu Lavalée siehe *AHPB*, Sebastià Prats, 272 v.

[18] Zu britischen Kaufleuten der damaligen Zeit in Livorno und anderen italienischen Orten siehe die diplomatischen Berichte in G. Pagano de Divitiis und V. Giura (Hrsg.), *L'Italia del secondo settecento nelle relazioni segrete di William Hamilton, Horace Mann e John Murray*, Neapel 1997.

[19] K. Newman, »Hamburg in the European Economy, 1660–1750«, *Journal of European Economic History*, 14/1985, S. 57–93; Über James Crisps Handelsbeziehungen zu Hamburg ist wenig bekannt, in einer Notiz von 1766 bezeichnete er die Stadt jedoch als einen seiner Hauptmärkte: *NA*, T1/453, fol. 304.

[20] D. J. Withrington, *Shetland and the Outside World 1469–1969*, Oxford 1983.

[21] *Speech of Edmund Burke, Esq. on American Taxation*, 2. Aufl., London 1775, S. 34; R. H. Kinvig, *The Isle of Man: A Social, Cultural, and Political History*, Liverpool 1975, S. 121 und *passim*.

[22] *NA*, T 1/434, Pt 2, fol. 60.

[23] *AHPB*, Sebastià Prats, 32r-v, 35r-v, 67r-68r, 440r-441r.

[24] Siehe z. B. die Hinweise auf Rowland Crisp in *NA*, CO 142/18; und *Boston Evening Post*, 31. Dezember 1759.

[25] Lloyd's Register 1764, Repr. 1963, unpag. Das deklarierte Fahrziel eines Schiffes besagte nicht unbedingt etwas über sämtliche Häfen, die es anlief.

[26] *AHPB*, Sebastià Prats, 135, 8. April 1763; siehe auch die anderen Briefe aus Kriegszeiten in diesen Unterlagen des Notars der Crisps in Barcelona.

[27] *AHPB*, Sebastià Prats, 21, 343V–345V.

[28] G. Pagano de Divitiis und V. Giura (Hrsg.), *L'Italia del secondo settecento* (s. Anm. 18), S. 285 und 288; F. Trivellato, »Trading Diasporas and Trading Networks in the Early Modern Period: A Sephardic Partnership of Livorno in the Mediterranean, Europe and Portuguese India c. 1700 bis 1750«, Doktorarbeit an der Brown University, 2004.

[29] Es ist bezeichnend, dass diese drei Männer kurz nach James Crisp Bankrott machten: siehe *London Gazette*, 7.–11. Juli 1767.

[30] Siehe George Moores Briefe an James und Samuel Crisp, z. B. vom 4. Oktober 1752: *MNHL*, MSS 501C; und F. Wilkins, *George Moore and Friends: The Letters from a Manx Merchant (1750–1760)*, Kidderminster, 1994.

[31] *MNHL*, Acc no. MS 09591: Briefe von James Crisp und Jacob Emery an John Taubman, 1760–1765; und John Taubmans Geschäftsbücher für 1764 und 1765.

[32] F. Wilkins, *The Smuggling Trade Revisited*, Kidderminster 2004, S. 14.

[33] F. Wilkins, *Manx Slave Traders*, Kidderminster 1999.

[34] Der Duke of Atholl behauptete später, vor allem die geographische Reichweite und der wirtschaftliche Umfang von Taubmans »ausgedehntem Schmuggel« habe London veranlasst, seine Kontrolle auf die Insel auszudehnen: Wilkins, *Smuggling Trade*, S. 22.

35 *FB*, fol. 28.

36 Diese Information verdanke ich den Professoren Michela D'Angelo und Gigliola Pagano de Divitiis.

37 Earl of Egmont an J. Grant, 1. Sept. 1768, *LC*, Microfilm 22671, Box 16.

38 Ich danke Professor Derek Keene für seine sachkundige Analyse dieses Londoner Bezirks; seine extreme Vielfalt zeigt sich in einem Vergleich mit den kaum profilierten Registern für St. Botolph ohne Bishopsgate: *GL*, MS. 5419, vols. 262–265.

39 Sie erscheint 1769 auf der Subskriptionsliste zu Elizabeth Marshs *The Female Captive*: *BL*, 1417.a.5; zu den Jewsons als Nachbarn der Crisps: *GL* MS 5419, vols. 262–264.

40 *GL*, MS. 5038, vol. 4.

41 Ich nehme an, es handelt sich um den Dr. Orme, der auch in der Subskriptionsliste für *The Female Captive* auftaucht: *BL*, 1417.a.5.

42 *London Evening Post*, 28. Februar/3. März 1767.

43 *FB*, fol. 28, und Schlussnotizen.

44 *FB*, fol. 153.

45 Ebd., fol. 189.

46 James Crisp bot 1763 einem Sekretär 100 Pfund im Jahr, der »französische und italienische Briefe schreiben« konnte: *Liverpool R.O.*, D/Earle/3/3/5; zu den Sprachkenntnissen, die britische Kaufleute im Idealfall besitzen sollten, und zu der Erwartung, dass Französisch-, Spanisch-, Deutsch- und Italienischkenntnisse ihre Geschäfte weit über Europa hinaus erleichtern würden, siehe W. Beawes, *Lex mercatoria redivia: Or the Merchant's Directory*, 2. Aufl., London 1761, S. 30 f.

47 *FCMS*, (unfol.).

48 Adam Smith, *An Inquiry into the Nature and Causes of the Wealth of Nations*, (Hrsg. A. S. Skinner und W. B. Todd), 2 Bde., Oxford 1976; dt: *Vom Wohlstand der Nationen*, München 1978, S. 342.

49 Zu einigen dieser Debatten siehe P. N. Miller, *Defining the Common Good: Empire, Religion and Philosophy in Eighteenth-Century Britain*, Cambridge 1994, S. 88–213.

50 Raynal, *A Philosophical and Political History of the Two Indies*, London, 1788, 8 Bde. VIII, S. 195 f.

51 Zu den Auswirkungen, die das für einen anderen Londoner Kaufmann der damaligen Zeit hatte, siehe A. H. John, »Miles Nightingale – Drysalter«, *Economic History Review*, 18/1965, S. 152–163.

52 Rede von Edmund Burke, (s. Anm. 21) S. 34; *NA*, T1/434, fols. 65 und 67.

53 Wilkins, *Smuggling Trade Revisited*, (s. Anm. 32), S. 149.

54 *NA*, T1/453, fol. 302 f.; Wilkins, *Smuggling trade revisited*, (s. Anm. 32) S. 149.

55 *NA*, T1/453, fols. 302 ff., 310.

[56] *NA*, T1/442, fol. 25.

[57] *NA*, T1/453, fols. 302 ff.

[58] Diese Episode in James Crisps Karriere ist eingehend nachzuvollziehen in *NA*, SP79/23 (unfol.), besonders in seinem Schreiben vom 13. Juni 1764.

[59] Ebd., Übersetzung der Erklärung der Genueser Verwaltung vom 7. Juli 1764; *NA*, SP 44/138, fol. 267.

[60] *NA*, SP79/23 (unfol.): Lord Halifax an den britischen Konsul in Genua, 25. Sept. 1764, mit James Crisps Entgegnung als Anlage.

[61] James Crisp an Richard Burke, 10. Januar 1766: *NA*, SP/46/151, fol. 5.

[62] Eine gute Darstellung zum Wechsel als Zahlungsmittel im internationalen Handel bieten L. Neal und S. Quinn, »Networks of Information, Markets, and Institutions in the Rise of London as a Financial Centre, 1660–1720«, *Financial History Review*, 8/2001, S. 7–26.

[63] Wilkins, *Smuggling Trade Revisited*, (s. Anm. 32) S. 149; Lieferschein vom 26. September 1765, *MNHL*, Acc 09591, Korrespondenz von James Crisp und Jacob Emery.

[64] *AHPB*, Sebastià Prats, eg. 26r–v, 10r–v, und 406v–407v.

[65] Ebd., 24, 67r–68r, 74v–77r, 115v-116r; James Clegg an James Crisp, 18. Mai 1764, *NA*, SP 79/23 (unfol.).

[66] *London Gazette*, 14./17. März 1767; siehe auch die Notizen vom 18./21. April und 28. April/2. Mai 1767.

[67] *NAS*, CS/226/5171/7.

[68] Siehe J. Hoppit, *Risk and Failure in English Business 1700–1800*, Cambridge 1987; und M. C. Finn, »Women, Consumption and Coverture in England, c. 1760–1860«, *Historical Journal*, 39/1996, S. 703–722.

[69] Siehe R. Boote, *The Solicitor's Guide, and Tradesman's Instructor, Concerning Bankrupts*, 3. Aufl., London 1768. Zu James Crisps Konkursverwaltern gehörte auch John Motteux, ein zukünftiger Direktor der East India Company, was darauf hindeutet, dass Crisp damals bereits stärker im Asienhandel engagiert war: *NAS*, CS226/5171/3.

[70] *London Evening Post*, 26./28. Mai 1767; *FB*, fol. 28.

[71] *FB*, fols. 97–109; zum Verpflegungsamt siehe D. A. Baugh, *British Naval Administration in the Age of Walpole*, Princeton, NJ, 1965, S. 373–451.

[72] *FB*, fol. 136; C. Wilkinson, *The British Navy and the State in the 18th Century*, Rochester, NY, 2004, S. 118.

[73] C. L. Mowat, »The First Campaign of Publicity for Florida«, *Mississippi Valley Historical Review*, 30/1943, S. 361 f.

[74] *FB*, fol. 116; D. L. Schafer, »Plantation Development in British East Florida: A Case Study of the Earl of Egmont«, *Florida Historical Quarterly*, 63/1984, S. 172.

[75] Brief von James Crisp von August 1765: *MNHL*, Acc no. 09591.

[76] Zu den Umständen dieser Zuteilung an James Crisp siehe die Akte des

Earl of Egmont, *NA*, T77/5 (East Florida Claims Commission); C. L. Mowat, *East Florida as a British Province 1763–1784*, Berkeley, CA, 1943.

77 Schafer, »Plantation Development«, (s. Anm. 74) S. 172–183.

78 Egmont an J. Grant, 5. Januar 1767, *LC*, Microfilm 22671, Box 13; Schafer, »Plantation development« (s. Anm. 74).

79 Egmont an J. Grant, 1. September 1768, *LC*, Microfilm 22671, Box 16.

80 *To the King's Most Excellent Majesty, the Memorial of John Earl of Egmont*, London 1764, S. 21; Schafer, »Plantation Development« (s. Anm. 74).

81 Egmont an J. Grant, 1. Sept. 1768, *LC*, Microfilm 22671, Box 16; zu den Flurplänen siehe *http://www.floridahistoryonline.com/plantations*. Für den Hinweis auf diese Internetseite und seine weitere Unterstützung danke ich Professor Daniel Schafer.

82 W. Stork, *A Description of East Florida*, 3. Aufl., London 1769, S. Vff., 2, 21.

83 Z. B. *NA*, T77/5/5, fol. 104.

84 *Gentleman's Magazine*, 37/1767, S. 21; Francis Warren starb Ende 1769 in St. Augustine in Ostflorida: siehe *NA*, ADM B/183.

85 D. Schafer, »›A Swamp of an Investment‹? Richard Oswald's British East Florida Experiment«, in J. G. Landers (Hrsg.), *Colonial Plantations and Economy in Florida*, Gainesville, FL, 2000; vergl. B. Bailyn, *Voyagers to the West: A Passage in the Peopling of America on the Eve of the Revolution*, New York 1988, S. 430–474.

86 *NA*, T 77/9, file 7, fol. 57; Egmont an J. Grant, 1. Sept. 1768, *LC*, Microfilm 22671, Box 16.

87 *NA*, T77/5/5, fol. 88.

88 *FC*, S. 41.

89 Ebd.; P. Mathias, »Risk, Credit und Kinship in Early Modern Enterprise«, in J. J. McCusker und K. Morgan (Hrsg.).

KAPITEL 4

1 John Lockes Äußerung zum Reiz der Reiseliteratur ist zitiert in J. Lamb, *Preserving the Self in the South Seas, 1680–1840*, Chicago 2001, S. 55; zur verstärkten Mode der Reiseliteratur in den 1750er Jahren siehe P. J. Marshall und G. Williams, *The Great Map of Mankind: British Perceptions of the World in the Age of Enlightenment*, London 1982.

2 Zu Williamson siehe L. Colley, *Captives: Britain, Empire, and the World, 1600–1850*, London 2002, S. 188–192.

3 J. Raven, *British Fiction 1750–1770*, London 1987, S. 19.

4 *Letters of the Right Honourable Lady M—y W———y M———e written during her travels in Europe, Asia and Africa*, 3 Bde., London 1767, I, S. VIII; dt.:

Briefe aus dem Orient, Stuttgart, 1962, S. 14; siehe auch I. Grundy, *Lady Mary Wortley Montagu*, Oxford 1999, S. 117–178, 625f.

5 Zu Brooke, Kindersley, Parker und Falconbridge siehe die Einträge im *ODNB*; zu Schaw siehe E.W. Andrews und C. McLean Andrews (Hrsg.), *Journal of a Lady of Quality*, New Haven, CT, 1934.

6 Das Exemplar Sir William Musgraves mit handschriftlichen Notizen befindet sich in der *BL*, 1417.a.5; zur Langlebigkeit des Buches im Bibliotheksbestand siehe z. B. *A Catalogue of the Minerva General Library, Leadenhall-Street, London* 1795, S. 76.

7 *Critical Review*, 28/1769, S. 212-217; siehe auch *Monthly Review*, 41/1769, S. 156. A. Forster, *Index to Book Reviews in England 1749–1774*, Carbondale, Ill., 1990, S. 203.

8 P. Hulme und T. Youngs (Hrsg.), *The Cambridge Companion to Travel Writing*, Cambridge 2000, S. 6.

9 Diese Formulierung benutzten Verleger im 18. Jahrhundert häufig, um kenntlich zu machen, dass ein Autor aus dem einen oder anderen Grund nicht zu den üblichen Schriftstellern gehörte.

10 Navy Board an Philip Stevens, 1. Okt. 1764: *NMM*, ADM/B/175; zu Milbourne Marshs früheren Plänen für Gibraltar siehe *NA*, ADM 140/1263 und 140/1264.

11 Commodore Spry an das Navy Board, 5. März 1767, *NA*, ADM 106/1160/30; J. G. Coad, *The Royal Dockyards, 1690–1850: Architecture and Engineering Works of the Sailing Navy*, Aldershot 1989, S. 331ff.

12 Zit. n. Coad, *Royal Dockyards*, (s. o.) S. 4.

13 Ebd., S. 13–17.

14 *NA*, ADM 7/660, fol. 55; »Plan of the Agent's dwelling-house and offices«, *BL*, Add. MS 11643.

15 *NA*, CO 91/12, (unfol.).

16 Der Kapitän der *Dolphin* 1766, zitiert in R. Cock, »Precursors of Cook: The Voyages of the *Dolphin*, 1764–8«, *Mariner's Mirror*, 85/1999, S. 42.

17 Diese Beschreibung zu Lagerhaltung und Schlachtprozeduren in Chathams Proviantlager basiert auf George Marshs Notizen in *CB*, I, fols. 61–70, und seiner Aussage vor dem Parlament 1779, die wiedergegeben ist in T. Baillie, *A Solemn Appeal to the Public, from an Injured Officer*, London 1779, S. 30–33.

18 Siehe Khalid Bekkaouis Einleitung zu *FC*, S. 20.

19 Zu Schilderungen von Frauen, die im kolonialen Amerika in Gefangenschaft gerieten, siehe mein Buch *Captives: Britain, Empire, and the World, 1600–1850*, London 2002, S. 137–167; *FC*, S. 41.

20 Epilog von Aaron Hill zu Eliza Haywoods *The Fair Captive*, London 1721, S. XV; zum Thema sexueller Gewalt in Schilderungen von Gefangenschaft in der ›Berberei‹ siehe meinen Aufsatz »The Narrative of Elizabeth

Marsh: Barbary, Sex, and Power«, in F. Nussbaum (Hrsg.), *The Global Eighteenth Century*, Baltimore, MD, 2003, S. 138–150.

21 *Critical Review*, 28/1769, S. 213.

22 P. M. Spacks, *Imagining a Self: Autobiography and Novel in Eighteenth-Century England*, Cambridge, Mass., 1976, S. 72; Auszug über die »Frau« in *CB*, I, fol. 79.

23 H. R. Plomer *et al* (Hrsg.), *A Dictionary of the Printers and Booksellers who were at Work in England, Scotland and Ireland from 1726 to 1775*, Oxford, 1932, S. 20; siehe auch J. Raven, »The Book Trades«, in I. Rivers (Hrsg.), *Books and their Readers in Eighteenth-Century England: New Essays*, Leicester, 2001.

24 *The Female Captive* war eins von 36 Büchern, von denen bekannt ist, dass sie 1769 in England auf Subskriptionsbasis erschienen: R. C. Alston et al, *Eighteenth-Century Subscription Lists*, Newcastle upon Tyne, 1983; zu diesem System siehe J. Brewer, *The Pleasures of the Imagination: English Culture in the Eighteenth Century*, London 1997, S. 164.

25 *BL*, 1417.a.5.

26 Es befindet sich in der Mitchell Library, State Library of New South Wales, Sydney, und trägt das Bücherzeichen der Marshs.

27 J. Mullan, *Sentiment and Sociability: The Language of Feeling in the Eighteenth Century*, Oxford 1988.

28 *FC*, S. 41f., 60, 64, 67, 71, 92, 104, 106, III.

29 *FB*, fol. 25.

30 *FC*, S. 66.

31 *FC*, S. 47, 49 und 93.

32 *FC*, S. 49, 83, 121; *FCMS* (unfol.).

33 *FC*, S. 54, 69.

34 *FC*, S. 43, 95, 103.

35 *FC*, 109; Spacks, *Imagining a self*, (s. Anm. 22) S. 58.

36 *FC*, S. 108f., 118.

37 *FC*, S. 118f.; Alexander Pope, *Eloisa to Abelard*; dt.: *Heloise an Abelard*, Fulda 1829, S. 39; Elizabeth Marshs Verleger Charles Bathurst gehörte zu den Druckern, die 1757–1760 an einer neunbändigen Ausgabe der Werke Popes mitgewirkt hatten.

38 *FC*, S. 108.

39 Subskriptionsliste am Anfang von *The Female Captive* in *BL*, 1417.a.5; zu Court siehe *NA*, PROB 11/1183.

40 *FC*, S. 103 (Hervorh. von mir).

41 *FCMS* (unfol.); *FC*, S. 88.

42 T. Shadwell an J. Marsh, 5. April 1774, *William L. Clements Library*, Thomas Shadwell Letterbook. Ich danke Maya Jasanoff, dass sie diesen Brief für mich transkribiert hat. F. Nussbaum, *Torrid Zones: Maternity, Sexuality, and*

Empire in Eighteenth-Century English Narratives, Baltimore, MD, 1995, S. 11f.

[43] *FC,* S.103; S.Tomaselli, »The Enlightenment Debate on Women«, *History Workshop Journal,* 20/1985, S. 101–124.

[44] Zu *Pamela,* Kredit und Verschuldung siehe M.C. Finn, *The Character of Credit: Personal Debt in English Culture, 1740–1914,* Cambridge 2003, S. 26–34; und C. Flint, *Family Fictions: Narrative and Domestic Relations in Britain, 1688–1798,* Stanford, CA, 1998, S. 171–180.

[45] *FB,* fols. 24f.

[46] In meinen Überlegungen zu diesem Punkt habe ich von Diskussionen mit Jonathan Spence profitiert.

[47] *Kent's Directory for 1766,* S. 7, 34 und 54.

[48] Diese Information verdanke ich Gareth Hughes von English Heritage.

[49] D. Hancock, *Citizens of the World: London Merchants and the Integration of the British Atlantic Community, 1735–1785,* Cambridge 1995, S. 144, 213; zu den genannten Führungspersönlichkeiten aus der Karibik siehe die Eintragungen in *ODNB.*

[50] John Crisp wohnte in der Nähe der Camomile Street, der letzten Londoner Adresse James Crisps und Elizabeth Marshs; noch 1770 finden sich Hinweise auf ein »Crisp's plantation-office, London«: *The Massachusetts Spy,* 27./30. Okt. 1770.

[51] Siehe *http://floridahistoryonline.com/Plantations* unter »English plantations on the St John's River«.

[52] Hancock, *Citizens of the world,* (s. Anm. 49) S. 68 Fn, 112f.

[53] *NA,* T77/5/5, fol. 104; Hancock, *Citizens of the World,* S. 203f.

[54] S. J. Brainwood, *Black Poor and White Philantropists,* Liverpool 1994, S. 103f.; George Marsh besaß z. B. das Manuskript von Nicholas Owens Sklavenhandelsjournal, siehe E. Martin (Hrsg.), *Nicholas Owen: Journal of a Slave-Dealer,* Boston, Mass., 1930.

[55] *FC,* S. 60.

[56] C. Hesse, *The other Enlightenment: How French Women Became Modern,* Princeton, NJ, 2001, S. 76.

[57] L. Sterne, *A Sentimental Journey... to which are added the Journal to Eliza,* Hrsg. I. Jack, Oxford, 1968, S. 167; dt.: *Tagebuch für Eliza – Empfindsame Reise,* Frankfurt a. M., Berlin 1989, S. 34.

[58] Aus den Randnotizen in seinem Exemplar von *The Female Captive: BL,* 1417. a. 5.

[59] *IOL,* B/86, fol. 53.

[60] William Hickeys Bericht über Digby Dent und die *Dolphin: IOL,* Photo Eur/175/1, fol. 369; R. F. Mackay (Hrsg.), *The Hawke Papers... 1743–1771,* Navy Records Society 1990, S. 441 und 447 Fn.

[61] *NA,* ADM 36/7581.

[62] Zitiert in N. Papastergiadis, *The Turbulence of Migration*, London 2000, S. 21.

[63] E. Rothschild, »A Horrible Tragedy in the French Atlantic«, unveröffentlichter Aufsatz; zwei völlig andere Ansätze zur »Welt in Bewegung« nach 1763 bieten Bernard Bailyn, *Voyagers to the West: A Passage in the Peopling of America on the Eve of the Revolution*, New York 1988; und R. Blackburn, *The Making of New World Slavery: From the Baroque to the Modern, 1492–1800*, London 1997.

[64] *IOL*, O/5/29, Pt II, fols. 119 *et seq.* Einstellungen zu Rasse und Hautfarbe sind immer höchst subjektiv, und dies galt damals – in der Wahrnehmung von Zeitgenossen – besonders ausgeprägt für den indischen Subkontinent: siehe D. Ghosh, »Who Counts as ›Native‹?: Gender, Race, and Subjectivity in Colonial India«, *Journal of Colonialism and Colonial History*, 6/2005.

[65] Bailyn, *Voyages to the West*, (s. Anm. 63) S. 126–203; N. Canny, *Europeans on the Move: Studies on European Migration, 1500–1800*, Oxford 1994, S. 274.

[66] R. Cock, »Precursors of Cook: The Voyages of the *Dolphin*, 1764–8«, *Mariner's Mirror*, 85/1999, S. 30–52; A. Frost, *The Global Reach of Empire: Britain's Maritime Expansion in the Indian and Pacific Oceans, 1764–1815*, Carlton, VA, 2003, S. 51–59.

[67] *FB*, Eintrag für März 1770.

[68] P. J. Marshall, *The Making and Unmaking of Empires: Britain, India and America c. 1750–1783*, Oxford 2005, S. 119–228.

[69] *HMC: Report on the Palk Manuscripts*, London 1922, S. 158; James Rennell, Schreiben vom 31. März 1771: *IOL*, MSS Eur D.1073 (unfol.).

[70] D. Dent an P. Stevens, 17. Dez. 1771, *NA*, SP 89/71, fols. 92 und 94.

[71] *NA*, ADM 51/259: Kapitänslogbuch der *Dolphin*; *IJ*, S. 5.

[72] Zu den Geschäften der Familie Crisp mit der East India Company in London Anfang des 18. Jahrhunderts siehe z. B. *IOL*, L/AG/1/1/8, fols. 76, 85, 379 und 427; und L/AG/1/1/10, fol. 352. Diese Hinweise verdanke ich Anthony Farrington; zu Phesaunt Crisp siehe: *NA*, PROB 11/739.

[73] *ODNB* (Eyre Coote); *FB*, fol. 28.

[74] *IOL*, G/15/20, fol. 74; und B/84, fols. 262f., 318 und 326.

[75] James Crisp an John Taubman, 15. Nov. 1768, *MNHL*, Acc.no.MS.09591; R. P. Patwardhan (Hrsg.), *Fort William – India House Correspondence …* *1773–1776*, Neudelhi 1971, S. 38.

[76] *IOL*, Photo Eur/175/1, fol. 277; *IOL*, E/4/304, fol. 31.

[77] *FB*, fols. 29–30.

[78] Siehe L. Lockhart, »European Contacts with Persia, 1350–1736«, in Lockhart und P. Jackson (Hrsg.), *The Cambridge History of Iran: The Timurid and Safavid Periods*, Cambridge 1986.

[79] W. Jones, *A Grammar of the Persian Language*, 2. Aufl., London 1775, S. X.

[80] Patwardhan (Hrsg.), *Fort William-India House Correspondence, ... 1773 bis 1776,* (s. Anm. 75) S. 274 f.

[81] Hon. Robert Lindsay zit. in *Lives of the Lindsays; or, A Memoir of the House of Crawford and Balcarres by Lord Lindsay,* 2. Aufl., 3 Bde., London 1858, III, S. 159. Diese Provinzräte in Kalkutta, Burdwan, Murshidabad, Dhaka, Dinajpur und Patna waren als vorübergehende Maßnahme gedacht.

[82] Hilfreiche neuere Studien sind S. U. Ahmed, *Dacca: A Study in Urban History and Development,* London 1986, und N. K. Singh (Hrsg.), *Dhaka: The Capital of Bangladesh,* Delhi 2003; die ausführlichste britische Schilderung Dhakas, wie die Crisps es gekannt haben dürften, stammt von dem ortsansässigen Kaufmann John Taylor aus dem Jahr 1800: *IOL,* H/456 f.

[83] James Rennells Beschreibung Dhakas, 3. Aug. 1765: *IOL,* MSS Eur D 1073 (unfol.); B. Barui, *The Salt Industry of Bengal, 1757–1800,* Kalkutta 1985.

[84] A. Prasad (Hrsg.), *Fort William-India House Correspondence ... 1752–1781,* Delhi 1985, S. 104; *Lives of the Lindsays,* (s. Anm. 81) III, S. 160.

[85] *IOL,* H/456 f, fol. 121.

[86] Zur globalen Bedeutung der Baumwolle in der damaligen Zeit siehe den Beitrag »Cotton Textiles as a Global Industry« auf der Internetseite der London School of Economics on-line Global Economic History Network (GEHN). Den Hinweis auf diese Internetseite verdanke ich Dr. Giorgio Riello.

[87] *IOL,* E/1/60, fols. 420–34; siehe auch R. Datta, *Society, Economy and the Market: Commercialization in Rural Bengal, c. 1760–1800,* Delhi 2000.

[88] Prasannan Parthasarathi, »Cotton Textile Exports from the Indian Subcontinent, 1680–1780«, auf der Internetseite GEHN »Cotton Textiles as a Global Industry«; A. Karim, *Dacca: The Mughal Capital,* Dhaka 1964, S. 1–108. Im Anhang des o. g. Buches zeugt die Inventarliste eines Hauses, das 1774 einem *Zamindar* (Grundbesitzer) aus Dhaka gehörte, vom Wohlstand und eklektischen Konsumverhalten der einheimischen Elite (ebd., S. 487–494).

[89] O. Prakash und D. Lombard (Hrsg.), *Commerce and Culture in the Bay of Bengal, 1500–1800,* Neudelhi 1999; P. Parthasarathi, »Global Trade and Textile Workers, 1650–2000« auf der Internetseite GEHN, »Cotton Textiles as a Global Industry«.

[90] Philip Francis, 1776: *IOL,* L/MAR/C/891, fols. 37 f.

[91] *FB,* fol. 29.

[92] Diese und die folgenden Details über Haus und Garderobe der Crisps in Dhaka sind der Inventarliste beim Verkauf am 6.–8. März 1780 entnommen: *IOL* L/AG/34/27/2, fol. 51 f.; zu Mietpreisen in Kalkutta siehe P. J. Marshall, *East Indian Fortunes: The British in Bengal in the Eighteenth Century,* Oxford 1976, S. 159.

93 *IOL*, L/AG/34/27/2, fol. 51f..; siehe auch A. Jaffer, *Furniture from British India and Ceylon*, London 2001, S. 28, 34, 54 und *passim*.

94 Jaffer, *Furniture from British India*, (s. o.) S. 40; vgl. William Dalrymple, *White Mughals: Love and Betrayal in Eighteenth-Century India*,

95 *IOL*, L/AG/34/27/2, fol. 51f.

96 *IOL*, G/15/20, fols. 67ff.

97 J. B. Esteve an G. Ducarel, 23. Februar 1785, *Gloncestershire RO*, D 2091 / F 14

98 Ebd.

KAPITEL 5

1 *Indian Journal* (im folgenden: *IJ*), S. 1, 4, 8; *IOL*, P/2/9, fol. 32.

2 Siehe z. B. A. K. Srivastava, *India as Described by the Arab Travellers*, Gorakhpur 1967; und J. P. Rubies, *Travel and Ethnology in the Renaissance: South India through European Eyes, 1250–1625*, Cambridge 2000.

3 J. Rennell, *Memoir of a Map of Hindoostan*, London 1788, S. 5 und 207.

4 J. Kindersley, *Letters from the Island of Teneriffe, Brazil, the Cape of Good Hope and the East Indies*, London 1777, dt.: *Briefe von der Insel Teneriffa, Brasilien, dem Vorgebirge der guten Hoffnung und Ostindien*, Leipzig 1777; E. Fay, *Original letters from India*, Kalkutta 1821; zu Plowdens Reisetagebuch siehe *IOL*, MSS Eur F 127/94.

5 Kindersley, *Letters from the Island of Teneriffe*, (s. o.) S. 1.

6 Siehe dazu G. Becker, *Disrupted Lives: How People Create Meaning in a Chaotic World*, Berkeley, CA, 1997. *IJ*, S. 38. Ein *coss* wurde in Bengalen normalerweise mit zwei Meilen gleichgesetzt, aber die Interpretation dieses Längenmaßes variierte (wie die der Meile in Europa) in verschiedenen Regionen.

7 D. A. Washbrook, »Eighteenth-Century Issues in South Asia«, *Journal of the Economic and Social History of the Orient*, 44/2001, S. 372f.

8 *IOL*, P/2/11, fol. 161; *IJ*, S. 1ff.

9 *IJ*, S. 2, 4.

10 *IJ*, S. 3ff., 13. Zur Mission der *Dolphin* siehe *IOL*, H122, fol. 5; zur *Salisbury*: *NA*, ADM1/164.

11 *IJ*, S. 1, 5.

12 *IJ*, S. 3.

13 »Nawab« war ursprünglich im Mogulreich der Titel eines Provinzbeamten. In der anglisierten Form »Nabob« bezeichnete es Männer britischer und irischer Abstammung, die man bezichtigte, »orientalische« Sitten angenommen und es zu ungehörigem asiatischen Reichtum gebracht zu haben. S. Foote, *The Nabob*, Dublin 1778, S. 4 und 31; L. Namier und

J. Brooke (Hrsg.), *The History of Parliament: The House of Commons 1754 bis 1790*, 3 Bde., London 1964, III, S. 449 ff.

14   Parl. Hist. 21/1780–1781, S. 1201–2 f.

15   *NA*, PROB 11/1396. Richard Smith behauptete, der leibliche Vater Amelia Cuthberts zu sein, die 1766 in Madras geboren wurde und 1785 George Marsh junior heiratete. Da »Smith« ein so verbreiteter Nachname war, lässt sich nicht mit Gewissheit feststellen, in welcher genauen Beziehung Richard Smith zur Familie Marsh stand. Man weiß von einem anderen »George Marsh«, dass er 1705 in Rochester eine Elizabeth Smith heiratete; diese Ehe könnte der Ursprung der familiären Beziehungen der beiden Clans gewesen sein. Entscheidend ist jedoch, dass sowohl Richard Smith als auch Elizabeth Marsh eine verwandtschaftliche Beziehung als gegeben ansahen.

16   Orme schreibt über ein Abendessen am 30. Mai 1770 mit General Smith und einer »jungen Dame, die er [Digby Dent] als Passagier mitnimmt«, und fügt hinzu: »Hüte dein Herz«. Außer Elizabeth Marsh und ihrer sechsjährigen Tochter ist keine Frau bekannt, die auf der *Dolphin* gesegelt wäre: *IOL*, MSS EUR/Orme O.V., 202, fol. 37; zu Johanna Ross und Elizabeth Marsh siehe *IOL*, P/154/57, fol. 77.

17   *IJ*, S. 6 f.

18   S. M. Neild, »Colonial Urbanism: The Development of Madras City in the Eighteenth and Nineteenth Century«, *Modern Asian Studies*, 13/1979, S. 217–46.

19   *IJ*, S. 7 f.

20   G. Quilley (Hrsg.) *William Hodges 1744–1797: The Art of Exploration*, London 2004, S. 36.

21   *IJ*, S. 6 und 20.

22   *Guide to the Records of the Ganjam District from 1774 to 1835*, Madras 1934, S. 105 f.

23   Boswell ist zit. in P. M. Spacks, Imagining a Self: Autobiography and Novel in Eighteenth-Century England, Cambridge, Mss., 1976, S. 16.

24   *IJ*, S. 10; F. Nussbaum, *Torrid Zones: Maternity, Sexuality, and Empire in Eighteenth-Century English Narratives*, Baltimore, MD, 1995, S. 175.

25   *IJ*, S. 1, 7, 10, 26, 36, 39 f; zur Bedeutung des Menuetts siehe J. Eglin, *The Imaginary Autocrat: Beau Nash and the Invention of Bath*, London 2005, S. 43, 72 f.

26   H. F. Thompson, *The Intrigues of a Nabob*, London 1780, S. 32. Nominelle Briten auf dem indischen Subkontinent bezeichneten sich oft, wenn auch nicht durchgängig gegenseitig als »Europäer«.

27   Siehe D. Ghosh, »Who Counts as ›Native‹? Gender, Race, and Subjectivity in Colonial India«, *Journal of Colonialism and Colonial History*, 6/2005.

28   So stellte eine Romanfigur 1789 fest, dass im Theater in Kalkutta »mehrere

im Land geborene Damen in den Logen verschwanden ... und ihre Erscheinung ist vornehm und ihre Kleidung prachtvoll«: M. Clough (Hrsg.), *Hartly House Calcutta*, London 1989, S. 204; L. E. Klein, »Politeness and the Interpretation of the British Eighteenth Century«, *Historical Journal*, 45/2002, S. 879.

29 *IJ*, S. 25.

30 *IOL.*, MSS Eur E 25, fol. 19; *IJ*, S. 30, 33 f.

31 *IJ*, S. 16, 30, 33.

32 *IJ*, S. 8 f.

33 Ein George Smith taucht ab 1765 regelmäßig in den Militärregistern von Madras auf, später als Captain aus Ellore geführt: *IOL*, L/MIL/11/I; zu seiner Geburt siehe *IOL*, N/2/1, fol. 455.

34 *IJ*, S. 55; zum flexiblen Gebrauch des Begriffs »Cousin« in der Frühmoderne siehe N. Tadmor, *Family & Friends in Eighteenth-Century England*, Cambridge 2001, insbesondere S. 149–152.

35 Einige dieser Details über Elizabeth Marshs indisches Tagebuch verdanke ich Felicity Nussbaum.

36 *IJ*, S. 4 und 38.

37 »A Letter from a Lady in Calcutta to her Friend in England«, veröffentlicht am 12. Aug. 1784: W. S. Seton-Karr *et al* (Hrsg.) *Selections from Calcutta Gazettes*, 6 Bde., Kalkutta 1864–1869, I, S. 23 f; P. J. Marshall, »The White Town of Calcutta under the Rule of the East India Company«, *Modern Asian Studies*, 34/2000, S. 326 f.

38 Clough, *Hartly House*, (s. Anm. 28) S. 51. Eine eingehende Erörterung über europäische Frauen in Kolonialgebieten, allerdings mit Schwerpunkt auf dem 19. Jh., als Möglichkeiten und Verhalten der Frauen in gewisser Hinsicht stärkeren Einschränkungen unterlagen, siehe A. L. Stoler, *Carnal Knowledge and Imperial Power: Race and the Intimate in Colonial Rule*, Berkeley, CA, 2002.

39 Marshall, »White Town of Calcutta« (s. Anm. 37).

40 J. M. Faragher, *Women and Men on the Overland Trail*, London 1979, *passim*.

41 P. J. Marshall, »The Private Fortune of Marian Hastings«, *Bulletin of the Institute of Historical Research*, 37/1964, S. 245–253.

42 A. Wright und W. Sclater (Hrsg.), *Sterne's Eliza*, London 1922, S. 85, 95 f.; zu Ross siehe ihr Testament: *IOL*, P/154/57, fol. 77; zu Cross und dem Persienhandel siehe: *IOL* G/29/20, fols. 62 und 71.

43 *IOL*, MSS Photo Eur 32, I, fol. 89, und III, fol. 3.

44 J. S. Cotton *et al*, *Catalogue of Manuscripts in European Languages Belonging to the Library of the India Office ... The Mackenzie ... Collections*, London 1992, S. X; *IJ*, S. 38.

45 F. Plowden, *An Investigation of the Native Rights of British Subjects*, London 1784, S. 108 und 159.

[46] *IOL,* MSS Eur. E.4, fol. 157.

[47] *IJ,* S. 8; *Sterne's Eliza,* (s. Anm. 42) S. 162.

[48] Siehe Francis Milbourne Marshs Testament: *NA,* PROB 11/1095.

[49] Zu Milbourne Warrens Geschichte siehe *FB,* fols. 35ff.; und die Scheidungsunterlagen in *Lambeth Palace Library,* G139/114 und E41/65.

[50] Zu Manilas wachsender Bedeutung ab Ende des 16. Jahrhunderts siehe D. O. Flynn und A. Giráldez, »Born with a ›Silver Spoon‹: The Origin of World Trade in 1571«, *Journal of World History,* 6/1995, S. 201–221; N. P. Cushner (Hrsg.), *Documents illustrating the British Conquest of Manila, 1762–1763,* London 1971.

[51] *Lambeth Palace Library,* G139/114 und E41/65.

[52] *IJ,* S. 9.

[53] Q. Craufurd, *Sketches Chiefly Relating to the History, Religion, Learning and Manners of the Hindoos,* London 1790, Ankündigung und S. 8, 61; *IJ,* S. 9f.

[54] *IJ,* S. 10f.

[55] *IJ,* S. 7, 11, 13, 15, 17f., 24, 44, 62. Der Vergleich stammt von Edward Said: siehe *Culture and Imperialism,* New York 1993; dt.: *Kultur und Imperialismus,* Frankfurt 1994.

[56] Siehe z. B. James Crisps Brief unter *NA,* SP/46/151, fol. 5.

[57] »Translation from the Persian Respecting Slavery«, ca. 1774, abgedruckt in S. Islam (Hrsg.), *Bangladesh District Records: Chittagong 1760–1787,* Dhaka 1978, S. 227f.; zur East India Company und Sklaverei auf dem indischen Subkontinent siehe I. Chatterjee, *Gender, Slavery, and Law in Colonial India,* Oxford 1999, S. 176–224.

[58] *IJ,* S. 28; vergl. E. A. Bohls, *Women Travel Writers and the Language of Aesthetics 1716–1818,* Cambridge 1995, S. 61.

[59] *FCMS* (unfol.).

[60] *FC,* S. 101, 106. Es lässt sich nur spekulieren, ob Elizabeth Marsh oder ihr Verleger mit der Formulierung *fair Christian (fair:* gut, schön, hellhäutig) nicht nur ihre Religion, sondern auch ihre Hautfarbe bekräftigen wollten. Im 18. Jahrhundert bezeichnete das Wort *fair* manchmal hell, im Gegensatz zu dunkel; aber es war vor allem gebräuchlich, um die Schönheit einer Frau zu beschreiben. Ich vermute, dass die Wortwahl in diesem Fall als Anspielung auf Eliza Haywoods äußerst populäres Buch *The Fair Captive* (1721) gemeint war.

[61] *IJ,* S. 18, 20 und 51.

[62] *Bodleian Library,* Dep. d. 485, fol. 140; Kindersley, *Letters from the Island of Teneriffe,* (s. Anm. 4) S. 72.

[63] *Bodleian Library,* Dep. d. 485, fol. 49; Kindersley, *Letters from the Island of Teneriffe,* (s. Anm. 4) Frontispiz und S. 220f.; zu Plowden siehe Maya Jasanoff, *Edge of Empire: Conquest and Collecting in the East 1750–1850,* London 2005, S. 60ff.

[64] *IJ*, S. 51f.

[65] J. Rennell, *Memoir of a Map*, (s. Anm. 3) S. 57; zu diesen und weiteren früh-modernen europäischen Autoren über Indien s. K. Teltscher, *India Inscribed: European and British Writing on India, 1600–1800*, Delhi, 1997, S. 12–108.

[66] *IJ*, S. 21f.

[67] *IJ*, S. 26, 28, 31.

[68] *IJ*, S. 37f., 41, 44.

[69] *IJ*, S. 44; *Guide to the Records of the Ganjam District*, S. 1, 93–107.

[70] *IJ*, S. 42f., 45f.

[71] Es war eine gängige Klage unter Zuwanderern des ausgehenden 18. Jahr-hunderts, dass »die Hindus ihre Lehren nicht erklären«: siehe S. Chau-dhuri (Hrsg.), *Proceedings of the Asiatic Society*, Kalkutta 1980, S. 64f.; *IJ*, S. 46f.

[72] Folglich kannte Elizabeth Marsh offenbar auch den hartnäckigen europä-ischen Aberglauben nicht, dass Pilger sich manchmal unter Jagannathas Wagenräder warfen.

[73] Die Informationen über Puri verdanke ich Susan Bayly. Eine sachkundige Abhandlung über diesen Kult bieten H. Kulke und B. Schnepel, *Jagannath Revisited*, Neudelhi 2001; s. auch H. Kulke, »Der umkämpfte ›Herr der Welt‹: Jagannatha und die ostindische Tempelstadt Puri«, in: *Heilige Orte in Asien und Afrika*, Schenefeld 2006.

[74] Eine gut illustrierte Schilderung dieses Festes in Puri findet sich auf der Internetseite www.archaeologyonline.net/artifacts/british-view-india.html.

[75] *IJ*, S. 47ff., 56.

[76] *IJ*, S. 50ff.

[77] *IJ*, S. 54, 56f.; vergl. C. A. Bayly, »The Origins of *swadeshi* (Home In-dustry): Cloth and Indian Society, 1700–1930«, in A. Appadurai (Hrsg.), *The Social Life of Things*, Cambridge 1986.

[78] *IJ*, S. 27, 57f.

[79] *IJ*, S. 60f.

[80] *IJ*, S. 24f., 58ff., 64.

[81] Manche britischen Loyalisten vertraten allerdings, dass royalistische und patriotische Feiern damals in indischen Enklaven der East India Company selten waren und stark vernachlässigt wurden: siehe H. E. Busteed, *Echoes from Old Calcutta*, London 1972 (Reprint), S. 101.

[82] Zu James Crisps »Schuldverschreibung« an Johanna Ross, die vor Som-mer 1776 ausgestellt wurde, siehe *IOL*, L/AG 34/27/1, item 71.

[83] S. 1, 64f. Ich danke Professor Om Prahash, der diese wahrscheinliche Identifikation (in einer privaten Mitteilung) bestätigt hat; *IJ*.

[84] *IJ*, S. 12, 15, 18f., 28, 51.

[85] B. S. Cohn, *Colonialism and its Forms of Knowledge*. Princeton, NJ, 1996, S. 9.

[86] *IJ*, S. 19.

KAPITEL 6

[1] Zum globalen Ausmaß und den Auswirkungen dieses Konflikts siehe z. B. C. A. Bayly, *The Birth of the Modern World 1780–1914*, London 2004, dt.: *Die Geburt der modernen Welt: eine Globalgeschichte 1780–1914*, Frankfurt a. M. 2006, S. 110–126; D. Armitage, »The Declaration of Independence and International Law«, *William and Mary Quarterly*, 59/2002, S. 39–64; und Maya Jasanoffs demnächst erscheinende Studie über die weltweite loyalistische Diaspora nach 1783.

[2] M. Kurlansky, *Salt: A World History*, London 2002, S. 347, dt.: *Salz: Der Stoff, der die Welt veränderte*, München 2004, S. 421 sowie *passim* zur Bedeutung von Salz für Mensch und Handel über Zeit und Ländergrenzen hinweg.

[3] P. J. Marshall, *East Indian Fortunes: The British in Bengal in the Eighteenth Century*, Oxford 1976, S. 114–140; B. Barui, *The Salt Industry of Bengal, 1757–1800*, Kalkutta 1985.

[4] James Crisps Arbeit als Salzaufseher – und die Salzpolitik in Bhulua – lassen sich anhand seiner Korrespondenz mit dem Provinzrat in Dhaka nachvollziehen: *IOL*, G/15/8–17.

[5] *IOL*, G/15/9, fol. 241.

[6] *IOL*, P/49/61, fol. 321.

[7] Die Liste eines Kompaniemitarbeiters mit persischen Begriffen, »die in der Steuererhebung in Bengalen gebraucht werden«, findet sich unter *BL*, Kings MS 197.

[8] T. R. Travers, »›The Real Value of the Lands‹: The Nawabs, the British and the Land Tax in Eighteenth-Century Bengal«, *Modern Asian Studies*, 38/2004, S. 551; Edmund Burkes Charakterisierung der Mitarbeiter der East India Company: in *The Writings and Speeches of Edmund Burke*, V, Hrsg. P. J. Marshall, Oxford 1981, S. 430.

[9] *IOL*, G/15/9, fol. 320; G/15/10, fol. 646–650; G/15/12, fol. 416f.

[10] *Lives of the Lindsays; or A Memoir of the Houses of Crawford and Balcarres, by Lord Lindsay*, 2. Aufl., 3 Bde., London 1858, III, S. 164; Marshall, *East Indian Fortunes*, (s. Anm. 3) S. 140.

[11] Kurlansky, *Salz* (s. Anm. 3), S. 335f.

[12] *IOL*, G/15/9, fol. 456, 610f, 634f.

[13] *IOL*, G/15/12, fol. 277f.

[14] M. Kwass, *Privilege and the Politics of Taxation in Eighteenth-Century France*, Cambridge 2000, S. 33; zu dieser »Weltkrise«, siehe C. A. Bayly, *Die Geburt der modernen Welt*, (s. Anm. 1), S. 110–126.

[15] Siehe unten, Kap. 2, S. 95–98.

[16] Travers, »›The Real Value of the Lands‹«, (s. Anm. 8) *passim*.

[17] P. J. Marshall, *The Making and Unmaking of Empires: Britain, India, and America c. 1750–1783*, Oxford 2005, S. 330f.

[18] *IOL*, G/15/12, fol. 277 f.; G/15/9, fol. 315; G/15/10, fol. 57.

[19] *IOL*, G/15/9, fol. 197.

[20] C. A. Bayly, *Rulers, Townsmen and Bazaars*, Cambridge 1983, S. 144, 236.

[21] H. Furber, *John Company at Work*, Cambridge, Mass., 1951, S. 159.

[22] Register privaten Außenhandels, 1772–1775: *IOL*, H/21, fol. 90 und 91; und IOL, P/49/62, fol. 754.

[23] *IOL*, P/49/63, fols. 643–651.

[24] *IOL*, G/15/12, fol. 243, 257; s. auch die Korrespondenz in dieser Sache unter *IOL*, P/49/63.

[25] *IOL*, H/224, fol. 81.

[26] *IOL*, P/49/63, fol. 647–659, *passim*.

[27] *IOL*, P/49/63, fols. 652–656.

[28] Dieser und der nächste Absatz stützen sich stark auf ein Arbeitspapier von Dr. Bishnupriya Gupta: »Competition and Control in the Market for Textiles: The Indian Weavers and the East India Company«. Ich danke ihm für die Erlaubnis, mich darauf zu beziehen.

[29] Zu einem Aspekt der akuten kommerziellen Schwierigkeiten, mit denen sich die East India Company damals konfrontiert sah, siehe H. Bowen, »Tea, Tribute and the East India Company«, in S. Taylor, R. Connors und C. Jones (Hrsg.), *Hanoverian Britain and Empire: Essays in Memory of Philip Lawson*, Woodbridge 1998, S. 158–176.

[30] Gupta, »Competition and Control« (s. Anm. 28).

[31] Adam Smith, *An Inquiry into the Nature and Causes of the Wealth of Nations*, Hrsg. R. H. Campbell und A. S. Skinner, 2 Bde., Oxford 1976; dt.: *Der Wohlstand der Nationen*, München 1978, S 537–541, 634–641.

[32] Es ist möglich, dass James Crisp diesen Sprung ins kalte Wasser nicht ganz freiwillig tat, sondern sich genötigt sah, nach Lakshmipur auszuweichen. Mitte 1776 gab es in der Region Dhaka Beschwerden privater Kaufleute, die East India Company versuche, wegen ihrer wirtschaftlichen Schwierigkeiten den dortigen Textilhandel zu monopolisieren, indem sie beispielsweise jeden Stoffballen mit ihrem Stempel versehe: siehe *IOL*, E/1/60, fol. 421 f.

[33] *IOL*, P/49/68, fol. 388.

[34] Dhakas Provinzrat wurde am 3. Dezember 1776 über James Crisps Ablösung informiert: *IOL*, G/15/14, fol. 642; G/15/15, fol. 106 f., 154.

[35] Philip Francis an John Bourke, 21. Nov. 1777: *IOL*, MSS Eur F5, fol. 266.

[36] *IOL*, G/15/20, fol. 69.

[37] *IOL*, P/154/57, fol. 77.

[38] Das Ausmaß wirtschaftlicher Tätigkeit bei verheirateten Frauen war im frühmodernen Großbritannien wie auch andernorts in der Welt allerdings wesentlich größer, als der Buchstabe des Gesetzes oder kulturelle Konventionen vermuten lassen.

39 M. Hunt, »Women and the Fiscal-Imperial State in Late Seventeenth and Early Eighteenth Centuries«, in K. Wilson (Hrsg.), *A New Imperial History*, Cambridge 2004, S. 29–47.

40 Z. B. John Marsh an Baron Grantham, 5. März 1776, *Bedfordshire and Luton Archives and Record Service*, L30/14/243/5.

41 *FB*, (unfol.).

42 *NA*, PROB 11/803.

43 *NA*, PROB 11/1095.

44 Möglicherweise nutzte Elizabeth Marsh wieder ihre Beziehungen zur Marine und erhielt eine Kabine auf einem der Schiffe, die Admiral Sir Edward Hughes (ein alter Bekannter von ihrer Indienrundreise) im Mai 1778 von Kalkutta nach Portsmouth brachte: der *Egmont*, der *Europa* oder der *Stafford*.

45 *NA*, PROB 11/1053.

46 Siehe den Bericht über Chathams Verpflegungsabteilung von 1773: *NA*, ADM 7/660, fol. 55.

47 Z. B. *NA*, T77/5/5, fol. 104.

48 *FB*, (unfol.); *NA*, WO 17/211.

49 John Marshs Schilderung seiner Kriegsdienste siehe seine Memoiren: *NMM*, BGR/35; zu seinen regelmäßigen Berichten während des Krieges siehe *NA*, CO 91/21–25 und *BL* Add. MSS 24168–24173. Welche Rolle Konsuln in Hafenstädten für die Informationssysteme und kulturellen Netzwerke von Staaten und Imperien sowie für den Handel spielten, würde eine eigene Studie erfordern.

50 Siehe z. B. »›That Historical Family‹«: The Bakunin Archive and the Intimate Theatre of History in Imperial Russia, 1780–1925«, *Russian Review*, 63/2004, S. 574–593.

51 *CB*, I, fol. 53; *FB*, (unfol.); Lukrez, *Über die Natur der Dinge*, dt. v. Hermann Diehls, 1924, S. 61.

52 *Fifth Report of the … Several Public Officers Therein Mentioned. Commissioners of the Navy*, London 1793, S. 5; D. Syrett, *Shipping and the American War 1775–83: A Study of British Transport*, London 1970, S. 24–35.

53 N. A. M. Rodger, *The Command of the Ocean: A Naval History of Britain, 1649–1815*, London 2004, S. 615;

54 George Marshs Erinnerungen an seine Hamburgmission; *FB*, Eintragungen für den 18. Februar bis 4. Juni 1776.

55 *Ebd.*; Syrett, *Shipping and the American war*, (s. Anm. 52) S. 80f.

56 *FB*, fol. 147.

57 *FB*, Eintragungen vom 2. Mai 1778 und 15. März 1790.

58 Die Informationen über Benjamin Wilson verdanke ich Andrew Graciano.

59 Zur *York* siehe *FB*, (unfol.) und das Kommandantenlogbuch: *NA*, ADM

51/4402. Ich danke Professor Roger Knight für seine Hilfe bei der Identifizierung dieses Schiffes. Zu Elizabeth Marshs Transport von »getriebenem Silber« siehe *IOL*, B/94, fol. 538.

60 Zu diesen transkontinentalen Besuchern siehe M. H. Fisher, *Counterflows to Colonialism: Indian Travellers and Settlers in Britain 1600–1857*, London 2003, S. 10, 57–61.

61 *IOL*, B/94, fol. 409.

62 T. A. J. Abdullah, *Merchants, Mamluks, and Murder: The Political Economy of Trade in Eighteenth-Century Basra*, New York 2001; *IOL* L/MAR/C/ 891, fol. 158.

63 H. V. Bowen, *The Business of Empire: The East India Company and Imperial Britain, 1756–1833*, Cambridge 2006, 238f.; S. Conway, *The British Isles and the War of American Independence*, Oxford 2000, S. 63f.

64 *HMC: Report on the Palk Manuscripts*, London 1922, S. 307; D. B. Mitra, *The Cotton Weavers of Bengal, 1757–1833*, Kalkutta 1978, S. 18ff.; Marshall, *East Indian Fortunes*, (s. Anm. 3) S. 56.

65 *FB*, (unfol.).

66 Zu James Crisps Verbindung mit Cator und Ross siehe *IOL*, L/AG/34/ 27/1, Punkt 71; und L/AG/34/29/1, fol. II.

67 *IOL*, G/15/20, fol. 275; siehe aber auch G/15/21, fol. 161.

68 *FB*, (unfol.).

69 *IOL*, E/4/624, fols. 13 und 359.

70 *IOL*, G/15/21, fols. 315 und 374; P. J. Marshall, »Warren Hastings as Scholar and Patron«, in A. Whiteman *et al* (Hrsg.), *Statesmen, Scholars and Merchants*, Oxford 1973.

71 *IOL*, L/AG/34/29/1, fol. II; *FB*, (unfol.).

72 Siehe Inventarliste der Versteigerung: *IOL*, L/AG/34/27/2.

73 *IOL*, L/AG/34/27/1, fol. 70.

74 Ebd.; in den umfangreichen Friedhofsakten für Dhaka, die sich in den Archiven der British Association for Cemetries in South Asia befinden, ist James Crisps Grab nicht aufgeführt: *IOL*, MSS Eur F370.

75 *FB*, fol. 28f.

76 Ebd.

77 *Travels of Mirza Abu Taleb Khan*, übers. v. C. Stewart, Delhi 1972 (Repr.), S. 67; T. W. Copeland et al. (Hrsg.), *Correspondence of Edmund Burke*, 10 Bde., Cambridge 1958–1978), VI, S. 11.

78 *Hicky's Bengal Gazette*, 21./28. April 1781, 16./23. März 1782; H. E. Busteed, *Echoes from Old Calcutta*, London 1972 (Repr.), S. 210.

79 Zu Burke und Shee siehe *Correspondence of Edmund Burke*, (s. Anm. 77) III, S. 280; VI, S. 11; *IOL*, H/21, fol. 24.

80 George Shees Denkschrift ca. 1788, *BL*, Add. MS. 60338, fol. 25; *IOL*, MSS Eur E13C, fol. 655.

⁸¹ Philip Francis' politische Ideen sind dargestellt in dem Standardwerk von R. Guha, *A Rule of Property for Bengal*, London 1996, S. 58–90. Es erschien allerdings zu früh (1. Aufl. 1963), um aufzuzeigen, wie seine Einstellungen zum Platz der Frauen zu seinen umfassenderen politischen Ansichten passten.

⁸² S.Weitzman, *Warren Hastings and Philip Francis*, Manchester, 1929, S. 288.

⁸³ *IOL*, MSS Eur E13C, fol. 654; MSS Eur E19, fol. 32.

⁸⁴ J. Parkes und H. Merivale (Hrsg.), *Memoirs of Sir Philip Francis*, 2 Bde., London 1867, II, S. 16; *IOL*, Mss Eur E14, fol. 415 f.

⁸⁵ Dieser und der folgende Absatz basieren auf Busteed, *Echoes from Old Calcutta*, (s. Anm. 78) S. 242–259. Es ist die umfassendste Quelle, die zu der Grand-Francis-Affäre zur Verfügung steht, aber sie enthält Ungenauigkeiten und einseitige Darstellungen. Ich danke Sadan Jha, dass er für mich die Prozessnotizen Justice Hydes durchsah, der bei dem Verfahren zu den drei vorsitzenden Richtern am Obersten Gerichtshof gehörte. Die Notizen sind auf Mikrofilm in der Abteilung Rare Books der National Library und in der Victoria Memorial Library in Kalkutta verfügbar. Hyde stellte auch eine wesentlich detailliertere juristische Kladde zusammen, die aber verloren gegangen ist.

⁸⁶ Busteed, *Echoes from Old Calcutta*, (s. Anm. 78) S. 265.

⁸⁷ Ebd., S. 260.

⁸⁸ Bevor Grand ans Kap der Guten Hoffnung ging, nahm er einen Posten bei der East India Company in Patna an, wo 198 »unterschiedliche Beschwerden der Einwohner … wegen verschiedener überhöhter Forderungen und Amtsmissbräuche« gegen ihn eingingen: *IOL*, O/6/1, fol. 200f.

⁸⁹ Wie das Leben in der Stadt für Benachteiligte aussehen konnte schildert D. Ghosh, »Household Crimes and Domestic Order: Keeping the Peace in Colonial Calcutta, c. 1770–c. 1840«, *Modern Asian Studies*, 38/2004, S. 599–623.

⁹⁰ Parkes und Merivale, *Memoirs*, (s. Anm. 84) I, S. 399. Diese Feststellungen traf Francis als Reaktion auf die »verdorbenen« Frauen Italiens.

⁹¹ *IOL*, MSS Eur E 13A, fol. 15; *BL*, Add. MS. 47781, fol. 17.

⁹² *IOL*, P//28, fols. 278–281; Busteed, *Echoes*, (s. Anm. 78) S. 252.

⁹³ Busteed, *Echoes*, (s. Anm. 78) S. 242–251, 259.

⁹⁴ Zu den führenden männlichen Akteuren dieses Prozesses – Francis, Grand und ihrem obersten Richter – siehe Guha, *A Rule of Property*, (s. Anm. 81) S. 58–90; B. N. Pandey, *The Introduction of English Law into India: The Career of Elijah Impey in Bengal, 1774–1783*, Kalkutta 1967; und G. F. Grand, *Narrative of the Life of a Gentleman*, Kap der Guten Hoffnung 1814. Catherine Grand verdient eine eigene transkontinentale Studie, die aber bislang noch aussteht.

95 *IOL.*, MSS Eur Photo Eur 175/2, fol. 201; Busteed, *Echoes*, (s. Anm. 78) S. 252–257.

96 *IOL.*, MSS Eur E14, fol. 414; MSS Eur E23, fol. 298 und 302.

97 *Hicky's Bengal Gazette*, 2./9. Februar 1782.

98 Syrett, *Shipping and the American War*, (s. Anm. 52) S. 44, 140–150; *Correspondence of Edmund Burke*, (s. Anm. 77) VI, S. 11.

99 G. Shee an Elizabeth Marsh, März 1783, *BL*, Add. MS 60338, fol. 54f.

100 Ebd.; zur Heirat siehe *IOL.*, N/1/2, fol. 243 und MSS Eur E4, fol. 231–238.

101 M. A. Shee, *The Life of Sir Martin Archer Shee*, 2 Bde., London 1860, I, S. 104; *Correspondence of Edmund Burke*, (s. Anm. 77) VI, S. 11.

102 B. Francis und E. Keary (Hrsg.), *The Francis Letters*, 2 Bde., London 1901, II, S. 368f.

103 *BL.*, Add. MS 60338, fol. 164; zu George Shees Geschäftsgewinnen Anfang der 1780er Jahre siehe seine Briefe an G. G. Ducarel, *Gloucestershire RO*, D 2091 / F 14 / 10, 16f.

ENDE – UND FORTSETZUNG

1 *FB*, fol. 28–32; Burrish Crisp schilderte einige Details über die tödliche Erkrankung seiner Mutter in ihrer Grabschrift: *The Complete Monumental Register*, Kalkutta 1815, S. 34.

2 So vermachte Mary Mustell aus Chittagong ihrem indischen Arzt in ihrem Testament 200 Rupien: *IOL*, P/154/58, fol. 45.

3 Frances Burney, *Journals and Letters*, P. Sabor und L. E. Troide (Hrsg.), London 2001, S. 442f.; zu den medizinischen Verfahren siehe J. S. Olson, *Bathsheba's Breast: Women, Cancer and History*, Baltimore, MD, 2002.

4 *FB*, fol. 28–32; *Complete Monumental Register*, (s. Anm. 1) S. 34.

5 George Shee an G. Duracel, 27. November 1784, *Gloucestershire RO*, D2091/F14/10, 14; Elizabeth Marshs Tod wurde am 5. Mai 1785 in der *Calcutta Gazette* angezeigt.

6 *Complete Monumental Register*, (s. Anm. 1) S. 34. Elizabeth Marshs Grabstelle, Grab 1094, ist registriert in *South Park Cemetry, Calcutta: Register of Graves and Standing Tombs, from 1767*, BACSA, Putney 1992. Die Information über das Verschwinden von E. Marshs Grab verdanke ich Rosie Llewellyn Joens. Analysen zur imperialen Ikonographie und Intention auf dem Friedhof South Park beziehen zuweilen nicht ein, dass inzwischen viele der bescheidenen Grabsteine verschwunden sind, die früher die Mehrzahl der Grabstätten ausmachten.

7 *FB, passim.* Spätere Familienmitglieder hatten ein ähnliches Interesse, Gegenstände zu sammeln, die große Entfernungen repräsentierten und für sie fassbarer machten. Siehe Inventarliste des Hauses von Milbourne Marsh in Australien von 1884: *Mitchell Library,* MSS 1177.

8 John Marshs Schilderung seiner Laufbahn siehe *NMM,* BGR/35; J. Marsh ist zitiert in R. White, *The Case of the Agent to the Settlers on the Coast of Yucatan,* London 1793, S. 35 f.

9 Siehe den Eintrag über diesen Marsh-Enkel unter www.jjhc.info/marsh george1868.htm.

10 FB, Eintragungen von 1790–1791; M. Gillen, The Founders of Australia: A Biographical Dictionary of the First Fleet, Sydney 1989, S. 236.

11 Notiz von John Marsh vom 20. September 1791 vorne im *IJ.*

12 Zu George Shees Eintreten für die Vereinigung siehe *BL* Add. MS 33106, fol. 159 f.; und D. Wilkinson, »›How Did They Pass the Union?‹: Secret Service Expenditure in Ireland, 1799–1804«, *History,* 1997, S. 240.

13 Particulars of a Very Improvable Estate, Lockley House, 1812, Hertfordshire RO, D/EJnZ21.

14 Zur Karriere und Freundschaft dieses jüngeren Shee mit Palmerston siehe *BL* Add. MSS 60341–2; das Inventar des Londoner Hauses der Shees ist aufgeführt in *GL,* MS 11936/471/921679.

15 S. Bose, A Hundred Horizons: The Indian Ocean in the Age of Global Empire, Cambridge, Mass., 2006, S. 7.

16 Ein möglicherweise überzogener Bericht über den Niedergang der Textilindustrie Dhakas um 1800 steht unter *IOL,* H/456 f.; zum wachsenden Druck auf Sidi Muhammad siehe N. A. Stillman, »A New Source for Eighteenth-Century Moroccan History«, *Bulletin of the John Rylands University Library,* 57/1975, S. 463–486.

17 Eine etwas abweichende Chronologie dieses Niedergangs zeichnen J. Israel, *Diasporas Within a Diaspora: Jews, Crypto-Jews and the World Maritime Empires (1540–1740),* Leiden 2002, und F. Trivellato, »Trading Diasporas and Trading Networks in the Early Modern Period: A Sephardic Partnership of Livorno in the Mediterranean, Europe and Portugese India c. 1700–50«, Dissertation an der Brown University 2004. Beide sind sich einig, dass »die allgemeine Bedeutung des sephardischen transatlantischen und internationalen Handelsnetzes« gegen Ende des 18. Jahrhunderts deutlich abnahm (Israel, S. 38 f.).

18 Erst kürzlich in N. Fergusson, *Empire: The Rise and Demise of the British World Order and the Lessons for Global Power,* New York 2003; einige interessante Anmerkungen zu den Spannungen zwischen Imperien und transkontinentalen Wirtschaftsverbindungen siehe H. James, »The Vulnerability of Globalization«, *German Historical Institute Bulletin,* 35/2004, S. 1–11.

[19] F. G. Dawson, *The First Latin American Debt Crisis: The City of London and the 1822–25 Loan Bubble*, New Haven, CT, 1990; die Informationen über William Marsh verdanke ich J. Heath-Caldwell.

[20] Galsworthy erwähnte »jenen geheimnisvollen, festen Zusammenhalt, der eine Familie zu einem so unwiderstehlichen Element der Gesellschaft macht, einem so deutlichen Abbild der Gesellschaft en miniature«; *The Forsyte Saga*, New York, 1933; dt.: *Die Forsyte Saga*, München, 2004, S. 13.

[21] C. Wright Mills, *The Sociological Imagination*, New York 1959; dt.: *Kritik der soziologischen Denkweise*, Neuwied 1963, S. 44. Mary Midgley formuliert es so: »Es kann nicht eine einzige, umfassende Weltgeschichte geben: Alle Geschichten sind partiell«: B. Mazlish und R. Buultjens (Hrsg.), *Conceptualizing Global History*, Boulder, Co, 1993, S. 43.

[22] Er war 1804 zweiter Richter am Appellationsgericht in Dhaka. Sein Testament findet sich unter *IOL*, L/AG/34/29/23.

[23] *IOL*, N/1/4, fol. 125; laut diesem Register wurde John Henry 1789 geboren.

[24] John Henry Crisps Laufbahn ist zusammengefasst in *Historical Records of the Survey of India. Volume III: 1815 to 1830*, Dehra Dun, U. P., 1954, S. 434 f. Seine Experimente auf Sumatra, bei denen er eng mit Stamford Raffles zusammenarbeitete, sind detailliert dargestellt in *IOL*, MS Eur G51/30 und F/4/760, item 20656.

[25] *IOL*, F/4/1855, item 78480; siehe auch D. Gosh, »Making and Un-Making Loyal Subjects: Pensioning Widows and Educating Orphans in Early Colonial India«, 31/2003, S. 1–28.

Quellennachweis der Manuskripte

a) In Staatsbesitz

AUSTRALIEN

Mitchell Library, State Library of New South Wales, Sydney
  PXA 1012: Samuel Wallis sketchbook on *Dolphin*
  MS 1177: James Milbourne Marsh papers

ENGLAND

Bedfordshire and Luton Archives and Record Service, Bedford
  Wrest Park (Lucas) MSS

Gloucestershire R.O., Gloucester
  Ducarel MSS.

Hampshire R.O., Winchester
  Wills

Hertfordshire R.O., Hertford
  D/EJn/Z21: Lockleys sale particulars

National Maritime Museum, Greenwich
  ADM B: Board of Admiralty in-letters
  ADM/L/G und K: Lieutenants' Logs
  BGR/35: Account of John Marsh
  HWK/1–7: Papers of Admiral Hawke
  JOD/7: John Stimson's Barbary narrative
  JOD/157/1–3: Journal of Admiral Sir Roger Curtis
  MRF/14: Journal of the siege of Menorca (microfilm)
  MS 83/135: John Russell papers
  VAU/2: Commissioner at Gibraltar letterbook

National Archives, Kew
  ADM 1: Records of the Admiralty
  ADM 7: Admiralty Miscellanea

ADM 33: Pay Books
ADM 36: Ships' musters
ADM 42: Yard pay books
ADM 51: Captains' logs
ADM 106: Navy Board records
CO 91: Gibraltar original correspondence
CO 142: Jamaica miscellanea
CO 174: Minorca original correspondence
CO 389: Gibraltar and Minorca
FO 52: Morocco original correspondence
MPQ: Maps and plans
PC: Records of the Privy Council
PROB 11: Wills
SP 44: Entry books
SP 46: Supplementary domestic papers
SP 71: Barbary States original correspondence
SP 79: State Papers, Genoa
SP 94: State Papers, Spain
T1: Treasury Board papers
T77: East Florida Claims Commission

Liverpool Record Office, Liverpool
Earle Papers

British Library, London

a) Manuscript Room
Additional Manuscripts
11643: Plan of Agent Victualler's house, Chatham
12427–35: Charles Long papers
23638: Minorca Papers, 1721–1756
24157–79: Papers of Lord Grantham, Ambassador to Madrid
35895: Minorca enquiry papers
47781–3: Philip Francis papers
60337–42: Shee papers
King's MS 197: List of Persian vocabulary

b) India Office Library: Records
Minutes of Court of Directors: B/84–B/94

Home Correspondence: E/1/60

East India Company correspondence with India: E/4/304 und
624

Records of the Board of Commissioners for the affairs of India:
F/4/760: Mission of Captain J. H. Crisp

F/4/1855, item 78480: Madras Female Orphan Asylum papers

Factory records of Dacca: G/15/8–21

Home miscellaneous papers: H/21, 122, 224, 456

Biographical series: O/5/29

Bengal: Public consultations: P/2/9–11; P/2/28

Proceedings of Mayor's Court, Calcutta: P/154/57

Bengal Revenue consultations: P/49/61–68

Inventories and Wills: L/AG/1/1/8–10; L/AG/34/27/1–2;
L/AG/34/29/23

Marine Department records: L/MAR/C/891

Madras Army Lists: L/MIL/11/1

Madras returns: N/2/1

c) India Office Library: European Manuscripts

Eur D. 1073: Papers of James Rennell

Eur E 4: Papers of Margaret Fowke

Eur D18, E 13–19, F5: Papers of Philip Francis

Eur E 25: Papers of Alexander Mackrabie

Eur G51/30: Madras Observatory papers

Photo Eur 32: Memoir of Margaret Elizabeth Benn-Walsh,
6 Bde.

Photo Eur 175: Memoirs of William Hickey, 4 Bde.

MSS Eur/Orme OV.202

Guildhall Library, London

Records of Sun Fire Office

MS 05038: Churchwardens' accounts; Parish of All Hallows,
Bread Street

MSS 05396 und 5419: Rate books, Parish of St. Botolph,
Bishopsgate

Lambeth Palace Library, London

Court of Arches records

Postal Museum and Archive, London
  Receiver General's entry book

Wellcome Library, London
  MSS. 7628–9: George Marsh MSS (CB)

Bodleian Library, Oxford
  MSS Eng.lett.c.81: Palmer MSS
  Dep.d.485: Mary Morgan MSS

INDIEN
National Library, Kolkata
  Hyde MSS (microfilm)

Victoria Memorial Library, Rare Books Room, Kolkata
  Hyde MSS

ISLE OF MAN
Manx National Heritage Library, Douglas
  Goldie-Taubman papers
  Sir George Moore papers

JAMAIKA
Island Records Office, Twickenham
  Parish registers
  Wills

Jamaica Archives, Spanish Town
  1B/11/1/1A: Patents to grants of land
  1B/11/3: Inventories
  1B/11/24: Powers of Attorney
  1B/11/17: Letters of Administration
  1B/5/9–11: House of Assembly journals
  2/19/1–4: Port Royal vestry minutes

SCHOTTLAND
National Archives of Scotland, Edinburgh
  CS226/5171: Kirkpatricks vs Crisp and Warren

National Library of Scotland, Edinburgh
  MS. 5599, 5619: Liston correspondence

SPANIEN

Arxiu Històric de Protocols de Barcelona
   Sebastià Prats papers

VEREINIGTE STAATEN VON AMERIKA

William L. Clements Library, University of Michigan, Ann Arbor
   Thomas Shadwell letterbook

Charles E. Young Research Library, Special Collections, University of California, Los Angeles
   Bound Manuscripts Collection, 170/604:
   [Elizabeth Marsh], »Narrative of her Captivity in Barbary«
   (FCMS)
   [Elizabeth Marsh], »Journal of a Voyage by sea from Calcutta to
   Madras, and of a journey from there back to Dacca« (IJ)

Library of Congress, Washington
   Microfilm 22671: Governor James Grant papers

b) In Privatbesitz

George Marsh Papers
   Marsh Family Book (FB)
   »A Journey to Hamburg«
   Family Bible and Prayer Book
   Miscellaneous papers

Dank

Durch den weltumspannenden Charakter dieses Buches schulde ich mehr als üblich vielen Freunden Dank für ihre Sachkunde, Kritik und Unterstützung und noch mehr wohlwollenden, kundigen Fremden Dank für ihre Freundlichkeit.

In Hinblick auf Elizabeth Marshs karibische Herkunft danke ich Vincent Carretta, Richard Drayton, Barry Higman, Nuala Zahedieh und vor allem James Robertson und Trevor Burnard für ihre Hilfe.

Daniel Baugh, Jonathan Coad, Margaret Hunt, N. A. M. Rodger und vor allem Roger Knight bin ich für Informationen über die Royal Navy und die Seefahrt zu Dank verpflichtet.

Was den Mittelmeerraum und die maghrebinische Welt zu Elizabeth Marshs Zeit angeht, konnte ich von der Sachkunde Amira Bennisons, Khalid Bekkaouis, Wolfgang Kaisers, Frank Stewarts und Medeline Zilfis profitieren.

Michela D'Angelo, Josep Fradera, Christopher French, Derek Keene, Kenneth Morgan, Gigliola Pagano de Divitiis, Daniel Schafer, Francesca Trivellato und vor allem James Amelang und David Hancock danke ich, dass sie mich bei der Rekonstruktion der europäischen und transatlantischen Geschäfte James Crisps unterstützt haben.

Wertvolle Hilfe bei den asiatischen Teilen dieses Buches erhielt ich zu unterschiedlichen Zeiten von Susan Bayly, Anthony Farrington, Peter Marshall, Om Prakash, Giorgio Riello und John Styles. Besonderen Dank schulde ich in dieser Hinsicht Maya Jasanoff und Durba Ghosh, die das Manuskript aufmerksam lasen.

Gespräche mit Natalie Zemon Davis, Hermione Lee, Felicity Nussbaum, Cassandra Pybus, Emma Rothschild und Jonathan Spence verhalfen mir zu mehr Klarheit in Bezug auf Biographie, Lebensbeschreibung und Geschichte.

Chris Bayly, Peter Coclanis, Paul Kennedy und Patrick O'Brien danke ich, dass sie mich zu einem globaleren Denken ermutigt haben.

J.J. Heath-Caldwell ließ mich immer großzügig an seinem Wissen über die Familie Marsh teilhaben und machte mich auf seine bemerkenswerte Internetseite www.jjhc.info aufmerksam.

Benjamin Heller, Antonio Garcia, Sadan Jha, Katrina Olds, Suzanne Podhurst und Hannah Weiss leisteten mir wertvolle Hilfe bei den Recherchen und beim Korrekturlesen.

Ich begann dieses Projekt, als ich Senior Leverhulme Research Professor und School Professor am European Institute der London School of Economics war. Allen meinen dortigen Kollegen gilt mein herzlicher Dank, besonders Tony Giddens und Barry Supple für ihre Großzügigkeit. Wichtige Teile dieses Buches schrieb ich, als ich 2005 Fellow am Humanities Research Centre der ANU in Canberra war; an dieser Stelle möchte ich Ian Donaldson und Ian McCalman danken, dass sie mir Gelegenheit gaben, einige Zeit an diesem wunderbaren Ort zu verbringen. Sehr profitieren konnte ich auch von einem GlaxoSmithKline Senior Fellowship 2006 am National Humanities Center in North Carolina, wo Geoffrey Harpham und Kent Mullikin sowie die übrigen Mitarbeiter und Fellows mir eine anregende Umgebung boten, um zu denken und zu schreiben. Meine Kollegen und Studenten im Department of History in Princeton, der kultiviertesten aller Universitäten, halfen mir mit unendlicher Unterstützung, Geduld und Ideen, als ich dieses Buch fertig stellte.

Schon die Liste der verwendeten Manuskriptquellen macht deutlich, dass es unmöglich wäre, hier alle Archivare namentlich anzuführen, die mir bei der mühsamen Arbeit halfen, Elizabeth Marshs Werdegang nachzuspüren. Ich bin, wie immer, zutiefst beeindruckt, wie viel Zeit, Mühe und Energie die Mitarbeiter von Archiven und Bibliotheken in verschiedenen Teilen der Welt Menschen wie mir bereitwillig widmen.

Meinen Literaturagenten in London und New York, Gill Coleridge und Michael Carlisle sowie Emma Parry danke ich für die hervorragende, glänzende Arbeit, meine Ideen in Buchform umzusetzen. Meine Lektorin bei HarperCollins, Arabella Pike, und Helen Ellis, Robert Lacey, Alice Massery und Caroline Noonan sowie Dan Frank, Fran Bigman und Katherine Freeman von Pantheon Books bewiesen unendlich viel Begeisterung, Engagement und Professionalität.

Eine eigene Kategorie gebührt, wie immer, David Cannadine.

Linda J. Colley
Princeton, 2007

Register